高等学校经济管理类主干课程教材

管理科学与工程系列

运营管理

（第2版）

吴奇志　赵　璋　编著

OPERATIONS MANAGEMENT

中国人民大学出版社

·北京·

前 言

运营管理是与市场营销、财务管理并列的企业三大职能之一，它将人力、物料、设备、技术、信息、能源等诸多投入转化成产品和服务从而实现企业价值。运营系统的效率直接决定着企业的竞争力。

本书作者具有多年的国内大企业的运营管理实践经验，拥有国内外多所著名商学院的访学经历，在积累多年运作管理课程教学实践与科研经验的基础上，将运营管理的先进理念与国内外企业的运营管理实践相结合形成本书。更难能可贵的是本书作者身体力行深入企业调研，为本书撰写多个运营管理案例，使得本书将理论知识与企业案例紧密相联，这有助于读者掌握本书的精髓，书中一些案例还被中国管理案例共享中心收录。

本书可作为高等院校管理类专业本科生、硕士研究生以及 MBA 学员的教材，也可作为企业职业经理人管理培训参考书。

本书特色

1. 结构合理，内容完整。本书涵盖了运营管理的核心内容，既强调运营管理学科的理论性和应用性，又展示了公司运营前沿性的内容，如纳入“工业 4.0”和“中国制造 2025”等概念。

2. 内容创新，别具一格。与众多国内外同类书籍相比，本书优化了运营管理的传统内容，在内容选材方面有所创新，精细化管理与运营管理咨询辟专章予以阐述。

3. 取材广泛，突出案例。本书作者在写作时查阅了大量参考文献，吸纳国内外教材的优点，博采众长。同时，每章结尾处均安排相关案例，其中有三个为本书作者经过实地考察调研后撰写，另外一些或根据专业人士的博客素材改编而成，或遴选运营管理英文原著的案例翻译而成。因此，本书的案例选材具有独特性。

4. 注重实用，强调细节。本书不仅将运营管理与公司实际相结合，还将日常生活中的事例从运营管理的视角加以剖析。

结构框架

第一部分为绪论，包括第 1 章公司运营管理概论和第 2 章精细化管理。

第二部分为公司运营的系统设计，包括第 3 章产品和服务设计、第 4 章流程分析与生产能力设计和第 5 章运营设施选址与布局。

第三部分为公司运营的系统运行，包括第 6 章项目管理、第 7 章生产计划与作业计划及顾客排队管理、第 8 章库存管理、第 9 章供应链管理和第 10 章物流管理。

第四部分为公司运营的系统优化，包括第11章质量管理、第12章准时制生产方式和第13章运营管理咨询。

写作分工

本书由吴奇志构思策划、校阅和统稿。吴奇志负责第1～8章、第12～13章的编写以及书中全部案例的采编，赵璋负责第9～11章的编写。

第2版编写说明

本书第1版自2016年2月出版后广受好评，多所高校将本书用作工商管理本科及硕士运营管理课程的教材，也有公司将本书作为内部管理培训用教材。为了不负广大读者的期望，经过对本书第1版近4年的使用总结和完善，本着与时俱进和持续改善的初心，本书作者在第1版的基础上完成第2版的写作。第2版在以下几个方面做了改进：

1. 在保持写作逻辑结构不变的基础上，大幅精炼了文字，更正了前一版例题中的几处数据瑕疵。

2. 对案例做了大幅调整，仅保留前一版中的5个案例，替换了其余8个。不但使章节中的理论内容与案例中的公司实践很好地印证，更体现出案例的代表性和时效性。

3. 增加了运营管理在服务业应用的内容以及通用性强的内容，优化了一些内容的描述，删减了一些冷僻和适用性窄的内容。增加的内容包括第2章的五常法和断舍离、第3章的产品设计开发过程中常见的思维方式、第11章的服务质量差距模型、第12章的准时制生产方式在服务业中的应用；优化的内容如第9章的常见的供应商选择方法、第10章的物流管理概述等；删除的内容包括第7章的滚动计划编制，2台机器以上排序问题的最优算法以及相同零件、不同移动方式下加工周期的计算等。

4. 体现出与时俱进的精神，参考了22篇近三年的运营管理学术文献成果，进一步丰富了本书的内涵。

感谢中国人民大学出版社编辑王伟娟和黄佳两位老师为本书第2版的出版付出的辛勤劳动；感谢樊玉臣老师、李维国老师、丁立新老师、陈舜丽老师给本书提出了中肯的意见；研究生刘琳和叶映查阅了最新的参考文献，并制作了精美的PPT课件为使用本书的师生提供便利，有需要者可以联系出版社；刘琳还制作了第2版的部分图表，在此一并感谢。

本书作者继续欢迎读者批评指正，第一作者吴奇志联系方式：victorwqz@sina.com。

目　录

第 1 章　运营管理概论 …… 1
1.1　运营管理在企业管理中的地位 …… 1
1.2　运营管理的目标、内容和作用 …… 5
1.3　运营管理的发展历史 …… 7
1.4　运营管理当前面临的形势及发展趋势 …… 12
第 2 章　精细化管理 …… 20
2.1　精细化管理概述 …… 20
2.2　精细化管理的组织与实施 …… 23
2.3　精细化管理的基础工作 …… 28
2.4　精细化管理的常用工具和手段 …… 32
第 3 章　产品和服务设计 …… 42
3.1　新产品设计开发的发展方向及外部环境 …… 42
3.2　产品生命周期与新产品开发策略 …… 46
3.3　产品开发设计的主要阶段 …… 49
3.4　产品设计过程中的组织模式和技术手段 …… 53
3.5　服务的设计开发 …… 62
3.6　产品设计开发中的风险控制 …… 65
第 4 章　流程分析与生产能力设计 …… 70
4.1　流程分析 …… 70
4.2　流程优化 …… 78
4.3　生产流程设计与选择 …… 82
4.4　生产能力设计 …… 87
第 5 章　运营设施选址与布局 …… 97
5.1　运营设施选址及其影响因素 …… 97
5.2　设施选址方案的评估方法 …… 101
5.3　设施布局 …… 105
5.4　设施布局设计 …… 117

第6章 项目管理 …… 127
6.1 项目计划管理 …… 127
6.2 项目排序管理 …… 132
6.3 项目管理控制 …… 139
第7章 生产计划与作业计划及顾客排队管理 …… 148
7.1 生产计划与作业计划概述 …… 148
7.2 综合生产计划 …… 152
7.3 短期生产计划 …… 158
7.4 顾客排队管理 …… 166
第8章 库存管理 …… 173
8.1 库存概述 …… 173
8.2 库存的成本费用构成及ABC分类法 …… 179
8.3 常见的独立需求库存模型 …… 182
8.4 随机型库存控制模型 …… 189
第9章 供应链管理 …… 201
9.1 供应链管理基础理论 …… 201
9.2 供应链战略合作伙伴关系 …… 205
9.3 几种常见的供应链契约 …… 211
9.4 牛鞭效应 …… 213
9.5 供应链风险管理 …… 218
9.6 闭环供应链与绿色供应链 …… 223
第10章 物流管理 …… 230
10.1 物流管理概述 …… 230
10.2 运输管理 …… 237
10.3 仓储管理 …… 243
10.4 国际物流管理 …… 246
10.5 第三方物流及第四方物流 …… 248
第11章 质量管理 …… 257
11.1 质量与质量管理 …… 257
11.2 全面质量管理 …… 262
11.3 六西格玛管理 …… 267
11.4 质量管理传统工具 …… 269
11.5 质量管理新工具 …… 277
第12章 准时制生产方式 …… 287
12.1 准时制生产方式的发展历史 …… 287
12.2 准时制生产方式的目标 …… 289
12.3 准时制生产方式的主要技术手段 …… 291
12.4 准时制生产方式的精髓及DNA …… 303

第 13 章　运营管理咨询 …… 314
13.1　运营管理咨询的作用 …… 314
13.2　运营管理咨询的工具包 …… 319

参考文献 …… 335
附录　标准正态分布表 …… 339

第 1 章 运营管理概论

Chapter 1

学习目标

1. 理解运营管理是公司三大基本管理职能之一
2. 了解运营系统是如何分类的
3. 掌握运营管理的目标、内容和作用
4. 了解运营管理的发展历史中的主要人物和事件
5. 理解运营管理当前面临的形势及发展任务
6. 掌握工业 4.0 和中国制造 2025 的概念及其对运营管理的影响

1.1 运营管理在企业管理中的地位

1.1.1 运营管理是公司三大基本管理职能之一

1. 运营管理的概念

运营管理（operations management）是营利性组织在为顾客提供产品和服务的过程中开展的一系列活动的总和，涵盖计划、组织、实施和控制等环节，是与产品生产和服务创造密切相关的各项管理工作的总称。从另一个角度来讲，运营管理也可以是对生产产品和提供服务的系统进行设计、运行、评价和改进的活动。运营管理的理论和实践在非营利组织中也有广阔的应用前景，可以帮助非营利组织实现组织目标并提高效率。

当今社会，不断发展的生产力使得大量生产要素转移到商业、交通运输、房地产、通信、公共事业、保险、金融和其他服务性行业和领域，传统的有形产品生产的概念已经不能反映和概括服务业所表现出来的生产形式。因此，随着服务业的兴起，生产的概念进一步扩展，逐步容纳了非制造的服务业领域，不仅包括有形产品的制造，而且包括无形服务的提供，因此实施有效的运营管理在这些领域越来越重要。面对全球性的竞争压力，企业管理人员有必要掌握公司运营管理的基本关系和概念，通过运营管理最大限度地提高运营效率。

2. 运营管理的概念随着时代的发展而不断演化

与运营管理相近的概念有生产管理、生产与运作管理、运作/运营管理等，它们的名称的不同实际上反映了这一学科的发展过程。生产管理（production management）的主体一般是指产业革命以来的工业企业，制造业是其中的典型代表；生产与运作管理（production and operations management）表明学科重心从第二产业向第三产业过渡；运作/运营管理（operations management）则主要面对的是服务性企业或行业。

运营管理名称的变化体现了时代发展的要求。不管怎么变，其本质内涵没有变化，即把投入的资源（生产要素）按照特定要求转换为产出（产品和服务）的过程，本书的各章节以“运营”和“运营管理”来描述这个概念。

3. 运营管理是公司三大基本管理职能之一

现代管理理论认为，企业管理需要按照职能分工展开，其中最基本的也是最主要的职能是生产运营（production and operations）、市场营销（marketing）和财务会计（finance and accounting）。这三项职能既独立又相互依赖，三项职能通过相互依赖和配合才能实现企业的经营目标。企业的经营活动是这三项职能有机联系的一个循环往复的过程，企业为了达到自身的经营目的，这三项职能缺一不可。

1.1.2 运营系统的结构

简而言之，运营活动是一个投入—转换—产出的过程，是一个劳动过程或价值增值过程。同时，任何一个企业的运营系统都是一个输入与输出的系统。企业投入人力、物力、财力、技术等资源，通过价值转换，最终输出产品或服务，运营系统是上述转换过程得以实现的手段，转换过程包括物质转换过程和管理过程，这说明运营系统是一个物质系统和一个管理系统的组合。表1-1简要说明了不同组织的输入与输出的转换关系。

表1-1 不同组织的输入与输出关系表

社会组织	输入	投入资源	转换功能	输出
医院	患者	医生、护士、药品、医疗仪器	诊断与治疗	康复者
饭店	需要就餐的顾客	食物、厨师、服务员、店堂	提供饭菜和服务	满意的顾客
大学	高中毕业生	教师、教室、教材	传授知识和技能	大学毕业生
化工厂	原料、物料	设备、装备、工人	化学反应与分离	化工产品

从表1-1可见，虽然不同组织的输入与输出的内容与形式不同，但都有共同

点，即这些组织都通过输入需要转换的资源，辅之以相应的劳动，最后得到希望的产出。输入、输出与转换共同构成了运营系统的有机整体。由此得到运营系统的结构图，如图 1-1 所示。

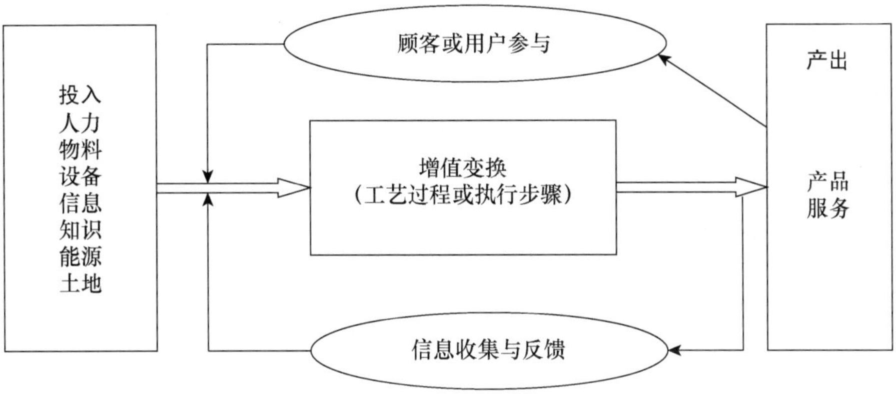

图 1-1　生产运营系统结构图

1.1.3　运营系统的类型

运营系统可以按照不同的分类标准进行划分，而这些分类标准应能反映生产过程的主要特征因素，例如，专业化、生产工艺、生产规模等。下面以这些分类标准来讨论运营系统的类型。

1. 按照工作地的专业化程度和生产任务的重复程度分类

（1）单件生产（simplex production）类型下的产品品种繁多，而每一种产品仅生产一台（件）或少数几台（件）。有的产品一次生产后不再重复生产，有的产品虽有重复生产，但生产期不确定。单件生产的稳定性和专业化程度很低，大多数工作地要担负很多道工序。单件生产类型一般采用通用设备和工艺装备。

该生产类型下往往是根据用户的需要来组织生产的，所以产品设计能力、工艺装备完善情况、员工的工艺操作水平、部门之间的协调与配合都是单件生产的生产系统效率的决定性因素。

（2）大量生产（mass production）也称重复制造。该生产类型的特点是生产的产品批量很大，重复生产一种或几种标准化的产品，生产条件稳定，专业化程度较高。往往按专业化组织生产，采用流水生产或生产线等生产组织形式。生产工艺工程自动化程度很高，分工细，劳动效率高，单件成本低。汽车装配线就是典型的大量生产。大量生产的劳动组织相对比较简单。

但是该种生产类型相对缺乏柔性，个性化程度较低。因为大量生产是采用自动化的设备与密集型的生产工艺，所以保证设备的可靠性是此种生产系统成功的关键。除此之外，成本控制、物资供应的保证和员工队伍的稳定也是大量生产系统管理的重点。

（3）批量生产（batch production）是介于单件生产与大量生产之间的一种模式，它比单件生产批量大同时又较大量生产品种多。在该种类型下，各种产品在计划期内批量轮换生产，大多数工作地要担负较多的工序。

由于在批量生产类型下同一生产线上生产不同的产品，因此出现了在不同产品之间进行工艺转换的需要，即换产。换产的速度与成本对于批量生产的公司是很重要的竞争因素。

比较上述三种运营系统类型，从单件生产到大量生产，专业化程度越来越高但柔性越来越小。批量生产则是专业化程度和柔性折中的形式，详见表1-2。

表1-2　单件生产、大量生产、批量生产的特征比较

特征	类型		
	单件生产	大量生产	批量生产
产品种类	很多且不固定	少且固定	较多
生产设备	大多采用通用设备	大多采用专用设备	两种设备均有
产品定制化程度	高	很低	较低
生产周期	长	短	较长
对劳动定额的要求	比较粗略	精细	有粗有细
生产控制	较难	易	难
生产柔性	高	低	一般
劳动组织	复杂	简单	较复杂
适应品种变化的能力	好	差	较好
单件成本	高	低	中等
生产效率	低	高	中等

2. 按照生产工艺特征分类

以产品的生产工艺为划分标准，可以把企业运营系统分为两种显著不同的类型，即工艺连续的流程生产型运营系统以及工艺过程离散的加工装配型运营系统。

（1）流程生产型（process production）的特征是产品的生产过程是连续的、不中断的、产品的加工顺序是固定不变的，工序之间没有在制品储存，劳动对象按照固定不变的生产工艺流程连续不断地通过一系列设备和装置，被加工成最终产品。炼油、化工、造纸等是流程生产型的典型代表。

（2）加工装配型（assembly production）生产也叫离散生产或间断生产，它的产品是由许多零部件组成的，工序之间要求有一定的在制品库存，各零件的加工过程是彼此独立的，所以整个产品的生产工艺是离散的，制成的零件再通过装配形成最终的产品。电子设备制造、机械制造行业的生产系统都属于此种类型。

3. 根据接受生产任务的方式分类

（1）存货型生产（make-to-stock，MTS）是在对市场需要量进行预测的基础上，有计划地进行备货式生产。

存货型生产一般比较适合产品已有一定市场销路以及稳定的销量等情况。这种生产系统的管理比较方便，有利于系统的改进以及提高生产效率。在该运营类型下，为防止库存积压或脱销，运营管理的重点是抓供、产、销之间的衔接，按“量”组织生产过程各环节之间的平衡，保证全面完成计划任务。

（2）订货型生产（make-to-order，MTO）依据用户订单，根据用户提出各种关于产品的要求，包括性能、参数和数量等，再经过协商确定出价格和交货期等要素组织设计和生产。

由于订货型生产依赖用户订单，因此相比于存货型生产，订货型生产品种与数量波动较大，而且需要时常调整生产计划，导致生产组织的复杂性增加以及管理活动的难度加大。在该生产类型下，生产运营管理的重点是抓交货期，按“期”组织生产过程各环节的衔接平衡，保证按期交货。

存货型生产与订货型生产的特征比较见表 1－3。

表 1－3　存货型生产与订货型生产的特征比较

特征	类型	
	存货型生产	订货型生产
产品特征	需求稳定可预测	需求波动大难以预测
产品价格	生产企业事先确定	订货时双方协商
交货能力	快速	较慢
人员技能要求	专业化	多能化
设备	多采用专用高效设备	多采用通用设备
生产组织	按照预测组织生产	按照订单组织生产
生产类型	大量生产	单件生产
市场适应能力	较弱	灵活

1.2　运营管理的目标、内容和作用

1.2.1　运营管理的目标

运营管理目标就是“在需要的时候，以适宜的价格，向顾客提供具有适当质量的产品和服务”，其目标要通过质量、成本、时间和柔性等几个维度实现，这些维度也是衡量企业竞争力的主要运营管理参数。近二三十年来，现代企业的生产经营规模不断扩大，产品本身的技术和知识密集程度不断提高，产品的生产和服务过程日趋复杂，市场需求日益多样和多变，世界范围内的竞争日益激烈，这些因素使运营管理本身也在不断发生变化。尤其是近十几年来，信息技术突飞猛进的发展，为运营管理增添了新的有力手段，也使运营管理学科的研究进入了一个新阶段，使其内容更加丰富，范围更加广大，体系更加完整。从运营管理的目标可以看出运营管理在企业管理中有着无可替代的地位。

1.2.2 运营管理的内容

运营管理的内容可以从运营系统设计、运营系统运行和运营系统优化等三个层面来阐述。

1. 运营系统设计

运营系统设计（operations system design）具体包括产品和服务设计、生产运营技术的选择、生产运营流程的设计、生产能力的规划以及企业选址与设施布置以及工作设计等内容。

2. 运营系统运行

运营系统运行（operations system implementation）包括不同层次的生产运营计划的编制、作业排序与调度、库存管理、供应链管理和质量控制等内容。

3. 运营系统优化

运营系统优化（operations system improvement）主要包括质量管理、精细化管理实施和运营管理新技术的使用和运营管理理念的更新等。运营系统的设计和运行不可能一蹴而就，在运行过程中必然会产生一系列的相关问题，给系统留下优化完善的空间。

1.2.3 运营管理的作用

运营管理的主要作用可归纳为如下三个方面。

1. 运营管理是公司三大基本管理职能之一

运营管理、市场营销和财务会计构成了公司的三大基本管理职能，毋庸置疑，运营管理作为三个基本职能之一，在企业中有着举足轻重的地位。

2. 运营管理是企业创造产品和服务价值的主要环节

从人类社会经济发展的角度来看，除了自然界带来的财富（如煤、石油等矿产），物质产品制造是人类能动地创造财富的最主要活动。工业生产直接决定着人们衣食住行的方式，也影响着农业、矿业等其他产业以及工业自身技术装备的能力。另外，随着生产规模的不断扩大，产品和生产技术日益复杂，市场交易活动日益活跃，一系列连接生产活动的媒介活动也变得越来越重要。因此与工业生产密切相关的金融业、保险业、对外贸易业、房地产业、运输业、技术服务业、信息业等服务行业在现代生活中所占的比重越来越大，这些行业在人类创造财富的过程中扮演着越来越重要的角色，同样是创造价值和财富的必要环节。因此无论是制造业的生产过程还是服务业的服务过程，都属于运营管理的范畴，是企业创造价值的主要环节。

3. 运营管理的水平是决定企业竞争力的主要因素

企业是通过质量、成本、时间和柔性等运营管理的目标来为顾客提供产品和服务，这些目标能否完成取决于企业的运营管理部门的运作水平。企业通常选择一个或几个运营目标来满足顾客对产品和服务的需求，或高质量，或低成本，或减少服务响应时间，或提高提供产品和服务的柔性，超越竞争对手的一个或几个运营目标的完成，都能够折射出企业运营管理的水准，从而决定企业的竞争力。

1.3 运营管理的发展历史

在过去 200 多年的历史中，运营管理的发展经历了萌芽时期、科学管理运动时期、大量生产时期、精益生产时期和大规模定制时期等几个发展阶段。

1.3.1 萌芽时期（1776—1880 年）

1776 年，英国人亚当·斯密（Adam Smith）在《国民财富的性质和原因的研究》中第一次提出了劳动分工的观点，全面系统地阐述了劳动分工对提高劳动生产率和增进国民财富的巨大作用。

1798 年，美国人埃里·惠特尼（Eli Whitney）首创标准化和质量控制来推广零部件互换的概念，他在履行为美国政府生产 10 000 支步枪的合同时，将枪支零部件以标准件的形式生产，提高了生产效率和枪支质量，通过零部件的标准化生产，提高了枪支零部件的互换性。

1832 年，英国人查尔斯·巴贝奇（Charles Babbage）在《论机器和制造业的经济》一书中指出劳动分工能带来生产率的提升，进一步发展了亚当·斯密关于劳动分工的理论。

1.3.2 科学管理运动时期（1880—1910 年）

这一时期最著名的人物是科学管理运动的创始人弗雷德里克·泰勒（Frederick W. Taylor）。泰勒从费城米德维尔钢铁公司基层工作干起，28 岁时升任总工程师。他在工厂中研究企业管理 20 多年，进行了一系列试验，例如为探求搬运生铁和使用铁锹的最好方法，找出铲一锹的最适宜重量，通过连续试验，大大提高了搬运效率。他还进行了一个延续 26 年，耗费钢铁 80 万磅的金属切削试验，总结了不同金属材料、不同刀具的切削和进刀速度的规范，成为当时切削金属材料和切削速度的规范性文件。泰勒在管理领域里的很多工作是开拓性的，他针对工厂的各项操作工作制定了标准，并首创工时定额的概念，使管理工作迈向科学化。泰勒和他同时代的大师一起创立了科学管理理论，他本人也被誉为“科学管理之父”。

1911 年，泰勒出版了《科学管理原理》一书，彻底否定了当时“放任管理”式的企业管理组织和方法，泰勒认为在一切管理问题上都能够而且应该有科学方法，他的主张可以概括为以下四点：

（1）收集、分析、整理企业所有经验数据，以发展科学的方法；

（2）对工人进行严格挑选和培训，以发挥其最大能力；

（3）在工人和管理人员之间培养合作精神，以保证工人按科学方法完成任务；

（4）在工人和管理人员之间进行明确、适当的分工，以保证管理任务的完成。

与泰勒同时代对科学管理运动有贡献的人物还有亨利·甘特（Henry L. Gantt），他是建筑工程师，以他的名字命名的甘特图（Gantt chart ）至今还是制定工作计划的重要工具之一。弗兰克·吉尔布雷斯和莉莲·吉尔布雷斯（Frank and Lillian Gilbreth）夫妇是工业工程师，他们利用影像记录很多产业工人工作的场景，进行动作研究以期提高工人的工作效率，之后夫妇二人在员工选择、生产计划、动作研究以及现在流行的人类工效学领域作出了巨大贡献，这些贡献至今仍是生产运营管理科学的基础。

1.3.3 大量生产时期（1910—1980年）

这个时期是运营管理发展历史中的重要时期，诞生了流水生产线的生产方式，质量管理、数据模型决策、项目管理、系统工程等理论在运营管理领域大行其道，计算机网络技术也在这个时期的末期开始进入公司运营领域。

1. 流水生产线的诞生

美国汽车大王亨利·福特（Henry Ford）改变了汽车的生产方式，他把流水生产线引入汽车生产过程中，效果显著。福特T型车在1908年9月问世，当时靠传统的手工生产方式，生产一辆车耗时514分钟，成本为850美元。福特从屠宰厂肉类加工方法中获得巨大灵感，从而发明了流水生产线并引入汽车生产装配中，对汽车生产效率产生了革命性的影响。福特公司引入流水生产线后，到1926年每辆福特T型车的生产只耗时1.19分钟，成本降至290美元。汽车流水生产线极大地提高了生产效率，这是科学管理和劳动分工原理在工业生产中成功应用的范例。

2. 质量管理成为运营管理的焦点之一

生产管理在20世纪30年代出现了两个令人瞩目的发展：一是1931年美国的沃尔特·休哈特（Walter Shewhart）出版了《工业产品质量的经济控制》一书，运用概率论和数理统计学原理创立了控制图，用于生产过程中的产品质量控制，后来被一些大公司广泛采用，并把质量控制列为运营管理的一项重要内容；二是1934年英国的蒂皮特（Tippett）进行了工作抽样理论的研究，首先把统计抽样方法运用于工时调查。第二次世界大战后，美国人朱兰（J. M. Juran）、戴明（W. E. Deming）和费根鲍姆（Feigenbaum）等人提出了全面质量管理的概念。1961年，费根鲍姆出版了《全面质量管理》一书，系统地提出了全面质量管理的概念，认为全面质量管理是把企业内各部门研制质量、维持质量和提高质量的活动构成一个整体，形成有效的质量管理体系。

质量管理的有关内容在本书第 11 章有详细论述。

3. 数据模型决策的引入

20 世纪 40—60 年代是数据模型决策大发展的时期，生产管理广泛应用数学统计方法于合理配料、搭配产品品种、任务分配、决定产品加工顺序、平衡流水线上的工序、控制库存、配送物资、组织企业内部的物资流程、研究设备更新等方面，使生产管理中大量的复杂问题得到正确处理和解决，充分展示了运营管理科学性的一面。本书有计算的章节即是数据模型决策的表现形式。

4. 项目管理的相关理论和技术的应用

在 20 世纪 50 年代末期，项目管理的相关理论和技术诞生。1958 年，美国海军武器规划局在研制北极星导弹系统时，创立了计划评审技术（program evaluation and review technique，PERT），应用效果良好。在此之前的一年，美国杜邦化学公司发明了关键路线法（critical path method，CPM），在应用的第一年就节约了 100 万美元，相当于该公司用于研究发展 CPM 所花费用的 5 倍以上。项目管理利用网络计划技术找出影响全局的关键活动和关键路线，以便对工程项目进行统筹安排，在优化项目工期、成本、资源利用等方面可以起到重要作用。网络计划技术特别适用于项目管理工作，如大型科研和新产品试制项目、设备大修、大型建筑工程项目等。项目管理的有关内容在本书第 6 章有详细论述。

5. 系统工程理论的应用

从 20 世纪 60 年代起，系统工程理论在运营管理中广泛应用。该理论把企业运营过程中投入的各种要素及其活动作为一个整体系统进行合理的组织和控制，以系统的观点观察、思考、分析和解决问题。系统原理有助于加强公司运营的综合和协调，保证了复杂任务如期完成，以达到总体效果最优的目的。

6. 计算机网络技术的应用

自 20 世纪 70 年代起，随着计算机技术的应用，物料需求计划（materials requirement planning，MRP）、制造资源计划（manufacture resource plan，MRP Ⅱ）和企业资源计划（enterprise resource planning，ERP）等概念相继诞生，计算机网络技术可以将一个结构复杂的产品的全部零部件统一管理起来，并将企业生产作业计划和库存采购计划等功能集成，从管理理念上跳出传统企业的边界，从供应链范围去优化企业的资源，这是基于网络经济的新一代信息系统，计算机网络技术对于改善企业业务流程，提高企业核心竞争力作用巨大。

1.3.4 精益生产时期（1980—1995 年）

在这一时期，日本丰田汽车的生产方式大行其道，这种生产方式也称准时制

(just in time，JIT)。丰田生产方式是战后日本汽车工业应对“资源稀缺”和“多品种、少批量”市场制约的产物。它是通过几代丰田人的共同努力，直到20世纪70年代才逐步完善形成的。20世纪90年代，美国专家对丰田生产方式进行了深入分析，提出了精益生产（lean production）的概念。

战后的日本经济萧条，缺少资金和外汇。那时，丰田的汽车事业正处于萌芽时期，丰田没有照搬美国的大量生产方式，而是按照日本的国情，创造出了适应自身发展的汽车生产模式。日本的社会文化背景与美国大不相同，日本的家族观念、服从纪律和团队精神是美国人所没有的，日本没有美国那么多的外籍工人，也没有美国的生活方式所形成的自由散漫和个人主义泛滥。日本的经济和技术基础也与美国相去甚远。日本当时不可能全面引进美国的成套设备来生产汽车，而且日本当时所期望的生产量仅为美国的几十分之一，“规模经济”法则不适用。

1950年，丰田公司的领导人丰田英二和大野耐一等人考察了美国底特律的福特工厂。当时这个厂每个月能生产9 000辆轿车，比日本丰田公司一年的产量还要多。但丰田公司的领导人认为“福特的生产体制还有改进的可能”，经过一系列的探索和实验，根据日本的国情，提出了解决问题的方法。经过30多年的努力，终于形成了完整的丰田生产方式，使日本的汽车工业超过美国，产量达到1 300万辆，占世界汽车总量的30%以上。

丰田生产方式是日本工业竞争战略的重要组成部分，它反映了日本在重复性生产过程中的管理思想。丰田生产方式的指导思想是，通过生产过程整体优化，改进技术，理顺物流，杜绝超量生产，消除无效劳动与浪费，有效利用资源，降低成本，改善质量，达到用最少的投入实现最大产出的目的。

日本企业在国际市场上的成功，引起西方企业界的浓厚兴趣。20世纪90年代美国政府资助美国麻省理工学院组织了世界上17个国家的专家学者，花费5年时间，耗资500万美元，以汽车工业这一开创大批量生产方式和精益生产方式的典型工业为例，经理论化后总结出精益生产的概念。精益生产方式的优越性不仅体现在生产制造系统，同样也体现在产品开发、协作配套、营销网络以及经营管理等各个方面，它是当前工业界最佳的生产组织体系和方式，也必将成为21世纪标准的全球生产体系。精益生产不但是制造业追求的生产方式，同时也适用于服务领域。

精益生产是一种追求库存达到极小的生产系统，它能够快速应对市场的变化，要求企业的内部活动和外部的市场需求和谐统一，强调把员工的智慧和创造力视为企业的宝贵财富和未来发展的原动力等。

丰田生产方式和精益生产的有关内容在本书第12章有详细论述。

1.3.5 大规模定制时期（1995年至今）

早在这个时期之前，学术界就对大规模定制（mass customization）的概念有所展望。1970年美国未来学家阿尔文·托夫勒（Alvin Toffler）在《未来的冲击》一书中提出了一种全新的生产方式的设想：以类似于标准化和大规模生产的成本和时间，提供满足客户特定需求的产品和服务。1987 年，斯坦·戴维斯（Stan Davis）在《完美未来》一书中首次将这种生产方式称为“mass customization”，即大规模定制。1993 年约瑟夫·派恩二世（Joseph Pine Ⅱ）在《大规模定制：企业竞争的新前沿》一书中写道：“大规模定制的核心是产品品种的多样化和定制化急剧增加，而不相应增加成本；满足个性化定制产品的大规模生产，其最大优点是提供战略优势和经济价值。”

当今企业所处的环境发生了巨大变化，全球经济一体化趋势逐步形成，企业产品的生命周期不断缩短，互联网技术、电子商务得到蓬勃发展，顾客追求个性化的欲望越来越强烈，以顾客为中心的竞争也变得越来越激烈。传统的大规模生产方式已经难以适应新环境下市场竞争的需要，大规模定制生产方式将取代大规模生产方式，从 20 世纪 80 年代戴尔公司推出定制计算机开始，定制产品逐渐在个人消费产品中流行，成为 21 世纪主流的生产模式。

大规模定制是在高效率的大规模生产的基础上，通过产品结构和制造过程的重组，运用现代信息技术、新材料技术、柔性技术等一系列高新技术，以大规模生产的成本和速度，为单个顾客或小批量多品种市场定制任意数量的产品的一种生产模式。其特点表现在以下几个方面：

1. 大规模定制以顾客需求为导向

与传统的大规模生产方式的“先生产，后销售”的生产推动型模式不同，大规模定制是企业以客户提出的个性化需求为生产的起点，因而大规模定制是一种需求拉动型的生产模式。

2. 大规模定制的基础是产品的模块化设计，零部件的标准化和通用化

大规模定制的基本思想在于通过产品结构和制造过程的重组将定制产品的生产转化为批量生产。通过产品结构的模块化设计、零部件的标准化，可以批量生产模块和零部件，减少定制产品中的定制部分，从而大大缩短产品的交货提前期和减少产品的定制成本，同时拥有定制和大规模生产的优势。

3. 大规模定制的实现依赖于现代信息技术和先进制造系统

大规模定制必须对客户的需求做出快速反应，现代信息技术能够在各制造单元中快速传递需求信息，柔性制造系统及时对定制信息做出反应，二者高效配合才能实现产品的大规模定制生产。

4. 大规模定制以供应链合作为基础

在定制经济中，企业与企业之间的竞争关系已经转变成企业所在的供应链之间的竞争。企业必须与供应商建立起密切合作的关系，才能完成大规模定制的实施。

1.4 运营管理当前面临的形势及发展趋势

运营管理当前面临的形势表现在新技术发展日新月异，买方市场增大企业的运营难度，电子商务对传统商业模式形成冲击，企业之间竞争加剧对运营管理提出更高要求，这些外部环境将对公司的运营管理产生深远的影响。

1.4.1 运营管理面临的形势

1. 新技术快速发展促使企业对现有运营系统做出调整

在公司管理的诸多层面中，运营管理层面区别于其他管理层面的一个重要特征是，短则几年，长则十几年，新技术的使用足以改变人们的生产生活方式。这些新技术包括自动化技术、微电子技术、计算机技术、新材料技术、网络技术等。新技术的快速发展给企业提供了更先进的运营手段，为顾客提供更具有竞争力的产品和更多样化的服务奠定了物质条件。同时还客观上要求企业必须面对新技术的使用做出选择以及对现有运营系统进行再设计。

2. 买方市场日益强化增大公司运营难度

随着经济的不断发展，不同种类的产品和服务多已形成买方市场格局，单一品种的大批量生产模式已无法适应当前的市场要求，顾客对产品和服务的需求日趋个性化和多样化，对产品的质量和性能的要求更高。多品种小批量、缩短产品生产周期以及加速产品更新换代成为企业运营管理层面的主要追求。

3. 电子商务对传统的商业模式影响深远

以计算机技术和网络技术为基础的信息技术在物流配送系统的支持下推动电子商务发展已经成为一种新兴的商业模式，这种新的商业模式正在不断蚕食传统商业模式的生存空间，对传统商业模式产生深刻持久的影响。企业运营管理工作要面对的是如何进行电子商务化，而不是要不要电子商务化。

4. 经济全球化及企业间竞争日趋激烈对运营管理的绩效提出更高的要求

进入 21 世纪，各国经济在生产、分配、交换和消费环节的全球趋同化趋势前所未有地加强，世界各地的市场变得更容易进入，各国企业间的竞争激烈程度不断加强。与此同时，随着买方市场的扩大，本国企业间竞争的方式和类型越来越多，竞争越来越残酷。在这种背景下，成本、质量、交货期、顾客需求快速响应等衡量公司运营管理有效性的指标越来越受到重视。

1.4.2 运营管理发展趋势

当前运营管理发展趋势表现在绿色制造成为运营管理关注的焦点，制造业和服务业融合程度加深，工业 4.0 成为引领运营管理发展的新概念。

1. 绿色制造成为运营管理关注的焦点

工业生产的发展在为人类带来巨大物质财富的同时也给生态环境带来了不可忽视的负面影响。全球气候变暖、臭氧层空洞、生物多样性减少都是人类为工业化付出的沉重代价。绿色制造是一个综合考虑环境影响和资源利用效率的现代制造模式，其目标是使产品从设计、制造、包装、运输、使用到报废处理的整个生命周期对环境的影响最小，资源利用率最高。绿色制造涉及资源的优化利用、清洁生产和废弃物的最少及综合利用。我国工业、制造业消耗了大量的能源资源，污水废气排放量居高不下，对经济的可持续发展造成不良影响。鉴于此，在我国推行绿色生产迫在眉睫。企业在制定和完善生产运营计划的时候必须要考虑环境问题，在提高产品和服务质量的同时保护生态环境。

2. 制造业和服务业融合程度加深

当今第一、二、三产业并不是孤立地发展，农业和制造业、制造业和服务业互相渗透融合，制造业的服务化趋势已经显现并逐渐深化，生产性服务正在兴起。服务型制造正在成为制造业的发展方向，仅仅一次性的硬件设备销售模式渐渐成为历史，取而代之的是生产商依靠建立在硬件设备销售基础上的长期售后服务以获取更多收益，这是制造业新的利润增长点，而且比单纯的一次性硬件设备交易更有利于生产商获取长期稳定的利润来源。同时售后服务绑定和排斥同业竞争，有利于生产商获取竞争优势。

3. “工业 4.0”成为引领工业发展的新概念

2013 年 4 月，德国提出“工业 4.0”的概念。在“工业 4.0”时代，未来制造业的商业模式是以解决顾客问题为主。未来制造企业将不仅仅进行硬件设备的生产和销售，而是通过提供售后服务和其他后续服务获取更多的附加价值，这就是软性制造，同时也印证了制造业和服务业不断融合的发展趋势。而带有“信息”功能的系统将成为硬件产品新的核心，意味着个性化需求、批量定制制造将成为潮流。制造业企业要在制造过程中尽可能多地增加产品附加价值，拓展更多、更丰富的服务内容，提出更好、更完善的解决方案，以满足消费者的个性化需求，走软性制造加个性化定制的道路。

“工业 4.0”被誉为第四次工业革命。第一次工业革命肇始于 18 世纪 60 年代蒸汽机的改良和应用，标志着工业社会步入“蒸汽时代”，19 世纪下半叶发生的第二次工业革命开创了工业社会的“电气时代”，第三次工业革命则是第二次世界大战以后因计算机的发明以及随后几十年 ICT（即信息（information）、通信（communication）和技术（technology）三个英文单词的首字母组合）技术的快速发展而开启的“信息时代”。

“工业 4.0”包含以下三大主题：

一是“智能工厂”，重点研究智能化生产系统及过程，以及网络化分布式生产设施的实现。

二是“智能生产”，主要涉及整个企业的生产物流管理、人机互动以及 3D 技术在工业生产过程中的应用等。该计划特别注重吸引中小企业参与，力图使中小企业成为新一代智能化生产技术的使用者和受益者，同时也成为先进工业生产技术的创造者和供应者。

三是“智能物流”，主要通过互联网和物联网整合物流资源，充分发挥现有物流资源供应方的效率，而需求方则能够快速获得服务匹配和物流支持。

有国内专家认为，德国版“工业 4.0”偏重技术的描绘，趋向于未来的“智能化工厂”，是更趋于硬配置、重生产、偏技术的微观变革，德国版“工业 4.0”缺乏“开源、开放、共创、共享”的互联网思维。同时，传感器是工业 4.0 时代的核心组件，传感器通过将物理信息转换为标准信号，反馈到网络物理系统（cyber physical system，CPS），是未来工业 4.0 时代的核心基础技术，但目前工业 4.0 传感器互联的标准尚未建立。

4. 中国制造 2025

《中国制造 2025》于 2015 年年初出台，该规划提出要顺应“互联网+”的发展趋势，以信息化与工业化深度融合为主线，推进智能制造、绿色制造。强调要强化工业基础能力，提高工艺水平和产品质量，促进生产性服务业与制造业融合发展，完成从制造业大国向强国的转变，智能制造将是主攻方向。以下十大领域将是关注的重点：新一代信息技术、高档数控机床和机器人、航空航天装备、海洋工程装备及高技术船舶、先进轨道交通装备、节能与新能源汽车、电力装备、新材料、生物医药及高性能医疗器械、农业机械装备。

□ 小结

本章为全书的开篇之章，首先阐述运营管理在企业管理中的职能，运营系统的结构和类型，讨论运营管理的目标、内容和作用，回顾了过去 200 多年运营管理发展的历史，描述了对运营管理有贡献的主要历史人物及其事件，最后对运营管理当前面临的形势及发展趋势作出了评估和判断。

□ 术语

运营管理　单件生产　大量生产　批量生产　流程生产型　加工装配型　存货型生产　订货型生产　工业 4.0　中国制造 2025

□ 习题

1. 如何理解运营管理是公司三大基本管理职能之一？

2. 按照专业化、生产工艺、接受生产任务的方式，说明运营系统是如何分类的。

3. 请简述运营管理的目标、内容和作用。

4. 请简述在 200 多年的运营管理发展历史中有贡献的历史人物及其主要事件。

5. 请简述运营管理当前面临的形势及发展趋势。

□ 案例

晶苑公司的运营管理

引言

2013 年 8 月初的一天，微风吹拂着香港维多利亚湾，波澜不惊。远处蓝天碧海，近处山峦秀丽。

张先生是晶苑集团（以下简称晶苑）董事局的战略发展顾问，看罢窗外美景，他的思绪转移到晶苑公司的发展定位上，摆在张先生面前的是两个影响公司长期发展的决策选择。

首先，作为著名的成衣代工企业，晶苑把服装生产环节作为主营业务，董事局高层对发展晶苑自有品牌尚未达成共识。晶苑一直定位于生产环节，若经营自有品牌，公司的一部分资源需投入销售环节，管理难度的增加是必须要考虑的因素。其次，随着公司的发展，晶苑有实力将服装面料供应商的一部分业务拿到本公司内部完成，拓宽公司的利润增长点。但随着产业链的延伸，势必增大资本性投入，管理工作也更具挑战性。收益提升但管理难度增加是以上两个决策的共同特点。

公司董事会会议将在 8 月底召开，张先生必须拿出有说服力的公司发展报告交董事局讨论，上述两个决策将是讨论重点。

一、公司简介

晶苑是总部位于中国香港的亚洲三大服装制造商之一，1970 年创立。晶苑是全球主要服装品牌如李维斯（Levis）、Lee、威格（Wrangler）、A&F、盖璞(Gap)、JCP 等的代工厂家。晶苑在全球雇用超过 45 000 名工人，年产成衣超过 2.3 亿件。2012 年实现 13 亿美元的销售额。晶苑拥有 5 个生产基地，分别位于中国、越南、斯里兰卡、孟加拉国和柬埔寨等国，目前有 17 家工厂。

晶苑的使命是发展成行业内实力最强的企业，为顾客提供优质的产品和服务，使其感受物有所值之喜悦。

晶苑的愿景是要成为行业内最有盈利的企业并成为顾客及员工之首选。

晶苑的企业文化价值观可以表述为以客为尊、勇于创新、品质为本、达至最佳效益，上下融和，超越疆界。

二、生产管理

1. 订单获取

晶苑选择市场地位强、市场占有率大的服装品牌商为主要合作伙伴，这样便于公司获取长期稳定的订单。集团销售部门负责订单签订，获取订单后交由工厂生产。晶苑定位于大批量生产模式运作，订单的数量少到几千件，多达上百万件，不承接单件小批量服装的业务。由于服装市场竞争的白热化，晶苑在承接订单时着眼于通过大批量生产优势获得盈利，在当前的格局下，晶苑若想进一步提高单位产品销售价格以增加盈利难度很大。

2. 成衣设计

晶苑拥有服装设计能力。晶苑的服装设计团队可以提供当前流行的设计，并邀请服装品牌商和服装面料供应商到公司，共同在现场完成服装设计，使原来3个月的产品开发时间缩短为一个星期。产品现场开发有利于日后服装成本控制，因为在开发期间已充分考虑到每个环节的成本因素，并在开发期间完成成本优化工作。品牌商也可自行完成服装设计交由晶苑生产。

晶苑的盈利始于设计环节。设计师十分重视在服装设计中增加服装的“增值工艺”（value-added process），这是提高服装生产代工利润的主要增长点。如切驳针织中的印花、绣花和洗水等；牛仔裤的猫须、钉珠和绣花等。设计师在服装的设计过程中巧妙融入“增值工艺”是晶苑持续提高收益的关键。

除了产品开发，晶苑的技术中心还具备研发车缝工艺的自动化生产设备的能力。

3. 采购管理

晶苑处在供应链的中间环节，被夹在服装面料供应商和成衣品牌商之间，由于服装产业链完全竞争的格局，晶苑与服装面料供应商的议价能力十分有限。服装行业中对应付账款都有一定的期限，如面料等原材料供应商在交货后给予晶苑一定的付款宽限期，而晶苑也给品牌商一定的付款宽限期，由此可见在服装产业链中，下游企业拥有更大的话语权。

4. 生产流程管理

晶苑常见的两种产品生产流程描述如下：

切驳针织的制造流程如下：剪裁→车缝→印花、绣花、洗水→熨衣→包装→验针→出货。其中印花、绣花、洗水工序是“增值工艺”。

牛仔裤的制造流程如下：剪裁→车缝→干处理（包括激光形成猫须和磨白等效果）→湿处理（包括洗水、定型和着色等）→后处理（包括上纽扣、打钉、钉珠、绣花等）→包装→验针→出货。其中干处理、湿处理和后处理工序是“增值工艺”。

晶苑的生产管理是在一整套软硬件技术手段的支撑下进行运作的。上述生产流程的支持体系包括制衣业工业工程（garment industrial engineering）技术和制衣业专家系统（manufacturing expert system），这是提升工厂生产效率和竞争力的保证。

工业工程技术和知识有利于构建工艺分析系统数据库，从而改进生产效率；生产计划及排单系统（fast react system）可以改善订单的透明程度，促进协同合作，提供客户快速回应；采用无线射频辨识系统（RFID system）追踪和管理生产订单状态，控制品质、流程和进度；使用改良的生产流程和工具，并配合全自动回转吊挂系统（提升20%效率）实施生产标准化和自动化，其中集成了RFID实时生产数据收集功能。

通过以上软硬措施并用，晶苑的生产管理达到了订单状态可视化，对生产管理全过程进行有效的管理，增强与客户的联系。生产线上的工人可以清晰地知道自己每天的产量，并计算收入，增强了企业的竞争力。

5. 库存控制

晶苑采用信息化手段优化各生产环节的库存，如实施供应商管理库存（vendor managed inventory，VMI），与商业伙伴建立电子数据联通平台等。以晶苑与沃尔玛之间的VIM管理为例，沃尔玛销售晶苑生产的牛仔裤，沃尔玛每2个星期要通报未来52个星期的销售数据预计，沃尔玛与晶苑共享销售数据，晶苑依据此滚动计划协调面料等供应商的原材料进货事宜。通过信息化平台，不但降低了整个供应链各环节的库存，而且加快了市场反应速度。

6. 工作指派及员工激励

服装业是劳动密集型行业，晶苑益达工厂采用工作专业化（job specification）的方式提高效率。员工每周工作6天，每天工作10小时，个别工种岗位工作时间还要略长。晶苑一般不安排工人工作超过10小时，因为这样会降低工人的工作效率；也不雇用更多的工人上大夜班，这样虽然能够提高生产设施的产能输出，但相关岗位都要有人值守，管理难度增大。

珠三角地区已是当前世界上服装生产成本较高的地区之一，晶苑益达工厂员工薪资占到牛仔裤制造费用的60%。在员工激励方面晶苑益达工厂有独到之处。首先给员工提供有竞争力的薪酬。如平均工资3 500元/月，最高达8 000元/月，以期进一步招收到熟练工。其次每年晶苑还会评选出“优秀员工”若干名，由公司出资请员工的家人到工厂参观，了解员工的工作环境，安排家属入住高级酒店，并出资组织家属在珠三角地区旅游。这种做法比单纯地给予奖金鼓励更有效，除了增加员工满意度，还可以形成口碑效应，吸引更多的合格劳动力到晶苑就业，降低招聘成本，这是“感情留人”的实践。在存在用工荒的珠三角地区，晶苑的工厂没有觉得招工难。晶苑益达工厂春节过后工人的返工率达98%，这在珠三角地区是很高的。

7. 质量管理

晶苑益达工厂2008年3月通过了ISO 9001质量管理体系认证，2010年11月通过了ISO 14001环境管理体系认证。益达工厂建立了省级纺织产品检测中心，检测各种面料和成品服装质量，此检测中心还获得了当地政府的资助。

益达工厂自行开发生产辅助设施以提高产品质量。如开发适合不同牛仔裤车缝的“蝴蝶”，这是一种小型金属结构的辅助装置，既可以帮助工人在车缝过程中加快速度，也能够使缝纫轨迹笔直或以某种曲线完成车缝，以提高产品质量。这种方法是防错防呆在制衣业中的具体应用。

在成衣包装前有一道验针环节，使用特制仪器探测服装中可能的断针，从而避免伤害顾客。

8. 企业信息化在生产环节中的实施

晶苑采用SAP企业资源管理系统，该系统可以提供端到端（从报价、订单、采购、生产、交运以至财务管理）的解决方案；采用RFID实时生产数据收集系统，提升生产效率，缩短生产时间。晶苑的信息化还涵盖电子工票系统（ETS）、企业资源规划（ERP）系统、电子文本管理、电子表格和网上银行，建立了无纸化系统。

晶苑建立全球资讯和沟通平台以提供安全、便利、稳定的通信及资讯平台，促进客户、业务伙伴及员工之间的沟通。

三、绿色生产

在传统的牛仔裤生产过程中，因为需要染色和洗水，生产过程中污染和能耗较高。但晶苑倡导低碳生产系统（low carbon manufacturing program，LCMP）的理念，走出了一条绿色生产之路。

晶苑益达牛仔裤生产工厂秉承可持续发展理念，旨在推动经济、社会和环境的和谐发展。可持续发展包含环保、员工关爱和社区参与三个部分。晶苑认为可持续发展重点在于做好环保和节能工作。晶苑的环保原则是“避免、减少、循环和弃置”。环保是政府、非营利组织、消费者、服装品牌商等都十分关心的话题，一个企业，其环保工作就是一张名片，做得好有助于获得稳定的订单；做得不好，不但可能遭到制裁、抵制或抗议，而且也得不到服装品牌商的订单。

晶苑益达牛仔裤工厂节能减排的主要举措如下：自行开发无水无化学品洗水工艺和再生棉产品；生产用水经过处理循环使用，减少原水的使用，废水达标排放，中水浇灌花木和供卫生间使用；工厂采用一系列的节能措施，如水帘式冷通空调、蒸汽冷凝水热能回收、变频节能生产设备、干衣机热回收、锅炉烟囱及空压机热回收、生产和员工宿舍区蒸汽综合利用等；益达工厂的生产用锅炉以家具生产过程中产生的边角废料为燃料，这些燃料由当地家具生产企业提供，供应稳定且物流费用低廉，减少了粉尘和残渣排放，杜绝了二氧化硫等有害气体的产生；使用太阳能，生产线使用LED灯照明，且每个工位都有控制开关，人走灯关。

通过节能减排改善活动，益达工厂比传统生产方法减少能源消耗30%以上，在绿色生产的同时降低了生产成本。

益达被誉为环保最好的牛仔裤生产工厂，屡获各项环保殊荣。晶苑的绿色生产是公司对外宣传的亮点，晶苑对此十分自豪。

四、晶苑生产管理尚需改善的方面

1. 提高产能利用率

益达工厂当前的产能利用率为92%，尚有8%的闲置产能有待挖掘，而益达的订单已经处于饱和状态。应通过优化生产计划和工作排序，科学合理进行调度安排，利用闲置产能。

2. 培养多能工和人机工程优化

工人的工作效率表现在标准工时（SAM）上，以生产牛仔裤为例，即完成单条牛仔裤所耗用的时间。一般工厂生产一条五袋牛仔裤需要车缝时间SAM值为22～24分钟，而益达工厂通过自动化生产设备和工作方法改善，生产相同产品需要车缝时间SAM值为13.5分钟。益达的目标是将SAM值降低到12.5分钟，尚有7%的提升空间。要实现这个目标，需要加大培训力度，缩短工人完成工作的时间，以培养多能工为目标，同时还要加强人机工程优化（如时间研究和动作研究等），研发有助于提高效率和工作质量的专门工具，如研发车缝工艺的各式“蝴蝶”等辅助工具。

3. 提高海外工厂的劳动生产率

益达工厂的工作效率是晶苑集团中最高的。一个益达工人的效率大约相当于4个柬埔寨工人和7个孟加拉国工人，但人工费也相差很大。海外工人的人工费低，效率更低，因此海外工厂效率提升空间巨大。晶苑需要将海外员工培训成为熟练工，同时增加工资待遇以激励其提高劳动效率。

尾声

云南小粒咖啡刺激着张先生的神经，一个晶苑发展蓝图渐渐呈现在张先生的脑海中。伴随着电脑键盘的敲击声，一份交由董事局讨论的文件慢慢成形……

资料来源：本案例由云南大学商旅学院副教授吴奇志于2013年7月率云南大学MBA学生赴广东晶苑制衣厂调研后写成，本案例2015年入选中国管理案例库。

案例思考题：

1. 晶苑若推行成衣自有品牌战略（前向一体化），与现有的代工生产模式相比，需要做哪些运营调整？调整后会带来哪些管理挑战？

2. 晶苑若将面料供应商的一部分工作纳入本公司承担（后向一体化），与现有的代工生产模式相比，需要做哪些运营调整？调整后会增加哪些管理难度？

第 2 章 Chapter 2 精细化管理

学习目标

1. 了解精细化管理的内涵以及对企业生存发展的重要意义
2. 明确精细化管理的组织与实施的要点
3. 熟悉制造业和服务业中精细化管理的基础工作
4. 了解精细化管理的常用工具和手段

2.1 精细化管理概述

2.1.1 精细化管理的内涵

1. 精细化管理的概念

精细化管理（detail management）是一种管理理念和管理文化，也是一种操作方法，其以“精、准、细、严”为基本原则，采用科学的管理方法和手段，通过改善和提升员工的素质，加强企业内部控制，强化各项工作之间的衔接，从而提升企业的整体运营效率。管理大师彼得·德鲁克认为“竞争力就是在关键细节上的突破”。

常压下，99 度的水尚未沸腾，价值有限；若再添一把火上升到 100 度，水就会沸腾，就能产生蒸汽推动机器运转，从而产生价值。因此，100 件事情做好了 99 件，1 件未做到位也将功亏一篑，这就是做好细节的意义所在。

精细化管理的成效最能够体现在企业运营管理的每一个环节中，从产品设计、物料采购、生产计划到供应链物流，需全过程认真对待每一个环节，只有环环相扣地实行精细化管理，才能把企业打造成为一个运行高效的盈利公司。

2. 精细化管理的起源

精细化管理一般被认为是对源于日本 20 世纪 50 年代的一种企业管理理念和工作方法的创新，它是社会分工的必然结果和对现代管理升级的必然要求，它建立在常规管理的基础上，是把常规管理引向深入的一种管理思想和管理模式的创新，是一种以最大限度地减少管理所占用的资源和降低管理成本为主要目标的管理方式。

3. 精细化管理的特点

精细化管理通常把复杂的工作简单化，简单的工作流程化，流程化工作定量化，定量的工作信息化。在这个理念指导下，再复杂的工作也能够化繁为简，便于管理者更好地实现组织目标。

精细化管理就是落实管理责任，将管理责任具体化和明确化。它要求每一个员工都要尽职尽责，强调第一次就把工作做到位，工作要日清日结，每天都要对当天的情况进行检查，发现问题及时纠正，达到日事日毕、日清日高的标准。1986 年 1 月 28 日美国挑战者号航天飞机在发射升空的过程中，因火箭助推器的 O 型密封圈失效，导致燃料外泄遇明火爆炸。一个有瑕疵的 O 型密封圈毁掉了一个重要的高科技产品，足以说明细节决定成败。

精细化管理能够提高企业运行的效率。精细化管理的本质在于把工作目标分解、细化和落实，有效贯彻到每个工作环节，同时精细化管理也是提升企业整体执行力的重要途径。企业应该以精细化管理的要求为指导，努力提升管理水平。在实施精细化管理的过程中，应针对企业的现状，按照精细化管理的思路，找准关键问题，确定薄弱环节，攻坚克难，将管理的规范化与创新性相结合，最终达到通过精细化管理提升企业竞争力的目的。

2.1.2 精细化管理是企业生存发展的必由之路

实施精细化管理是企业发展到一定阶段后生存发展的必由之路，主要有以下原因：

1. 市场竞争日益激烈

经过改革开放 40 多年的发展，中国企业的管理水平有了很大的提高，但 21 世纪的市场竞争已经不分国界，中国企业既要面对国内的竞争，还要接受来自国外，特别是来自跨国公司的巨大挑战，激烈的市场竞争使得粗放式管理难以为继，若不加强细节控制则无法生存，这在客观上要求中国企业管理必须向精细化管理转型。彼得·德鲁克曾经说过，“管得好的企业，总是单调而乏味，没有任何激动人心的事件。那是因为凡可能发生的危机早已被预见，并已将它们转化为例行作业了”。成熟的公司长期在市场竞争环境下磨炼，积累了很多精细化管理的经验，其管理上追求精细化。其他企业应该采用“拿来主义”的态度，学习他人长处，取长补短，才能更好地应对竞争。

2. 消费者对产品和服务的要求越来越高

随着市场竞争的加剧，消费品市场竞争日益白热化，传统制造业进入调整重组和优胜劣汰阶段，同时产品品种越来越丰富，消费者不但选择余地越来越大，而且消费观念和水平日益提高，对产品和服务的细节越来越挑剔，追求个性化成为消费新趋势。为了更好地满足消费者的需求，也出于自身的生存需要，企业不得不向精细化管理靠拢。

3. 投资者的要求和公司监管机制趋于成熟

随着现代企业制度的不断健全，无论国企、民企还是外资企业都必须对投资者负责。投资者追求经济回报天经地义，企业需要不断赚取利润以回报投资者。股东关心的是投资回报率、销售收入、成本和利润，公司管理必须做细才能满足股东的要求，从粗放式管理到精细化管理成为必然。

4. 市场分工越来越细

随着经济的发展，社会分工越来越细，专业化程度越来越高。工业产品和工程建设往往涉及数个国家的企业，这就需要制定和贯彻执行各类技术标准和管理标准，从技术和组织管理上把各方面的工作有机地联系协调起来，形成一个统一的体系，从而保证各项工作有条不紊地进行。在这一过程中，每一个庞大的系统都是由无数个细小的工作构成的统一体，忽视任何一个细节，都会带来意想不到的灾难后果。随着社会分工越来越细，专业化程度将会越来越高，精细化管理的时代已经到来。

5. 产品和服务趋于同质化

在市场竞争日趋激烈的今天，不同企业在产品、技术、成本、设备、工艺流程和服务等方面的同质化越来越强，差异性越来越小，市场竞争开始表现为细节上的竞争。谁能够在管理上想得更周到、更细致，谁就会在竞争中胜出。管理工作中需要完善的细节层出不穷，提高管理水平是没有止境的，管理水平的提升是推动社会和经济不断发展的主要动力。

6. 产品和服务的利润空间收窄

进入 21 世纪，企业已处于微利时代，市场越来越规范，竞争越来越激烈，利润空间越来越小，生意越来越难做，一夜暴富的神话很难再现，企业经营者普遍感受到利润减少的压力。为了应对利润下滑，管理者除了需要转变经营观念，在管理上精耕细作是必须考虑的举措。

7. 企业追求卓越和完美

管理工作追求卓越就是不断追求细节完善直至完美的过程。任何卓越的管理工作，不管是公司、团队还是个人层面，一定是建立在精细执行的基础之上才能产生领先他人的卓越特征；同样，对于管理工作的任何失败，都可以在细节的蛛丝马迹中找到失误之处。

追求卓越需要把各项工作细节做好。“不积跬步，无以至千里”说明成就大事需要做好每一个细节；“千里之堤，溃于蚁穴”反映出任何细小的东西都可以成为影响全局关键。

但在现实工作中，员工容易忽视那些看似简单、细小和琐碎的工作细节，很多细节恰恰是重点，不重视细节而造成严重后果的事例比比皆是。杜绝好高骛远的工作态度，应当从戒除虎头蛇尾的工作作风开始。伟大源自细节的积累，重视细节是成就大业的基础。卓越的事业并非高不可攀，也并非遥不可及。每一个员工只要从每一件小事认真做起，都可以产生卓越的工作绩效。

2.2 精细化管理的组织与实施

明确了精细化管理的内涵与作用后，接下来就进入精细化管理的组织实施阶段。

2.2.1 精细化管理的组织

精细化管理是精细化管理理念和实际操作贯穿于企业所有工作环节的一种全面管理模式，这种模式必须将精细化管理工作引向深入，从工作态度、工作方式、职业素质、职业道德等几个方面进行深层次扩展。搞好精细化管理主要应该做好以下工作：

1. 认真做好每一件小事

古语有云：“窥一斑而知全豹。”现代管理强调“放大抓小”的原则，其本质就是从细节上展示管理水平，向管理要效益。在企业复杂的管理过程中，处处体现着关注细节的重要性。细节能够反映出企业的综合管理水平，体现出能否将一件看似简单的工作做到“高水准”，具有超越其表面现象的价值。每个员工都应该努力追求自身工作的完美，认真做好每一件小事，这对于企业的生存和发展具有重要的意义，也是创造卓越的根本点和立足点。

做好小事需要高度的责任心、敬业精神和严谨求实的态度。除了勤奋努力工作，细致入微的工作态度是保质保量完成本职工作的前提。企业的各种工作是由无数工作细节组成的，每一个工作环节都十分重要。必须坚持高标准、严要求，把每一项细小的工作落到实处，不断提高工作质量，减少工作失误，提高工作效率，才能完成组织目标。

2. 把简单的事持续性一次做对

老子在《道德经》中曾有“天下难事必作于易，天下大事必作于细”的表述。

想做大事是很多组织成员的理想，但现实中只有极少数人有做大事的机遇，多数人在一般情况下只能从事具体的、琐碎的和单调的工作，这些工作平淡无奇，甚至近乎鸡毛蒜皮，但必须面对这样的现实。海尔总裁张瑞敏曾经说过："把简单的事做好就是不简单，把平凡的事做好就是不平凡。"把简单的事持续做对，员工才能不断进步，组织才能不断地实现自己的目标。因此必须杜绝员工在工作中的马虎大意，远离"好像""几乎""似乎""将近""大约""大体""大致""大概"的工作习惯和工作作风。

把简单的事情做对，而且是持续性一次做对，解决的是"知行合一"的问题，是一种执行文化。精细化管理强调执行，执行依靠正确的操作方法和流程，无论是企业还是企业家，无论是管理者还是员工，都必须提高认识，把简单的事持续性一次做对，落到实处。

3. 量化管理细节

企业员工要把工作"做完"，但更重要的在于用心做事，把工作"做好"。当今企业之间的竞争表现在细节层面，如果员工工作粗枝大叶，马虎潦草，必将在市场竞争中被淘汰出局。

有些企业虽然制定了种类繁多的规章制度、工作流程和工作手册，但往往忽视了细节的量化，执行起来缺少可操作性。缺乏量化的管理制度会使得管理者经常感到下属工作不力，离预期存在差距，达不到领导的要求。究其原因，其实往往是因为管理者在布置工作或制定规章制度时没有使用量化的标准，最后常常出现一个人一个结果，工作效率低下。这应验了管理学界的那句名言"不能测量就无法管理"。

细节的量化就是在管理中将工作内容及制度以量化的形式提出要求，并使之涵盖工作全过程。具有细节量化意识的管理者在布置工作时，通常会将具体时间、完成数量、达到什么质量要求等等贯穿在整项工作的过程中。而且还会尽可能将每一个细节量化，这样才能将管理工作做得透彻和精细，便于形成良好的工作标准和规范，以便为员工做参考。

4. 每个细节做到"零缺陷"

管理必须求精求细，对每一个过程的每一个环节，都要有精细意识，即使是最细微的部分也不忽略，从小事做起，对每个岗位、每项工作、每个细节都要认真，精益求精，用心做好，并把这种思想贯穿工作始终，达到"点点滴滴求合理，细微之处见管理"的境界。各级管理人员对每一项工作都要有"精心谋划、细致安排"的高标准，日常工作中的每一个步骤都要精心，每一个环节都要精细，立志每一项工作都是精品。用精心的工作态度，精细的工作过程，达到精品的成绩。

精细化是对科学管理的执着追求，是一种上下一心追求极致的管理思维模式。一方面，管理者要有精细化意识，并强化、推行这种意识；另一方面，培养教育员工践行精细化管理。精细化管理的最大要旨在于转变员工的思维模式，要强化精细意识，求真务实，不断追求卓越。从点滴做起，在细微处着眼，脚踏实地，把每一细节做到“零缺陷”，只有这样才能造就具有竞争力的企业。

5. 培养大处着眼，小处着手，注重细节的习惯

精细化管理有时被看成是“吹毛求疵”，这完全是误解。精细化管理强调从大处着眼，小处着手，既要见树木，又要见森林。

管理者不仅要把注意力放在“大”上，还要在把握大方向、大战略的前提下，密切关注和做好每一件小事。大事谋划正确与小事落实细节完美结合才有可能获得更大的成就。

组织运行的过程是由无数细节相互连接而形成的复杂系统。在这个系统运行的过程中，难免出现“细节梗塞，小事挡道”的现象，因此，对每件小事的处理是否得当，都会对整个大局带来连锁反应。一个有理想、有雄心壮志的企业需要树立全员“大处着眼，小处着手”的意识，培养员工从小事做起，把小事做细，为成就大事奠定基础。

2. 2. 2 精细化管理的实施

精细化管理一般可从以下几个方面实施：

1. 高层领导者必须重视精细化管理

高层领导者的重视是企业搞好精细化管理的关键。任何大事都是由小事构成的，企业中的每个环节和细节都是整体部署的有机组成部分，缺一不可。认为企业领导可以不重视细节，认为领导就是做大事，干大事业，细节是小事，领导可以忽略细节，这完全是错误认识。作为一个领导者，如果对细节马虎大意，出现异常也视而不见，如何保证决策的严格执行?

高层领导者最了解企业情况且有决策权，这一特殊地位决定了高层领导者是促使精细化管理在公司得到推广和落实的关键。对于企业领导者而言，除了制定公司发展战略和做出管理决策，关注实际工作中的细节也同样重要。领导者只有脚踏实地，积极了解并参与一些关键细节的执行，才能够准确及时地发现企业管理的问题所在，随时调整策略，及时修正偏差，才能最终实现组织目标。

任何事情从量变到质变都有一个过程，如果企业领导者不能“举轻若重”，缺乏执行中的务实精神，就无法达到“举重若轻”的境界。企业领导者心目中的宏图大略建立在一个个平淡无奇的日常工作的基础之上，只有高效率地完成这些繁杂的日常小事，才能实现宏图大略。

应当看到，实施精细化管理要求从领导者做起，并非要求领导者事必躬亲，而是要求领导者对一些重要细节能够明察秋毫，给员工做出榜样，使员工不敢怠慢和马虎。企业领导者在推行精细化管理的过程中，应该有科学的制度作保障，辅之以合理的授权机制，形成抓大放小的良好工作局面，企业领导者应既重视细节，又不陷入细节。

2. 制定并执行精细化管理方案

作为企业的领导者，首先应该保证做正确的事，然后是正确地做事，这是管理的内涵和真谛。如果缺乏做正确事情的规划，即使对细节把握再完美，也会偏离组织目标；如果组织目标正确，但缺乏执行力，不能够把握各环节的细节，同样无法实现组织目标。

在实施精细化管理的过程中，企业应该以行业标杆为学习榜样，从主要技术经济参数入手查找与先进企业的差距，从最容易改善的地方入手，制定相应的精细化管理实施方案，由点到线，由线到面，逐步分阶段进行，最终整合到全部体系。在实施过程中遇到各种难题在所难免，螺旋式上升是企业精细化管理进步的一般规律。

确定精细化管理方案要兼顾总目标和阶段性子目标，既要规划精细化管理的总体方案，也要设计好阶段性计划和具体方案。建立专门组织，制定出相应的计划、步骤和措施，分阶段实施和推进。

制定并执行精细化管理大致要经过以下几个环节：公司上下达成共识，围绕企业内部所有运营流程制定各项精细化管理制度和程序，狠抓落实，检查成效，建立反馈和纠偏机制，逐步改善提高。

3. 用标准化管理推动精细化管理

很多工作的步骤和方法存在一个最佳点，将其规程化后并形成标准，继而培训员工按照标准化的程序操作可以提高工作效率，减少失误。各项工作标准既是员工行为指南也是考核依据。缺乏工作标准往往导致员工的努力方向与公司的目标不一致，这将造成大量的人力物力资源浪费。因为缺乏参照物，员工工作容易懈怠。工作标准应该向数字化靠拢，纳入考核指标，注意可操作性。

实施精细化管理的企业应该建立各项标准的数据库，把企业所有定岗、定编、工时、定额、动作、工艺、配方等各项参数加以归纳，尽可能把管理标准数量化。

4. 采用新技术方法

“科学管理之父”泰勒创造的时间研究和动作研究的方法，历经百年，仍不过时。在精细化管理的实践中，人们发明了很多新技术方法来辅助精细化管理的实施，如“目视控制”“防错设计”“标准作业”“检查表”等。

必须看到，精细化管理会产生大量的信息流和数据流，对其进行必要的收集、整理、筛选、存储、检索、加工和分析等有助于管理者提高精细化管理的水平。相应的数据管理系统及软件是管理者深化精细化管理的得力助手。各种管理软件的使用，如管理信息系统（MIS）、客户关系管理系统（CRM）、供应链管理系统（SCM）、集成制造系统（CIMS）、计算机辅助设计系统（CAD）、企业资源规划系统（ERP）等，是精细化管理成功的必要物质条件。

企业管理者应该积极采用各种新技术方法，通过软硬件的合理搭配，使其更好地促进企业的精细化管理。

5. 重视监督检查确保成效

精细化管理是一套完整的体系，是一套封闭的管理系统，由“制定制度-方案实施-检查监督”三个环节构成。再完美的计划在实施的过程中也难免遇到各种问题和环境变化，因此监督检查是关键环节，对于企业管理者而言，不检查就等于不重视。建立有效的反馈机制，及时发现实施过程中的各种问题并进行整改提高是精细化管理顺利实施的保障。

在监督检查工作中需要关注如下要点：以管理者为中心进行检查，不能被下属牵着鼻子走；不管工作多忙都要安排时间进行检查；例行检查和突击检查相结合；检查工作要明确重点，不可眉毛胡子一把抓；通过提问下属发现问题；对发现的问题应该有整改方案，并在事后重新检查。

6. 不断创新深化精细化管理

在实施精细化管理的过程中，需要把规范性与创新性相结合。规范性方法是常规的工作方法和流程，而创新性的方法和技巧是在规范性的基础上进行升级并有所突破，形成更高级的精细化管理模式。学习曲线效应在精细化管理实施过程中具有重要作用。

日本企业的经验表明，通过细节的创新可以实现对整个企业持续不断的改善，从而使企业获得巨大的成功。每个细节虽然渺小不起眼，但无数个细节汇集在一起，假以时日，则可以创造出完全不同的产品、服务或工序。通过无数个细节的积累，必将由简单的“量变”过渡到“质变”，实现精细化管理的创新，这也正是“1.01 法则”所展示的深刻内涵，即如果每天都持续进步 0.01，则一年下来就会是一年以前实力的 37 倍。德鲁克曾说过：“行之有效的创新在一开始可能并不起眼。”而这不起眼的细节往往就会产生灵感，让简单的事有超常规的突破。德鲁克认为创新不是浮夸的东西，它要做的只是某件具体的事。所以，创新并非“以大为美”，它常常是企业活动中一个个不相同却又相互关联的细节。

7. 识别并规避精细化陷阱

精细化管理要求用数字说话，但一味沉迷于数字有时会被数字的假象所迷惑，导致管理决策的失误。企业决策一般要建立在某种假设和数字的基础上，但数字太多、数字之间矛盾、数字背后的假设以及数字的真实性和有效性等因素需要决策者取舍和平衡，需要依赖管理经验加以判断。

精细化管理会导致管理内容和管理过程复杂化，无形中会降低管理效率。管理者必须在精细化管理中把握好“度”，这有赖于管理者的经验和知识。

精细化管理需要由人来实施，但在有些情况下，一个设计精细的管理细则却难以得到良好的实施，问题出在操作性设计得不尽合理，最后导致精细化管理只能流于形式。

推行精细化管理应立足长远，任何抱着追求轰动效应和赶时髦的心态来推行的精细化管理，其结果往往是成为一阵风的短期行为，无法建立起长效机制，导致精细化管理虎头蛇尾，无疾而终。精细化管理的最大要旨是改变员工的工作思维模式，把员工的工作精细化纳入职业化培养，这是一个系统工程，需通过设定标准，推进实施，考核奖励，总结提高等诸多工作环节才能落实推广，使精细化管理真正成为提升企业管理水平的利器。

2.3 精细化管理的基础工作

本节主要讲述精细化管理的基础，聚焦现场管理，分为制造业的5S管理和服务业的五常法及6T管理，以及有助于提升个人生活工作品质的扫除力和断舍离三部分内容。

2.3.1 5S管理及其内涵

1. 5S管理的起源

福特公司是现场管理的先行者，为了及时发现生产现场异常和优化秩序，亨利·福特首创CANDO理念（即cleaning up，arranging，neatness，discipline和ongoing improvement的首字母缩写），即清扫、整理、清洁、纪律和持续改善。20世纪50年代这一理念被引入日本并发扬光大，因其日语罗马拼音均以“S”开头（即seiri，seiton，seiso，seiketsu和shitsuke），所以简称5S，指整理、整顿、清扫、清洁和修养。

1955年，日本企业引入该管理理念，开始在生产现场中对人员、机器、材料、方法等生产要素进行有效管理，提出“安全始于整理，终于整理整顿”的宣传口号。当时只推行了前两个S，其目的仅为了确保作业空间和安全。1986年，日本的5S著作逐渐问世，对整个日本企业的现场管理模式起到了提升作用，并由此掀起了5S的热潮。

随着时间的推移，后来5S的内容又被扩充，增加了安全、节约、学习、满意、坚持、共享和效率等内容，从而形成了6S、8S甚至13S等，但万变不离其宗，5S依然是基础，是整个现场管理理念的核心内容。

日本企业将5S运动作为管理工作的基础，推行各种品质管理方法。第二次世界大战后，日本的产品品质得以迅速提升，奠定经济大国的地位，5S功不可没。5S对于塑造企业形象、降低成本、准时交货、安全生产、高度标准化、创造令人心旷神怡的工作场所、现场改善等发挥了巨大作用，逐渐被各国的管理界所认识。随着世界经济的发展，5S已经成为工厂管理的一股新潮流。5S广泛应用于各类企业改善现场环境质量和员工的思维，有效提升企业管理水平。

2. 5S管理的内涵

（1）整理。整理是区分要与不要的物品，现场只保留必需的物品。首先，把要与不要的人、事、物分开，再将不需要的人、事、物加以处理，对生产现场需要和停滞的各种物品进行分类，区分什么是现场需要的、什么是现场不需要的；其次，对于车间里各个工位或设备的前后、通道左右、厂房上下、工具箱内外，以及车间的各个死角，都要彻底搜寻和清理，达到现场无不用之物。整理的核心是员工心中要有“应有和不应有”的区分，要清除不应有的东西。

通过整理，可以改善和增加作业面积；清除现场杂物，行道通畅，提高工作效率；减少磕碰的机会，保障安全，提高质量；防止物料混放和混料等差错事故；有利于减少库存量，节约资金；改变员工作风，提高工作士气。

（2）整顿。整顿强调必需品依规定定位、定方法，摆放整齐有序，明确标示。物品摆放要有固定的地点和区域，便于寻找，消除因混放造成的差错。物品摆放地点要科学合理。例如，根据物品使用的频率，经常使用的东西应放得近些（如放在作业区内），偶尔使用或不常用的东西则应放得远些（如集中放在车间某处）。物品摆放目视化，使定量装载的物品做到过目知数，摆放不同物品的区域采用不同的色彩和标记加以区别。整顿的核心是员工心中要有物品“应该有的定位”，做到分门别类摆放东西。

把需要的人、事、物加以定量、定位。通过前一步整理后，对生产现场需要留下的物品进行科学合理的布置和摆放，以便用最快的速度取得所需之物，在最有效的规章、制度和最简洁的流程下完成作业。通过整顿，提高工作效率和产品质量，保障生产安全，不在寻找物品上浪费时间。

（3）清扫。清扫即清除现场内的脏污，清除作业区域的物料垃圾。自己使用的物品，如设备、工具等，要自己清扫，而不要依赖他人，不增加专门的清扫工；对设备的清扫，着眼于对设备的维护保养。清扫设备要同设备的点检结合起来，清扫即点检；清扫设备要同时做设备的润滑工作，清扫也是保养；清扫也是为了改善。当清扫地面发现有飞屑和油水泄漏时，要查明原因，并采取措施加以改进。清扫的核心是要使员工树立“我的工作场所、我的设备必须整洁”的意识。

清扫在于清除“脏污”，保持现场干净、明亮。将工作场所的污垢去除，使异常之处容易被发现。清扫必须职责明确，责任到人，清扫工作有人检查，确保清扫工作落到实处。

（4）清洁。清洁就是将整理、整顿、清扫等前三个 S 的做法制度化、规范化，维持其成果。工作场所环境不仅要整齐，而且要做到清洁卫生，保证员工身体健康，提高员工劳动热情；不仅物品要清洁，而且员工本人也要做到清洁，如工作服要清洁，仪表要整洁，及时理发、刮须、修指甲、洗澡等；员工不仅要做到形体上的清洁，而且要做到精神上的“清洁”，待人要讲礼貌、要尊重别人；要使环境不受污染，进一步消除浑浊的空气、粉尘、噪声和污染源，消灭职业病。清洁的核心是要使员工强化“按规定执行，不断改善完善”的意识。

通过对整理、整顿、清扫活动的坚持与深入，消除发生安全事故的根源，创造良好的工作环境，使员工愉快地工作，从而提高工作效率。

（5）修养。修养要求人人按章操作、依规行事，养成良好的习惯，使每个人都成为有教养的人，提升人的品质，培养对任何工作都讲究认真的人。通过提高员工的自身修养，使员工养成良好的工作、生活习惯和作风，从而提高员工的工作质量，继而保证产品质量和服务质量，让员工能通过实践5S获得思想境界的提升，与企业共同进步，是5S活动的核心之所在。修养的目的是使员工养成良好的工作习惯和自律精神。

3. 5S管理的目的

通过推进5S活动可以改善企业的品质，提高生产力，降低成本，确保准时交货，确保安全生产，保持并不断增强员工士气。推行5S最终要达到以下八个目的：

（1）改善和提高企业形象。整齐、整洁的工作环境就是吸引顾客的一张名片，好的现场环境让顾客心情舒畅。同时，由于口碑相传，企业会成为其他公司的学习榜样，大大提高企业的威望。

（2）促成效率的提高。良好的工作环境和工作氛围有利于员工集中精神。认认真真地干好本职工作，必然能提高效率。如果员工始终处于杂乱无序的工作环境中，情绪必然会受到影响。情绪不高，干劲不大，又哪来的经济效益？所以推动5S是促成效率提高的有效途径之一。

（3）改善零件在库周转率。需要时能立即取出有用的物品，工作场所物流通畅，能够减少因寻找所需物品所浪费的时间。因此，5S活动能有效地改善零件在库房中的周转率。

（4）减少故障，保障品质。优良的品质来自优良的工作环境。只有通过经常性的清扫、点检和检查，不断地净化工作环境，才能有效地避免污损物料或损坏设备，维持设备的高效率，提高生产品质。

（5）保障企业安全生产。整理、整顿、清扫使得物品储存做到条理清晰，摆放有序。工作场所内部窗明几净，通道随时畅通，地上只摆放必要的物品。作业场所井然有序，消除发生意外事故的可能性，安全生产就会得到保障。

（6）降低生产成本。一个企业通过推行5S活动，能够减少人员、设备、场所、时间等浪费，从而降低生产成本。

（7）改善员工士气。5S活动可以明显地改善员工的精神面貌，提升工作士气，员工对自己的工作尽心尽力，对工作成果有成就感，使组织焕发活力。

（8）缩短作业周期，确保交货。实施5S活动可提高企业的管理水平，减少员工的工作差错，最大限度地利用人员、设备、时间。企业各项生产活动顺畅，作业效率提高，作业周期必然相应缩短，使产品交货期得到保障。

2.3.2 五常法和6T管理

5S管理多见于制造业的现场管理，而五常法和6T管理更有针对性，广泛地应用于餐饮企业及酒店等服务业企业。

1. 五常法

五常法是由何广明授于1994年借鉴5S管理创立的。五常法包含常清理、常整顿、常清洁、常维持、常自律等五个方面。

(1) 常清理。判断必需品与非必需品，并将必需品的数量降到最低，将非必需品清理掉，这样可以把“空间”腾出来。

(2) 常整顿。必需品依规定位和定量，明确标识摆放整齐，这样就可以在 30 秒内找到所需物品。

(3) 常清洁。清除工作场所各区域的脏乱现象，保持环境、物品、仪器、设备处于清洁状态，防止污染的发生，保证各种物品能正常使用。

(4) 常维持。不间断地坚持前面的“三常”活动，养成坚持的习惯，并辅以一定的监督措施，通过强化制度来维持成果。

(5) 常自律。要求人人依规定行事，养成规范工作的习惯。

2. 6T 管理

6T 管理是从 5S 管理和五常法演变而来的，全称为“卓越现场管理（6T 实务）”，6T 即为六个天天：天天处理、天天整合、天天清扫、天天规范、天天检查、天天改进。

(1) 天天处理。区分工作现场中必要与不必要的东西，工作现场中只保留必要的东西，达到适物、适所、适位、适量的目标。通过天天处理，减少空间的浪费，优化工作环境，减少管理不必要物品的时间浪费。

(2) 天天整合。将必要的物品加以定位，收放整齐、明确标示，保证随时可取用的状态，养成物品归原位的习惯，达到三定（定名、定位、定量）的目标。现场物品整理有序，先进先出避免浪费，物品规矩摆放，找东西不浪费时间。

(3) 天天清扫。维持工作场所无垃圾、无污垢、无褪色、无剥落、无油渍、无生锈的状态，通过打扫定位和清洁，还原物品本来面貌，或清理或修补，保持光亮，看得到的与看不到的地方都要清理。及时清理物品，物品才不会变脏。虽然打扫花费时间，降低生产率，但容易发现事故源头，起到事半功倍的效果。

(4) 天天规范。将前 3T 实施的成果制度化、规范化，建立经常性的激励制度。采用一目了然的现场管理方法，使各项现场管理要求规范化、持续化，让员工明白自己的管理责任。推行视觉管理法，即采用透明度、颜色和视觉管理等管理方法，提高管理成效。在此过程中，责任明确，制度严明，执行高效是成功的关键。

(5) 天天检查。创造一个具有良好习惯的工作场所，持续自觉地执行规范标准。工作职责明确，员工责任心培养，管理权下放，培养员工自主管理是关键。领导率先行动，承诺的工作一定要完成，下班前做检查，完不成的要问责。切忌形式主义，为了应付检查而制定制度。

(6) 天天改进。坚持管理工作正常化、日常化、习惯化、自然化、真实化，每天进步一点，提升品质与效率。各级员工都有自我突破与追求卓越的意识，找出薄弱环节，制定目标，天天改善，假以时日，必定成功。切忌一劳永逸，安于现状。

推广和坚持 6T 管理，必将提高提升工作场所的整洁度，提高工作效率，降低运营成本，提高员工素质，从而增加企业的竞争力。

2.3.3 扫除力与断舍离

5S、五常法和6T管理聚焦于公司的现场管理，而扫除力和断舍离是将现场管理的方法延伸至个人生活中，旨在规范个人生活和提升生活幸福指数。

1. 扫除力

舛田光洋提出“扫除力”的概念，其核心内容是“你所处的环境就是你自己”和“脏乱差的环境不会产生好运气”。舛田光洋认为个人空间需要经历“换气”“丢弃”“去污”“整理”“撒盐”处理，通过彻底清除污垢和尘埃，整理和丢弃不用之物，提高空间利用率，同时还能培养良好的个人生活习惯。扫除力倡导通过打扫卫生发现问题，整洁的环境能够振奋人的精神，提升人的正能量，从而促进个人事业的成功。

2. 断舍离

山下英子总结出断舍离的理念。断舍离指断绝不需要的东西、舍去多余的废物和脱离对物品的执念，例如不买不必要的物品，以免以后被丢弃。该理念一经推出，便成为风靡一时的个人生活整理术理论。山下英子甚至认为只要舍弃废物，机会就会降临，发生美好的邂逅，工作效率会提升，灵感泉涌，好事将源源不断而来。断舍离已经上升到生活哲学层面，它通过倡导极简生活方式，帮助人们找寻生活真谛，实现简单生活和快乐人生。

2.4 精细化管理的常用工具和手段

精细化管理的常用工具和手段包括目视管理、防呆设计、标准作业程序和检查表等。

2.4.1 目视管理

1. 目视管理的概念及目的

目视管理（visual management），又称目视控制或可视化管理，是利用形象直观且色彩适宜的各种视觉信息来指示或显示当前的状态。目视管理展现直观，提醒员工注意警告信息，便于员工对操作规程进行遵守、调整、比较、判断、区分，也方便管理人员和职能人员对现场作业状况进行监督。目视管理综合运用管理学、生理学、心理学、社会学等多学科的研究成果，在现实中有着广泛的应用前景，从交通信号指示灯管理交通到航母甲板的灯光信号指示舰载机飞行员安全着舰，都是目视管理的应用实例。

目视管理的目的在于以视觉信息显示作为基本手段，通过信息的显现化、公开化、透明化让所有员工看见，达到一目了然的效果，明白无误地去理解它的意图，以便及时发现问题，采取纠正措施，保证操作顺利进行，从而提高运营管理水平。

目视管理强调无论谁都能迅速准确判断状态是否异常，判断结果不会因人而异。

2. 目视管理的类别

(1) 红牌。红牌适宜于 5S 中的整理，是改善的基础起点，用来区分日常生产活动中非必需品，挂红牌的活动又称为红牌作战。

(2) 看板。看板是显示使用的物品放置场所等基本状况的表示板，它应该表示如下信息：具体位置、用途、数量、责任人等。看板强调透明化和公开化，以达到消除黑箱作业的目的，这是目视管理的先决条件。

(3) 异常信号灯。作业现场发生异常情况时异常信号灯启动，通知管理人员及时到达现场处理问题。异常信号灯包括以下种类：发音信号灯适用于物料请求通知，异常信号灯用于产品质量不良及作业异常等场合，运转指示灯显示设备运转状态，进度灯用于组装节拍的控制。

(4) 操作流程图。操作流程图是描述工序重点和作业顺序的简明指示书，也称为步骤图，用于指导生产作业。工序比较复杂的作业需要操作流程图。

(5) 反面教材。反面教材一般结合实物和文字说明，让现场的作业人员明白不良现象及其后果。一般放置于显著位置，让员工不能违规操作，起到警示作用。

(6) 提醒板。提醒板用于防止员工在操作中遗漏重要事项或操作程序。健忘是人的本性，不可能杜绝，可以通过自主管理的方法来最大限度地减少遗漏或遗忘。比如在某车间的进出口处设立一块公告板，注明今天有多少产品要在何时送到何处，或者哪些产品一定要在何时生产完毕等信息。

(7) 区域线。区域线就是生产设备、物料半成品、产成品等放置的场或通道区域等，用线条把它画出，主要用于整理与整顿，标明异常原因等，起到合理分配作业区域的作用。

(8) 警示线。警示线是在仓库或其他物品放置处用来表示最大或最小库存量的涂在地面上的彩色漆线，用于看板作战。

(9) 告示板。告示板是一种及时管理的工具，也就是公告板。告示板常用来展示通知等信息。

(10) 生产管理板。生产管理板展示生产线的生产状况，包括生产进度、生产实绩、设备开动率、异常原因（停线、故障）等，用于看板管理。

2.4.2　防呆设计

1. 防呆设计的概念

防呆设计（poka-yoke 或 fool-proofing），又称防错设计，是一种预防矫正的行为约束手段，运用避免产生错误的限制方法，完全杜绝使用者或操作者产生误操作的可能性。防呆设计由丰田公司工程师新乡重夫（Shigeo Shingo）在 1961 年提出，用以改善产品品质，并随着质量管理的推广传播到众多领域。从广义上看，防呆就是设计一个产品或操作规程，使错误发生的机会降至最低，从而避免发生失误或误操作，继而达到“第一次就把工作做对”的境界。

许多工作随着作业量增加变得繁忙，当超过常人可以正常注意和应变的程度就会发生错误操作，甚至发生危险，造成生命财产的损失。为了预防错误与危险的发生，防呆设计常用在办公设施和作业现场的操作以及一般生活用品的使用等情形，使得操作者甚至外行都能轻松地根据直觉操作，而不会发生错误。

防呆设计在生产和生活中有大量应用。一款有防呆设计的电源插座设定了插拔的唯一正确性，避免了误操作。在图 2－1 中，×为错误操作，√为正确操作，即使操作失误也不可能造成任何损失。

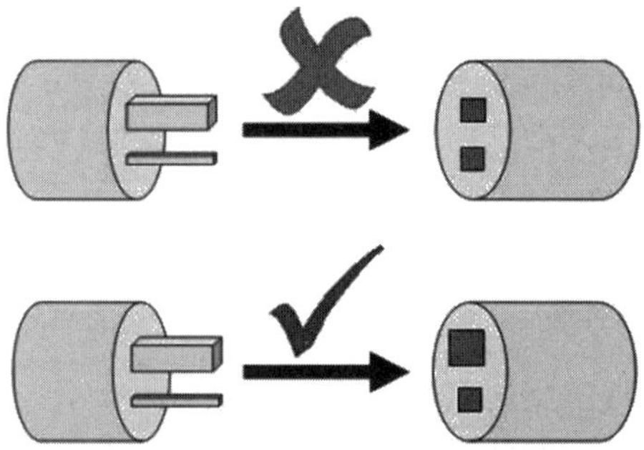

图 2－1　具有防呆设计的电源插座

同样，在咖啡杯腰线处开一条环状凹槽，可以容纳顺咖啡杯壁淌下的咖啡渍，避免弄脏桌子或文件，见图 2－2。

图 2－2　具有防呆设计的咖啡杯可阻止咖啡渍污损桌面和文件

防呆设计的应用空间十分广泛。例如，中央空调出风口处的红布条飘动就说明空调运行正常；飞机机舱卫生间的照明灯开关与门的插销相关联，乘客使用时锁门后才能开启照明。

2. 防呆设计的作用

防呆设计的作用表现在以下三个方面：

（1）防呆设计践行“把简单的事持续性一次做对”的理念，应用一系列方法或工具防止失误的发生以确保第一次即将工作做好。

（2）提升产品和服务质量，减少检验工作的浪费。防呆设计意味着“第一次即把工作做好”，保证产品和服务的质量。这对于依靠检验，通过事后补救的方法满足质量要求来说节约了检验成本。事后检查并不能杜绝产品和服务的瑕疵，事后检查把关属于一种浪费。

（3）消除返工带来的损失。由于防呆设计从根本上杜绝了产生差错的可能，因而减少了因为出现次品返工而带来的成本支出，为企业节约资源与时间。

3. 防呆设计的原则

引入防呆设计需要坚持以下三个原则：

（1）状态指引。让操作者或用户了解当前的状态和未来的进程，防止用户迷失。

（2）唯一操作。在复杂的各种操作中不要让操作者或用户过多选择，简单或唯一最好。

（3）体现用户友好设计。应站在操作者或用户角度考虑防呆设计，使得防呆设计易于操作。

4. 采用目视管理和防呆设计的一个应用实例

图 2－3 是一个采用目视管理和防呆设计来改善生产线装配质量的实例。操作人员需要将物料 A、B、C 分别装配到底座 D 的相应位置上。最初为状态（1），在这种状态下操作人员由于工作疲劳会产生装配失误，如可能会把物料 A 与物料 B 混淆而造成装配差错。状态（2）为第一次改善，引入目视管理的方法，用不同的颜色标识物料 A、B、C 和所装配的位置，物料与装配位置颜色相同才能装配，这样就大大减少了装配差错的产生。状态（3）是第二次改善，采用防呆设计的理念，分别将物料 A、B、C 设计为矩形、圆形和三角形横截面，同时将底座 D 的装配位置与物料 A、B、C 相匹配，这样就从根本上杜绝了操作人员出现装配误操作的可能性。

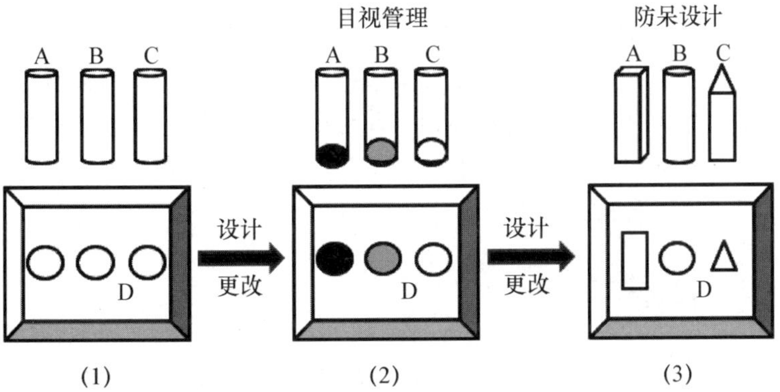

图 2－3　采用目视管理和防呆设计改善生产线装配质量

2.4.3 标准作业程序

1. 标准作业程序的概念

标准作业程序（standard operation procedure，SOP）是将物料、机器设备和操作者三者有效地组合，这种组合过程为作业组合，这一组合汇总的结果形成标准作业程序，从而达到提高产品品质和作业效率的目的。日本丰田在20世纪50年代开始采用这种生产方式，60年代晚期推广到丰田公司所有的供应商，采用标准作业程序的方法可以提高汽车生产质量。标准作业程序在其他制造业和服务业企业也有广泛应用。

2. 标准作业程序的三要素

标准作业程序是以操作者的动作为中心，以科学合理的操作顺序有效进行生产的作业方法。它由节拍时间、作业顺序、标准手持三要素组成。

（1）节拍时间（takt time）又称客户需求周期或产距时间，是指在一定时间长度内，总有效生产时间与客户需求数量的比值，是客户需求一件产品的市场必要生产时间。

（2）作业顺序指能够使作业者效率最好地生产合格品的生产作业顺序，它是实现高效率的重要保证。一个科学合理的作业顺序没有多余和无用的动作，因此可以提高作业效率。工程师只有深入作业现场进行仔细观察，认真分析作业者的每一个动作，把作业者的手、足、眼的活动分解，才能设计出动作最少、路线最短的合理作业顺序。

（3）标准手持指按照作业顺序进行作业时，能够反复以相同的顺序和作业动作操作而在工序内持有的最小限度的在制品数量。这个数量过少会使作业中断，过多则会造成多余物料库存，因此适宜的数量很关键，即及时使各种物料和零部件达到作业现场，达到既不多也不少的要求。

3. 注意区分标准作业程序和作业标准的差别

标准作业程序和作业标准（work standard）是两个不同的概念。标准作业程序是以作业者的动作为中心，强调提高作业任务的效率，分别由节拍时间、作业顺序、标准手持构成；而作业标准是对作业者的作业要求，强调的是作业的过程和结果，是根据工艺图纸、安全规则、环境要求等制定的必要作业内容以及使用什么工具和要达到的目标。作业标准是每个作业者进行作业的基本行动准则，标准作业程序应满足作业标准的要求。

2.4.4 检查表

检查表（checklist）用于在操作过程中对重点部位或环节的检查或再确认，以确保将操作遗漏发生的可能性控制在最低限度，这种抓住矛盾主要方面的手段可以有效提高工作质量，如飞机起飞前飞行员对飞机的例行检查、手术前医护人员的例行检查、火车维护人员对火车的日常养护、火箭发射前工作人员对重点部位的再确认等，这些操作都是检查表在实践工作中的应用实例。

2.4.5 其他手段

使用科技手段可以提高工作准确性，如用条形码对患者的样本进行管理，杜绝了产生差错的可能性。在精细化管理过程中，传统的低技术手段仍具有生命力，有着广泛的应用空间。如在医院管理中，护士在给病人输液或送药前都要先核实患者的姓名，以免产生差错；两人一组的“念单”操作方法，即一人先读一遍操作规程，另一人复述操作规程并在同伴的监督下完成操作，对于安全操作要求极高的场合，这种方法非常有效。

□ 小结

本章讨论了精细化管理的内涵和组织实施，给出了精细化管理的基础工作以及精细化管理的常用工具和手段。精细化管理是企业发展到一定阶段时的必然选择，它能够提升企业管理水平，减少工作中的失误和差错，有利于提高工作质量和产品及服务质量。成功实施精细化管理需要企业高层领导重视，培养精细化管理的文化。搞好精细化管理基础工作，合理运用精细化管理的相关工具，形成一个高效的精细化管理执行体系，才能使精细化管理工作成为企业管理的常态。

□ 术语

精细化管理　5S管理　6T管理　目视管理　防呆设计　标准作业程序　检查表

□ 习题

1. 企业实施精细化管理的意义何在？
2. 如何组织实施企业精细化管理工作？
3. 分别阐述制造业和服务业精细化管理的基础工作。
4. 有哪些常用的精细化管理工具和手段？

□ 案例

难以仿造的瑞士军刀

维氏集团CEO卡尔·埃尔森纳四世面前的桌子上放着一堆假瑞士军刀。且不说刀具本身的功能差，例如开瓶器打不开酒瓶、刀片削不了木头，假瑞士军刀最大的问题是没有一把能轻松打开和闭合。

刀具算不上高科技产品，为什么照猫画虎也达不到效果？卡尔四世做出如下解释：我们没什么秘密，所有的生产流程和标准都是公开的。如果说有秘密，那就是要把每一个简单的部分都精确地组装到一起。一个品牌的价值应该是品质和功能，以及设计和创新，在这四个价值中，卡尔四世认为首要的是品质和功能，做不到这两点，其他都免谈。

卡尔四世的父亲，卡尔·埃尔森纳三世的一生都在考虑如何让瑞士军刀的工具组装更加合理。维氏的很多产品都有这位家族第三代接班人的贡献。

“他在工程部可以工作到很晚。有一次父亲在公司工作到凌晨3点，研究口袋刀中的弹簧，直到母亲打电话他才意识到已经那么晚了。”父亲的言传身教对卡尔四世影响很大。现在很多人一谈工匠精神就要创造新词汇，要么是“新工匠”要么是“颠覆性”，其实现实中没那么多夺人眼球的事情，简单而言，就是日复一日对技术和细节的无限雕琢。

一、一把军刀传了四代人

瑞士曾经是欧洲最穷的国家之一，依巴赫更是这个穷国里的一个穷地儿。这里重峦叠嶂，加上南北两大湖泊的阻隔，交通极不便利。

1884年，当卡尔·埃尔森纳一世和母亲维多利亚开办第一个家庭刀具工坊时，这个山谷附近大都是农民，而且都是大家庭。一个儿子接手了家里的农场，家里其他的孩子就只能背井离乡，到新西兰、澳大利亚或加拿大讨生计。那个时候，加入瑞士雇佣军也是就业的解决方案之一，现在我们所知道的瑞士巧克力、军刀和钟表都是几十年后的事情。

“曾祖父认为我们应该在当地创造就业。所以当他听说瑞士政府向社会招标军队用刀，就认定这是个好机会，可当时家里的工坊太小，根本不可能满足政府对大批量生产军刀的要求。于是他组建了一个‘制刀工坊联盟’，把其他州的小工坊都联合到一起。1891年，它们第一次联合起来，向政府提供军刀。当时德国更加工业化，德国制造的竞争力远超过了瑞士的小工坊。

“后来，很多人退出，可我的曾祖父依然坚持，他投入了家里所有的钱，一度濒临破产，好在没有放弃。他1891年完成第一笔瑞士军队的订单，1897年才造出世界上第一把正宗瑞士军刀——第一代瑞士折叠军刀，它只有四个工具：刀片、打孔器、开罐器、螺丝刀。”

讲故事的人是58岁的卡尔四世，他是埃尔森纳家族的第四代传人，现任瑞士维氏集团的CEO。他在自家的工厂里从做学徒开始，在打磨、装刀生产线以及机械部、市场部都有过学徒经历。

如果公司有访客，给访客做PPT介绍的同样会是卡尔四世本人。这一点就像他的父亲，只是当年的卡尔·埃尔森纳三世还会穿着一身蓝色连体工装带着来访的客人参观工厂，给大家讲解生产流程，很多访客都是后来才知道原来这个白发苍苍的“老导游”就是公司的CEO，创始人的嫡孙。这种事必躬亲几乎成了一种家族传统。这个家族相信家族给品牌带来的神奇魔力，并希望用家族对品牌的忠诚和热爱去感染身边的人。

9 月的一天，卡尔四世坐在维氏集团的总部办公室大谈“工匠精神”。卡尔四世出场时永远从头到脚都穿着“维氏”，裤子口袋里也总装着一把已经磨旧了的红色经典款瑞士军刀。他的脸上永远都挂着淡淡的微笑，不会拒绝回答任何问题，他说英文时语速会刻意放慢，以清晰咬准每一个发音，让和他对话的人可以听清楚。

那天是当地少有的艳阳天，透着秋老虎的炎热。打开窗，就看得到维氏工厂背后的崇山峻岭，以及山上的陈年积雪。卡尔四世指着窗外说，这里就是“瑞士军刀山谷”（Swiss Knife Valley）了。随着埃尔森纳家族一百多年的经营，瑞士军刀成了国际品牌，“瑞士军刀山谷”比依巴赫名气大得多。

二、细节决定成败

一把瑞士军刀的长度必须是 91 毫米，这是经验所致，所谓“口袋工具”的最佳长度。现在，一款 91 毫米长、8 层的经典款瑞士军刀可收纳 22 个工具，由 64 个部分装配而成，一共需要 450 道生产工序。

如卡尔四世所说，这其中任何一个环节都没有秘密。每道工序和原材料的标准很明确，都是经过一百多年逐渐摸索出来的。首先，每卷不锈钢片从头到尾都要接受测试，原材料从内到外要非常均匀，然后钢铁含量要符合标准，如果标准出现偏差，会直接影响钢铁的坚韧度，最终影响刀片质量。

折叠军刀主刀片的生产步骤有 7 步，每一步都会有质量检测，最终刀片的不锈钢片硬度必须达到 56HRC（硬度单位），不锈钢中铬、碳、钼、钒的含量百分比也有明确标准。剪刀、锯、螺丝刀和开瓶器以及弹簧的硬度又各有不同。只要上述任何一个指标达不到，就无法保证工具的功能性。之后，口袋折叠军刀刀片的厚度误差不得超过 0.2 毫米，否则刀片没法装到刀身里。

最大的挑战是要如何将 22 个工具装配成一把口袋折叠军刀，这其中的关键是 8 个弹簧和 24 个承压点，装配精准，一把 8 层瑞士军刀的弹簧可承受 300 千克重压。8 个品质过硬的小弹簧是折叠军刀的每一个部件能轻松打开和闭合的关键。

“正宗的瑞士军刀应该可以轻松打开并完美合上，并伴随一声清脆的‘砰’”。卡尔四世用口袋里那把老旧的瑞士军刀演示着。卡尔四世有 10 个兄弟姐妹，他本人出生在维氏大楼里，四五岁时收到了第一把瑞士军刀作为礼物。父亲卡尔三世曾对他说：“我们有很多竞争对手，在西班牙、德国和美国，但我们的产品是最好的，区别就在于‘精准性’。”

“1884 年公司创建的时候，所有的军刀都是手工制造的，到 20 世纪 30 年代祖父（卡尔二世）那个年代，公司开始引入自动化生产，挑战就变成如何使用机器依然保持精准。维氏成功之后，很多人问我们原因，我父亲总说：我们没什么秘密，生产和标准都很简单，只是我们专注于每一个生产细节。”他很喜欢用“细节”这个词。

“我父亲（卡尔三世）相信细节最重要。他要求一把口袋军刀中的每一个工具都可以长时间工作。为了让每一个工具都能有效使用，刀片和开瓶器需要使用不同材质的不锈钢生产。公司内有一个专门的实验室，为每种材料做实验。”

“我第一次去美国时，看美国人买机器，然后用机器切割生产刀具，一个机器的使用寿命是5～7年，当机器不再工作时，就重新换一批机器。我们买一个机器，从买下那天开始，就不断研究怎么让这个机器更有效率更精准地工作。这样一来，机器的寿命会更长，使用期间效率也更高。”卡尔四世说。

维氏每台切割刀片的机器都要耗资5万美元左右，价格昂贵，而且刀具生产，尤其是口袋军刀的生产工具是一个很窄的生产领域，很难在市场上买到现成的生产工具。于是，在维氏的工厂中，25%的机器可以直接在市场上买到；25%需要买来再进行改装；剩下50%的生产机器都在维氏的“厂内厂”中进行生产，从喷漆到大小塑料部件都可以自给自足。因此，工厂内有强大的工程师团队，既负责生产机器或是部件，也要负责所有机器的维修和维护，以保证机器可以达到极高的精确度。

三、故事之外：永远不要依赖银行借款

在维氏集团创立后的一个世纪里，其产品只有刀具——口袋折叠军刀和厨房用刀。35年前，卡尔三世和四世父子俩开始思考一个问题：如何能长期保持成功？

“因为我们的军刀不断被仿制，军刀这种产品又是被放在口袋或是书包里的。我们希望让品牌的可视度更高一些，1989年，我们开始制造手表。手表是我们的第一种衍生产品，之后才引入了户外用品、旅行用品和服装系列。这种品牌多元化的好处是提升了维氏品牌的曝光度。”

德国和瑞士的家族企业很多都不愿意向银行借贷，它们相信慢生长，不急躁。卡尔四世坦言公司创立之初有过银行借款。但到了第三代，也就是他父亲的时代，公司从未向银行借过一分钱，当然他也不依赖银行。

“我上高中时，父亲送了我一本书，其中有两句话被他专门划了重点，第一句是‘经营一家公司，永远不要依赖借款，尤其是银行借款，因为银行永远是晴天送伞，雨天收伞’。父亲买下的每一台机器，包括在2005年收购另一家瑞士军刀生产商Wenger，都是用公司的储备款买下的，没有银行借贷。第二句是‘经济周期和困难时期永远都会存在。在好的时候你需要有资金储备，用来应对困难时期’。”卡尔四世说。

“我们只有赚了钱，才开始建新楼或是购买新机器，不愿意对银行有依赖。现在就是困难时期，我们刚结束了一轮投资：更新厂房，购买新机器。”

从1884年至今，埃尔森纳家族传了四代人，公司现在所有重要决定都由董事会决定，董事会的5名董事就是卡尔四世和他的兄弟姐妹，任何决定只要有3票同意就会通过。当然，在第三代时，卡尔四世的父亲一个人就可以拍板。

2000年，维氏设立了自己的基金会，这也是为了帮助公司更为可持续地长远发展，不会在企业传承时伤害到家族的利益。基金会的角色就如同一个普通的股东，因为公司利润会重新投入到公司的发展中去，家族的成员并不享受分红。对于任何一位家庭成员来说，如果想获得经济回报，就必须要努力工作。

“对于我们的家庭来说，我们要保证下一代依然有维氏的激情。第五代有24

个子孙，我很自信肯定会有一位适合做第五代舵手。如果我的儿子卡尔五世可以做公司主席，我会很自豪，但更自豪的是公司选对人，一直成功下去。”卡尔四世说。

资料来源：根据网上资料整理而成。

案例思考题：

请讨论瑞士军刀在制作全过程中的精细化管理细节。

第 3 章

Chapter 3

产品和服务设计

学习目标

1. 了解新产品的概念和发展方向
2. 了解当前新产品设计开发的环境背景
3. 掌握产品生命周期以及公司选择进入和退出的策略
4. 掌握产品设计开发的三种常见策略
5. 了解产品设计开发阶段及其主要工作
6. 掌握产品设计开发阶段的主要技术手段
7. 掌握服务设计的要点
8. 了解服务蓝图的应用
9. 了解新产品设计开发过程中的风险以及降低风险的策略

3.1 新产品设计开发的发展方向及外部环境

3.1.1 新产品的概念

一般地，新产品应在产品性能、材料和技术性能等方面（或其中一方面）具有先进性和独创性，或优于老产品。所谓先进性，指由新技术、新材料产生的先进性，或由已有技术、经验技术和改进技术综合产生的先进性。所谓独创性，一般是指产品由于采用新技术、新材料或引进技术所产生的全新产品或在某一市场范围内属于全新产品。从企业经营的角度来说，新产品必须能满足市场需求，同时能够给企业带来利润，二者缺一不可。新产品可分为以下几种：

（1）全新产品。指具有新原理、新技术、新结构、新工艺、新材料等特征，与现有任何产品毫无共同之处的产品。全新产品是科学技术上的新发明在生产上的新应用。

（2）改进新产品。对现有产品改进性能，提高质量，或因规格型号的扩展、款式花色的变化而产生出的新品种。

（3）换代新产品。主要是指适合新用途和新需要的基础上，以原有产品为基础，部分地采用新技术、新材料、新元件制造出来的产品。以手机为例，从第一代砖头般大小的蜂窝电话，到现在的 5G 手机。

（4）本企业新产品。指对本企业是新的但对市场并不新的产品。通常企业不会完全仿照市场上的已有产品，而是在造型、外观、零部件等方面作部分改动或改进后的产品。

以上四种新产品中，全新产品由于开发周期长，费用高，既要有较强的研究与开发实力，还要有足够的资金支持。因此，全新产品的开发一般由技术资金实力雄厚的大企业实施，实力一般的企业多从事其他三种新产品的研发。不管采用以上哪一种新产品开发，企业都必须事先做足功课，包括预先考察新产品能否满足设计的可能性、可制造性、经济性和是否具有市场需求等条件。

3.1.2 新产品设计开发的重要性

新产品设计开发的重要性表现在新产品日益成为企业利润新的增长点。

1. 新产品设计开发是企业利润的重要来源

美国一家咨询公司曾对美国 700 家公司持续跟踪调查，发现 20 世纪 60 年代新产品所获得的利润只占总利润的 20%，80 年代这个比例已超过 30%，进入 21 世纪后，这个比例已超过 40%。因此加强新产品的设计开发是企业持续盈利的一个重要组成部分。

随着经济的发展，人民生活水平的提高，消费者的需求差异日益扩大，追求产品的个性化成为消费趋势，这就给新产品的研制开发提供了广阔前景。“人无我有、人有我精、人精我转”应该成为每一个追求卓越企业的理想，而在新产品设计开发中，“构想一代、设计一代、试制一代、生产一代”已经成为现代企业产品研发的现实。

2. 新产品设计开发的重要地位还表现在研发环节对时间和产品成本所起到的决定作用

统计数据表明，从开发时间的角度上看，新产品设计时间占 55%，而制造和装配分别占 22%和 23%；从成本决定因素和实际成本消耗构成角度看，新产品设计阶段即决定了产品的大部分成本。以福特汽车公司为例，设计阶段虽然只占 6%的成本，但却决定了 70%的总成本构成，如图 3-1 所示；波音飞机公司的数据也表明，飞机成本的83%以上在飞机的设计阶段就被确定了，而这一阶段本身所占的费用仅为产品全部成本的7%以下，如图3-2所示。

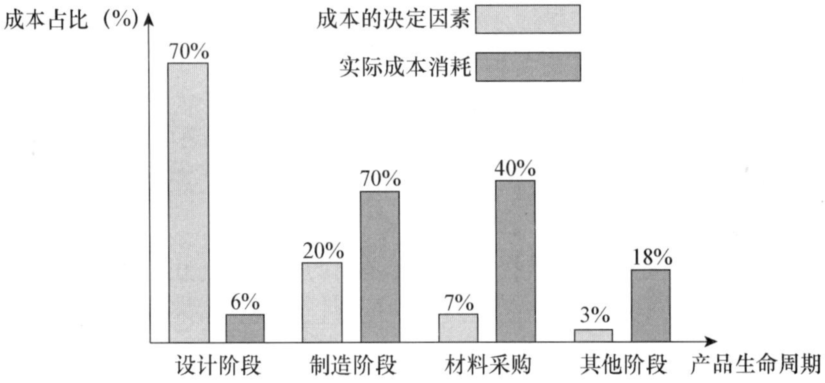

图3-1 产品成本的决定因素构成及成本消耗构成示意图

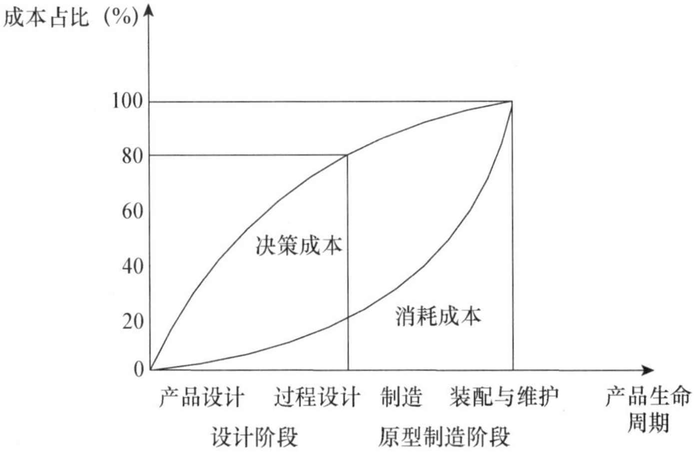

图3-2 波音公司产品开发过程成本曲线

如果一种产品在设计上不能满足消费者的使用要求，或者生产上很难实现或生产成本很高，或者设计过程耗费时间过长，使得竞争者优先进入市场或推出性能优于本企业的产品，这些都属于失败的产品设计开发。从战略上讲，产品设计过程定义了企业的消费群体和竞争对手，新的产品或服务通常确定了新的市场，并需要新的或经调整改造的生产过程。一个高效的产品设计开发过程应该能够做到：（1）产品或服务的特性能够与消费者的需要相适合；（2）保证消费者的使用要求能够以最简单经济的方式得到满足；（3）缩短新产品的设计周期；（4）最大限度地减少设计在今后的生产过程中可能出现的变更，便于制造、使用和维修。

3.1.3 产品设计开发的环境背景

产品是一个企业赖以生存和发展的基础，企业中几乎所有活动都同这个企业生产的产品或提供的服务有关。企业的经营目的是通过向消费者提供产品或服务而获取利润。近年来，国内外企业产品开发迅速，其环境背景可归纳为以下几个方面：

（1）消费者对新产品的需求是产品设计开发的动力源泉。

（2）科技进步和发展的客观表象是新产品设计开发。

（3）科研试验的丰硕成果为发展新产品提供了条件。现代工业和生产技术的发展在很大程度上依赖于科研试验的成果，而科研成果的工业化过程就是新产品、新工艺产生的过程。

（4）日益更新的科学技术为新产品的设计开发提供了高效率的手段和方法。随着计算机信息技术的发展和应用深化，如计算机辅助设计（CAD）极大地增强了技术数据和信息的处理能力，不但使得产品设计采用最佳技术和多方案选择成为可能，而且可以帮助企业更快地设计出优质价廉的新产品。

3.1.4　产品设计开发的发展方向

产品设计的发展方向表现在以下几个方面：

（1）多能化。扩大同一产品的功能和使用范围。例如智能手机既是移动互联网终端，又是 MP3 和 MP4 播放器，还集成了照相机和录像机的功能，还可以充当移动存储介质。在扩大产品功能时还应注意提高产品的效率和精度。

（2）复合化。把功能上相互有关联的不同单体产品发展为复合产品。例如具有复印和扫描功能的传真机。

（3）微型化。缩小产品的体积，减轻其重量使之便于操作、携带、运输以及安装。这样还可以节省材料，降低成本。例如从手提式磁带录音机到随身听的进化。

（4）简化结构。改善产品的结构，减少产品的零部件，使产品的操作性能更好，便于操作，同时有利于降低成本。使用新技术、新材料使得新产品结构得以简化。使产品的零部件标准化、系列化、通用化也是实现简化结构的重要途径。例如电子管先后被晶体管和集成电路所代替，结构越来越简单，功能越来越强大。

3.1.5　产品设计开发的驱动模式

产品研发分为技术驱动型和市场驱动型两种模式。技术驱动型是指按照被称为原始理论（seed theory）的方式进行新产品研发，即从最初的科学探索出发开发新产品。例如，录音机的录音介质先后经历了钢丝录音带和表面涂有铁粉的塑料基带的演化，现在录音介质又进化成为电子存储芯片。与此相对应，市场驱动型是按照需求理论（need theory）方式，从市场需求出发进行新产品研发。即首先通过市场调查了解新产品所需要的生产技术，然后对生产技术、产品价格和产品性能等进行评估，进而使该产品商品化的过程。

技术驱动型产品（technology-driven product）也称为产品驱动型产品，是以技术→生产→市场的模式出现，即“将研究结果推向市场”。市场驱动型产品（market-driven product）则是以市场→研究与开发→生产→市场的模式出现，即“把市场需求带入研究”。20 世纪 20 年代的福特 T 型车就是典型的产品驱动型产品，而当今发展迅速的智能手机是典型的市场驱动型产品。

现代经济和产业的发展趋势使产品研发的主流从技术驱动型转变为市场驱动型。产品研发不能再任其在研究过程中自然发展，而必须有目标、有计划地进行。新产品是企业新增利润的主要来源，企业应该密切注视市场动向，不断预测需求，乃至创造需求，制定切合企业发展的新产品开发策略。

3.2 产品生命周期与新产品开发策略

产品生命周期是指一种产品从诞生到退出市场为止所延续的时间跨度。它可以划分为四个阶段，即引入期、增长期、成熟期和衰退期。图3-3说明了在产品生命周期中研发与生产费用、销售额和利润三种曲线的关系。不同产品的生命周期相差很大，有的只有几个小时（如报纸），有的数月（如时装），而有的则数年（如手机）。无论产品生命周期长短，掌握产品生命周期的特点，定期评价企业产品或服务在其生命周期所处的阶段，及时调整企业生产经营策略，适时引入新产品，做好新老产品的更新换代，对企业发展都极具战略意义。

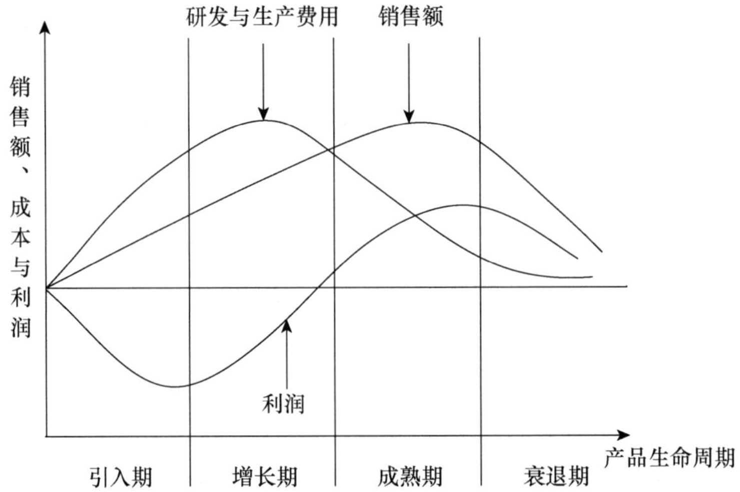

图3-3 产品生命周期中研发与生产费用、销售额和利润三种曲线的关系

3.2.1 产品生命周期各个阶段的特点

在引入期，产品虽然经过了设计过程，但性能、结构和工艺尚未最后定型，例如当VCD播放机刚进入市场时，公众对这种产品的性能期望并不明确。企业可采取小批量试产试销，通过调研搜集市场对新产品的反应，再根据反馈信息对产品进行改进和优化，选定最适合的生产制造技术，对生产过程进行调整和完善，并注意对供应商协作关系的发展。

在增长期，产品设计已基本稳定，产品逐渐被市场接受，生产系统应加强对市场的预测，努力使生产能力适应需求的增长，不断扩大生产批量，提高规模经济效益。

在成熟期，由于市场需求的增长，开发生产同类产品的竞争者增加，企业生产经营的策略应在于努力提高生产效率，及时改进和调整产品线结构，提高产品质量，加强成本控制，降低材料和能源消耗，缩短制造周期。

在衰退期，由于产品过时，市场萎缩，导致企业利润下降，对这种产品企业应逐渐减产或终止生产，转向其他新产品的开发和生产。

3.2.2　公司的进入-退出策略

进入-退出策略是对企业在一种产品生命周期的不同阶段何时进入何时退出市场的选择。图 3－4 显示了产品研发过程中公司进入-退出策略的三种常见选择。

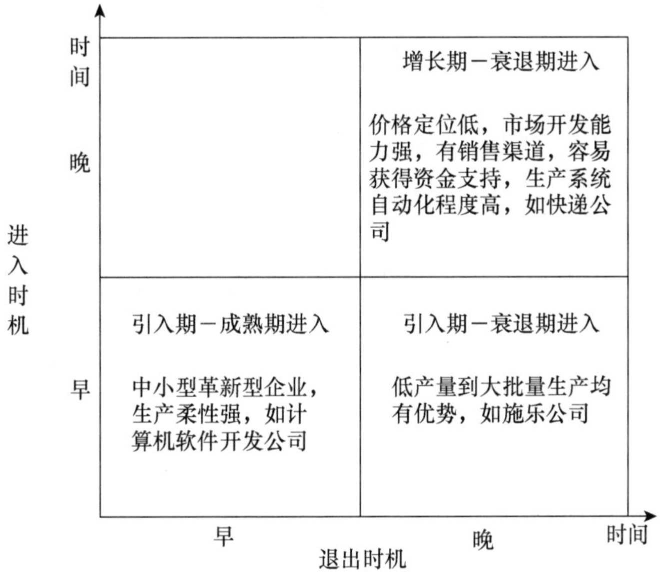

图 3－4　产品研发过程中公司的进入-退出策略

1. 早进入和晚退出（引入期-衰退期）

采取这种生产经营策略的企业能够从低产量的柔性生产系统转化成大批量低成本的生产系统。多年的经验使企业具有生产高质量、低成本产品的先进水平。例如美国施乐公司是最早开发出复印设备的厂家，它现在仍然是开发和生产这类产品的主要厂家。

2. 早进入和早退出（引入期-成熟期）

这种策略适合一些中小型产品革新型企业，这些企业能够设计适应小批量生产的柔性生产系统，可较快地改变产品品种。例如有些计算机软件开发公司在一种软件市场还很好的情况下便开始新软件的开发。

3. 晚进入和晚退出（增长期-衰退期）

采取这种策略的企业等到发现市场具有较高需求潜力后才进入市场。企业的价格定位较低，具有开发更大市场的能力，能够建立高效的销售渠道，并能获得所需资金的来源，它们进入市场是依靠拥有较高的自动化程度或效率更高的生产系统。如美国UPS快递公司送达速度逊于美国联邦快递公司（FedEx），UPS效仿FedEx也推出了夜间快递的服务，为此UPS斥资15亿美元用于改进内部系统。UPS的邮件可在次日上午10：30之前投递到美国大多数地区，并对大宗邮件给予折扣，这些业绩均优于FedEx。

3.2.3 产品开发策略

科学有效的产品开发策略是成功开发产品的前提条件之一。在制定产品开发策略时，应借鉴科技发展史以及产品发展史上的宝贵经验，分析、预测技术发展和市场需求的变化，还应做到知己知彼，即不仅知道本企业的技术力量、生产能力、销售能力、资金能力以及经营目标和战略，还应知道竞争对手的相应情况。制定产品开发策略时应着重考虑以下要点：

1. 满足消费者需求

满足消费者需求是新产品的基本功能，因此消费者需求分析是新产品开发前的重要环节。消费者需求可分为现实需求和潜在需求两种，即对市场上已有产品的需求和市场还没有出现的产品的需求。制定新产品开发策略，要重视市场的现实需求，更要洞察市场的潜在需求。满足消费者现实需求的产品是在红海市场上与竞争对手竞争，市场竞争白热化，通常产品的盈利水平不高且竞争激烈；而开发消费者潜在需求的产品是公司在蓝海市场上畅游，产品上市时间短且竞争对手少，市场竞争不激烈，公司获利较为丰厚，这是公司应该重点关注的市场，同时也对公司的研发能力提出很高的要求。

2. 挖掘产品功能

所谓挖掘产品功能，就是赋予老产品以新的功能和新的用途。可调光台灯的出现就是一个很好的例子，台灯本来的功能是照明，但可调光台灯不仅能照明，还可以起到保护视力和节电的作用，因此在市场上一出现就大受欢迎。近年来又出现了一种既可调光又可测光的台灯，使光线能调到视力保护最佳的范围，这可以说是对可调光台灯功能的进一步挖掘。

3. 提高新产品竞争力

新产品在市场上的竞争力除了取决于产品的质量、功能以及市场的客观需求，也可采取一些其他策略来提高新产品的竞争力。例如，抢先策略是在其他企业还未开发成功或未投入市场之前，抢先把新产品投入市场。采用这种策略要求企业有相当的开发能力以及生产能力，并达到相应的新产品开发管理水平和生产管理水平。紧跟策略，即企业发现市场上出现有竞争能力的产品时，不失时机地进行仿制，并迅速投入市场。一些中小企业常采用这种策略，这种策略要求企业有较强的应变能力和高效率的开发组织。最低成本策略，即采取降低产品成本的方法来扩大产品的销售市场，以价廉取胜。采取这种策略要求企业具有较高的生产技术开发能力和较高的劳动生产率。

提高新产品竞争力显然对公司运营管理的维度提出了更高的要求，这些维度体现在公司提供新产品的速度、质量、柔性和成本等方面。

3.3　产品开发设计的主要阶段

产品设计阶段要选定该产品使用的材料，确定产品尺寸、公差和外形，设定性能标准。产品设计包括以下几个阶段：创意阶段、可行性研究阶段、初步设计阶段、技术设计和生产过程规划阶段以及最终设计阶段，如图 3－5 所示。

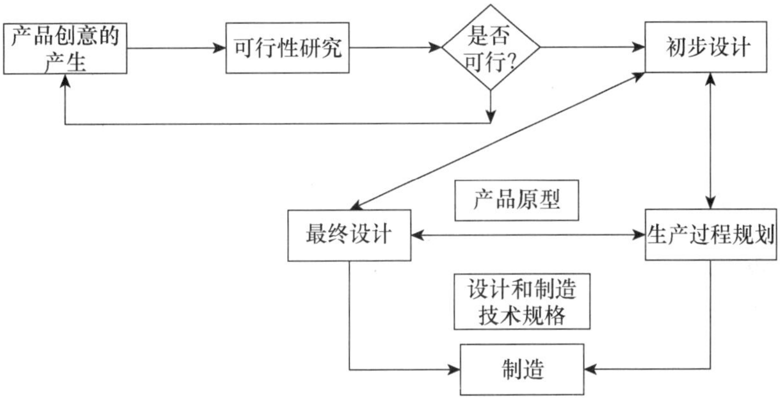

图 3－5　产品设计过程

3.3.1　创意阶段

创意是新产品诞生的开始，是企业从消费者需求和自身条件出发，在一定范围内提出新产品的设想和构思。促使企业产生新产品创意的动因包括社会环境的变化、经济条件的变化、科学技术的发展和政治形势的变化等。新产品概念的来源主要有以下几个方面：(1) 供应商、销售商、销售人员和公司内部人员；(2) 商业杂志、政府报告、其他有关出版物和专利；(3) 售后服务记录、用户意见、故障分析；(4) 消费者调查、小组访谈和采访；(5) 现场试验或试用；(6) 研究与开发部门；(7) 同行业竞争对手。

关注竞争对手的发展动向是新产品概念的一个来源，企业可以用标杆对比 (benchmarking) 的方法，通过与竞争对手的比较发现新产品概念。标杆对比是用于产品研发和企业管理方面的一种方法，由美国施乐公司在20世纪70年代学习日本同行时首创。它是指一个企业将行业内或跨行业的、在某些方面业绩最优秀的企业的产品和生产过程的水平作为自己赶超和学习的目标，通过比较发现差距，学习到成功经验和本企业还没有采用的好技术和方法等，转变观念，促进变化，使自己的企业不断发展。成功的比较基准可以给企业带来产品或服务和生产过程上的改进。

标杆对比过程一般包括以下步骤：

（1）明确比较基准的内容。在选择比较基准项目时，需要注意的是比较对象不限于一个企业，可以在不同环节选择不同的企业，表3-1显示了美国通用汽车公司与世界上最优秀企业的比较情况。比较领域不仅限于制造工序或服务作业，企业的任何职能都可以进行横向对比。

（2）组成比较基准项目小组。该小组应有产品设计和生产过程改进的有关人员参加。该小组应得到高层管理者的重视。

（3）确定比较基准对象。选择本企业所确定的比较内容方面业绩最出色的企业。

（4）搜集和分析比较基准信息，找出差距。

（5）确定目标和所需采取的行动，达到和超过比较对象的业绩。

表3-1 美国通用汽车公司的比较基准研究

	通用汽车	世界上的优秀企业	
每辆车的组装工时（小时）	30.1	9	福特
每辆车的残次数（个）	3.1	1.0	丰田
每辆车的保修成本（美元）	250	170	丰田
第一次喷漆合格率（%）	75	90	铃木
产品开发周期（月）	60	30	本田
订货回复时间（天）	10	2	丰田
冲模变换时间（分钟）	60	10	本田
JIT系统外购件比重（%）	5	70	Nummi（丰田与通用汽车的合资公司）
带螺件的部件数（个）	700	300	Nummi（丰田与通用汽车的合资公司）
每辆车的螺件数（个）	2 000	1 400	丰田

3.3.2 可行性研究阶段

通过设计过程第一阶段的调研，识别了消费者的需求，产生了产品的概念，但这不等于这些概念就一定可以转化为产品，必须对产品创意进行筛选。统计信息表明，全世界每年大约有2.5万个新产品概念，只有13%的创意可以通过筛选，最终只有不到2%的产品创意可以实现商业化开发。可行性研究是通过对新产品的市场、经济、技术和战略展开分析，完成对产品概念的筛选过程，包括：

（1）市场原则。对市场规模、竞争环境、创意的专利状态、市场需求、售后服务和已有分销渠道的状况等方面进行分析，即设计一种产品的必要性。

（2）生产技术原则。对生产技术和工艺的可行性、与企业现有生产过程的兼容性、人力和设备的需求、设施区位情况和供应商状况等方面进行分析，即制造一种产品的可能性。

（3）财务原则。对投资的资金需求、风险程度、收益预测、预期边际利润、预期产品生命周期等方面进行分析，即生产一种产品的经济合理性。

以 20 世纪 90 年代初期一汽大众捷达轿车的选择过程为例，一汽大众的战略目标是实现规模上的大批量和技术上的高水平。在引进车型时面临捷达和高尔夫两种车型的选型决策，发动机排气量有 1.0L、1.4L 和 1.6L 的选择，还面临四挡还是五挡变速器的决策问题。为了保证产品将来有较大的市场，经过分析，一汽大众认为三厢轿车符合中国人的审美观；1.6L 排量有发展潜力，有足够的动力带动空调；五挡变速器可以降低发动机转速、噪声和油耗。最后决策是将有空调装置的 1.6L 发动机搭载五挡变速器的三厢轿车作为捷达轿车产品的开发方向。

3.3.3　初步设计阶段

初步设计一般是为下一步技术设计做准备，它包括以下内容：（1）画出产品形状和结构草图；（2）将消费者对产品性能概括性的要求定义成产品的技术规格，确定产品各组成部件及结构方式；（3）工程技术人员设计样品；（4）样品试验，如汽车的撞击试验；（5）对样品进行必要的修改，然后重新进行试验；（6）生产管理人员对产品生产的技术性能、生产工艺、生产过程和材料需求做出鉴定；（7）对初步设计的不同方案做出分析和经济评价，选择其中的最佳方案。

在这一阶段，产品可靠性和可维护性要在设计中给予充分考虑。

1. 可靠性

可靠性指在正常使用条件下，产品或部件在规定的时间内能够完成规定性能的概率。下面是两种类型的可靠性概率的计算。

（1）单次使用的可靠性。一个产品或一个系统的可靠性取决于组成这个产品或系统的部件的构成形式。如果产品能正常工作的前提条件是所有部件都正常工作，产品正常工作的概率（可靠性）可以用下面公式计算：

$$P(\text{产品可靠工作})=P(\text{部件 1 工作})\times P(\text{部件 2 工作})\times\cdots\times P(\text{部件 }n\text{ 工作})$$

例如，某产品由两个部件组成，可靠性分别为 0.98、0.99，则产品能正常工作的概率为 $0.98\times0.99\approx0.97$，这种部件组成的结构称为串行结构，见图 3－6（a）。

如果某些部件是关键部件，它们出现故障会使整个产品或系统出现严重后果，如汽车的刹车系统，对这些部件可以采用并行后备部件的方法，提高可靠性。例如，对上面第二个部件增加一个后备部件，这两个部件正常工作的概率是 $1-(1-0.99)\times(1-0.99)=0.9999$，产品的可靠性可提高到 $0.98\times0.9999\approx0.9799$。含有后备部件的结构称为并行结构，见图 3－6（b）。

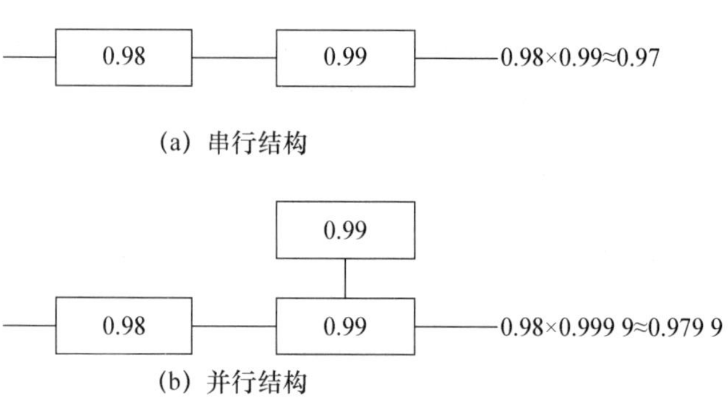

图 3-6 产品可靠性分析

（2）在规定时期内正常工作的可靠性。在一定时期内，产品可能因为很多原因而出现故障，图 3-7 表示产品故障比率的形态图。很多产品因为设计和生产过程质量问题，在它们刚被使用不久就出现故障。而随着产品使用时间的增加，产品老化，出现故障的可能性也随之增加。人们称平均产品故障比率为平均故障时间（mean time between failure，MTBF），这是在产品性能或质量指标体系中经常见到的一个名词，企业可以根据这一指标向消费者提出有关保修的承诺，如大众汽车在中国的保修期为两年或 60 000 千米。企业应努力生产平均故障时间较大的产品，使产品有较长的正常工作时间。

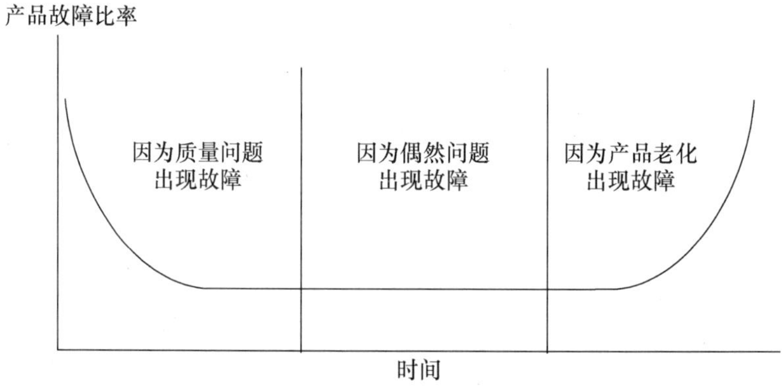

图 3-7 产品故障比率的形态图

可靠性可以用指数分布来描述，在给定时间 t 内产品正常工作的概率可按下式计算：

$$P(\text{在给定时间}\ t\ \text{前产品能正常工作})=e^{-t/MTBF}$$

2. 产品可维护性

产品可维护性，指产品容易维护和修理的程度。改进产品可维护性的方法是在产品部件中尽量使用模块和标准件，例如汽车是由各种模块构成的，当某一模块出现问题时，大多通过更换模块完成修理工作。一些关键部件在产品结构中的位置也可影响产品的可维护性。产品说明书应指导消费者如何处理一些故障，指明产品的定期保养要求，这些也是提高产品可维护性的方法。

3.3.4 技术设计阶段

技术设计是产品的定型阶段。它是在初步设计的基础上确定新产品各个部件、组件的详细结构、尺寸及其配合关系和配合条件，计算产品的技术经济指标。技术设计的结果多以新产品的总图、部件及组件的结构装配图呈现出来，设计计算说明书（包括实验研究结果及有关数据）也应该完备，装配的要求及技术条件也应得到确定。为了提高设计质量，在技术设计中必须继续做好试验研究工作，凡是在设计中采用的新结构、新技术、新工艺、新材料和新计算方法都应经过试验研究，证明可靠方可采用。

3.3.5 生产过程规划阶段

本阶段将产品设计转换成用于生产的指导性文件。其内容包括：

（1）绘制零件的工作图，包括详细的尺寸、公差、材料及其他技术要求；

（2）编制零部件及备件的明细表；

（3）编制原材料及外购件的明细表；

（4）编制用于生产的操作指导；

（5）选择工具和设备；

（6）编制工作描述文件；

（7）确定作业和组装顺序；

（8）编制用于控制自动化设备的程序。

从本章的图 3－5 可以看出，初步设计、技术设计和生产过程规划围绕新产品的样品组成了一个“设计→试制样品→试验样品→修改样品”的循环过程，目的是完善设计，解决好设计与生产过程的关系。设计要考虑合理的生产过程，生产过程要保证产品设计的落实。

3.4 产品设计过程中的组织模式和技术手段

3.4.1 产品设计过程中的组织模式

矩阵式组织（matrix organization）结构是产品设计过程中的常见组织架构，这种组织又称为跨职能组织，已被证明是产品开发的成功组织模式。矩阵式产品开发小组由不同人员构成，通常由市场、制造和工程技术方面的专家组成，同时还会邀请供应商、销售商和消费者参与贡献创意，产品开发小组甚至还会倾听来自会计、保险、环境和社会学方面的专家学者提供的建议。这种矩阵式组织的最大优点在于涉及产品设计开发的信息得到充分沟通，各部门和人员不会产生误解，有利于产品设计开发工作的开展。对高技术型企业来说，在产品设计开始时就组成跨职能的设计小组是新产品快速成功进入市场的重要条件。

例如丰田公司的汽车开发项目的组织形式是实行矩阵式管理，产品设计除了技术中心人员，还邀请营销、生产、财务、采购和国际经济政策研究及国际合作等方面的专业人员参与，广泛听取他们关于新产品开发的意见，把各方面的建议都反映到新车型的开发过程中。对丰田的工程技术人员来说，在设计小组中工作也是一种文化氛围的改变。小组成员之间的交流不受任何障碍的限制。开发小组可直接与供应商联系和签订合同。装配线上的工人被安排在研究与开发中心内的模拟组装生产线进行培训。工人可以指出可能存在的组装问题，工程师可以在设计阶段根据工人的意见对设计进行改进。模拟试验结束后，工人已经经历了600小时以上的操作训练，适应了新的汽车组装的操作要求。项目开发结束后，研究开发小组可以以其他形式继续存在下去，为生产过程的改进做出贡献。

3.4.2 产品设计开发过程中常见的思维方式

1. 试错法

试错法（trial-and-error）是通过不断试验和消除误差的方法找到最终的理想结果，如爱迪生发明电灯时，经过几千次的反复试错，最终发现钨丝适合做电灯泡里的灯丝材料。试错法的不足之处在于难以界定试错的边界，收敛聚焦不易。

2. 5W2H

5W2H法是指用5个以W开头的英语单词和2个以H开头的英语单词进行设问，发现解决问题的线索，寻找发明思路。它们分别对应为什么（why）、做什么（what）、何人做（who）、何时（when）、何地（where）、如何（how）和多少（how much），这些要素构成了5W2H法的总框架。

3. 头脑风暴法

头脑风暴法（brainstorming）是一种研发人员在正常融洽以及不受任何限制的氛围中用会议的形式进行讨论的方法，所有参与者在轻松的氛围中打破常规积极思考，畅所欲言。头脑风暴鼓励畅所欲言，激发参与人员的想象力以构思出更好的创意，不能轻易打压甚至评判他人的“非主流”创意。

4. 质量功能展开

质量功能展开（quality function deployment，QFD）是日本质量管理专家赤尾洋二提出来的一种系统方法。质量功能展开关注顾客需求，它将顾客需求转换成适当的产品或生产工艺的设计要求（如市场策略、规划、产品设计和工艺、样机、评估、生产过程开发、生产和销售等），保证在产品开发和实施过程中能够始终贯彻消费者的声音（voice of customer），有助于企业提高产品设计质量，从而提高顾客满意度。质量功能展开因其形状像房屋，又称“质量屋”（house of quality）。质量功能展开有如下特点，如图 3－8 所示。

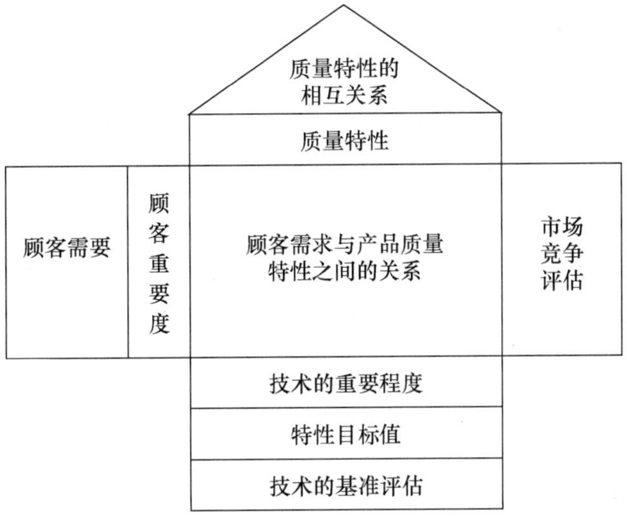

图 3－8 质量功能展开的构成要素

图 3－9 是开发某款轿车车门时绘制的质量功能展开图，它由九个部分组成：顾客需求、顾客重要度、竞争性评估、产品质量特性、关系矩阵、质量特性的重要程度、相关矩阵、技术的基准评估和质量特性目标值。

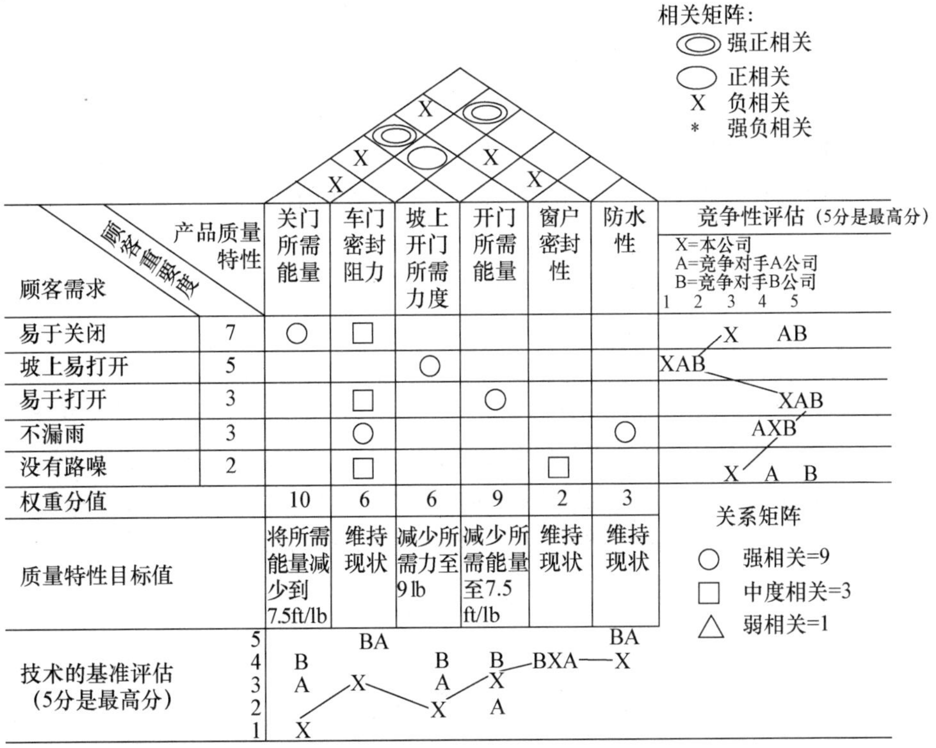

图 3－9 研发某款轿车车门的质量功能展开图

（1）顾客需求，将顾客对产品或服务的期望要求或渴望特性列举出来，并将这些需求进行适当分类。

（2）顾客重要度，即顾客对不同的需求分别指定表示重要程度的权数，对重要程度较高的需求在设计过程中要努力加以满足。

（3）竞争性评估，在矩阵表的右端，是顾客对竞争品牌的产品或服务特性的认识。这是一种确定竞争地位的有效方法，它也可以使企业进一步核实不同特性对顾客的重要程度，明确本企业的产品与竞争对手相比的优势与劣势状况，为获取竞争优势发现机会。

（4）产品质量特性，即将顾客对产品的需求用企业的专业技术术语在矩阵表的上方表示出来，它是实现顾客需求的方式，应该对产品有价值、有量纲并且可测量，可以由 QFD 开发小组进行控制。

矩阵表的下方是竞争对手和本企业产品的技术性能的指标情况和困难程度的数据。

（5）关系矩阵，这一部分表示顾客需求与产品质量特性之间关系的密切程度，设计人员根据它来确定哪些质量特性有助于实现顾客的需求。

（6）质量特性的重要程度，根据关系矩阵中的需求与质量特性的关系强弱，结合顾客重要度计算而得。

（7）相关矩阵，表示改变不同质量特性对它们之间的相互影响。产品技术特性中有的技术性能是相互支持的，有的是相互冲突的。相关矩阵可以帮助设计人员用少量资源达到多种目标。

（8）技术的基准评估，在整个表的下方企业将自己的各项技术参数和竞争对手的情况进行对比。

（9）质量特性目标值，表示为满足顾客要求，新产品的技术性能所要达到的水平，它综合考虑了整个矩阵表信息的分析。这些值应尽可能量化，为后续的开发提供指导。

质量功能展开要经过四个阶段，在四个阶段中质量特性、零部件特性、生产工艺特性和生产过程控制特性要通过质量屋表达出来，其中涉及四个矩阵表，引导设计活动从产品设计到生产的整个过程，并将顾客对产品的期望传送到设计小组及生产一线员工。另外三个与第一个依次相连，如图 3－10 所示。第一阶段中的输出，即质量特性，作为第二个阶段的输入；第二阶段的输出，即零部件特性，作为第三阶段的输入；第三阶段的输出，即生产工艺特性，作为第四阶段的输入；第四阶段形成了产品的生产过程控制特性。经过这样一个过程所确定的生产方式，将使企业能够提供满足顾客要求的产品或服务。

5. TRIZ

TRIZ 理论是苏联发明的一种“发明问题解决理论”，是由阿奇舒勒（Altshuler）在 1946 年创立的，阿奇舒勒穷其毕生精力于 TRIZ 理论的研究和完善，在他的领导下，苏联的研究机构、大学、企业组成了 TRIZ 研究团体，分析了世界近 250 万份高水平的发明专利，总结出各种技术发展进化遵循的规律模式，解决各种技术矛盾和物理矛盾，建立起一个实现创新开发的各种方法、算法组成的综合理论体系。在利用 TRIZ 解决问题的过程中，设计者首先将待设计的产品表达成为 TRIZ 问题，然后利用 TRIZ 中的工具求出该 TRIZ 问题的普适解或称模拟解，最后设计者再把该普适解转化为领域的解或特解。TRIZ 理论曾在军事、工业、航空、航天等领域发挥巨大作用。

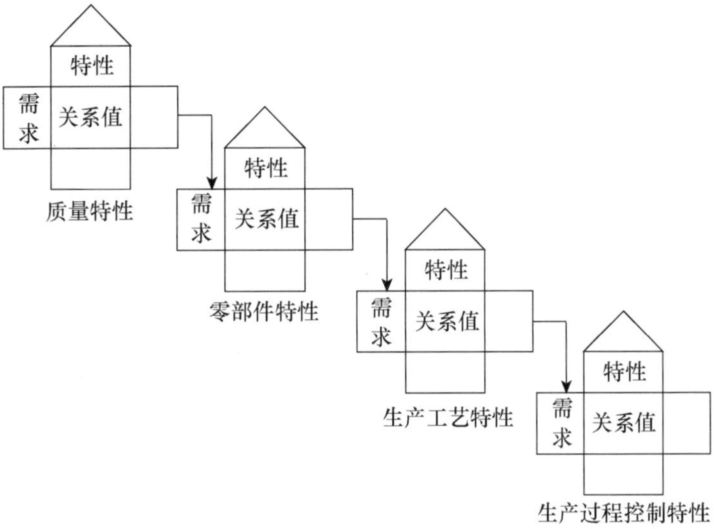

图 3－10　质量功能展开阶段需求与质量特性的转换

3.4.3　产品设计开发过程中常用到的技术手段

1. 同步工程

同步工程（concurrent engineering）是一种科学的设计管理方法，又称并行工程，其最大特点是缩短产品开发过程中的开发时间，在图 3－11 中，左侧非同步工程耗时显然多于右侧采用同步工程所用时间。同步工程要求项目开发小组的各方面专家，甚至包括供应商对项目开发问题共同进行决策，将产品设计和生产过程规划同时进行综合研究。

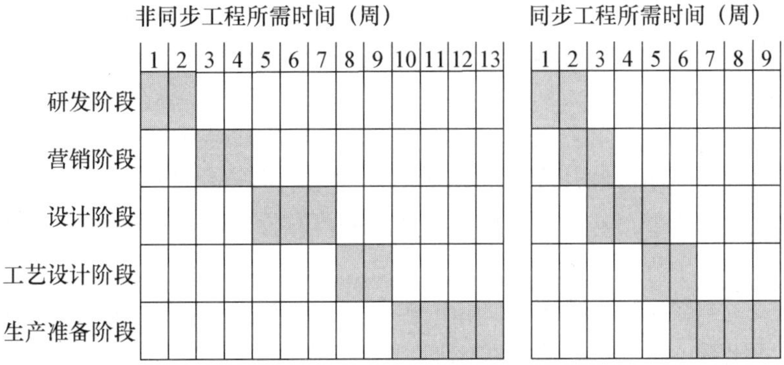

图 3－11　非同步工程与同步工程所用时间比较

1990年，美国波音公司斥资40多亿美元研制波音777客机，由于采用同步工程技术研发和生产周期大幅缩短，仅耗时3年6个月就完成了该款喷气式客机从研发到试飞的过程，随即投入商业运营，取得了巨大的商业成功。

同步工程要求在各个设计环节中，前一个环节还未结束，负责后一个环节的部门或单位就要提前介入对接，目的是熟悉相关情况和使沟通过程充分有效。

在很多情况下，设计工程师并不完全了解生产系统的生产能力和制造设备设施的限制条件。目前，国外很多企业改变了传统的单独的设计职能，采纳设计与生产一体化的设计理念。例如，在设计过程中制造工程师尽早参与，每个设计小组都指定一名制造工程师参与产品设计，设计办公室靠近生产线，加强了设计与制造之间的交流，从而改进了最终产品的质量。这种方式也有利于设计和生产环节充分沟通，从而提高了设计工作的有效性，同时还可以缩短设计工作的时间跨度。

尽管采用同步设计方法，某些产品的开发过程仍然耗时较长。由于同步设计强调多工作同时展开进行，需要有有效的方法来制定和控制开发进度计划。本书第6章所介绍的有关技术，如甘特图、PERT和CPM常被用来在同步设计中进行进度计划的制定和控制。

2. 面向可制造设计

产品的很多质量问题在设计阶段就形成了，因此设计阶段的努力对今后产品的生产和使用具有重要的意义。面向可制造设计（design for manufacturing，DFM），又称可制造性（manufacturability），它表示在产品设计阶段就要考虑设计产品的可制造性和生产的经济性，是产品设计向制造过渡的重要环节。它通过对产品设计进行认真观察，在满足产品设计特性的前提下，找到易于制造的方法和途径。特别对部件的设计应按便于组装的原则，有利于产品设计与生产过程有机接合。成功的制造设计可以提高产品设计的质量，降低制造成本，缩短研制周期，减少库存，减少对检验、测试和返工的资源需求，减少失误，保证制造系统不浪费资源，从供应商所购买的零部件和原材料能够100%得到利用，从而提高企业的竞争能力。面向可制造设计提倡最大限度减少产品使用零部件的数量，这样既减少了产品简化组装过程，也便于采用自动化进行生产。产品所用部件应尽量标准化，这样可以节省设计时间，有利于组织大批量生产和采购，减少对库存投入和对质量检验的要求，有利于降低生产难度。

图3-12表示未优化前的驱动玻璃升降电机装配图，图3-13表示经可制造性优化后的驱动玻璃升降电机装配图。优化前电机由19个零部件构成，优化后零部件减少为7个，这样极大提高了产品的可靠性，同时还简化了生产和装配程序，有效地降低了制造成本。

一个好的制造设计可以用下面一些指标来进行评价：（1）部件的数量；（2）标准件的比重；（3）使用现有的制造过程的情况。

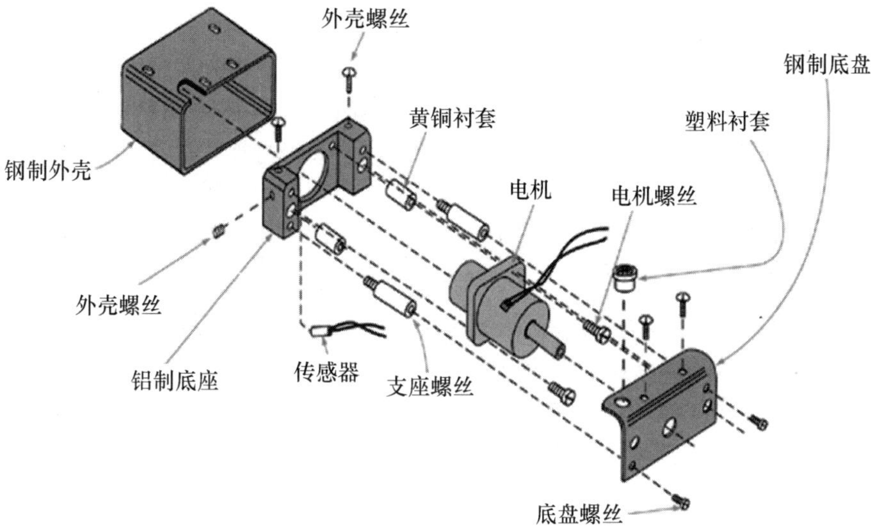

图 3－12　未经可制造性优化前的驱动玻璃升降电机装配图

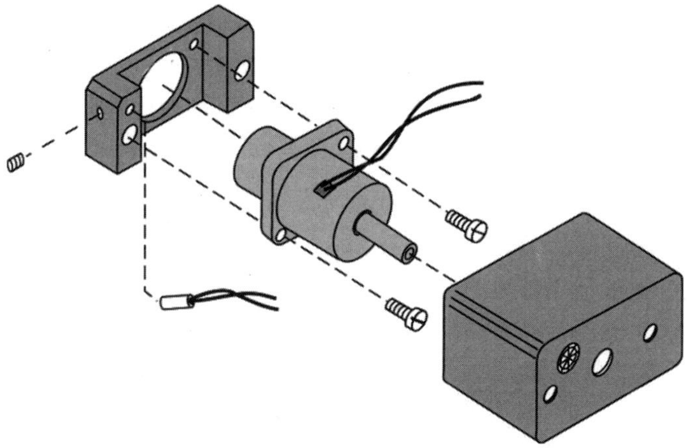

图 3－13　经可制造性优化后的驱动玻璃升降电机装配图

以上三个指标用来评价产品设计的易制造性，产品部件越少，标准件比重越高，尽量使用已熟悉的生产过程，将使新产品的生产越容易和越经济。

面向可制造设计的原则是能够尽量简化产品或流程使其有更少的零部件或处理阶段，从而减少供应商数量并降低出错的概率。

3. 模块化设计

模块化设计（modular design）是指结合使用标准组件和模块而生产不同的产品的设计理念，其优点在于可以用较少种类的标准件和模块设计出品种范围较广的产品。模块化设计在电子和汽车行业应用十分广泛，它要求设计的部件应适合不同产品的需要。在实施模块化设计的过程中，应尽量避免使用带螺栓的部件，这样可以简化组装产品的操作，缩短制造时间；模块化设计应包含产品生产流程，并形成书面文件，以便对员工进行培训和工作指导；每一个作业都应该有操作规程，保证能以相同方式完成每一项作业；应尽可能采用简单的作业及工序能力已知的作业；还要考虑容易更换模块和零部件。

模块化设计有助于实现大规模产品定制，符合消费者个性化消费需求。一些大批量生产的服装也采用模块化设计的理念。如李维斯牛仔服的生产厂家可以用模块化的生产方式为顾客提供服装定制服务，顾客先到李维斯专卖店中测量尺寸，每个顾客的服装尺寸数据被传输到生产工厂，生产工厂在现有的服装零部件中做适当组合，就可以完成对某一具体顾客的定制服装的加工制作。为了突出顾客个性化需求，李维斯可以在顾客指定的服装位置做特殊处理加工，如可以把顾客的名字绣在衣服的袖口处。这是集模块化设计和生产为一体的生产方式，高效的顾客订单收集和快速根据订单进行生产的能力构成了这种模式的核心。

4. 标准化设计

标准化设计（standardization design）是指采用共性条件，制定统一的标准和模式，进行适用范围比较广泛的设计，它适用于技术上成熟、经济上合理、市场容量充裕的产品设计。在产品生产前期尽量多用标准化设计以减少产品差异化程度，产品简单化有利于使用通用部件或标准化设计来实现，这样不仅可以在最终组装环节实现多样化产品，而且可以简化物料处理和存货控制。标准化设计的优势在于消除不增值环节来简化流程，可以缩减生产成本和时间并减少出错的机会。通常，“简化、傻瓜化”是一个重要的设计原则，它需要设计人员能够创造性地寻找到并消除不必要和不增值部分。尽管产品的多样化能够给顾客更多的选择，但它同样也会增加处理的复杂程度，从而对生产成本、生产时间和质量带来挑战。标准化设计有助于减少不确定性和工人出错的机会，类似地，采用标准化设计组织生产也简化了对工人的要求，从而提高劳动生产率和绩效。通过大量生产有限品种的产品以降低生产成本，缩短生产时间和提高产品一致性已经成为设计人员追求的目标之一。即使是在服务行业也同样适用，通过标准化减少处理时间的差异有助于缩短顾客等待时间，从而提高服务质量。

在模块化设计和标准化设计的基础上，延迟差异化（delayed differentiation）可以给企业和消费者双方带来好处。延迟差异化是指以模块化和标准化设计的产品，在得到具体用户的订单之前以模块化和标准化存在的产品，当用户订单确认后，根据该用户的具体情况做出相应的调整或组合，以满足具体顾客的需求。如惠普公司所生产的打印机在发往具体顾客或销售区域之前都是模块化和标准化的半成品，当顾客或销售区域确定后，惠普公司会给打印机配上适应当地电压的打印机电源和使用该地区文字的产品说明书。延迟差异化的最大好处是可以使得企业以较少的标准化库存满足不同区域市场的需求，从而节约库存成本，在不提高产品服务率（service level）的条件下快速响应不同地区的消费者的需求。

5. 防呆设计

本书第2章第4节和第12章第3节中都有对防呆设计的论述。该方法是一种预防矫正的行为约束手段，运用避免产生错误的限制方法，让操作者不需要花费注意力，也不需要经验与专业知识即可直接无误完成正确的操作。在新产品设计的过程中，设计师会在容易出错的制造环节和使用环节大量融入防呆设计元素以避免发生误操作。

在现实生活中，随处可见防错装置。如电脑的接口、数码相机电池和存储卡的外形和插入口的防错设计，可以有效避免用户的误操作；手动挡汽车在发动汽车前，驾驶员必须踩下离合器踏板，否则不能发动汽车，这样可以提示驾驶员确认当前的挡位，避免汽车启动后出现突然窜车等误操作；当汽车车速大于 30 公里/小时，若驾驶员未系安全带则报警装置会持续报警，若未放松手刹也会报警；某品牌牙膏产品在销售环节中被发现有空盒现象，生产企业在牙膏进入包装后增加了一道防呆设计工序，该工序用一定流量的空气向生产线吹气，若出现空盒则被吹离生产线，从而杜绝了空盒现象。

6. 反向工程

反向工程或逆向工程（reverse engineering）是通过解剖和认真研究竞争对手的产品或工艺的特性，以达到改进本公司产品的目的。例如，20 世纪 30 年代丰田汽车公司在生产轿车初期就大量参考美系和德系轿车，通过反复拆装、研究、分析和测绘，设计出早期的丰田轿车。

7. 价值工程

价值工程（value engineering），也称价值分析（value analysis），是指以产品功能分析为核心，以提高产品的价值为目的，力求以最低寿命周期成本实现产品必要功能的设计活动，也称为功能成本分析。在新产品开发的过程中，对每一种原材料、零部件和作业都应该充分评估其必要性、经济性和时效性。价值工程涉及价值、功能和寿命周期成本三个基本要素。

价值工程中的“价值”是一种评价事物有益程度的尺度。价值高说明该事物的有益程度高、效益大、好处多；价值低则说明有益程度低、效益差、好处少。例如，人们在购买商品时，总是希望物美价廉，即花费最少的代价换取最多、最好的商品。价值工程把“价值”定义为对象所具有的功能与获得该功能的全部费用之比，即：

$$V=F/C$$

式中，V 为价值；F 为功能；C 为成本。

价值工程用来删去设计中那些不必要的特性和功能，它通过对技术与经济、功能与成本的综合分析，用最低的成本实现产品必要的功能。

图 3－14 展示了利用价值工程分析方法改进金属支架的设计过程。在不改变产品功能的基础上，通过优化产品结构，金属支架的成本由 3.5 美元先降低到 2 美元，继而又降低到 0.8 美元。

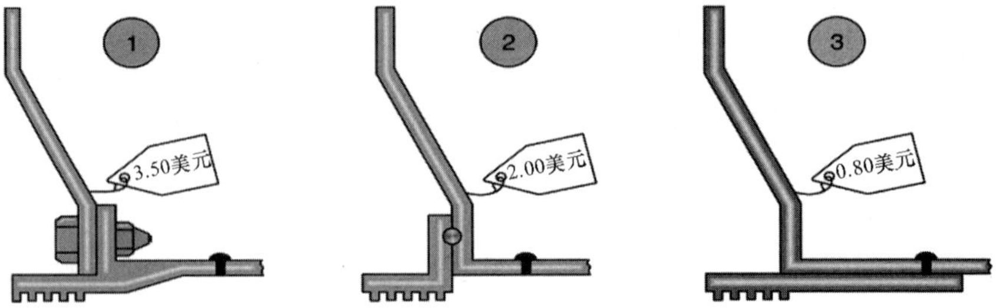

图3-14 利用价值工程改进一个金属支架的设计

8. 稳健性设计

稳健性设计（robust design）又称强壮性设计或田口方法（Taguchi approach），由田口玄一于20世纪70年代末创立，其核心思想是指不管在生产过程中还是顾客使用过程中发生任何差异都不会影响产品实际性能的一种设计。

在产品设计中，设计师总是期望减小实际产出的质量与设计规范的差异，但有时减少差异的方法非常困难或者不经济。通常，产品的性能不仅由内部（工序相关）和外部（环境相关）的因素决定，还由自身的设计参数决定。设计者的目标是确定一个设计参数组合，保护产品性能免受可能的内部和外部干扰因素的影响。通过统计试验，将不同的设计参数组合与不同水平的干扰相联系。这一问题的难点是找到合适的设计参数组合以抵抗干扰因素的影响。

将高频率使用的产品或设施融入稳健性设计元素十分重要，这会提高其工作效率。如火车站识别车票的闸机对车票识别应该灵敏有效，而不应该识别条件苛刻，否则就会经常遇到合规的车票不能被迅速识别，从而导致进站口阻塞，影响旅客乘车；又如高层楼宇电梯也应该是强壮性设计的典范，否则电梯就会经常“罢工”，无法为顾客提供服务。

9. 绿色设计

绿色设计（green design）要求在产品设计中考虑使用可以回收再利用的材料或零部件去制造产品，容易维修，减少遗弃，尽量减少不必要的包装。在产品制造、消费和报废处置过程中，应减少原材料和能源的消耗。

世界上很多国家的政府都要求企业对其自己生产的产品负责，甚至包括产品使用寿命结束之后的处置。例如，德国法律对个人电脑和家用电器的回收、再利用和安全处置做出了规定，有些企业要支付环保税，有些则是在产品销售价格中包含了环保税；美国的许多州有关于电池回收的法律；日本对信息技术产品的能源消耗有规定限制；欧盟对环保产品加贴绿色标签。

3.5 服务的设计开发

服务设计过程是选定服务所需物质资源，确定顾客能够从服务中得到感觉上的满足和心理上的受益过程。服务是没有专利的创新活动，别的企业也可以模仿，但它不像有形产品的设计和生产技术那样容易学到。服务水平的提高需要企业全员素质的提高，需要有提供优质服务的企业文化，如不断对员工进行培训，经常了解和观察顾客反应和意见，不断改进工作流程等。提供服务的全过程，必须遵循提高顾客满意度与忠诚度的原则。本节着重讨论服务开发的特点及服务蓝图的应用。

3.5.1　服务设计开发的特点

服务与有形产品不同，其设计开发有以下特点：

（1）服务的无形性。服务是消费者的一种体验，相同的服务不同消费者可能有不同感受。服务可能与某些物质资源有关，如航空公司的飞机、餐馆的桌椅、医院的病床等，但顾客真正消费的是无形的内容。它不是飞机，而是一种地理位置上发生变化的旅行；它不是餐馆中的桌椅，而是一种能够吃饭的环境；它是为了获得身体健康，而不是医院床位本身；等等。服务设计要研究消费者期望什么样的体验，这与他们的文化程度、经验以及服务由谁提供有很大关系，带有很大的主观性。要想让顾客满意，就应该理解顾客，以顾客的眼光来看待企业提供的服务，这是做好服务设计的基本条件。

（2）服务的可变性。不同的服务人员与不同的顾客会使服务的结果有所不同。尽管如此，现代优秀服务业企业的经验表明，对消费者来说，服务的可靠性和一致性是衡量服务质量的重要标志。因此，加强员工的培训，制定操作规程，使用标准材料和设备，创造良好的服务环境是服务设计所要考虑的内容。

（3）服务与顾客的高接触性。只有在顾客与提供产品或服务的公司发生接触时顾客才能享受到服务，因此公司的一线员工是提供服务的关键环节。一线员工能否自觉地为顾客提供优质服务，直接反映了一个企业的形象和企业文化。服务系统趋向分散化管理，服务设计应考虑为服务人员提供充分的技能培训，在不违反基本原则的情况下管理人员应该赋予一线员工一定的权力，让他们有充分的创造性和责任，提高他们的应变能力和处理问题的速度。

（4）服务的不可储存性。服务不可能被储存起来供今后消费，因此系统的服务能力很重要。设施的规模、内部布置以及提供服务的时效性和定位性是服务设计要考虑的问题。

（5）消费者与服务提供过程的不可分隔性。有形消费品的提供过程要经历生产、流通到最终消费等一系列中间环节，往往要有一定的时间间隔。而服务具有不可分隔的特征，一般服务的生产过程与消费过程同时进行，服务人员向顾客提供服务之时，也正是顾客消费服务之时，顾客的参与是服务过程不可缺少的一个条件。因此服务设计必须确定如何提供服务，要考虑顾客涉入服务过程的程度。要使顾客在服务过程中扮演正确的角色，保证他们获取必要的服务知识，提高消费者的满意度。

3.5.2　服务蓝图

服务蓝图（service blueprint）是服务设计的一种重要手段，直观上同时从几个方面展示服务，包括描绘服务实施的过程、接待顾客的地点、顾客和服务人员的角色以及服务中的可见要素。它提供了一种把服务合理分块的方法，再逐一描述过程的步骤或任务、执行任务的方法和顾客能够感受到的有形展示。

服务蓝图包括顾客行为、前台员工行为、后台员工行为和支持过程。绘制服务蓝图的常规并非一成不变，因此不同服务业会引入不同的符号，每一组成部分的名称都可以因其内容和复杂程度而有所不同。

服务蓝图主要包括两种行为：顾客行为和服务人员行为。顾客行为部分包括顾客在购买、消费和评价服务过程中的步骤、选择、行动和互动。这一部分紧紧围绕着顾客在购买、消费和评价服务过程中所采用的技术和评价标准展开；与顾客行为平行的部分是服务人员行为。那些顾客能看到的服务人员表现出的行为和步骤是前台员工行为。这部分则紧紧围绕前台员工与顾客的相互关系展开。那些发生在幕后，支持前台行为的员工行为称作后台员工行为，它围绕支持前台员工的活动展开。

服务蓝图中的支持过程部分包括内部服务和支持服务人员履行的服务步骤和互动行为。这一部分覆盖了在传递服务过程中所发生的支持接触员工的各种内部服务、步骤和各种相互作用。

服务蓝图与其他流程图最为显著的区别是包括了顾客及其看待服务过程的观点。实际上，在设计服务蓝图时，值得借鉴的观点是从顾客对过程的观点出发，逆向导入实施系统。每个行为部分中的方框图表示出相应水平上执行服务的人员执行或经历服务的步骤。图3-15描绘了麦当劳餐厅的服务蓝图。

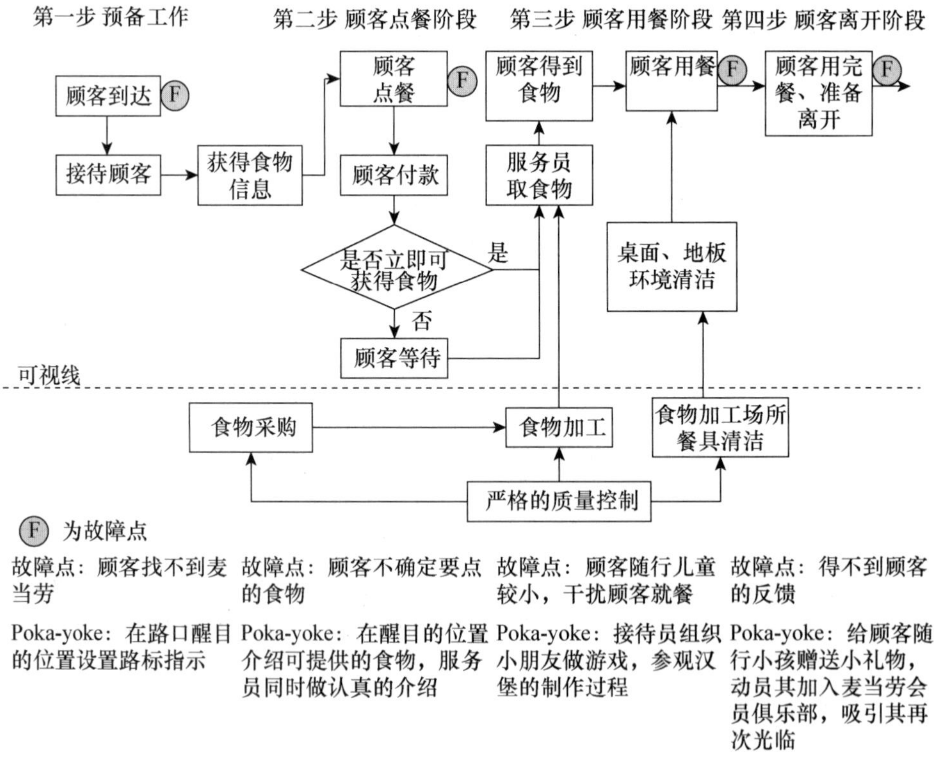

图3-15 麦当劳餐厅的服务蓝图

3.6　产品设计开发中的风险控制

新产品在开发过程中蕴涵着巨大的风险。普通消费者无法感受到企业在新产品开发过程中所经历的艰辛，开发新产品的企业也不会大张旗鼓地宣传自己失败的案例。美国学者曾做过统计，成功开发一个新产品的背后有大量失败的案例，图 3-16 表明新产品开发过程中极低的成功率。美国营销学专家也做过类似统计，对于能够成功推向市场的产品也仍然面临很大的风险。新产品上市一年以后，只有 20% 能够生存下来；两年以后，这个比例降至 5%；三年以后这一比例又下降到 1%。由此可见新产品设计开发中的风险巨大。

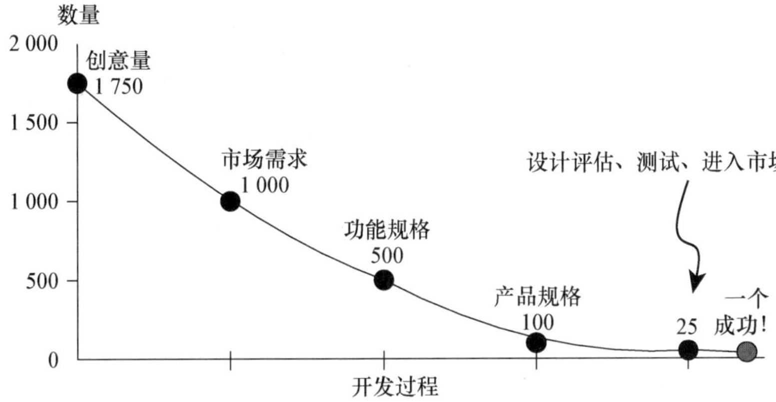

图 3-16　新产品开发过程中极低的成功率

一方面，开发新产品既有巨大的消费者需求推动动因，也有公司追逐利润的内在动力；另一方面，公司要为新产品开发承担巨大的风险。公司不能因为有风险就停止新产品开发的努力，化解新产品开发过程中的风险就成为每个开发新产品企业共同关心的问题。

图 3-17 说明了一种新产品开发过程中减少风险的策略，即“先慢后快的新产品开发策略”。该策略把新产品开发到推向市场大致分为四个阶段：创意阶段、研发阶段、生产阶段和推向市场阶段。在创意阶段，公司主要成本花费在专家咨询费和差旅费等方面，这部分费用有限，不会给企业带来太大的负担。在研发阶段，公司要投资新产品开发的研制设施、实验仪器以及人工费等，费用要多于新产品创意阶段。在后面的生产阶段和推向市场阶段中公司所需要投入的费用剧增。在生产阶段，公司需要投资生产设施等固定资产，购置原材料，负担制造费用，支付人员工资等。在推向市场阶段，公司需要拓展销售渠道，支付销售渠道建设费用等。

先慢后快的新产品开发策略是指公司在新产品开发的前期，特别是在创意阶段和研发阶段，研发工作一定要仔细谨慎，该考虑到的因素一定要经过深思熟虑的论

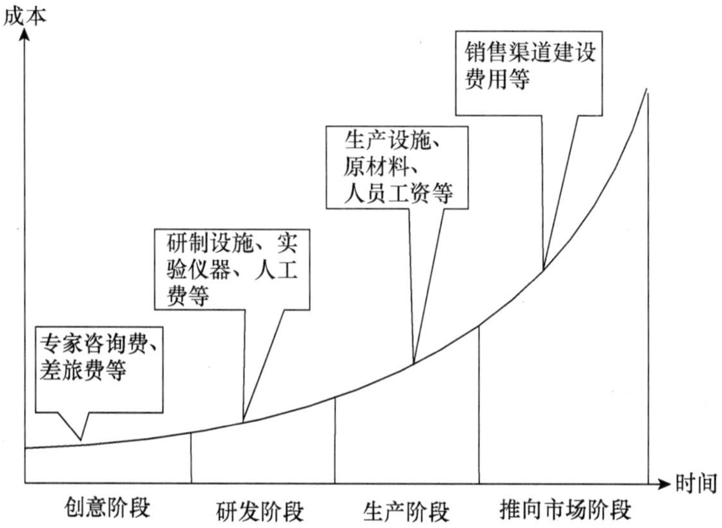

图 3-17 先慢后快的新产品开发策略

证，不应当有任何遗漏，特别是不应当忽略对新产品有重大影响的各方面因素，一定要注重各个细节对新产品开发的影响。在这两个阶段中，提倡严谨的工作作风，杜绝马虎大意，不怕工作进度慢，就怕工作态度不认真，严谨仔细是前两个阶段应该强调的重点。若经过严谨的论证后，或因为技术因素或市场因素，发现某新产品的开发不可行，就要果断终止此新产品的开发工作，作为后续产品储备，等到条件成熟后再继续推进，这是明智的决策。反之，若前两个阶段工作粗糙，出现疏漏，进入后两个阶段就会产生很大的成本费用，若此时察觉新产品推广困难则为时已晚，公司将背负巨大的财务包袱。若经论证表明新产品可行，那就应该在后面的两个阶段中快速推进，尽可能在竞争对手推出同类产品前率先进入市场，抢占先机，获得新产品进入市场的溢价收益。快速推进是后两个阶段应当强调的秘诀。

□ 小结

本章主要讨论了产品和服务设计开发的过程及技术手段。新产品开发分为创意、可行性研究、初步设计、技术设计和生产过程规划等几个阶段，在做好这几个阶段工作的过程中，要注重应用先进合理的开发手段，这样才能生产出满足顾客需求的产品。同时在产品研发过程中还要缩短开发周期，控制设计成本，减少产品的开发风险，使新开发出的产品成为公司利润的增长点。

本章还讨论了服务产品的开发，有形产品的研发中采用的大部分技术手段也可以应用到服务产品的设计过程中，在产品开发过程中要有风险意识，先快后慢的开发策略可以有效地降低产品开发过程中的风险。

□ 术语

新产品　产品生命周期　产品创意　标杆对比　可靠性　并行工程　矩阵式组织　头脑风暴　模块化设计　标准化设计　延迟差异化　可制造性　质量功能展开　TRIZ　反向工程/逆向工程　价值工程　稳健性设计　绿色设计　服务蓝图

□ 习题

1. 请说明新产品的概念及开发新产品的意义。
2. 请说明产品开发过程中公司选择进入-退出的策略。
3. 请说明产品设计开发有哪些主要阶段。
4. 请说明产品开发过程中质量功能展开和 TRIZ 的含义。
5. 产品设计开发过程中有哪些常用的技术开发手段?
6. 服务设计与制造业产品设计有什么相同之处和不同之处?
7. 什么是服务蓝图?
8. 如何减少产品开发所面临的风险?

□ 案例

杯面人生：安藤百福研发方便面传奇

方便面是 20 世纪人类最伟大的发明之一，现在年销千亿份的方便面已经从地球进入太空成为宇航员的食品。这个看似平常的产品背后有着不平凡的研发经历。

一、方便面纪念馆及其创始人

1999 年，日本大阪府池田市建立了一个方便面纪念馆，那里展出了 1958 年以来日本所有的方便面品种，包括 1958 年发明的全世界第一包方便面——鸡汤拉面、1971 年发明的全世界第一款杯装方便面和 2005 年作为宇航员的太空食品登上“发现号”航天飞船的第一款太空食用方便面，所有跟方便面有关的发明在这里都可以见到。

纪念馆里有一张老人的照片，他就是方便面的发明者安藤百福。安藤百福原名吴百福，1910 年出生在中国台湾。他从小失去双亲，与经营布匹批发生意的祖父相依为命，经过长期的耳濡目染，吴百福从祖父那里学到不少生意经。1932 年，22 岁的吴百福到日本做纺织品生意，并改名安藤百福。后来日本政府明确禁止自由从事纤维生意，安藤百福经营的公司破产，并陷入诉讼官司，安藤百福甚至一度入狱。

二、聚焦食品行业，首先瞄准营养剂

1945年日本战败投降，食品供应严重不足。安藤回忆起自己在狱中的挨饿时光，深感对于处在饥饿和寒冷中的人来说，能吃上一顿热腾腾的饱饭是一种迫切的需求。于是，安藤开始关注食品和营养行业，打算开创自己的事业。

反复尝试后，安藤用牛骨头、猪骨头作原料，煮出汤汁，制作成浓缩的营养剂，装进真空的袋子。这种营养剂只需用开水泡一下就可以享用，在日本大受欢迎，安藤遂成为日本食品界的知名人士。

1948年，安藤创立中交总社食品公司，即日清食品公司的前身，潜心钻研食品开发。

三、独具慧眼，方便面横空出世

1957年冬天的一个早晨，安藤在街上无意间发现穿着简陋的人群顶着寒风排起了二三十米的长队购买拉面，场面十分火爆，他判断拉面需求量巨大，适合普通大众消费。1958年春天，安藤白手起家开始研究拉面。他建起一个10平方米的实验室，用一台旧制面机和一口直径一米的炒锅为工具，买来面粉和食用油等食材开始潜心研究。

安藤起初设想的方便面是一种只要加入热水立刻就能食用的速食面。他给方便面定了五个目标：第一，味道好，吃不厌；第二，可以成为家庭厨房常备品，耐保存；第三，简便且不需要烹饪；第四，价格便宜；第五，必须安全卫生。但对于面食安藤完全是外行，面条的原料配比非常微妙，有很大学问，他进行了各种尝试，但效果都不理想。

这时安藤夫人烹饪油炸菜肴的方法启发了安藤。安藤将面条浸在汤汁中使之入味，然后油炸使之干燥，就能同时解决保存和烹调的问题。安藤兴奋异常，他把这种制作方法命名为“瞬间热油干燥法”，并成功申请了方便面的制作专利。

1958年8月25日，安藤的新发明问世了，他给自己的新发明起了一个名字，叫做鸡汤拉面。为了快速打开市场，安藤免费给消费者品尝，鸡汤拉面很快就在全日本掀起销售热潮，安藤公司的热线电话几乎被打爆，方便面迅速成为日本食品市场上的新宠。为了扩大销量，安藤委托在贸易公司工作的朋友把鸡汤拉面样品送到美国试探市场反应，结果同样大获好评，当年年底，安藤将自己的公司更名为日清食品公司，凭借方便面，日清公司成为日本食品行业的领先者。

四、竞争加剧，另辟蹊径推出杯面

1965年，日本生产方便面的公司已达到360家之多，随着竞争者的加入，日清公司的利润和市场份额接连下滑，生产线频频停产，员工数量由1 100人减少到800人，降薪幅度达40%。

1966年，为了寻求更广阔的方便面市场，安藤把目光投向美国。在洛杉矶，他上门请买主品尝方便面。因为办公室里没有碗，对方拿出纸杯，将方便面一掰两半放进杯里，倒上热水，吃完后直接将纸杯扔进垃圾袋。看到这一情景，安藤顿时来了灵感，萌生开发“杯装方便面”的构想，他当时就决定选用既轻又保温的泡沫塑料制作盛面的容器。在回程的飞机上，安藤发现机上提供的铝制容器用的盖子是由纸和铝箔复合制成的，困扰安藤的杯装方便面如何长期保存的问题迎刃而解。

1971 年 9 月，世界上第一款杯装方便面诞生了。安藤在日本最繁华的地段——东京银座展开推广，仅仅四个小时，两万份杯面销售一空。随着杯面的成功研制，日清公司迅速摆脱困境并进行全球扩张。

五、商业成功，安藤百福获殊荣

到世纪之交时，日清公司年产袋装方便面 20 亿袋，杯装方便面 30 亿杯，年销售额达 2 455 亿日元，获得了巨大的商业成功。据 2000 年日本的一个民意调查显示，方便面被认为是日本 20 世纪最重要的发明，卡拉 OK 次之。

美国《时代周刊》曾经评选出 60 年来为世界进步做出杰出贡献的 60 个人，方便面之父安藤百福名列其中。为了表彰安藤发明方便面的贡献，日本政府给予其多项褒奖，并授予他“名誉经营学博士”的荣誉。

资料来源：根据央视相关报道和网上资料整理而成。

案例思考题：

1. 请分析安藤百福研发方便面的创意灵感从何而来。
2. 为什么说看似简单的方便面却是 20 世纪人类最伟大的发明之一？

第 4 章 Chapter 4 流程分析与生产能力设计

学习目标

1. 掌握流程图的绘制，了解流程绩效的考核指标，掌握流程的律特定律，了解流程的主要参数指标
2. 掌握流程分析的过程和步骤，掌握流程优化方法
3. 掌握生产流程分类，了解流程与产品之间的匹配，清楚影响生产流程设计的主要因素
4. 了解生产能力的概念及种类，了解影响生产能力的因素和度量，了解生产能力与经济规模的关系
5. 掌握生产能力与运营经济性之间的关系，了解单一品种生产条件下生产能力的计算

4.1 流程分析

流程图（flow diagram）是以图形的方式来表现流程，绘制流程图可以帮助管理者对运作系统进行分析。流程分析和流程改善是在绘制流程图的基础上进行的。

企业的流程细节可以通过流程说明书反映出来。再复杂的流程也可以通过研究物料或产品加以描述。在流程图中，物料或产品是流程单位，因此流程图就是关注物料或产品经过整个流程的过程。

4.1.1 流程图的绘制

为了绘制流程图，首先要确定具体关注的是哪一部分流程，确定流程的边界和

相关细节。流程边界的设定取决于研究流程的目的。例如，一个研究医院患者排队等待的项目，病人与医生见面时，医生要求的体检报告就不在分析边界之内。然而另一个与手术质量有关的项目则应该详细关注病人与医生见面的全过程，但是可能会忽略体检情况，或很少关注体检细节。一个流程是流程单位流过运作的过程。流程图用一系列符号来表示流程的细节，常用的符号有圆圈、三角、方框、菱形和箭头等。具体内容如下：

“○”：圆圈表示活动，是流程中有助于使原材料向产品方向转化的活动；

“▽”：三角表示库存，是原材料、在制品和产成品的滞留与储存；

“□”：方框表示检查，确认活动是否被有效执行；

“◇”：菱形表示决策点，引导其后流程的不同路径；

“→”或“⇨”：箭头表示物流方向；

“--→”：虚线箭头表示信息流方向；

“D”：延迟符号，表示人员或物品等待下一个活动。

图 4－1 是两条平行的面包生产线的流程图。

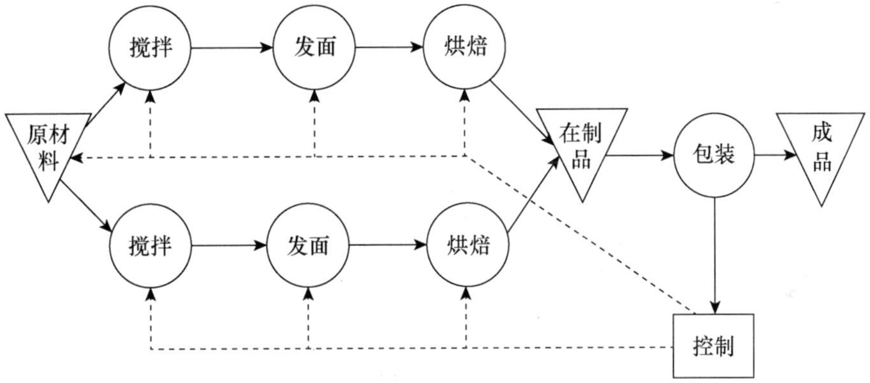

图 4－1　两条平行的面包生产线的流程图

4.1.2　流程绩效的指标

流程是把投入转化为产出的过程，可以把流程看作一个转化器，它使用资源（如劳动力、资金和设备等），将投入（原材料、等待服务的顾客等）转化为产出（产成品、接受服务的顾客）。在分析流程之前，首先要定义分析流程的单位。

在不同的行业中，流程的单位千差万别。如在面包生产线中，一个面团就是流程单位；在医院的服务中，病人就是流程单位；在汽车制造厂的组装流水线中，车辆就是流程单位。流程单位的选择一般是根据生产流程所提供的产品或服务的类型而确定的，如航班的乘客数、餐厅的顾客数、快餐店的原材料以及啤酒厂生产的啤酒数量等。

流程单位在整个流程中流动，从投入开始，最终转化为产出而结束流程。明确了流程的概念后，用以下三个基本流程的度量指标就可以评价流程绩效：

(1) 库存（inventory）：流程中积累的流程单位的数量称为库存，在生产线上以在制品为表现形式。在麦当劳餐厅就餐的顾客人数也是库存。

(2) 流程时间（flow time）：指一个流程单位通过流程所需要的时间，流程时间包括该流程单位可能等待加工的时间，因为其他在同一道工序上的流程单位（库存）也在争夺同样的资源。流程时间是一项非常重要的流程绩效度量指标，在服务业中应用广泛。比如病人在医院就诊时就非常关心流程时间，它表明从病人到达医院直至离开的时间，包括等待和就诊时间。

(3) 单位时间产出或生产率（throughput）：指流程生产产品的速度，如每天或每小时的产出量。流程所能达到的最大生产率称为流程的能力。例如，一家综合性医院的单位时间产出就是一天可以服务病人的人数，一家汽车制造厂的单位时间产出就是一天可以生产汽车的数量。

4.1.3 流程的律特定律

律特定律（Little's Law）也称律特法则，由美国麻省理工学院斯隆商学院（MIT Sloan School of Management）教授约翰·律特（John Little）于1961年提出并加以证明。律特定律表明了流程绩效的三个指标内在的联系，可用式（4-1）表示。

$$I=R\times T \tag{4-1}$$

式中，I 为平均库存；R 为平均单位时间产出；T 为平均流程时间。

从式（4-1）可以看出，当已知其中两个参数时，可以推算出另一个参数。表4-1反映出应用律特定律的四个实例。

表4-1 单位时间产出、流程时间和库存的四个例子

项目	麦当劳餐厅	某白酒厂	某大学MBA项目	某计算机工厂
流程单位	就餐顾客	瓶装白酒	MBA学生	计算机
单位时间产出	900人/天	3 000万瓶/年	220名学生/年	500台/天
流程时间	40分钟	醇化时间3.5年	教育时间2.5年	2天
库存	平均就餐人数60人	10 500万瓶	550名学生	1 000台

4.1.4 流程的主要参数

一个流程的效能可以用以下主要参数来描述：

(1) 流程能力（process capacity）是在给定的单位时间内能够生产多少产品或给多少顾客提供服务的指标。

流程能力可以用整体流程的层面度量，也可以用构成流程的个别生产设施的层面度量。一个流程单位经过流程中的所有设施之后，就完成了产品生产和服务的提供活动。流程能力的表达式如式（4-2）所示：

$$流程能力=\min(生产设施 1 的能力,\cdots,生产设施 n 的能力) \quad (4-2)$$

如果需求小于供应的能力，流程就按需求生产，而与流程能力无关，这种情形称为需求约束；如果需求大于供应，供应从输入输出两个方面可能约束流程。输入约束是原材料输入不足，输出约束是流程能力不足。

（2）节拍（takt time）是指连续完成相同的两个产品（服务或两批产品）之间的间隔时间，即完成一个产品所需的平均时间。生产线的节拍取决于各工序中的最慢节拍。

（3）整体流程能力由生产设施中最小的生产设施能力决定，这个最小的生产设施能力称为瓶颈（bottleneck）。瓶颈是流程链条中最薄弱的环节，是流程中生产节拍最慢的环节，流程能力取决于最薄弱环节能力的大小。一个流程的瓶颈是动态变化的，瓶颈无时不在，也无处不在。

（4）空闲时间（idle time）是指在工作时间内，设备或人没有执行有效工作任务的闲置时间。

（5）流程的平衡（process balance）是把一个流程中各个工序的单位时间的产出基本调整相同的过程。

（6）生产周期（cycle time）是指要加工的产品从以原材料的状态进入一个生产运作流程，直至变换成完成品为止，在运作流程中度过的全部时间。

下面通过一个实例来展示流程分析的过程。

［**例 4－1**］一个生产玩具熊的流水生产线共有 6 个不同的流程环节，每一个流程环节的特征如下：6 人填充一个玩具熊耗时 1.5 分钟，9 人缝制身体耗时 2.4 分钟，8 人缝制外衣耗时 1.6 分钟，4 人粘贴五官耗时 0.8 分钟，3 人安装发声装置耗时 0.75 分钟，2 人负责包装耗时 0.33 分钟。以上各流程环节完工后必须晾干 2 小时才能装箱，25 个玩具熊一箱。工人每天在岗工作 8 小时，有效工作时间按 7 小时计算。每天可以销售玩具熊 1 500 个。

表 4－2 计算了每个流程环节的能力。根据瓶颈和流程能力的定义，可以确定缝制身体为生产玩具熊的瓶颈环节，为 1 575 个/天。

表 4－2　玩具熊的每个流程环节的能力计算

流程环节	流程能力计算过程	流程能力（个/天）
填充	6×(7×60)/1.5	1 680
缝制身体	9×(7×60)/2.4	1 575
缝制外衣	8×(7×60)/1.6	2 100
粘贴五官	4×(7×60)/0.8	2 100
安装发声装置	3×(7×60)/0.75	1 680
包装	2×(7×60)/0.33	2 545
瓶颈环节	9×(7×60)/2.4	1 575

4.1.5 流程利用率和生产设施利用率

从例4-1可以看出，若每天按照一个班次8小时工作时间，有效工作时间7小时计算，该生产线每天具备1 575个玩具熊的生产能力，而市场需求每天只有1 500个，因此，需求和潜在供应能力（流程能力）不匹配。流程利用率就是量化这个不匹配的度量指标，流程利用率可由式（4-3）表示：

流程利用率＝单位时间产出/流程能力 （4-3）

例4-1的流程利用率为：

流程利用率＝1 500/1 575＝95.2%

一般地，造成流程没有达到100%的利用率的原因如下：

（1）需求小于供应，流程能力不能满负荷运转。

（2）如果流程的输入不充足，流程也不能全力产出。

（3）设备检维修时，有些工序不运转，流程则处在不产出的状态。

就像流程能力可以用整体流程的层面度量，也可以用构成流程的个别生产设施的层面度量一样，生产设施的利用率也可以用整体层面度量或以个别生产设施的层面度量。生产设施利用率可由式（4-4）表示：

生产设施利用率＝单位时间产出/生产设施的能力 （4-4）

瓶颈环节决定了整个流程的产出能力，瓶颈通常是利用率最高的流程环节。在例4-1中，根据式（4-4）可以计算出生产玩具熊各工序的流程环节利用率，见表4-3。需要说明的是，瓶颈环节的出产能力就是整个流程的产出能力，在这个例子中玩具熊的产出能力为1 575个/天。

表4-3 生产玩具熊的各环节流程利用率

流程环节	流程能力（个/天）	流程环节利用率（%）
填充	1 680	1 500/1 680＝89.3
缝制身体	1 575	1 500/1 575＝95.2
缝制外衣	2 100	1 500/2 100＝71.4
粘贴五官	2 100	1 500/2 100＝71.4
安装发声装置	1 680	1 500/1 680＝89.3
包装	2 545	1 500/2 545＝58.9
瓶颈环节	1 575	1 500/1 575＝95.2

在资本密集型行业中，度量设备利用率较为普遍，而度量工人利用率则在劳动密集型行业中常见。在例4-1中，给定有限需求为1 500个/天，在原料充足的情况下，玩具熊生产流程的瓶颈也只利用了95.2%。如果有充足的市场需求和物流供应，在不允许有在制品库存的情况下，只有瓶颈环节能够达到100%的

利用率。

一般地，企业追求利润最大化，这同生产设施利用率最大化是有区别的。若生产玩具熊的瓶颈环节利用率为 100%，那么可以得到整体单位时间产出为 1 575 个/天，对应的各流程环节的能力利用率见表 4－4。

表 4－4　玩具熊的瓶颈流程环节利用率为 100%时的各流程环节利用率

流程环节	流程环节能力（个/天）	流程环节利用率（%）
填充	1 680	1 575/1 680=93.8
缝制身体	1 575	1 575/1 575=100
缝制外衣	2 100	1 575/2 100=75
粘贴五官	2 100	1 575/2 100=75
安装发声装置	1 680	1 575/1 680=93.8
包装	2 545	1 575/2 545=61.9
瓶颈环节	1 575	100

从以上计算过程中可以看出，提高流程中瓶颈环节的产出能力才是提高生产线产出能力的关键所在，公司的资源应该投入瓶颈的流程环节。当然瓶颈环节是动态的，消除了某个瓶颈环节后，又会出现新的瓶颈环节。

4.1.6　流程分析步骤

分析流程是为了找出流程中的缺陷，从而找出优化流程的空间。仍以例 4－1 为例剖析流程分析的步骤，一般地，流程分析包含六个环节。

1. 构建流程图

根据生产工艺的实际情况，考察流程中原材料的投入，各道加工工序流程以及产出情况，绘制流程图，见图 4－2。

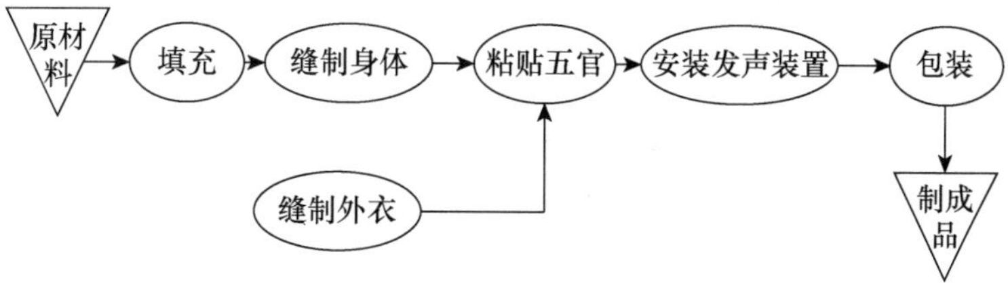

图 4－2　玩具熊制作流程图

2. 确定每道工序流程的特征

在图 4－2 的基础上，详细收集各道工序流程的信息，如每道工序的机器设备数量、人员安排、工序加工时间等信息，如图 4－3 所示。

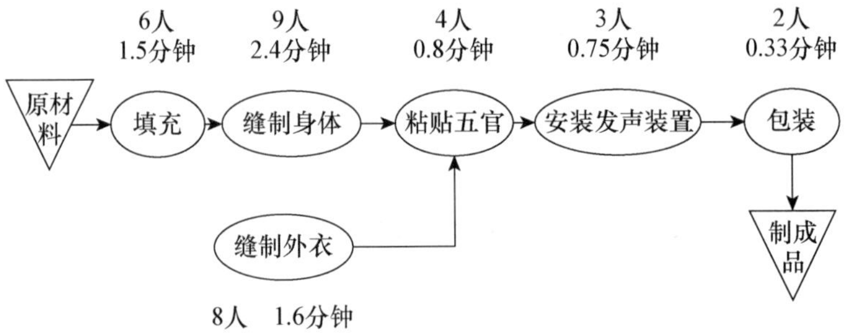

图4-3 确定玩具熊制作每道工序流程的特征

3. 确定各工序间的特征

信息流和物流连接着各道工序流程。需要确定相邻两道工序之间运转数量和运转时间以及流程特点，常见的流程有推动式（push）和拉动式（pull）两种，这两种方式的物料传递的方式不同。推动式是指每一道工序都有产品库存，库存对紧后工序起到“缓冲器”的作用。紧后工序从库存中提取产品进行加工，然后再将它们送入下一个缓冲库存。这种方式能够降低意外事件可能造成的缺货干扰，使得整个流程不会停工待料。但推动式方式因库存会占用大量资金而导致运作效率较低，且库存常常掩盖生产中的问题，请见本书第8章库存管理的相关内容。拉动方式是指每道工序的产品完成加工之后，都会准时且直接地交付给下一个工序加工而不形成库存。这种方式是通过来自顾客的订单来拉动各道工序，因而系统效率高，反应速度快，在制品库存被限制在很少的数量。例4-1中玩具熊制作流程属于拉动式。图4-4反映了玩具熊制作各工序间的特征。

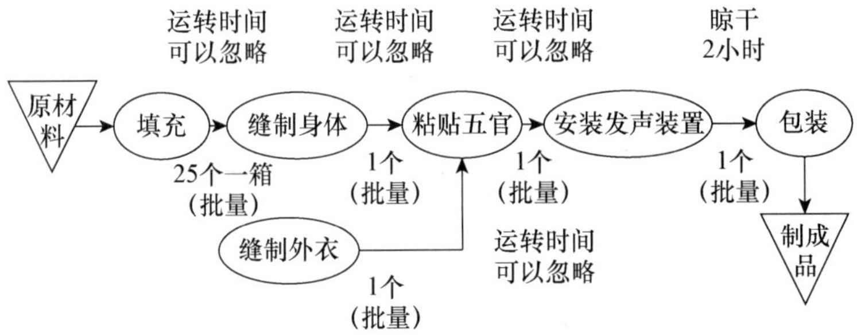

图4-4 确定玩具熊制作工序间的特征

4. 确定流程瓶颈工序

由于流程中各道工序的能力没有加以平衡，生产线一般不能到达100%的效率，所以流程中会不可避免地存在瓶颈工序。通过分析计算各工序的流程能力，找出瓶颈工序，即产能最小的那道工序。图4-5确定了玩具熊流程的瓶颈为缝制身体。

5. 分析流程的产能及每道流程的效率

根据瓶颈工序来分析流程的产能，计算出流程中其他工序的闲置等待时间、时

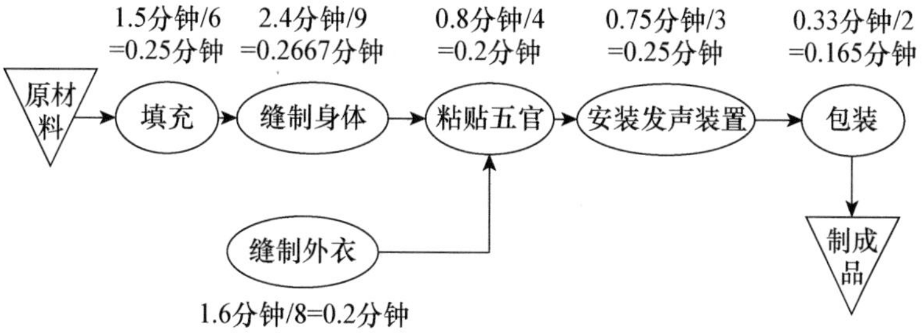

图 4－5　确定玩具熊流程的瓶颈

间利用率以及在制品库存等绩效考核指标。玩具熊流程产能分析及每道流程环节的效率见表 4－5。应当看到，表 4－4 以流程环节的能力来计算流程环节的能力利用率，而表 4－5 是以每道工序的流程时间来计算流程环节的能力利用率，二者殊途同归，结果相同。

表 4－5　玩具熊流程产能分析及每道流程的利用率

工序	时间利用率
填充	按照 0.25 分钟的产能生产，所以为 100%
缝制身体	瓶颈工序为 100%
缝制外衣	按照 0.2 分钟的产能生产，所以为 100%
粘贴五官	(0.2/0.2667)×100%＝75%
安装发声装置	(0.25/0.2667)×100%＝93.7%
包装	(0.165/0.2667)×100%＝61.9%

图 4－6 确定了玩具熊制作流程的在制品的工序位置：

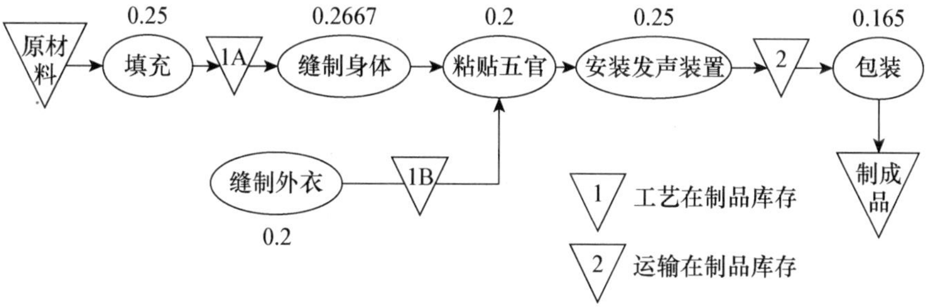

图 4－6　确定玩具熊制作流程的在制品的工序位置

分析在制品库存如下：

填充与缝制身体之间一个班次的在制品库存为：

(7×60/0.25)－1 575＝105(个)

缝制外衣与粘贴五官之间一个班次的在制品库存为：

(7×60/0.2)－1 575＝525(个)

安装发声装置与包装之间一个班次的运输在制品库存为：

1 575×2/7＝450(个)

6. 流程改善的措施和建议

根据前面几步的分析，找出流程中存在的问题，针对产生的问题，提出相应的解决问题办法和措施。

（1）为瓶颈工序增加设备或者人员；

（2）培训多能工；

（3）提高设备的效率；

（4）创建多工位共享的流水线布局（U形流水线）；

（5）通过平衡流水线等方式平衡各道工序的流程能力；

（6）通过生产班次的调整或者通过某些关键工序的加班来平衡各道工序的流程能力。

对缝制外衣和包装工序的工人进行多技能培训，使其适应不同岗位的流程操作，采用U形流水线并且多工位共享的方式来改善流程绩效，其效果如图4-7所示。

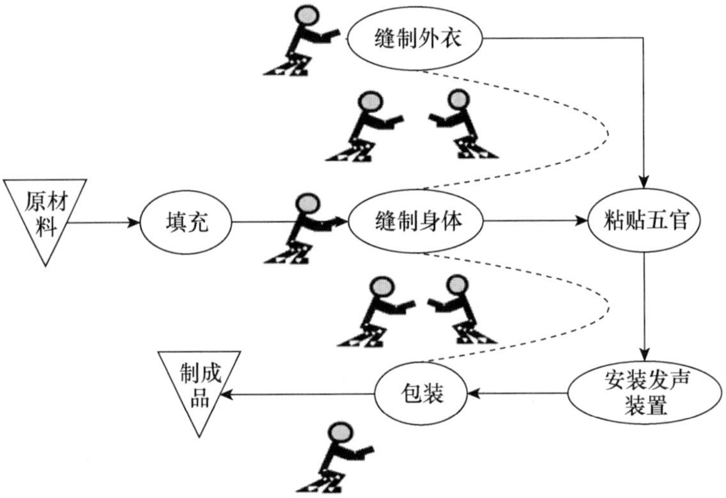

图4-7 玩具熊制作流程绩效改善图

4.2 流程优化

4.2.1 流程优化

流程优化是对现有流程的改进，使其更具合理性和效率。

1. 流程优化的意义

一个组织的流程不是一成不变的，要根据内外部条件的变化适当做出调整。流程优化是一项通过不断发展、完善、优化现有产出过程，从而提高组织效率和顾客满意度的策略。一个流程在运营过程中，管理者应该有意识地对流程进行不断的改进，以期取得最佳效果。对现有工作流程的梳理、完善和改进的过程，即称为流程优化。流程优化不仅仅指做正确的事，还包括如何正确地做这些事。

企业面对新的环境变化很快，要解决以职能为中心的传统管理模式下产生的问题，对现有业务流程进行改进，从本质上反思业务流程，重新设计业务流程是改善管理的重要手段之一。只有通过对现有流程的优化，才能在衡量一个组织的关键绩效指标上，如质量、成本、速度、服务等方面取得长足的进步。

一个组织，不管是营利性组织还是非营利组织，只要这个组织是通过某种流程将投入转化为产出的，就存在流程优化的空间。通过流程优化，一个组织的效率会得到改善，顾客满意度也会提高。

2. 流程优化的着眼点

在进行流程分析与改进的时候，首先应该对当前的流程考虑如下问题：

（1）现有流程中的各个环节是否都是必需的？有没有取消的可能？

（2）在剩下不能取消的环节中，有没有可以合并的环节？

（3）进行取消和合并需要具备什么条件？能否达到？

（4）在上述考虑之后，剩下的环节顺序可不可以进行重新排列，例如，能否将串行操作改为并行操作等？

（5）有没有可能采用新方法、新技术使流程的每个环节操作得到简化？

在回答了以上问题之后，管理者可以采取以下具体措施进行流程优化，如允许同一工作以不同的方式进行；重新组合任务，进行可行的任务合并；发挥团队作用，提倡自我管理；采用先进技术，构建公共信息平台等。

4.2.2 流程优化的操作实例

根据上文所提出的着眼点，流程优化有多种方案可以选择。比如可以考虑用价值流分析的方法，聚焦流程中增值的服务，去除流程中的非增值活动，消除浪费；也可以用流程表（process flowchart）分析的方法改善作业步骤。

［**例 4-2**］某餐厅请管理学院的学生为其改进面条制作过程，学生们则打算利用流程表来进行分析。该过程从储物架开始。面条被取出来拿到厨房里加工，先在锅台上的一个大锅内煮熟，然后放到一个大碗内，再送到水池边过水；过水后的大碗面条被送到操作台，分成 6 份并装入 6 个盘子，上面加上肉末和番茄酱，然后被送到加热器，使之保温，直到有人点餐。该餐厅的现有流程表如表 4-6 所示。

学生对该流程进行了优化，见表 4-7。可以看出，改进后的流程减少了“送大碗到水池边”和“将盘子送到加热器”2 个活动，减少了“至少 3 个重复动作”，改进后的流程更加科学合理。

表 4－6　某餐厅面条制作流程表

步骤	▽	○	⇨	备注
1.面条置于储物架上	★			
2.将面条拿到厨房			★	
3.煮熟面条		★		
4.放面条于大碗中		★		
5.送大碗到水池边			★	搬运重物
6.给面条过水		★		
7.送大碗到操作台			★	搬运重物
8.将面条分装入6个盘子		★		
9.加肉末和番茄酱		★		6个重复动作
10.将盘子送到加热器			★	至少3个重复动作
11.给面条保温	★			

表 4－7　某餐厅改进后的面条制作流程表

步骤	▽	○	⇨	备注
1.面条置于储物架上	★			
2.将面条拿到厨房			★	
3.煮熟面条		★		
4.放面条于大碗中		★		
5.在锅台边过水		★		安装一个水龙头
6.送大碗到操作台			★	搬运重物
7.加肉末和番茄酱		★		
8.给面条保温	★			就地在锅台保温
9.分装入6个盘出售		★		6个重复动作

［例 4－3］美国某州汽车驾照审核办公室目前的驾照审核流程如表 4－8 所示，共 6 个步骤，采取流水线的方式进行。在审核高峰期，要求每小时处理 120 人的申请，并且在目前的职员外可以增加一名临时办事员。

表 4－8　汽车驾照审核流程内容

活动	内容	耗时（秒）
1	检查申请书的正确性	15
2	处理和记录收费	30
3	检查违规和限制情况	60
4	身体尤其是视力测试	40
5	为申请人拍照片	20
6	填写并颁发驾照	30

目前的作业流程见图 4－8，可以看出当前系统能力不超过 60 人/小时，瓶颈为作业 3。

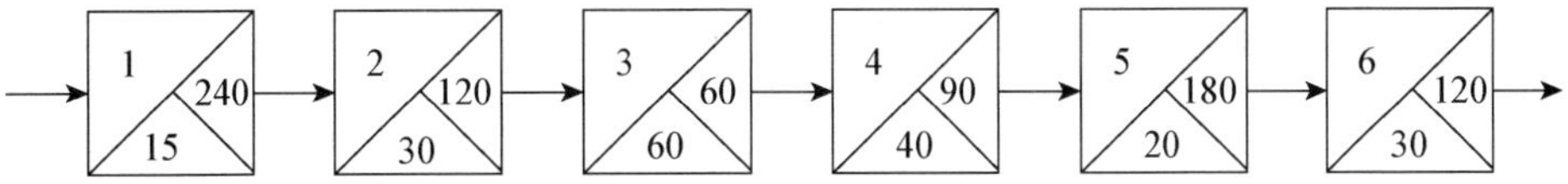

图 4－8 汽车驾照审核改进前流程

图 4－9 为作业框图示意。

图 4－9 作业框图示意

按照目前的流程方式，上述任务显然无法完成，那么增加一名办事员又如何呢？请设计一条合理的作业流程。

对于上述问题，在增加一名办事员的前提下有三种不同的流程优化模式可以选择：

模式一：

增加一名办事员，与原作业 3 的办事员共同处理作业 3 的事务，如图 4－10 所示。可以看出当前系统能力不超过 90 人/小时，瓶颈为作业 4。

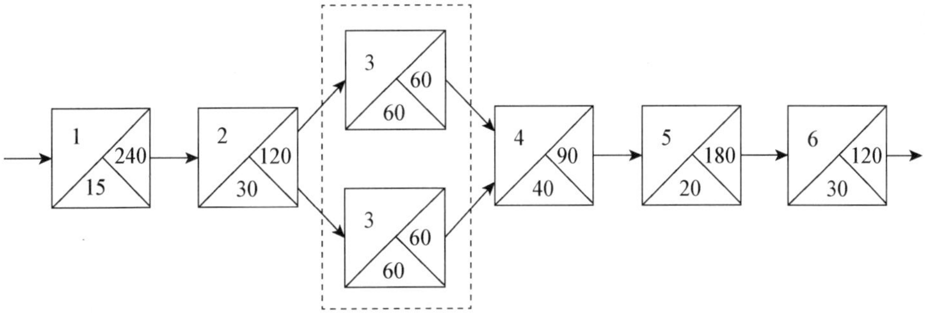

图 4－10 汽车驾照审核流程优化模式一

模式二：

在模式一的基础上合并作业 1 与作业 4，形成流程优化的模式二，如图 4－11 所示。可以看出当前系统能力已达到 120 人/小时，能够满足要求。

模式三：

模式三在模式二的基础上进一步改进：合并作业 1～5，形成一站式服务，达到要求并增加了顾客的选择，减少了作业中断的风险损失，但须增加投资，如过去仅需要 1 台照相机即可满足需求，合并作业 1～5 后就形成了 6 条并行的通道，需要 6 部身体（视力）测试仪器和 6 台照相机；而且 6 条通道都汇集到最后一个颁发驾照作业，可能会对这个作业形成压力，造成新的瓶颈，如图 4－12 所示。

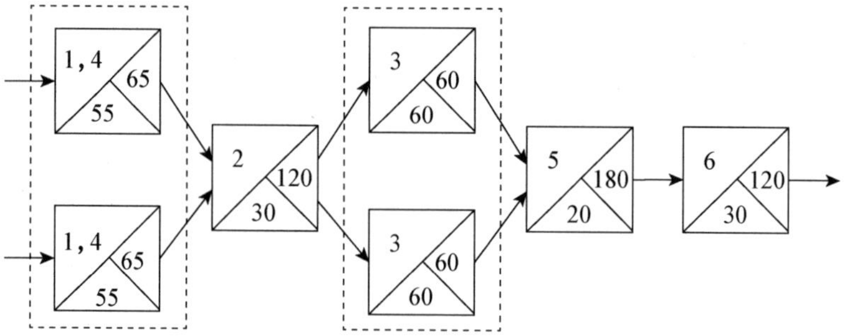

图 4－11　汽车驾照审核流程优化模式二

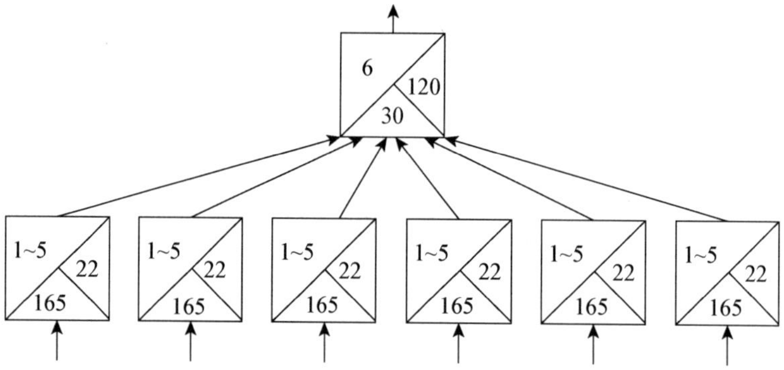

图 4－12　汽车驾照审核流程优化模式三

4.3 生产流程设计与选择

4.3.1 生产流程分类

根据生产类型的不同，生产流程有三种基本类型：按产品进行的生产流程（即对象专业化流程），按加工路线进行的生产流程（即工艺专业化流程）和按项目进行的生产流程。

1. 按产品（product-focused）进行的生产流程

这种生产流程就是以产品或提供的服务为对象，按照生产产品或提供服务的生产要求，组织相应的生产设备或设施，形成流水般的连续生产，又称为流水线生产。例如离散型制造企业的汽车装配线、电视机装配线等就是典型的流水线生产。连续型企业的生产一般都是按产品组织的生产流程。由于是以产品为对象组织的生产流程，国内又叫对象专业化形式，这种形式适用于大批量生产类型。

2、按加工路线（process-focused）进行的生产流程

对于多品种生产或服务情况，每一种产品的工艺路线都可能不同，因而不能像流水作业那样以产品为对象组织生产流程，只能以所要完成的加工工艺内容为依据来构成生产流程，而不管是何种产品或服务对象。设备与人力按工艺内容组织成一个生产单位，每一个生产单位只完成相同或相似工艺内容的加工任务，又称加工车间（job shop）。不同的产品有不同的加工路线，它们流经的生产单位取决于产品本身的工艺过程，因而又称工艺专业化形式。这种形式适用于多品种中小批量或单件生产类型。

3. 按项目（project-focused）进行的生产流程

对有些任务，如拍一部电影、组织一场音乐会、生产等，每一项任务都没有重复。所有的工序或作业环节都按一定秩序进行，有些可以并行作业，有些工序则必须顺序作业。以上三种流程的特征比较见表 4-9。

表 4-9 三种流程的特征比较

特征标记		对象专业化	工艺专业化	项目型
产品	订货类型	批量较大	成批生产	单件、单项定制
	产品流程	流水型	跳跃型	无
	产品变化程度	低	高	很高
	市场类型	大批量	顾客化生产	单一化生产
	产量	高	中等	单件生产
劳动者	技能要求	低	高	高
	任务类型	重复性	没有固定形式	没有固定形式
	工资	低	高	高
资本	投资	高	中等	低
	库存	低	高	中等
	设备	专用设备	通用设备	通用设备
目标	柔性	低	中等	高
	成本	低	中等	高
	质量	均匀一致	变化更多	变化更多
	按期交货程度	高	中等	低
计划与控制	生产控制	容易	困难	困难
	质量控制	容易	困难	困难
	库存控制	容易	困难	困难

4.3.2 产品-流程矩阵

海耶斯（Hayes）和惠尔赖特（Wheelwright）提出产品-流程矩阵（product-process matrix）的概念，说明了生产系统的组织系统与市场需求相适应的问题。产品-流程矩阵解释了生产组织与产品需求特征之间的关系，即生产过程与产品特征呈一种对应关系，管理者应该遵循一定的原则来进行生产系统的决策。产品-流程矩阵见图 4-13。

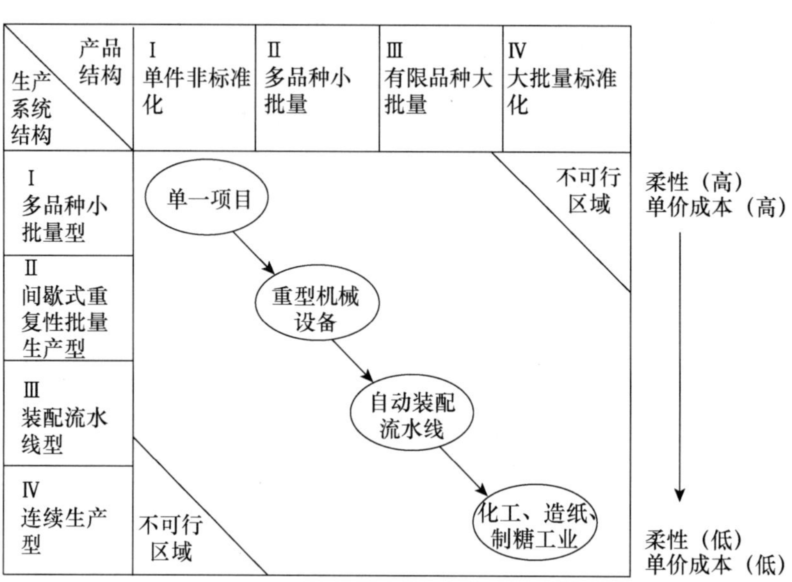

图4-13 产品-流程矩阵

产品-流程矩阵说明了两个主要的观点：

首先，根据产品结构性质，沿对角线选择和配置生产流程，可以达到最好的技术经济性。换言之，偏离对角线的产品结构-生产流程匹配战略，不能获得最佳的效益。

其次，那种传统的根据市场需求变化仅仅调整产品结构的战略，往往不能达到预期目标，因为它忽视了同步调整生产流程的重要性。因此，产品-流程矩阵可以帮助管理人员选择生产流程，这对制定企业的生产战略有一定的辅助作用。

4.3.3 影响生产流程设计的主要因素

影响生产流程设计的因素很多，其中最主要的是产品/服务的构成特征，因为生产系统是为了生产产品或提供服务而存在的，离开了用户对产品的需求，生产系统就失去了存在的意义。

1. 产品/服务需求性质

生产系统要有足够的能力满足用户需求。首先要了解产品/服务需求的特点，从需求的数量、品种、季节波动性等方面考虑对生产系统能力的影响，从而决定选择哪种类型的生产流程。有的生产流程具有生产批量大、成本低的特点，而有的生产流程具有适应品种变化快的特点，因此，生产流程设计首先要考虑产品/服务特征。

2. 自制-外购决策

从产品成本、质量、生产周期、生产能力和生产技术等几个方面综合考虑，企业通常要考虑构成产品所有零件的自制-外购问题，本企业的生产流程主要受自制件的影响。企业自己加工的零件种类越多，批量越大，对生产系统的能力和规模要求越高。不仅企业的投资额高，而且生产准备周期长。因此，现代企业为了提高生产系统的响应能力，只抓住关键零件的生产和整机产品的装配，而将大部分零件的生产扩散出去、充分利用其他企业的力量。这样既可降低本企业的生产投资，又可缩短产品设计开发与生产的周期。自制-外购决策影响着企业的生产流程设计。

3. 生产柔性

生产柔性是指生产系统对用户需求变化的响应速度，是对生产系统适应市场变化能力的一种度量。通常从品种柔性和产量柔性两个方面来衡量。所谓品种柔性，是指生产系统从生产一种产品快速地转换为生产另一种产品的能力。在多品种小批量生产的情况下，品种柔性具有十分重要的实际意义。为了提高生产系统的品种柔性，生产设备应该具有较大的适应产品品种变化的加工范围。产量柔性是指生产系统快速增加或减少所生产产品产量的能力。在产品需求数量波动较大，或者产品不能依靠库存调节供需矛盾时，产量柔性具有特别重要的意义。在这种情况下，生产流程的设计必须考虑到具有快速且低廉地增加或减少产量的能力。

4. 产品/服务质量水平

产品/服务质量是市场竞争的有力武器。生产流程设计与产品/服务质量水平有着密切关系。生产流程的每个环节的设计都受到质量水平的约束，不同的质量水平决定了采用什么样的生产设备。

5. 接触顾客的程度

对于绝大多数的服务业企业和某些制造业企业，顾客是生产流程的一个组成部分。因此，顾客对生产的参与程度也影响着生产流程设计，例如，美发店、裁缝铺。企业提供的服务就发生在顾客身上，在这种情况下，顾客成为生产流程设计的中心，营业场所和设备布置都要把方便顾客放在第一位。而另外一些服务业企业，如银行、快餐店等，顾客参与程度很低，企业的服务是标准化的，生产流程的设计应追求标准、简洁和高效。

4.3.4 生产流程选择决策

1. 根据品种特点与产量大小选择适宜的生产流程方案

生产流程方案取决于产品的品种和产量。图 4-14 给出了不同品种-产量水平下生产单位形式的选择方案。

一般而言，随着图中 A 点到 D 点的变化，单位产品成本和产品品种柔性都不断增加。在 A 点，对应的是单一品种的大量生产，在这种极端的情况下，采用高效自动化专用设备组成的流水线是最佳方案，它生产效率最高、成本最低，但柔性最差；随着品种增加及产量下降到 B 点，采用对象专业化形式的成批生产比较适宜，品种可以在有限范围内变化，系统有一定的柔性，而操作上的难度较大；另一个极端是 D 点，它对应的是单件生产情况，采用工艺专业化形式较为合适；C 点表示多品种中小批量生产，采用成组生产单元和工艺专业化混合形式较好。

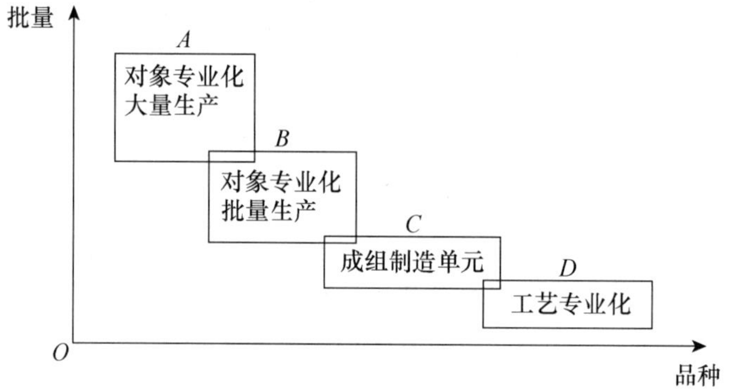

图 4－14 流程与产量、品种之间的一般关系

2. 对生产流程方案进行成本分析

不同的生产流程方案成本必定不同，这种方法是对不同的生产流程方案进行成本分析。如对象式生产过程方案的固定费用最高，这是因为对象式生产系统一般采用较为昂贵的自动化加工设备和自动化的物料搬运设备。由于对象式生产系统的生产效率很高，单位时间出产量很大，劳动时间消耗少，因此单位产品的变动费用相对最低。如果以上几种方案都不能得到满意的投资回报，则应放弃该产品的生产。

在对生产流程方案进行成本分析的时候，盈亏平衡分析法最有用，这个方法对不同生产流程方案的固定成本和变动成本进行分析比较，以确定最佳的产品-流程组合，见图 4－15 所示。

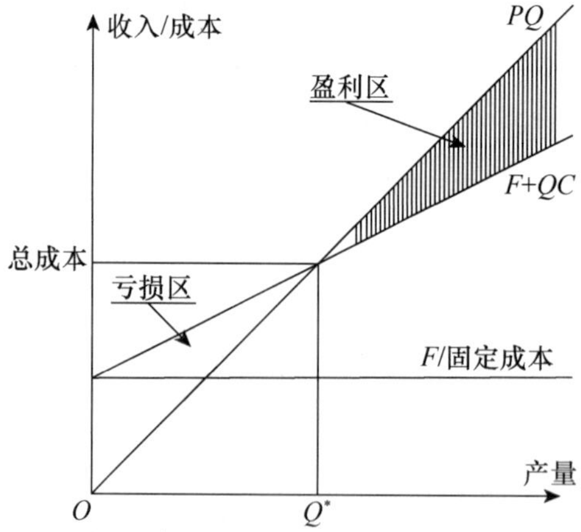

图 4－15 生产流程方案盈亏平衡分析

图 4－15 说明了生产流程方案盈亏平衡分析过程，图中字母含义如下：Q 表示产品年销量；F 表示某生产流程方案的年固定成本；P 表示产品售价；C 表示产品单位变动成本；Q^* 表示生产流程方案盈亏平衡时的产量。

可以推导出：

$$PQ = F + CQ$$

$$Q = F/(P-C) \tag{4-5}$$

由图 4－15 可以看出，处在右上角的阴影部分才是可以采用某种生产流程方案的可行区域，而左下角区域为亏损的不可行区域。

4.4 生产能力设计

生产能力计划决策是企业为顾客提供产品和服务的物质基础，生产能力决策直接影响企业的长期经营和发展。生产能力过大或过小都不利于企业的经营运作。对于生产能力计划的制定，企业应选择和确定相应的生产能力发展策略并思考相关的问题，诸如是需要一个大规模设施，还是若干个小规模设施？是否应该在需求刚出现时就扩大生产能力，还是等到需求已经比较明显时再确定？对此需要采用系统的方法来回答这些类似的问题，并制定适合不同情境的生产能力发展策略。

4.4.1 生产能力的定义

生产能力（production capacity）是指在一定时期内（通常是一年），企业的全部生产性固定资产在先进合理的技术组织条件下，经过综合平衡后所能生产的一定种类合格产品的最大数量，或者能够加工处理的一定原材料的最大数量。生产能力是在企业可能达到的技术组织条件下确定，不考虑劳动力不足和物资供应中断等不正常现象，确定以实物指标产出为计量单位的产出量，一般以最大产品数量来表示，有时也以加工的原材料的最大数表示。

4.4.2 生产能力设计与核定的意义

生产能力设计与核定是企业拟准备形成的生产能力或摸清现有生产能力的过程，这是一项基础性工作，既是企业经营决策的前提，也是实现企业经营目标的物质基础。它有利于发现生产中的薄弱环节和富余环节，做到心中有数，是企业管理中“知己知彼”的“知己”环节。

生产能力的计算应自下而上，从基层开始核定。确定设备和设备组的生产能力后才能计算生产线和工段的生产能力，之后才能确定车间的生产能力和企业的生产能力。

4.4.3 生产能力的种类

生产能力有以下常见种类：

（1）设计能力（design capacity）：是指工业企业基本建设时，设计任务书与设计文件中所规定的生产能力。它是企业新建、改建和扩建后应该达到的最大年产量。

（2）查定能力（checked production capacity）：是指企业生产了一段时间以后，重新调查核定的生产能力。企业的产品方向、固定资产、协作关系、资源条件、劳动状况等发生了重大变化，在这种新的条件下可能实现的最大生产能力。

（3）现实能力，又称计划能力（plan capacity）：是指企业在年度内依据现有的生产技术组织条件，实际能够达到的生产能力。它是以现有生产条件，并考虑到在年度内能够实现的各种技术的、组织的措施的效果来确定的。

企业在编制长远规划时，一般以设计能力或查定能力为依据；编制年度生产计划或生产作业计划时，则以现实能力为依据。

4.4.4 生产能力的影响因素

影响企业生产能力的因素众多，主要包括产品的品种、数量构成、产品结构的复杂程度、质量要求、零部件的标准化、通用化水平、设备的数量、性能及成套性、工艺加工方法、生产面积的大小、工厂的专业化组织水平、生产组织及劳动组织形式、工人的劳动熟练程度及劳动积极性等。以上所有因素都与固定资产的数量、工作时间和使用效率有关。

1. 生产中的固定资产的数量

生产中的固定资产的数量是指企业在查定时期内所拥有的全部能够用于生产的机器设备、厂房和其他生产性建筑物的面积。

生产中的固定资产的数量包括正在运转的机器设备、正在修理安装或正等待修理安装的机器设备和因生产任务不足、变化或其他非正常原因暂时停止不用的机器设备。

生产中的固定资产的数量不包括判定不能修复、决定报废的设备，不配套的设备，留作备用的设备和封存待调的设备。

2. 固定资产的工作时间

固定资产的工作时间是指机器设备的全部有效工作时间和生产面积的全部利用时间。

$$制度工作时间\ T_{制}=(全部日历日数-节假日数)\times 每日制度工作小时数$$

$$有效工作时间\ T_{效}=制度工作时间\times(1-设备修理停工率)$$

生产面积的利用时间为制度工作时间。

3. 固定资产的生产效率

对于设备来说，它是指单位机器设备的产量定额或单位产品的台时定额；对于生产面积来说，是指单位产品占用生产面积的大小及占用时间的长短。

4.4.5 生产能力及其度量

以下主要讨论度量生产能力的基本方法、生产能力利用率和可持续性生产能力等概念。

1. 度量生产能力的基本方法

还没有一种方法可以适用于所有情境下生产能力的度量。表 4－10 列出了一些常用的度量生产能力的方法，它们的使用取决于实践中所应用的对象。

表 4－10　一些常用生产能力的度量举例

企业组织类型	生产能力度量	
	输入表达方式	产出表达方式
车辆制造商	每工作班次的机器小时数	每工作班次生产的车辆数量
医院	可供治疗的床位数量	每天治疗的病人数量
航空公司	飞机数量	每周飞行的座位公里数
餐饮店	可供就餐的座位数量	每天服务的顾客数量
零售商店	可供商品展示的空间规模	每天商品销售额
影剧院	观众座位数量	每周的观众数量

从表 4－10 可以看出度量生产能力的方法因行业而异，如医院使用的是每天治疗的病人数量，零售商店是每天商品销售额，而在工厂则可能是所拥有的机器数量。一般生产能力的度量可以用产出或输入的形式来表示。

（1）产出表达方式。以产出形式来度量生产能力常见于产品专业化流水式生产方式。在这种情况下，非标准化程度低，产出率的高低更能体现生产能力的大小。但在多品种生产情况下，生产能力的度量应能够反映多种产品混合生产的综合产出水平。例如某个餐饮店每小时可以提供 100 份外卖或 50 位顾客就餐，或者同时提供 50 份外卖和 25 位顾客就餐，或者其他形式的外卖与顾客就餐的组合。

（2）输入表达方式。以输入形式来度量生产能力常见于工艺专业化加工装配型生产方式。例如工厂所拥有的机器数量或所能提供的机器小时数可作为度量生产能力的标准。正如多品种混合生产会使产出形式表达生产能力的度量复杂化一样，需求量也会导致输入形式表达生产能力的度量复杂化。以产出率表示的需求量必须能转换成以输入形式度量的生产能力，只有这样管理者才能够将生产需求与生产能力在相同的基础上进行比较和衡量。

2. 生产能力利用率

制定生产能力计划需要了解当前生产能力水平和生产能力的利用程度，通常是以设备、生产空间和人力利用程度来反映生产能力的利用情况，采用统计调查的结果来衡量生产能力的平均利用率，可表示为式（4-6）：

$$u=\frac{p}{p_c}(\%) \tag{4-6}$$

式中，u 为生产能力平均利用率（百分比）；p 为平均产出率；p_c 为生产能力。

生产能力平均利用率是对有效生产能力的衡量。需要注意的是上式中平均产出率和生产能力的衡量必须采用相同的计量单位，例如时间、顾客数量、生产数量或货币。另一个相关的概念是生产能力的使用效率。生产能力使用效率取决于生产设施的使用和管理方式，通常很难或不可能达到100%的水平。生产能力使用效率一般可以表示为式（4-7）：

$$e=\frac{q}{u} \tag{4-7}$$

式中，e 为生产能力使用效率；q 为实际产出率；u 为生产能力平均利用率。

为了设计适宜的生产能力利用率，管理人员首先需要度量生产能力。

3. 可持续性生产能力

当生产能力的度量以生产设备而言的产出产品计量时，常以额定生产能力（rated capacity）来衡量。额定生产能力是指从工程角度进行测算，在扣除了正常维修时间条件下，生产设备连续运转所能达到的最大年产出量。额定生产能力的计算如式（4-8）所示：

$$C_u=C_d ue \tag{4-8}$$

式中，C_u为额定生产能力；C_d为设计生产能力；u 为生产能力平均利用率；e 为生产能力使用效率。

现举例说明额定生产能力的确定。

[例4-4] 某公司生产一种早餐面点，其生产设施的使用效率为90%，生产能力平均利用率为80%。该公司有3条生产线用于生产此种早餐，每条生产线每周工作7天，每天3个班次，每班工作8小时。每条生产线的设计生产能力为每小时可生产120份标准型早餐面点，试计算这3条生产线1周的额定生产能力。

解：

每条生产线1周的工作运转时间=7天×3班/天×8小时=168小时/周

利用式（4-8）可计算额定生产能力为：

$$C_u=C_d ue=120\times3\times168\times0.8\times0.9=43\ 546(\text{份/周})$$

但是额定生产能力并非意味着经济上的可持续性。生产运作经理必须确定在相当长的时间内可持续的经济生产能力水平。经济生产能力可能是1个班次运作，也可能是 3 个班次运作，视不同企业而异。从这种意义上说，生产能力可以定义为利用实际现有人员和设备，在保持适当可持续性条件下所能达到的最大生产能力水平。当然企业还可以采用增加工作班次或延长工作时间、减少机器维修次数以及分包合同等形式来增加生产能力，使之超出可持续经济生产能力的水平，以此来应付高峰需求等特殊情况。但员工并不期望长期处于加班状态，这会导致生产率降低并且造成生产成本上升，这种方式不能持久，也不具经济性，只能在短期内应用。因此需要对可持续的经济生产能力有一个合理的衡量并把握在适度的水平。

4.4.6　生产能力与公司运营的经济性的关系

以下重点讨论生产能力与生产经济规模以及生产能力的经济性问题。

1. 生产经济规模

许多企业都认同经济规模这一观点，即增加生产规模可以降低产品的单位平均成本，但在实践中并非如此简单。不同行业有着与其行业特点相对应的经济规模。在某些情况下并不是生产规模愈大愈经济，相反，当生产规模超过一定程度时可能导致非经济因素的滋生，比如过大的生产规模会造成或增加生产过程的复杂性，失去集中优势，导致效率低下。这些都会使产品的单位平均成本上升。如在某市三个医院的住院部中，在相对长的时期内，与 250 个床位或 750 个床位相比较，拥有 500 个床位的医院具有最佳经济规模水平，因为其单位平均成本最低。

由于确定最佳经济规模和作业水平并非易事，管理者对于给定设施通常设定所允许的最大规模，这需要针对不同设施规模和作业产出率测算成本的变化趋势，为此要求考察不同境况下影响经济规模的各种因素。这些因素通常包括固定成本分摊、建设成本和生产技术专业化等因素，在此不一一展开论述。

2. 生产能力的经济性

生产能力的实现是将公司的货币资产转化为生产设施的过程，一旦形成生产能力，公司一般通过提取折旧的方法收回固定资产投资，此时企业生产能力的利用率就成为衡量生产能力经济性的主要指标，若产能的利用率处于较低的状态，在企业产品的成本结构中，固定成本偏大，则企业处于不利的成本结构，缺乏成本优势。

大规模生产虽然有助于降低生产成本，但存在生产设施柔性低、对市场需求变化的应变能力差等缺点。随着市场竞争特点的变化，仅有经济生产规模不再能够确保竞争优势。技术快速更新、产品生命周期缩短对生产设施柔性方面提出了愈来愈高的要求，这使得维持具有大规模生产能力设施的经济性愈来愈困难。

面对这个挑战，世界级企业大多采用生产设施单元化（cellular layout）的模式来应对，如通用电气、惠普公司、美国电话电报公司等。生产设施单元化是指企业通过缩小生产设施的规模及范围，在保持其柔性的同时集中精力于优势产品或项目方面提高生产经营绩效。自 20 世纪 70 年代起，许多企业开始从大规模生产设施转向生产设施单元化。例如将原有生产各种类型产品的大型工厂重新组合成若干个专业技术性较强、分别只生产为数不多的几种产品的小型工厂或车间，以便将其精力集中在所生产的产品上提高效率和绩效。即使是在一个大规模生产设施中，生产设施单元化也可通过组建“厂中之厂”（plant-within-a-plant）来实现。在每一个“厂中之厂”即生产设施单元中，机器设备和人员配备、工艺技术和生产过程根据所生产的产品进行设计与组合，突出特点与竞争优势。某一生产设施单元与其他生产设施单元之间的界限可以根据各自所占的空间来划分，也可以通过生产组织之间的关系来界定。

许多大型企业已经接受和采纳了生产设施单元的理念，生产设施单元的优点还包括减少管理层次，易于实行团队工作来解决问题，改善沟通方式和途径等。生产设施单元的概念同样适用于服务业，例如专业连锁店，在比较显眼的位置开设小型分店，充分利用自身特长，为特定顾客服务。

4.4.7 生产能力规划决策

常见的生产能力规划决策有激进型策略和保守型策略。

激进型策略是指企业生产能力扩大的幅度较大，且扩大生产能力的时间早于需求到来的时间，如图 4-16 所示。

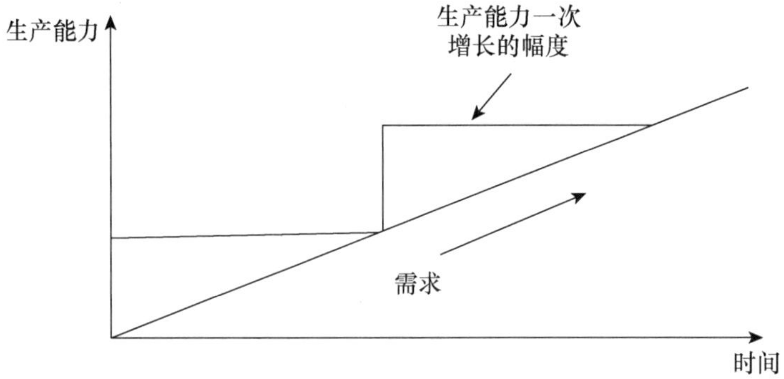

图 4-16 激进型生产能力增长示意图

保守型策略是指在需求增长以后再扩大企业的生产能力，生产能力落后于需求增长，如图 4-17 所示。

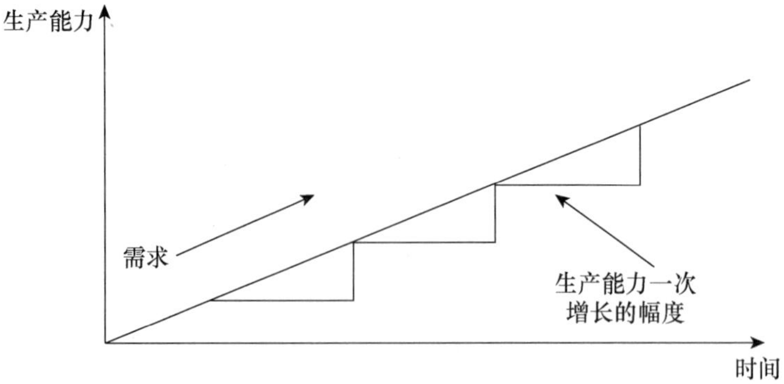

图 4-17 保守型生产能力增长示意图

若某种产品正处于导入期或该产品在将来一个时期稳定增长的可能性较大，企业通常采用激进型生产能力增长策略。

若某种产品已处于成熟期且增长的可能性不大，甚至处于需求下滑阶段，则必须采用保守型生产能力增长策略，即使企业面临生产能力不足的情况，也可以通过生产外包、转包的措施应对，若采用激进型生产能力增长策略则势必经常面临产能利用率不足的被动局面。

□ 小结

流程是将投入转换成产出的转化过程，流程分析是了解一个组织或一个过程如何运营所需的基本技能。通过绘制描述一个流程的物流和信息流等的流程图，可以使管理者获取很多有关该流程的基本要素，以及这些要素之间的相互关系。明确可能产生物料和人员库存或等待的环节，便于管理者对流程进行优化，消除或减少等待时间，使得流程更加科学合理。流程分析是对现有流程产出效率的改善，其最终目的是优化流程的效率，从而提升运营管理的有效性和顾客满意度。

生产能力是企业提供产品和服务的物质基础，企业流程也是建立在这个物质基础上的。企业应该清楚其所拥有的生产能力，知晓生产能力的核定与计算，这是企业为顾客提供产品和服务的物质保障。生产能力是企业将货币资产物化后的结果，生产能力一旦形成，产能的利用率会直接影响企业产品的成本结构，并对这个结构产生长远的影响，因此生产能力的设计事关企业的战略发展。

□ 术语

流程图　流程图中的库存　流程时间　单位时间产出　律特定律　流程能力　节拍　瓶颈　空闲时间　流程的平衡　生产周期　流程表　产品-流程矩阵　生产能力　设计能力　查定能力　计划能力　额定生产能力　生产设施单元化　厂中之厂

□ 习题

1. 何为瓶颈？确定瓶颈对生产过程分析有什么意义？
2. 生产过程分析需要经过哪些基本步骤？
3. 律特定律的含义是什么？它具有什么实际意义？
4. 一家银行发现在午餐时间这一小时内平均有 10 名顾客排队等待服务。平均来讲，在这段时间每分钟有 2 个顾客接受服务后离开银行。请问该银行的客户平均需要等待多长时间？

5. 流程分析的步骤有哪些？
6. 流程分析的着眼点有哪些？
7. 请说明生产流程的三种主要分类及特征比较。
8. 请说明产品-流程矩阵的含义。
9. 请说明影响生产流程设计的主要因素。
10. 生产流程选择决策应该考虑哪些方面？
11. 生产能力的主要种类及影响因素有哪些？
12. 生产能力与公司运营的经济性之间有什么关系？
13. 请比较生产能力规划决策中的激进型策略和保守型策略。
14. 请描述生产能力与需求量之间组合情况矩阵。

□ 案例

共享单车潮起潮落

共享单车服务是指企业在校园、地铁站点、公交站点、居民区、商业区、公共服务区等提供自行车共享服务，是一种分时租赁模式。作为一种新型环保共享经济，共享单车为城市交通拥堵和居民短途出行提供了有效的解决方案，最大化地利用了公共道路，也让绿色环保的理念深入人心，因而大受欢迎。然而，从2016年起，短短两年的运营实践后共享单车就落入了“其兴也勃焉，其亡也忽焉”的窠臼。

一、共享单车横空出世

中国的共享单车行业大规模发展发轫于2015年。2015年摩拜共享单车限公司悄然成立，与当时仅在校园里行驶的ofo单车定位不同，摩拜单车面向普通大众。2016年诸多品牌的共享单车迅速遍及神州大地，资本似乎也极为看好这个市场，仅在这一年共享单车行业的融资额就超过30亿元。在一轮接一轮的融资之下，狂热的资本似乎为共享单车行业描绘出了一个光明的前景，随着不同品牌的共享单车快速投放市场，仿佛一夜之间，共享单车已经到了“泛滥”的地步，各大城市路边充斥着颜色各异的共享单车。

二、共享单车爆发式增长迅速导致过剩

无序发展给共享单车这个新兴行业蒙上了一层阴影。中国信息通信研究院等单位发布的《2018中国共享单车行业发展报告》显示，2015年共享单车还处在探索阶段。到了2016年，色彩斑斓名字各异的共享单车在城市街头如雨后春笋涌现出来。2017年，共享单车一年的投放量就有2 300万辆，相比2016年投放的200万辆，增长了十倍多。众多共享单车运营商为了抢占市场，纷纷过量投放，加剧了恶性竞争。

三、共享单车在城市里堆积如山令人始料不及

进入2018年，共享单车这个新兴行业才刚刚走过两个年头就爆发了危机。共享单车常常占据人行道甚至机动车道，同时由于不文明骑行和人为破坏有些共享单车没有到达使用年限就提前报废，中国许多城市出现了大片的共享单车堆放场，挤占了城市的有限空间，而共享单车在这些角落里蒙尘、生锈。

原本给人们出行提供便利的共享单车变成了城市管理的难题。为了不让共享单车继续泛滥成灾，中国很多城市一边禁止新增共享单车的数量，一边推出减少现有共享单车数量的方案，大量刚刚投放市场一两年的共享单车就面临着使用寿命的终结。

四、共享单车无序投放造成巨大资源浪费

如何回收利用堆积如山的共享单车呢？某共享单车公司的一位区域总经理说，他们会跟一些环保公司合作，由它们对共享单车的金属零部件、橡胶轮胎等分门别类进行回收利用，如做成椅子或文具。但价值几百元的单车其残值仅仅只有区区十几元。很多共享单车投放市场后就被快速送进共享单车“坟场”，任凭日晒雨淋无人问津，快速报废造成资源的重大浪费。

五、共享单车潮落后生产商陷入困境

已经投放市场的过量共享单车给运营商的管理带来麻烦，还没有来得及投放市场的共享单车使生产商也陷入困境。2017 年正逢共享单车快速大量投放市场，不少共享单车生产商扩大生产规模，产能膨胀，扩招工人，无人能够预料到一派繁忙的工厂一年后就突然遇冷，2018 年出现共享单车库存大量积压的现象。

在积压的库存中，共享单车零件并不通用，只能安装在各自品牌的自行车上，不能适用于其他品牌的自行车，过剩的零部件只能沦为废品，这给生产厂家造成巨大损失。2017 年共享单车行业起步之时，共享单车生产商还能从运营商那里拿到预付款，随着这个行业的狂飙突进，预付款制度很快就变成了运营商拿货以后给生产商月结货款，而进入 2018 年后，有共享单车生产商虽然无法拿到货款，但仍继续给运营商供货；有的共享单车运营商拖欠生产商十几万辆车的货款，金额高达 4 000 多万元；更有共享单车运营商不但不积极支付生产商的货款，反而撺掇生产商继续扩大产量，试图占据更多的市场份额以扭转颓势，在这条道上越陷越深……

六、共享单车恶性竞争引发从业公司倒闭潮

2018 年 9 月，因拖欠货款，ofo 小黄车被凤凰自行车起诉；同月，用户投诉 ofo 小黄车退押金时诱导消费，退押金周期由原来 1～10 个工作日延长至 1～15 个工作日。2018 年 10—11 月，ofo 小黄车在北京市多个法院的多个案件中被列入被执行人名单，涉及执行标的超 5 360 万元。2019 年 2 月 23 日，天眼查数据显示，天津科林自行车有限公司与北京拜克洛克科技有限公司（ofo 小黄车的关联公司）买卖合同纠纷一审民事裁定书显示，法院冻结后者的银行存款 145 万元或查封其他等额财产。

这些诉讼案件仅仅是共享单车行业生态链陷入困境的一个缩影。共享单车从崭露头角到迅速窜红，再到快速落潮，不到两年时间见证了一批企业倒闭退出的结局。

有人认为共享单车只是披了一层“共享”的外衣，其本质并不是共享，而是

“租赁”。它既没有激活社会闲置资源，又对原有的公共交通环境等造成巨大压力，这样的共享单车其实在一开始就跑偏了，既违背了社会经济规律，又缺乏“自主造血”的能力，衰落属于情理之中。

资料来源：根据央视相关新闻报道整理而成。

案例思考题：

1. 请从生产能力设计的角度分析共享单车行业陷入困境的原因。

2. 请分别从共享单车风险投资方、生产商和运营商等利益相关方的视角出发，剖析各自进入共享单车市场的最佳策略。

第 5 章 Chapter 5 运营设施选址与布局

学习目标

1. 了解运营设施选址规划的动因
2. 掌握工业企业的选址决策的影响因素
3. 掌握服务业选址的特点
4. 了解影响设施选址的因素种类
5. 掌握选址需要考虑的层次和影响因素
6. 了解设施布局的意义和内容
7. 掌握设施布局应遵循的基本原则
8. 掌握设施选址方案的主要评估方法

5.1 运营设施选址及其影响因素

5.1.1 运营设施选址规划的动因分析

选址（location selection）决策包括工业企业和服务业的选址。企业在经营的过程中会遇到设施选址规划的问题，一个新的企业开始经营时，它可能租赁场地，而后它可能决定建立或购买自己的场地，然后有可能扩大生产规模，建造多个厂区等。而对于已经营多年的企业，它也会遇到是否扩大已有的生产能力和生产设施，是否保留现存设施并在其他地方建立新设施，或是否关闭旧的设施并在一个新厂址重新安排生产这样的决策问题。设施选址问题，在一个企业的整个生命周期中时有发生，特别在 21 世纪的今天，生产与经营活动国际化日益明显，跨国生产已成为一种趋势，外国作为可能的建厂区位越来越具有吸引力。企业这样做的动机就是为了降低供应链的成本和提高对消费者的服务水平，这样的案例屡见不鲜，如1993年美国李维斯牛仔裤公司就把其在美国的最后一个工厂迁移到中国，到2015年苹果公司最新款的手机iPhone 6S在中国生产并投放市场，这种基于市场和生产成本考虑的制造业选址最终目的是提高公司运营效率。当然，在他国选址建厂并不只是一个简单的技术转让问题。由于各国在文化、政治、法规和社会经济环境上的差异，可能妨碍有效的经营，有许多潜在的问题和困难，这正是从事国际化经营的企业所必须注意的问题。

在以下条件下，公司会考虑运营选址的问题：

（1）某些地区对某种产品或服务的需求发生了变化，使得市场结构发生改变，有必要考虑改变设施区位；

（2）生产资源（如当地劳动力成本、可供使用的原材料、信息等）发生了改变；

（3）恶化的周边环境不适合企业从事正常的生产经营活动；

（4）新产品的投产，使得有必要建立新厂，以保证新的生产资源和产品市场能够取得更好的经济效益；

（5）几个公司的合并会导致设施过多，有些必须关闭或淘汰；

（6）国家法规的改变。

5.1.2 工业企业的选址决策

工业企业的厂址选择是企业运营系统进入实施阶段所面临的第一个问题。厂址选择正确有利于企业节约生产成本，降低物流成本，对市场信息做出快速响应，同时也能够使得企业员工安居乐业。如果厂址选择不正确，如选择在一个交通闭塞、信息传递不通畅、各种生产原材料不易获得、产品运输困难的地方，无疑会给企业带来极大的生产问题，降低企业的竞争力。所以，在考虑企业的厂址选择问题时，必须要注意厂址选择的程序、影响因素和方法等问题。下面讨论几种不同工业企业的选址决策。

1. 重工业企业的选址决策

重工业企业是生产生产资料的生产部门，又称基础工业，如钢铁、石化和汽车生产等行业，重工业行业一般规模较大，需占用的场地面积和用于设施建设的投资也较大。多数重工业部门耗费大量的原料和燃料，出入运量大，运距远，因此获取原材料资源和产成品运输因素对重工业设施的选址决策影响很大。重工业行业物流的特点是原材料和产成品运输费用占整个产品销售收入很大的比例，甚至能达到20%。因此，重工业选址的一个重要目标就是节约原材料和产成品的物流运输成本。

影响重工业企业选址决策的因素主要有：（1）建筑成本；（2）土地成本；（3）所需原材料和制成品的运输模式；（4）原材料供应的接近程度；（5）基础建设条件，如污水排放条件；（6）劳动力供给条件。

对这种类型的企业，厂址通常选在建筑成本和地价较低，接近或容易获取原材料的地方，以保持较低的运输成本。重工业企业的选址应考虑成本较低的物流方式，以便于降低运输费用。环境保护问题也是选址的重要决策问题。重工业通常会产生工业废料和噪声等污染，因此应远离居民稠密区。

2. 轻工业企业的选址决策

这种类型的企业规模相对较小，通常为生产电子仪器或部件、计算机产品、组装产品、饮料等企业。这类企业因生产过程中使用高科技设备，必须保证提供清洁和可控的生产环境，在选址上对环境要求较高，因此地价和建筑成本可能较高。另外，这类生产对工人的技能要求相对较高，因此需要考虑容易获取所需的人力资源。需要有便利的交通条件，以利于原料供应和产品销售。环保问题不是这类企业需考虑的重要因素，因为这类企业通常没有严重的废弃物排放问题。

5.1.3　服务业的选址决策

服务业的选址决策涉及面较广，如银行网点、餐饮企业、医院、仓储企业、零售企业等都需要对选址进行规划，下面选取几个加以讨论。

1. 仓库和配送中心的选址决策

仓库或配送中心是供应链中的一个中转点，货物的存放是为了今后的配送。仓库通常具有收货、搬运、储藏和发货的功能。有些仓库还进行简单的加工或组装工作。

仓库的中转性质使得运输成本成为仓库选址决策的关键因素。另外，还要考虑与市场的接近程度，这取决于供货的要求，包括用户要求的供货频率等。

2. 零售企业和银行网点的选址决策

零售企业和银行网点与人们的生活息息相关，这些服务型企业的位置不仅直接影响到居民的生活，同时也影响到这些服务企业的销售收入，宾馆、餐馆、医院的选址决策也与零售企业和银行类似。选择这类设施的区位首要考虑的问题是接近消费者，既能方便顾客，同时也有利于扩大销售。服务设施应当接近它们服务的目标客户群体，一般地，服务业大都集中在城市，特别是城市繁华地段应该是上述服务业理想的选址地点。尽管这些地点地价或租金可能很高，但由此能给商家带来更高的营业收入应该是选址最主要考虑的因素。

5.1.4　影响设施选址的因素种类

设施选址的决策受到很多因素的影响，它们都对企业的收入、成本及利润目标有着不同程度的影响，这些因素可以分成三类：

（1）与市场有关的因素，如需求特征与竞争环境；

（2）有形的成本因素，如运输、公用事业设施设备、税收、土地成本、建筑成本等；

（3）无形因素，如当地公众对工厂的态度、城市规划和法律法规、文化习俗差异、气候、学校、医院、住房条件、娱乐设施等。

5.1.5 企业选址需要考虑的层次和影响因素

无论是新企业还是已有企业，它们都可能选择新的经营地址。对一个跨国企业来说，可能至少分四个层次来完成其设施区位的选择过程。在每一层次的选择中，又有很多的因素影响管理者的选址决策。下面以宝马公司的一条汽车生产线为例，剖析生产线选址决策的历程。

1. 洲际区域的选址影响因素

这一阶段的决策着眼于将新设施选址于世界上什么地区（例如，北美洲、欧洲或亚洲等）。1991年，宝马公司为了扩大海外市场，将一条生产X5越野车和Roadster跑车的生产线由德国本土迁移到美国南卡罗来纳州，因为北美洲是世界上最大的豪华车市场，同时这一地区的运输成本和配件的综合成本相对较低，因此较低的成本和巨大的目标市场是这个决策的主要落脚点。

影响到洲际区域选择的选址因素包括：（1）市场的分布；（2）原材料供应情况；（3）供应商的分布；（4）已有工厂的分布；（5）运输和分销系统；（6）可供使用的资源情况；（7）气候条件；（8）政策上的优惠条件；（9）区域贸易协定情况；（10）适合的土地情况；（11）劳动力成本及教育水平。

2. 国家的选址影响因素

宝马公司经过缜密的分析，决定将厂址设在美国，以便接近主要的目标客户市场，因为美国是世界上最大的豪华车消费市场。影响国家选择的因素包括：（1）整个地区内的市场分布；（2）整个地区内的供应商分布；（3）原材料供应情况；（4）语言；（5）风俗习惯；（6）劳动力成本及教育水平；（7）气候；（8）政府的稳定性及政治、经济和金融体系；（9）政策上的优惠条件（进出口的优惠政策）；（10）可供选择的场地情况；（11）汇率和关税；（12）税收政策；（13）运输和通信条件；（14）技术水平和技术专业人员资源情况；（15）法律法规等。

不同国家的办事方式可能有很大的差别，例如有些国家政府的决策速度缓慢，交通和通信系统不完善，可靠性差。特别是有些国家的社会不稳定给在这些国家的经营活动带来很大障碍。准备在这种国家选址设厂的公司应该做好充分准备应对这些困难和挑战，特别是对因为社会动荡带来的政治风险应该特别加以重视。有意向选择某个国家后，公司应认真研究该国的相关法律，特别是涉及环保、知识产权、劳工以及行业标准的法律。劳动力的可获取性（工资水平和各种相关的保险问题等）、供需关系的建立、销售渠道的建立等，这些最终会反映在期望的经营成本上。因此，期望到其他国家选址设厂的公司必须针对这些挑战做好充分准备。

3. 行政区域的选址影响因素

在确定了国家选择决策之后，接下来就要确定行政区域的选择。很多在国家选择中考虑的要素，仍然是这一阶段分析中要考虑的。宝马公司经过分析，决定将厂址设在美国南卡罗来纳州，因为该州州政府为吸引外资制定了优惠政策，且该州劳动力成本较低，便于宝马公司降低生产费用。

影响行政区域选择的因素包括：（1）可供选择的场地情况；（2）供应商物流情况；（3）建设成本（土地和建筑）；（4）居民生活水平；（5）交通方式、质量和成本情况；（6）可供使用的公共基础设施情况；（7）环境条件及环保法规；（8）地方税和房地产税等；（9）通信条件；（10）地方发展规划等；（11）地方政府法规等。

4. 具体场地的选址影响因素

这一阶段是选址决策的最后一个环节，是确定最终设施的具体地点。宝马公司选址的最后一个环节是决定将厂址设在美国南卡罗来纳州的施巴坦堡市，因为该市有德国移民文化，当地政府还制定了进口汽车部件免税和整车出口免税的优惠政策，宝马公司在施巴坦堡市投资建厂可以进一步降低成本。

影响具体场地选择的因素如下：（1）场地条件（大小、土地和建筑成本）；（2）服务供应情况；（3）环境的影响；（4）扩大生产的可能性；（5）当地交通运输条件。

选择设施具体场地时要谨慎考虑生产成本和收入等诸多问题，必须从各个方面搜集有关的情报资料，明确新厂可能选择的地区，做好初步筛选工作，然后运用其他科学方法进行研究和评估，最后确定较为合理的厂址。

5.2 设施选址方案的评估方法

在经过可行性研究之后，企业仍可能面临不同的可供选择的区位。应对多个区位选择方案进行评价，并做出适合企业发展战略的区位决策。在做决策过程中，可以结合使用一些定量分析的方法，下面介绍四种选址方案的定量评估方法。

5.2.1 评分法

评分法（factor rating method）将成本、利润、其他定量和定性因素结合起来，对可能的选择地点进行分析评估。为一种产品的生产或一种服务的提供选择经营场所，是一件复杂和系统的工作，需要考虑多方面的因素，例如公司战略层的安排、设施的利用率和顾客的态度等。有些因素很难量化，但如果它们对选址非常重要，可以采用定性测量的方式，在分析模型中反映出来。评分法的分值由专家或业内人士运用专业知识确定。首先，确定区位选择中要考虑的因素，不同类型的企业考虑的因素有所不同，劳动力、资源、市场接近情况、供应商、环境及场地成本等因素是评分的常见维度。其次，若每个维度的分值区间相同，对评价内容在重要性上的差异可用不同的权重（如0～1）加以调整；权重值也可以通过每个评分维度的不同分值区间反映出来，如重要的维度分值区间大，反之分值区间就小。接下来，给每一个待评价的地点采取主观评分法，如优（5）、良（4）、一般（3）、差（2）和劣（1）。最后通过式（5－1）算出每一个区位的加权得分。

$$T=\sum_{i}W_iS_i \tag{5-1}$$

式中，W_i为第i个要素的权重；S_i为第i个要素的得分。

［**例5－1**］某公司打算在A和B两个备选地址之一兴建炼油厂，表5－1展示了评分法选址示例，经过专家评分，对比备选地址A和B，B优于A，对此可以提供一个决策的参考，但不能由此就确定选择地点B，还必须结合其他信息进行决策。显然表5－1中权重值是通过每个评分维度的不同分值区间反映出来的。

表5－1 炼油厂选址示例

影响打分的维度	分值区间	备选地址 A	备选地址 B
当地油品供应	0～330	123	156
电力供应和可靠性	0～200	150	100
劳动力供给	0～100	54	63
生活条件	0～100	24	96
交通运输	0～60	45	55
供水情况	0～50	34	14
天气	0～50	8	4
原材料供应	0～60	45	50
税收政策和法律	0～50	45	20
	总得分	528	558

采用评分法确定最优选址方案虽然可以通过量化的方式实现，但是评分者的主观判断与现实情况可能存在差异，这在评分过程中会不同程度地反映出来，这是评分法的固有缺陷，无法完全消除。

5.2.2 重心法

重心法（center of gravity method）是一种选择供应中心的位置从而使供应成本降至最低的方法。该方法将供应成本看成距离和运输量的线性函数。运输到每个目的地的商品数量被视为固定的。

这种方法需要在地图上精确显示每一个备选地点的坐标位置，坐标原点（0，0）的位置并不重要。如果运往各地的产品数量是一样的，可以通过计算x轴与y轴的平均值得到重心（即供应的中心位置）的坐标值。这个平均值可以通过式（5－2）和式（5－3）计算得到：

$$C_x = \frac{\sum_i d_{ix} W_i}{\sum_i W_i} \tag{5-2}$$

$$C_y = \frac{\sum_i d_{iy} W_i}{\sum_i W_i} \tag{5-3}$$

式中，C_x 为 x 点的横坐标；C_y 为 y 点的横坐标；W_i 为第 i 个目的地的销量；d_{ix} 为第 i 个目的地的 x 坐标；d_{iy} 为第 i 个目的地的 y 坐标。

［**例 5－2**］上海大众公司拟在昆明建立一个汽车物流配送中心，从此配送中心给昆明现有的四个上海大众汽车 4S 店送货，四个 4S 店的坐标及年度销量如表 5－2 所示，请计算物流配送中心的坐标地址。

表 5－2　现有 4S 店的坐标及销售量

现有的四个 4S 店名称	x 坐标	y 坐标	年度销量（台）
A	60	40	2 000
B	90	110	3 000
C	30	120	2 000
D	130	130	1 000

将上述数据代入式（5－2）和式（5－3），可以得到物流配送中心 P 的坐标为（72.5，97.5），见图 5－1。

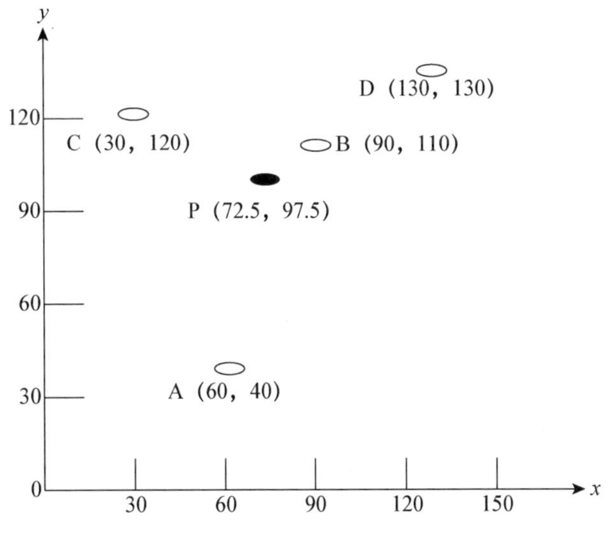

图 5－1　用重心法确定汽车物流配送中心的位置

应当看到，在例 5－2 中采用重心法存在一定的局限性，表现在配送费用只与物流中心和汽车 4S 店的直线距离有关，没有考虑城市的交通状况，也没有考虑汽车 4S 店的销量会产生波动；同时根据重心法计算的物流中心位置虽然在理论上可使运输成本最小，但这个位置在现实中不一定是可行的。

5.2.3 负荷距离法

负荷距离法（load-distance method）可以有效地弱化重心法选址的局限性，它是在若干个备选地址方案中选定一个目标方案，使总负荷（货物、人或其他）移动的距离最小，见式（5－4）。

$$LD = \sum_{i=1} l_i d_i \tag{5-4}$$

式中，LD 为负荷距离法数值；l_i 为负荷距离法中的负荷，或者是从地点 i 到目标地点运送的标的物的数量；d_i 为从地点 i 到目标地点的距离，d_i 的计算如式（5－5）所示：

$$d_i = \sqrt{(x_i - x)^2 + (y_i - y)^2} \tag{5-5}$$

以 LD 数值小的备选地址为佳。

［例 5－3］某汽车公司拟在某地建立一个汽车物流配送中心，从现有的 1＃、2＃和 3＃备选地址中选择一个，使得配送成本最低，见表 5－3。

表 5－3　现有 4S 店的信息和备选地址信息

备选地址			现有 4S 店的信息				
	x 坐标	y 坐标	坐标及销量	A	B	C	D
1＃	360	180	x 坐标	200	100	250	500
2＃	420	450	y 坐标	200	500	600	300
3＃	250	400	销量	75	105	135	60

先根据式（5－5），分别计算出 1＃，2＃和 3＃备选地址到 A，B，C 和 D 四个 4S 店的距离：

1＃备选地址到 A，B，C 和 D 四个 4S 店的距离分别为：161.2，412.3，434.2 和 184.4。

2＃备选地址到 A，B，C 和 D 四个 4S 店的距离分别为：333，323.9，226.7 和 170。

3＃备选地址到 A，B，C 和 D 四个 4S 店的距离分别为：206.2，180.4，200 和 269.3。

再根据式（5－4），分别计算出负荷距离法数值：

$$\begin{aligned}
1\#\text{备选地址 } LD_1 &= 75\times161.2+105\times412.3+135\times434.2+60\times184.4 \\
&= 125\ 063 \\
2\#\text{备选地址 } LD_2 &= 75\times333+105\times323.9+135\times226.7+60\times170 \\
&= 99\ 789 \\
3\#\text{备选地址 } LD_3 &= 75\times206.2+105\times180.3+135\times200+60\times269.3 \\
&= 77\ 555
\end{aligned}$$

可以看出，1＃，2＃和 3＃的 LD 数值分别为 125 063，99 789 和 77 555。因此选择 3＃备选地址作为物流配送中心，可以使得配送成本最低。

5.2.4　运输模型

运输模型（transportation model）是在 M 个“供应源”和 N 个“目的地”之间决定一个任务分配方法，使得运输成本最小。这是一种可用来进行设施选址的优化方法，其中的“供应源”指的是制造产品的企业，而“目的地”则为配送中心或库房。

在实际运用中，这种方法并不能把涉及设施选址问题的所有因素全顾及到，而是在设施位置和各个设施的生产能力给定的条件下，求得最优运输方式。因此，决策者必须对“供应源”和“目的地”这两个因素变量进行多种组合，在每一种组合下分别使用此方法，从而寻求一个最优的运输方式和最佳位置。此外，用这种方法得到的最优选择只是考虑了运费最优，实际上还需要考虑投资成本、生产成本以及其他一些定性因素，才能得出最后的结论。

运输模型可用线性规划法求解，在工作实际中常用设施选址的计算机专业软件来模拟求解。不管用线性规划法求解，还是用计算机专业软件来模拟求解，运输模型表达起来较为复杂冗长，不在本书中赘述。

5.3　设施布局

设施布局（layout）是指对生产车间、工作中心、设备进行布置，确定人与人、人与物、物与物之间的相对位置，以保证系统内部的人流、物流和信息流的通畅流动。

5.3.1　设施布局的意义和内容

生产运营的组织建立在一定的物质前提之下，如厂房、设备、运输工具和通道等。设施布局利用系统的理论和方法对运营系统的各个物质组成部分进行优化设计和安排，以达到以下目的：

（1）使物料搬运成本最小化；

（2）有效利用空间；

（3）有效利用员工的体力和智力；

（4）消除瓶颈环节；

（5）便于员工、管理者和用户之间的信息沟通；

（6）缩短生产周期和顾客服务时间；

（7）减少浪费或不必要的物料和人员移动；

（8）有利于物料、产品和人员的进入、退出和摆放；

（9）有利于安全生产；

（10）有利于提高产品和服务的质量；

（11）方便正常的维修活动的展开；

（12）有利于作业和活动的可视控制；

（13）提高灵活性以适应变化。

运营系统布局应以最优的方式确定各个生产活动中心、各种设备和人员的具体位置，并决定运输或搬运物料最佳路线和距离以及员工进行生产活动的场所。因此，良好的布局有助于保证生产的有序性，有利于降低生产成本和产出时间，最终达到提高工作效率和经济效益的目的，同时合理的设施布局也能为员工提供一个安全舒适的工作环境。

不但新建设施需要进行系统布局，对已有设施的改进也应进行合理化布局，以便改进和提高系统的效能。随着现代化工业的迅速发展，企业的生产经营活动日益复杂化，生产系统也因此更加复杂化，必须以系统的观点看待整个生产系统的布局。

5.3.2 设施布局应遵循的基本原则

设施布局对于系统效率的发挥具有重要意义，在考虑布局的过程中应遵循以下基本原则：

1. 符合生产过程的要求

设施布局，特别是各工作中心和各种设备的布局应符合产品或服务的生产工艺过程的顺序，保证能合理安排生产作业，以便适合所采纳的生产组织形式。

2. 适应生产变化的需要

企业的生产经营活动是一个动态过程，因而生产系统的布局也必然处于发展变化之中。产品结构或加工方法一有改变，布局也要有相应的调整。一种好的布局应具有快速调整能力，以适应环境的变化。特别应注意公用工程（水、电、汽等）的布局，空间应宽敞且易于接近，以便于未来的调整。

3. 整体协调

布局要有整体观念，生产系统布局应使得各个组成单元和运输路线的容量和流量符合一定的比例性。物料流入和流出任何单元应该通畅，单元之间的工作应该协调。

4. 有利于加强管理

良好的布局应有明确的路线，任何时候都不能把通道作为存放物品的场所，所有人员、设备和物料应尽可能置于明处，以增加可见性（visibility），便于员工识别，从而有利于优化管理。

5. 运输或搬运的优化

运输优化是指运输费用最低和运输效益最高。运输和搬运工作不会增加产品价值，却会增加成本。因此，有密切生产联系和协作关系的生产单位应尽可能相互靠近，辅助部门和生产服务部门应设在其主要服务的生产单位附近，以保证最短的运输距离。物料搬运路线的布局必须适合货运的特点和周转量，要避免相互交叉、绕行和往返搬运，并应尽量采用先进的运输方式，如传送带等，从而提高运输效益。

6. 空间高效利用

运营系统是一个立体设施，作为原材料和在制品的移动储存空间，管道和传送设备可被架设在不同高度的空间中。有些工具或设备也可悬吊在天花板上，这样做的目的是减少对地面空间的占用。

7. 环境优美舒适

良好的工作环境能促进员工的身心健康和提高工作效率。总体布局必须认真考虑“三废”（废气、废水和废渣）的处理问题。工作地要有足够的照明和通风，尽可能减少噪声和振动。

8. 安全可靠

为了保证员工的人身安全，一切布置都应可靠，不应带来人身危害。为了保证财产和人身安全，有火灾隐患的场所必须配备防火设施。工作场所的设备设施应该摆放牢固可靠，不会因倾覆而造成人身伤害和物品损坏。

9. 设备布置合理

设备能力负荷合理，并与操作人员的数量搭配得当，使生产设备和人员的利用率高且稳定。各工序设备能力平衡，加工流程平顺，使工作地之间的在制品库存最少。设备应具有一定的柔性，以适应不同品种和数量的生产。

5.3.3 设施布局的基本类型

下面介绍几种基本的设施布局类型。

1. 工艺导向布局

工艺导向布局（process-oriented layout）又称流程导向布局，是按照生产设施中设备和设施的相似性来组织和安排部门设备和设施的相对位置，对制造业企业而言，车间的布置就是按设备功能进行分组，将工艺上同类或性能相似的设备集中在同一固定地点，图5-2是工艺导向的机加工布局图。这种布局的特点是把相同的设备和设施集中摆放，其优点表现在以下方面：生产的产品品种变化适应力强，生产系统可靠性高，一台或几台设备出现故障也不会导致整个生产过程停止，工艺管理方便等；但由于完成整个生产过程需要跨越多个生产单位，其缺点是加工路线长、生产周期长、运输量大、运输成本高和组织管理工作复杂等，同时变换加工品种时需要重新调整设备，耗费设备调整时间较长，生产效率较低。

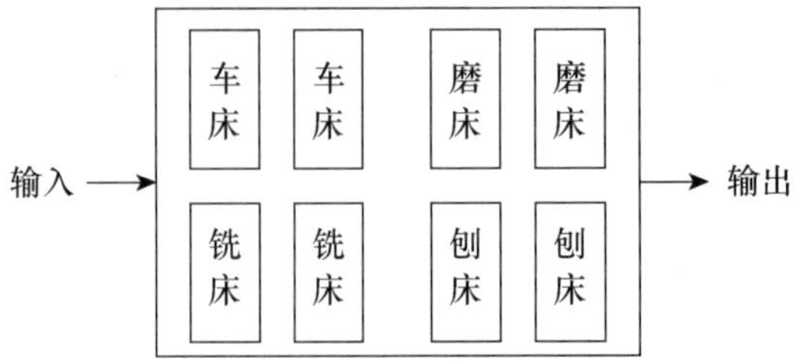

图 5-2　工艺导向的机加工布局

2. 产品导向布局

产品导向布局（product-oriented layout）又称流水线式布置，是为生产某种产品而将工作中心和设备按产品加工装配的工艺路线以流水线形式安排，相同的加工件或装配件集中在一起，连续进行加工，图 5-3 展示了产品导向的机械加工布局图。这种布局通常采用高效专用设备，便于组织连续流水作业，可以缩短运输路线，减少运输费用，提高生产效率，缩短生产周期，简化管理工作。但是，产品导向布局对产品品种变化的适应性很差，由于采用高效专用设备，设备的资本性投资较大，生产线转型成本很高。

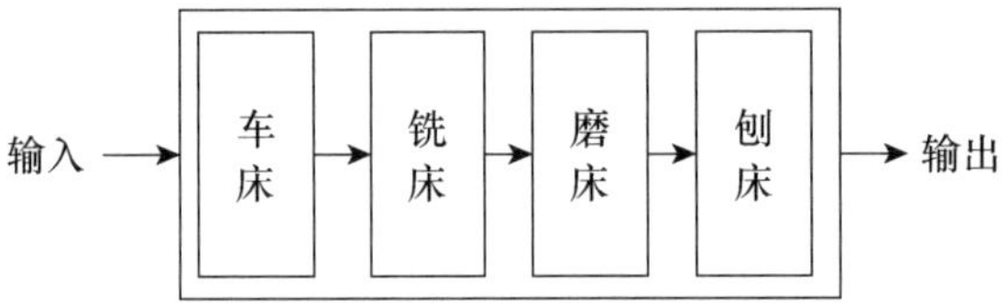

图 5-3　产品导向的机加工布局

产品导向布局的生产线流程通常较长，一个环节出问题就会影响整个生产线的运行。图 5-4 说明了产品导向布局的这个特点。

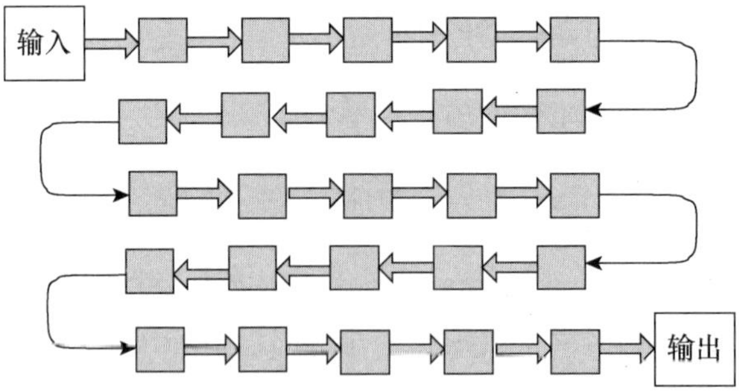

图 5-4　较长流程的产品导向布局

产品导向布局应注重场地利用效率和员工的工作配合，同时还应强调提升生产线的柔性。图 5-5 比较了几种产品导向布局的优劣。可以看出图中右侧的三个布局要优于左侧的对应布局，表现在场地利用效率和员工的工作配合，以及生产线的柔性三个方面。其中第二行右侧和最下方的布局都是 U 形布局（U-shaped layout）。

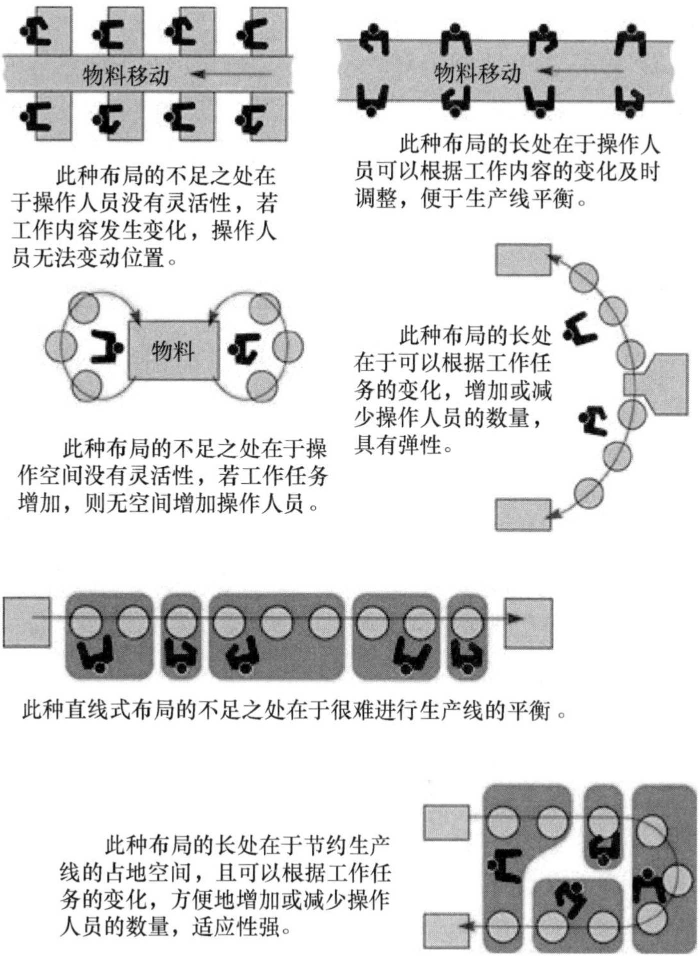

图 5－5　几种产品导向布局的优劣比较

为了便于比较，表 5－4 总结了工艺导向布局和产品导向布局的特点。

表 5－4　工艺导向布局和产品导向布局的特点比较

比较维度	工艺导向布局	产品导向布局
布局特点	相同设备设施集中摆放	按照生产产品的工艺顺序摆放设备设施
生产特点	间歇式生产，组装装配	连续性生产
产品产量	批量小或中等批量	大批量
产品品种	种类多	种类少，很多只有一个品种
产品需求	变动	稳定
所用设备	通用设备	专用设备
生产线投资	小或中等水平	投入大
工人技能	生产线自动化程度低，工人多技能	生产线自动化程度高，工人技能有限
库存	低产成品，高在制品	低在制品，高产成品
储存场地	小	大
物料搬运	变化线路（铲车）	固定线路（传送带）
布局目的	物料搬运成本最小化	生产线负荷平衡
布局优点	柔性好，适合多品种产品的生产	产品出产量大

3. 定位式布局

定位式布局（fixed position layout）适用于产品不能移动的项目，通常要把物料、设备和人员运到固定产品所在的地点进行生产。如大型船舶建造等。

以上三种布局是最常见的布局形式。上述三种布局类型均具有一定的局限，各有优缺点。一般来说，一个较大规模的企业，纯粹只用一种布局的做法是很少的，往往是三种布局综合使用。

4. 单元式布局

单元式布局（cellular layout）是工艺导向布局与产品导向布局的混合形式，又称U形布局，该布局把加工工艺具有相似性的加工件视为一个族，将加工它们的设备按加工单元（work cell）进行分组，又称为混合布局（hybrid layout）或群组式布局（group layout）。不同族的加工件的加工流程按一个方向通过不同的加工单元，每一个加工单元相当于一个产品导向布局，它使得企业在没有固定产品标准的情况下生产不同品种的产品，取得产品导向布局的经济效果。它又不同于产品导向的生产线布局，因它使同类型的被加工件经过一组设备而不是所有设备。这种布局的好处是：

（1）可以减少生产工序的准备时间；

（2）由于工作单元是产品导向布局，因此引进了其较好的技术经济特性，减少了物料的搬运和在制品的存放；

（3）同一族零部件的加工次序明确，便于工作的协调；

（4）减少了设备调整时间。

5.3.4 服务业中的常见布局

设施布局的基本类型虽然起源于制造业，但服务业也借鉴了制造业布局的理念，形成了适应自身商业模式的布局模式。以下介绍几种常见的服务业布局。

1. 西式快餐店的布局

以麦当劳和肯德基为代表的洋快餐进入中国后，业务量不断扩大，已经形成一批稳定的消费者，其店内布局较为科学合理。

图5-6展示了麦当劳的后厨采用的U形布局，这与其快餐产品的制作过程相适应，洋快餐向顾客提供的食物品种很少，但单位时间产出量很大，制作过程高度标准化。以汉堡包为例，汉堡包要经过数道工序才能完成，每一道工序都使用专用设备，购买设备投入资金很大。U形布局提高了生产柔性，麦当劳使用钟点工，在就餐高峰时，沿U形布局的两侧都有员工工作；在非就餐高峰时，员工人数减少，只有单侧员工在U形布局一侧工作。U形布局还可以节约工作空间，使得工作场地使用效率提高。

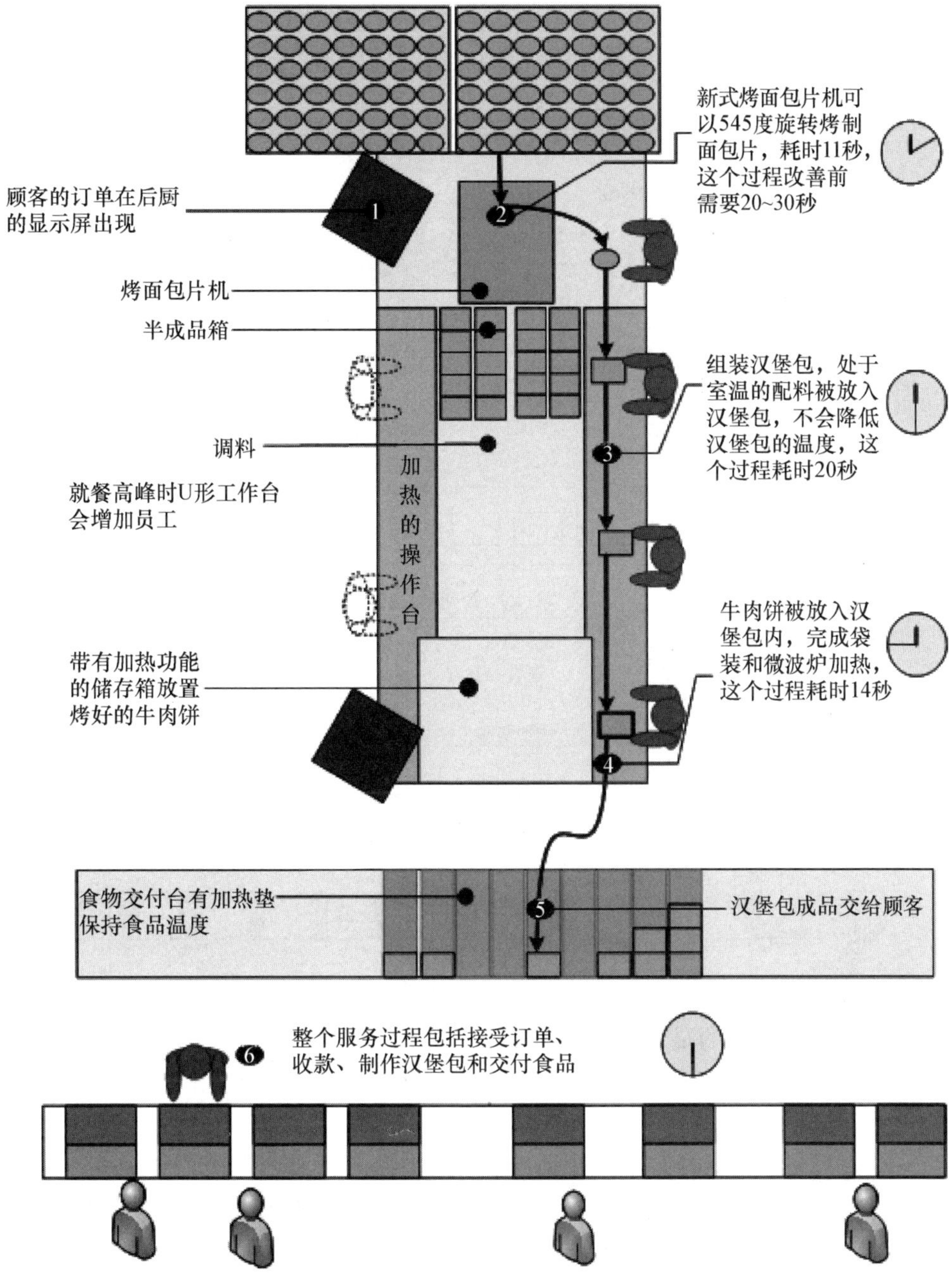

图 5－6　麦当劳店内后厨的 U 形布局

2. 综合性医院的布局

综合性医院的布局应该属于工艺导向布局。具体说来，医院以科室为单位，科室里的医疗设施设备应该集中摆放，做到医疗流线清晰。综合性医院的布局应该体现人性化和以人为本，这里的“人”包括病人、医护人员、医院的管理者以及陪护和探视人员等。患者在医院就诊时需在不同科室移动，布局的目标应该使得患者在医院中总体移动距离最短且便于患者无障碍移动，患者移动距离总体最短应该基于医院过去一段时间的统计分析，包括患者的就医情况统计和不同科室之间的距离测量等。在布局中，一定要避免出现“流线迷宫”，即患者在不同科室走动时的无效移动和多余移动。

3. 超级市场的布局

超级市场布局的目标是使单位营业面积产生更多的销售额。为了到达这个目标，超级市场的经营者必须要研究消费者的购买习惯，分析不同商品的销售频率，合理布置不同商品的摆放区域，设计科学合理的消费者动线，使超级市场陈列的商品尽可能地呈现在顾客面前。有些超级市场的经营者设计消费者强制线路，把商品沿消费者强制线路摆放，使得所有的商品都暴露在消费者的面前。图5-7体现了某超级市场的店内布局。

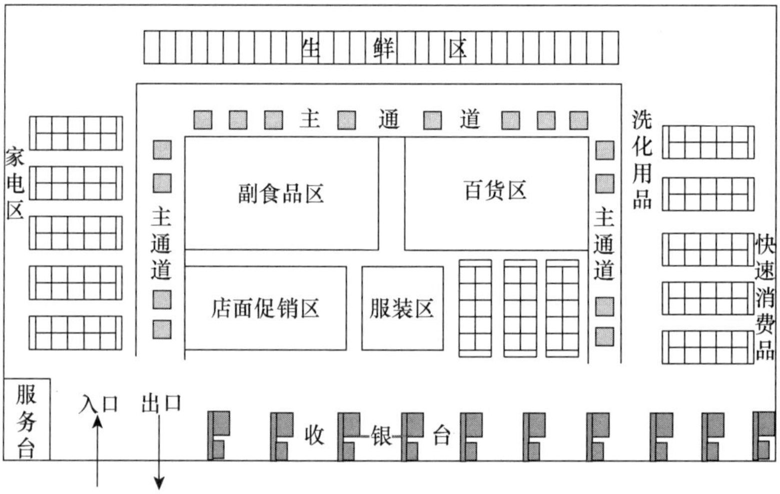

图5-7 某超市的店内布局

超级市场的布局还须讲究灯光布置，合理设计照明强度，日本零售理论认为灯光亮度决定生意的好坏。另外，卖场的设施、色彩、气氛、POP广告等因素也是吸引顾客的要点。

除此之外，卖场的气味和通道的宽度等因素对销售额也有影响。图5-8展示了超市及商场通道的布局，左侧的通道为直角，场地的利用率高；右侧是非直角通道，顾客的视野更好，商品展示环境更吸引人，但场地利用效率稍低。

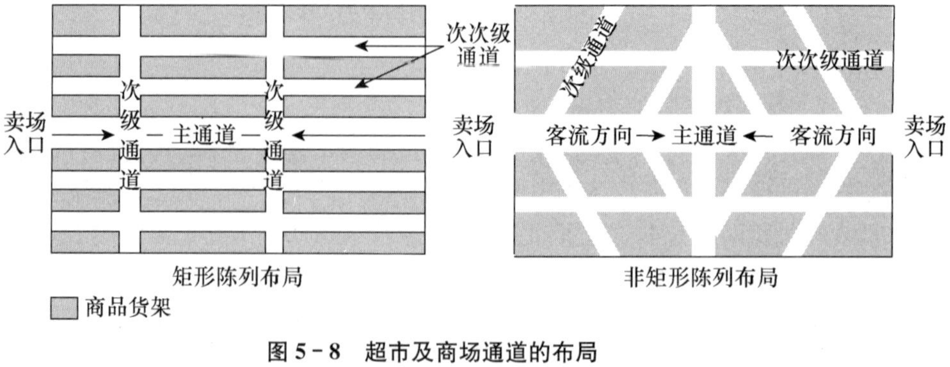

图5-8 超市及商场通道的布局

4. 零售店的布局

零售店主要有三种布局形式，即网格式布局、自由式布局和精品店式布局。

(1) 网格式布局（grid layout）以矩阵网格安排柜台，通道是平行的，这种布局在超级市场和折扣店常见，该布局适合自选购物，容易控制客流量。网格式布局能够有效地利用销售空间。图 5-9 展示了一种网格式布局。

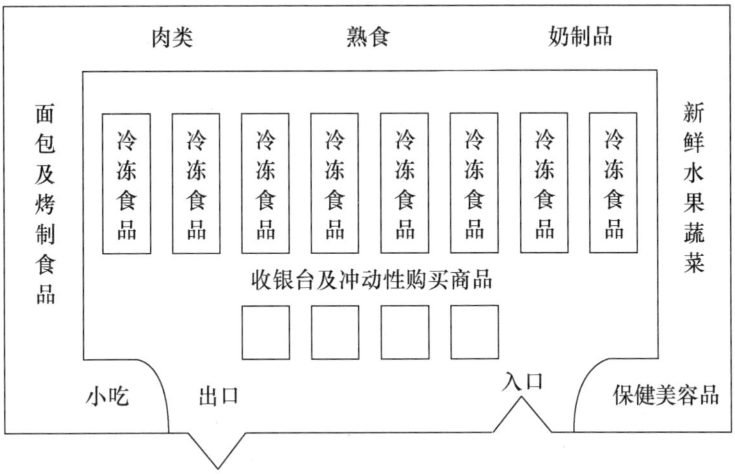

图 5-9　网格式布局

(2) 自由式布局（freestyle layout）采用不同形状和大小的柜台（货架）展示商品，创造一种轻松、友好的购物气氛，引导顾客逗留更长时间以增加销售机会。该布局空间利用率不高。图 5-10 是一种自由式布局。

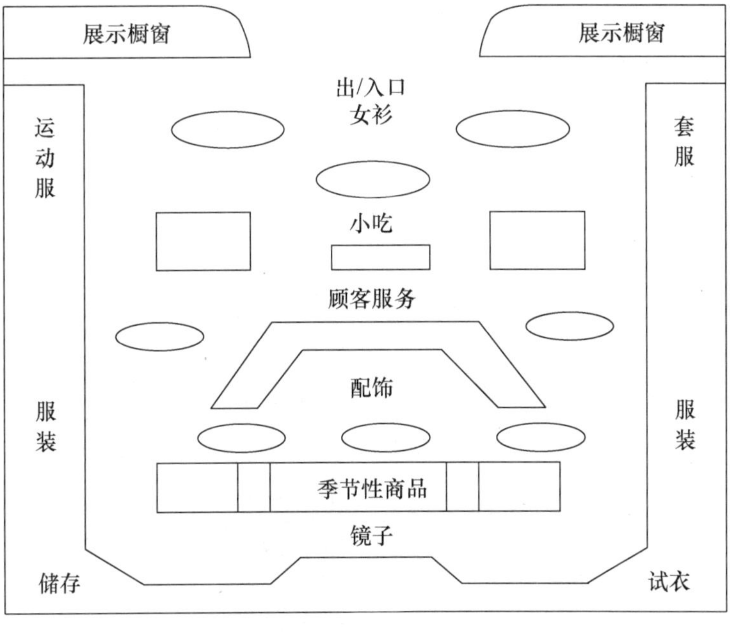

图 5-10　自由式布局

（3）精品店式布局（boutique layout）将店面划分成若干个相对独立的购物区，每一区域都有自己的主题，如在一个大商店里布置一系列专卖店。精品店式布局能够给顾客提供一个独特的购物环境，以展示其独特的形象。精品店式布局一般将商品布置展示得吸引人，将互补的商品放在一起展示以利于促销。图5－11是一种精品店式布局。

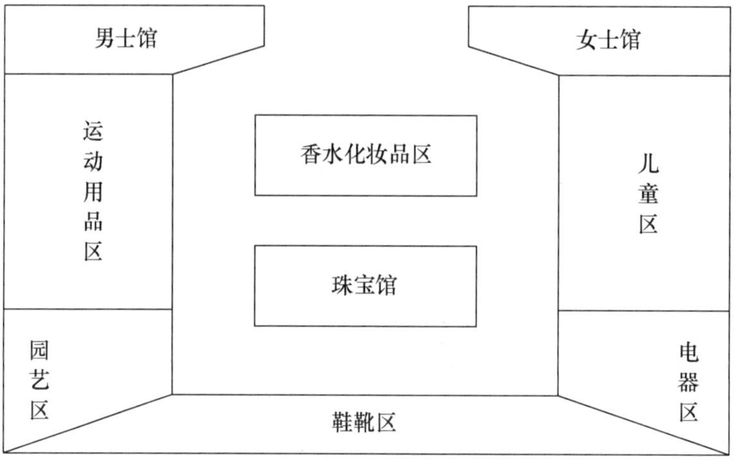

图5－11 精品店式布局

5. 办公室的布局

办公室布局（office layout）应该便于办公室员工沟通，有利于人员相互监督，合理利用空间，办公环境整洁美观，使员工能够在一个环境舒适的空间里工作，提高工作效率，这也是提高工作生活质量的要求。常见的办公室布局分为以下几种：

（1）封闭式小办公室布局。封闭式布局的小办公室多以15～20平方米常见，其优点是各部门有独立的工作空间；缺点是联系不便，空间利用率不高。在封闭式办公室里，上司的办公室应靠里面，文员的办公室应紧靠上司办公室；打字、复印间应离上司办公室再远一些，以免噪声干扰；接待室、会客室则应靠近楼梯口，客人进出比较方便。图5－12为封闭式小办公室布局。

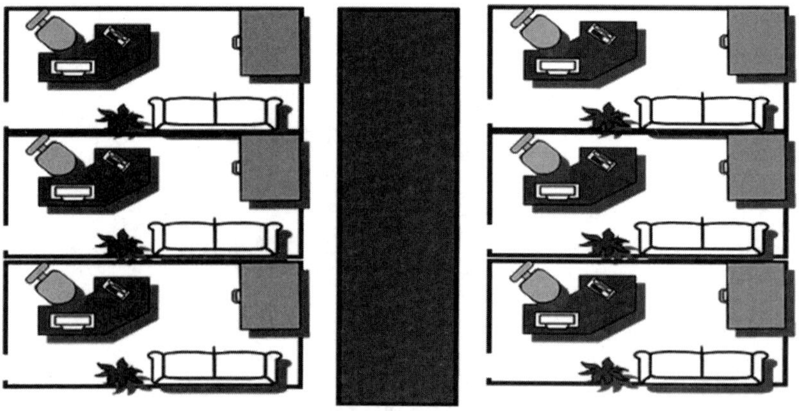

图5－12 封闭式小办公室布局

每间办公室都应有办公家具和办公设备，布置时尽量利用墙边、墙角，中部尽量留出空间，以便人员行走活动。三人以上的办公室，办公桌应朝同一个方向沿两边摆放，以免员工视线相对影响办公。上司单独用的办公室桌椅不必靠墙，而应面对门，方便注意来人进出。桌前应放一两把椅子，供客人谈话时坐。两边可放书橱或展品橱，沙发靠墙。

(2) 开放式大办公室布局。开放式大办公室多为 100～200 平方米的大厅，中间或窗边留出走廊，大部分空间隔成 3～4 平方米的个人工作区。文员的工作区有自己的桌椅、橱柜和配套办公设备，隔板高约 1.5 米，办公室人员坐着相互看不见，避免干扰；站起来可以相互招呼。由于各工作区间距离较小，联系方便，也节省走路的时间和体力。上司办公室应置于办公厅的最里边，用玻璃墙隔开，上司可以观察到员工的工作状况，但不受声音的干扰。

开放式大办公室的优点是节省空间，空气流通，采光好，人员之间联系方便。但也有缺点，如大声谈笑会相互干扰。图 5-13 为开放式大办公室布局。

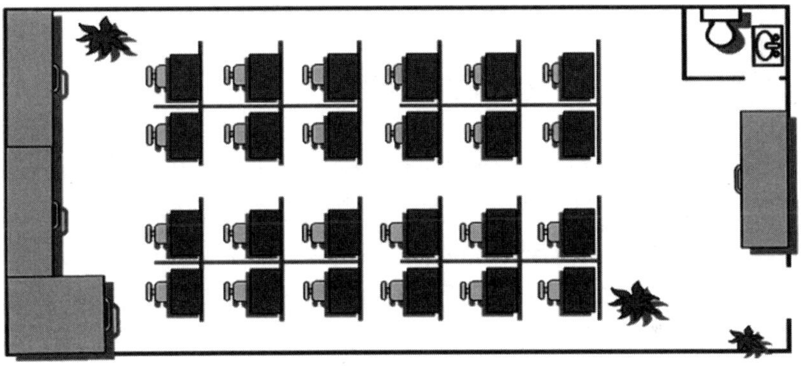

图 5-13　开放式大办公室布局

(3) 公寓式办公室布局。公寓式办公室布局（apartment office layout）常见于规模小的单位，如三五人的办事处、联络处等，往往租用公寓式办公室。一般将进门的客厅作为接待室或文员办公室，里间的卧室作为上司的办公室或会客室。

6. 会议室的布局

会议室布局（meeting room layout）安排方式多种多样，要根据会议的形式和内容选择适当的方式，典型的会议室布局包括以下方式，如图 5-14 所示。

(1) 将椅子摆放成半圆形，但不摆放桌子，这样可以使参会者注意力集中，但没有桌子的方式会使一些人感到不舒服，如图 5-14a 所示。

(2) 传统的会议桌布局，以主持人为中心，此布局弹性不足，不利于鼓励参会者发言，如图 5-14b 所示。

(3) 联合模式布局，即传统的会议桌布局结合小规模小组活动的椅子的模式。该布局较为灵活，会议期间可以随时变换阵型，但该模式要求会场空间较大，适合大型小组会议，如图 5-14c 所示。

(4) V 型模式布局，这种布局非常适合中型的小组会议，可为小组成员在会议中提供书写平台，而且便于组织跨小组讨论，但此布局占用空间较大，如图 5－14d 所示。

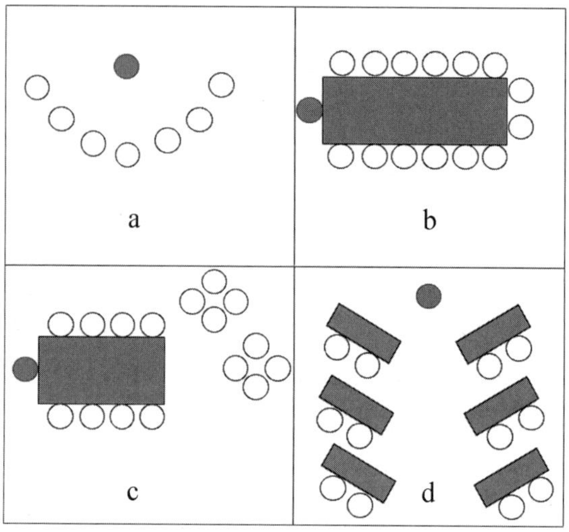

图 5－14 不同的会议室布局

5.3.5 关系图在布局过程中的使用

关系图（relationship chart）是一个布局工具，在某些布局安排中可以发挥作用，其特点是帮助管理人员设计一个场所中相关要素的相对位置安排。下面展示关系图在办公室布局中的使用。在办公室布局中，要确定不同人员和部门相对位置的安排，以达到使办公室布局合理的目的。在布置这些人员和部门的相对位置时，很难量化确定每个人员和部门的位置，关系图可以作为工具帮助管理者优化办公室的布局设置。图 5－15 说明了如何利用关系图来处理办公室的布局问题。办公室布局需要考虑 9 个人员（设施/场所），分别是总裁、总工程师、工程师、秘书、入口、文件柜、设备间、影印设备和储存室，专业人士根据实际情况用 A、E、I、O、U 和 X 共 6 个英文字母表示上述 9 个人员（场所）的相邻程度。

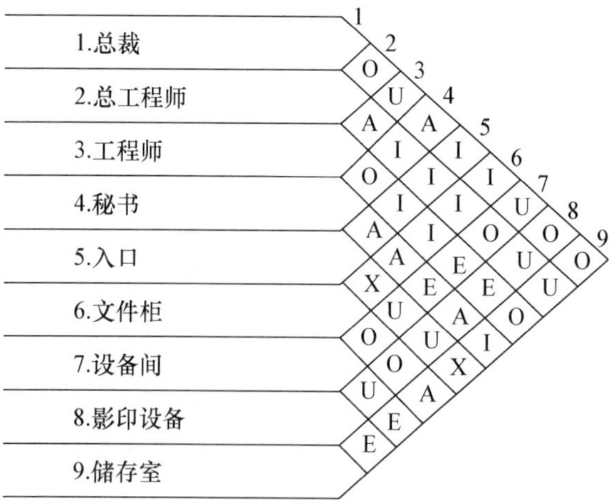

字母	相邻程度
A	绝对必要
E	非常重要
I	重要
O	一般
U	不重要
X	不必相邻

图 5－15 办公室布局的关系图

关系图不仅限于公室布局使用，在一些难以量化的布局设计中也可以使用，如医院和零售卖场。

根据办公室布局的关系图，可以推断出上述 9 个人员（设施/场所）的相邻程度，如图 5－16 所示，粗线、细线、虚线依次表示相邻程度的重要性从强到弱。

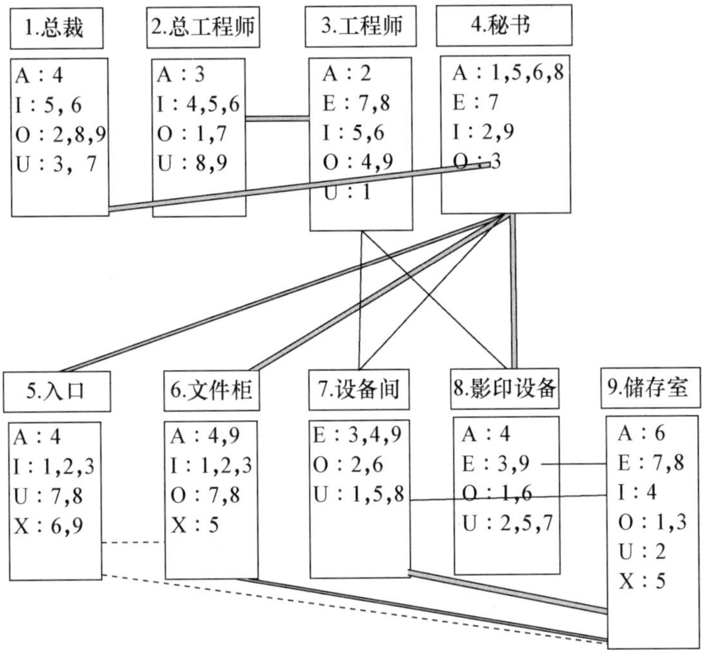

图 5－16　根据关系图确定办公室人员（场所）的相邻程度安排

5.4　设施布局设计

工艺导向布局和产品导向布局是两种最常见的布局形式，很多布局模式是由这两种布局演化而成的。本节着重讨论工艺导向布局和产品导向布局的设计。

5.4.1　工艺导向布局的设计

工艺导向布局设计的主要问题是如何安排好工作部门之间的相对位置，从而保证有较高的生产效率。由于工艺导向布局面对的是单件小批量的生产形式，因此对作业的布置相对比较困难。这种困难主要来自产品品种的变化、产量的变化以及转换生产产品时切换系统耗费时间。如一个陶瓷厂这一周生产 1 000 个某种造型的烟灰缸，而下一周要生产 8 000 件大水缸。对某种产品最佳的布置形式，对另一种产品的生产来说可能就是效率较低的布置。在对按订单要求组织生产的情况下，这一特点尤为突出。因此对于这类生产系统，往往是依据生产系统历史上的生产数据来设计其布局，而不是依据当前的产品生产作业进行布局。

很多因素可能对生产作业产生影响。一些部门或工作中心应该相对接近，而有些部门应相对远离一些。例如，有精密设备的实验室不能与有巨大震动设备的部门相距太近。有相似设备的两个部门可以相距远一些。外部环境也可能影响布置的设计，例如，入口位置、装货点、电梯等的位置的影响。噪声大小、安全性及休息室大小和地点也是重要的因素。

在一些服务系统（例如，超市、加油站和快餐连锁店的布局）中，大量具有相似特征的布局证明了标准化布局设计的合理性。例如，在麦当劳快餐店采用同样的基本布局有利于新店的开建和雇员的培训；整个连锁店按同样的方式订餐、备餐、付款及服务顾客。而大多数布局问题涉及特有的要素组合，决定了对这类布置不能采用标准化的方法。这类布置需要根据具体情况来设计。

工艺导向布局设计的一个主要障碍是可能的布局选择方案太多。例如，把6个部门以直线形式布置在6个位置上就有720种不同的布局选择。不同的位置分布常常减少可能的分配方式。特定的要求（例如，压模部门必须分配在室内地面坚硬的位置）也减少了分配方式的选择。即使如此，剩下的可能的布局方案仍然很多。遗憾的是尚无一种方法可以确保找出最佳布局方案。设计者通常要借助启发式方法找出一个比较满意的布局方案。

工艺导向布局的一个优点是可满足多种产品的工艺要求。由于系统中的不同产品对加工工艺及加工顺序的要求不同，所以产品加工通过系统的路线也就不同：侧重于物料的系统必然使用可变路线的物料运输设备在工作中心间运送物料；在侧重于顾客的系统中顾客必须穿行或被运送于各工作中心之间，在这两种情况下，运输费用可能很高或运输时间很长。由于这一原因，工艺导向布局的主要目标是使运输的费用最低、距离最短或时间最少。因此，部门之间物料流量或人流量相对大的工作部门通常要尽可能就近布置。

在选择布局方案时，还要考虑一开始花在布局上的费用、预期的运营费用、有效生产能力大小以及改进系统的难易。在需要对现有的布局改进时，必须对各工作中心重新定位的费用与调整后所可能带来的利益进行权衡。工艺导向布局设计过程中需要考虑的信息包括：一系列要安排的工作部门或工作中心、它们的大致规模以及容纳这些工作部门的建筑物的大小；各工作中心之间未来工作流的平面图；位置间的距离及单位距离物料运输费用；投资于一个系统布置的资金额；一系列需特别考虑的事项（例如，必须相互接近或必须隔开的操作）。理想的情形是先构思出一个布局方案，然后再设计实物结构，这样可使设计具有一定的灵活性。这一程序通常适用于建造一个新设施时使用。而许多布局设计针对的是现有的布局结构，这里室内场地面积、建筑物大小、入口和电梯位置及其他类似因素必须在布局设计过程中认真考虑。多层次结构也是布置设计者要面对的特定问题。下面介绍两种工艺导向布局的设计方法。

1. 运输成本评价准则的布局设计

在对工艺导向布局进行设计中最常见的目标是追求运输成本最小化。在这种情况下，部门之间的接近程度取决于部门之间物料搬运或人员移动的成本。当这种成本非常显著时，在布局设计时就要将相关部门就近安置。如果用 D_{ij} 表示第 i 个部门到第 j 个部门的距离，运输成本通常与搬运距离成正比。同样，运输成本与从第 i 部门到第 j 部门的搬运量成正比。用 V_{ij} 表示部门 i 与 j 之间搬运量，从部门 i 到 j 移动一个单位和一个单位距离的成本用 C_{ij} 表示，则两个部门之间的移动成本为 $C_{ij}V_{ij}D_{ij}$。不同的部门之间的 C_{ij}，V_{ij}，D_{ij} 可能是不同的。将所有部门之间的搬运或人员流动成本汇总起来得到下面的总搬运成本，如式（5－6）所示。

$$TC=\sum C_{ij}V_{ij}D_{ij} \qquad (5-6)$$

注意在上式中假设 $C_{ii}V_{ii}D_{ii}=0$，因为从每一部门自己到自己的距离视为零。布局设计的目标是寻找使得上述公式中总成本最小的方案。

2. 关系图的布局设计

前面介绍的运输成本评价准则方法具有一定的局限性，一方面它只考虑单一的运输成本目标，另一方面，这种方法必须有数据才能进行分析，然而有些情况下获取相关数据有一定困难。

在本章介绍的办公室布局中提到的关系图分析法可以作为布局设计的依据。通过对一些影响因素的分析，确定不同部门之间的接近程度，然后将这些信息汇总到一个活动相关图中，据此进行部门布置。

这种方法的优点是便于将多个目标和多个主观因素进行综合考虑；缺点是缺乏客观性，因此准确性和可靠性受到影响。

5.4.2　产品导向布局的设计

对于产品导向布局，产品一般以流水线的形式生产。整个生产线上的工作划分为若干个工作中心或工序，分别由若干个工人去完成这些任务。因此，在设计一个生产线时，管理者往往关心下面两个基本问题：

（1）需要设置的工作中心或工序的个数；

（2）每一个工作中心分派的工作内容。

不同的工作中心的设置形式以及工作内容的分派形式对生产线的效率（包括工作中心的闲忙程度、生产提前期等）会产生直接影响。下面通过一个例子，介绍一种生产线平衡的方法，它用来对工作中心进行工作分派，使得每一个工作中心的工作时间接近平衡。

[例 5－4] 某银行平均每天收到 1 200 份信用卡申请。该银行的核心竞争力是它的申请处理能力。该银行每天信用卡申请的处理工作内容、平均时间、工作之间的先后次序关系见表 5－5。

表5-5 信用卡申请处理工作内容

工作内容	代码	平均时间（分钟）	紧前工作
打开申请文件	A	0.20	—
处理申请表格，对任何特殊要求做出记录并进行处理	B	0.37	A
核对申请表第1页的表格1	C	0.21	A
核对申请表第2页的表格2，并将原始表格进行归档	D	0.18	A
对表格1和表格2依据标准化的计算表，计算信用界限	E	0.19	C，D
送主管审核	F	0.39	B，E
秘书完成给申请人的反馈信件，并邮寄信件	G	0.36	F
合计		1.90	

图5-17为工作内容之间的逻辑次序图，它形象地显示了不同工作之间的先后关系，每个方块中的数字表示工作时间（单位：分钟）。

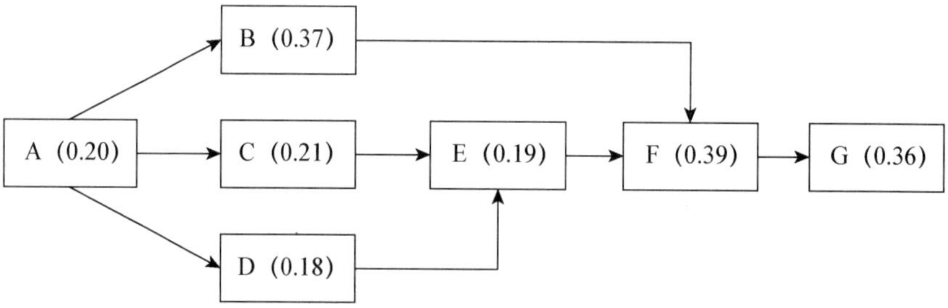

图5-17 信用卡申请处理工作之间的逻辑次序

每一个申请要经过所有工作中心。一个工作中心通常有一个员工来完成工作。生产线的每件产品（在此为信用卡申请）的周期时间为每个工作中心作业加工时间最长的那个时间。从概念上讲，一个周期时间结束时，每一个工作中心的工人应该将工作单元交给下一个工作中心。因此，在设计生产线的布置时，在不超过最大周期时间的情况下，将工作内容进行合理分派，以最大限度地利用周期时间。在给定周期时间的情况下，不同的工作中心将会有不同的空闲时间。

$$\begin{aligned}\text{最大周期时间} &= \text{每天可供使用时间}/\text{每天需求}\\ &= (8\text{小时}\times 60\text{分钟}/\text{小时})/1\,200\text{份}\\ &= 0.4\text{分钟}/\text{份}\end{aligned}$$

最小周期时间不能低于所有工作的工作所需时间最大值，即0.39分钟/份。

由表5-5可以看到，所有工作时间总共为1.9分钟，因为每个工作中心的工作时间不能超过0.4分钟，所以最少需要1.9/0.4＝4.75个工作中心，取整数为5个工作中心。所以工作中心的个数N_T可以用式（5-7）计算得到：

$$N_T=(\sum\text{工作时间})/\text{周期时间} \tag{5-7}$$

然而，工作可以划分到不止5个工作中心，可能是6个或7个等，N_T只是理论上的一个数字。当工作中心的实际个数N_A大于其理论个数时，工作中心越多，效率越低。效率可以按下面公式计算：

$$效率=输出/输入=工作时间之和/(N_A\times 周期时间)$$
$$=1.9/(5\times 0.4)=95\%（设置5个工作中心）$$
或
$$=1.9/(6\times 0.4)=79\%（设置6个工作中心）$$

在上面的公式中，输入表示生产一个单位产品所需工作的时间数量；输出则表示生产一个单位产品实际使用的时间数量。

下面介绍通过将不同工作分派到不同的工作中心来平衡生产线的方法。这种方法称为最长作业时间法（the longest operation time，LOT）。

最长作业时间法的步骤为：

（1）计算周期时间，求出最少所需的工作中心的个数；

（2）把时间最长的工作分派给第一个工作中心，而把其余的工作按操作时间长度委派给下一个工作中心，并保持次序优先的关系；

（3）在给一个工作中心委派工作后，确定在这一工作中心上还有多少未委派的时间；

（4）确定是否还有其他合适的工作能委派给这一工作中心，如果有则委派。否则回到第一步。

对上面的例子，第一个分派给第一个工作中心的工作只能是A工作，因为它没有紧前工作。工作A委派给第一个工作中心后，未委派时间为0.2分钟（0.4－0.2）分钟。可以考虑委派工作B（0.37分钟）、C（0.21分钟）和D（0.18分钟），但只有工作D的作业时间适合未委派时间，因此委派工作D给第一个工作中心。之后，未委派时间为0.02分钟，没有工作可以再委派给第一个工作中心，因此增加第二个工作中心。

可以考虑将工作B或C委派给第二个工作中心。但因为二者中B的时间最长，因此先委派工作B给第二个工作中心，未委派时间为0.03分钟（0.4－0.37），没有工作可以再委派给第二个工作中心，因此增加第三个工作中心。

可以考虑将工作C委派给第三个工作中心。未委派时间为0.19分钟（0.4－0.21），可以委派工作E给第三个工作中心，未委派时间为0，因此增加第四个工作中心。

可以考虑将工作F委派给第四个工作中心。未委派时间为0.01分钟（0.4－0.39），没有工作可以再委派给第四个工作中心，因此增加第五个工作中心。

将工作G委派给第五个工作中心。未委派时间为0.04分钟（0.4－0.36），委派结束。

这一委派的总空闲时间为$5\times 0.4-1.9=0.1$分钟。

每一个工作中心的具体工作委派情况见表5-6和图5-18。

表5-6 信用卡申请流程工作中心的工作委派

工作中心	未委派时间（分钟）	可选择的工作	委派的工作	空闲时间（分钟）
1	0.40 0.20 0.02	A B，C，D B，C	A D —	0.02
2	0.40 0.03	B，C C	B —	0.03
3	0.40 0.19	C C	C C	0.00
4	0.40 0.01	F G	F —	0.01
5	0.04	G	G	0.04

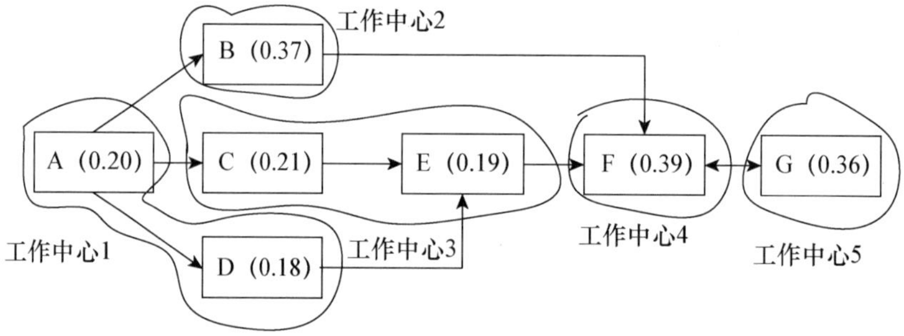

图5-18 工作中心与工作委派

□ 小结

本章主要讲述了运营系统的选址和布局内容。在选址部分，介绍了制造业和服务业厂址选择的程序和影响选址的因素，并讨论了几种常见的定性和定量的选址方法。

在布局的基本类型中，工艺导向布局和产品导向布局是两种最重要的布局模式，其他很多布局都源于这两种布局模式。本章还介绍了布局设计的主要方法。

□ 术语

设施选址　评分法　重心法　负荷距离法　运输模型　设施布局　工艺导向布局　产品导向布局　定位式布局　单元式布局　关系图

□ 习题

1. 工业企业的选址决策的主要影响因素有哪些？
2. 服务业的选址决策的主要影响因素有哪些？
3. 影响设施选址的因素有哪些？
4. 请分析企业选址需要考虑的层次和影响因素。
5. 设施选址方案的评估方法有哪些？
6. 什么是工艺导向布局？
7. 什么是产品导向布局？
8. 请比较工艺导向布局和产品导向布局的特点。
9. 请分析单元式布局的特点。
10. 请说明工艺导向布局的设计方法。
11. 请说明产品导向布局的设计方法。

□ 案例

星巴克选址策略秘籍

星巴克咖啡公司成立于1971年，是世界领先的特种咖啡零售商，旗下零售产品包括30多款全球顶级的咖啡豆、手工制作的浓缩咖啡和多款咖啡冷热饮料、新鲜美味的各式糕点以及丰富多样的咖啡机和咖啡杯等商品。星巴克中国公司官网显示，截止到2020年10月，该公司在全球拥有超过32 000家门店和超过400 000名员工。

星巴克的运营从门店选址开始，据称在店面选址上少有企业能与之匹敌。本案例从以下几个方面对其选址决策进行剖析。

一、星巴克的选址要求

1. 开店选址地点类型

星巴克开店选址目标包括核心商业区、区域商业中心、高端写字楼区域、高端住宅区、特色旅游景点和交通枢纽如机场等。

2. 位置及面积

星巴克一般选择物业主入口处或人流量最密集的位置；有临街门面的一楼独立区域使用面积以150～350平方米居多；对于一楼带二楼的物业要求一楼独立区域不小于100平方米；一楼临街面宽度不少于8米；亭子店面宽不少于8米，净深不少于5米，还要有适当的外摆区。

3. 物业基本条件

要求建筑结构非异型，采光良好，可提供户外坐饮区，有消防验收合格证；星巴克不使用明火，不需要天然气和排烟通道。

4. 租赁基本条件

星巴克入驻要求获得不低于10年的租期且具有合法商用物业使用及出租权，可采用租赁方式，亦可按照销售返点方式与出租人合作。

5. 场地技术条件

出租人向星巴克交付场地时需无偿提供给星巴克下列公共系统设施，包括供水、排污、空调外机、新风口、消防系统、电话及招牌等，星巴克对建筑物的技术参数，如承重和隔断等有具体要求，对场地的技术要求也有内部规范。

二、星巴克选址策略的六个关键要素

1. 注重有效客流和聚客点

只有人流量达到一定规模才有可能被星巴克选中。专业人员会对选定商圈的有效客流进行测算，并确定主要流动线，选择聚客点，把聚客点的位置作为门店选址之地。门店的位置处于客流的主要流动线上意味着单位时间里经过的客流量最大，人群聚集驻足停留的聚客点乃最佳之选。

2. 锚定受过高等教育的中高收入人群为目标客户

星巴克在中国的消费对象定位于追求品位与时尚的中高收入人群，年龄段在16～45岁。只有某个区域的消费群体的消费实力和生活品位符合星巴克的定位，星巴克才会对选址的具体细节进行深入考察。

3. 重视店面的可视性

星巴克认为橱窗既是最好的招牌，也是门店招徕客人的重要因素。虽然星巴克目前的品牌知名度较高，但咖啡行业竞争激烈，要保持优势，有效展示非常重要，良好的品牌可视性必须体现在品牌的展示方面，主要包括：

（1）门店位置优势；

（2）店面招牌的明确导向；

（3）充分利用橱窗和店面场景的吸引力，展示星巴克的整体形象。

4. 注重交通便利性

星巴克认为交通便利和店址的可达性是消费者进店消费的重要条件，须考虑的要素包括停车位数量、商圈辐射面积、辐射面积内车位数量等。

5. 集中开店以降低配送成本

星巴克在某地开设第一家店后，会连续开店，通过增加门店数量降低物流成本，选址地点附近是否具备连续开店的条件是星巴克进入某个区域的重要依据。从竞争角度思考，在优质消费力集中的区域密集开店既可以独享市场，还能排斥竞争对手。

6. 备选地址的成熟度是门店获得长期稳定收益的关键

星巴克认为开店需要成熟的商业环境，这可以使门店产生稳定收益以保证企业收益稳定增长。星巴克一贯主张选择经济发展成熟且商业环境稳定区域开设门店。星巴克曾有过这方面的教训：星巴克接受某地招商引资邀请，在该地开设一家门店。最初的两年营收非常好，但是从第三年开始，由于当地对城市重新进行规划，这家门店附近建起围挡兴建地铁，导致顾客进店消费受阻，门店收入大跌。长达 5 年的地铁建设周期使得该门店成为星巴克在中国唯一亏损经营的门店，总部一度考虑是否要关闭此店。

三、其他支撑星巴克开店选址的理念

1. “第三空间”的理念

星巴克认为除了家和办公室，还应该有一个地方可以休息和畅谈，包括开展商务洽谈，这就是星巴克首创的“第三空间”理念。从某种意义上讲，星巴克是一个分租商，它把一个商业空间租下来，然后再碎片化地、不固定地分租给需要“第三空间”的对象。该理念是支撑星巴克持续开设门店的重要动因。

2. 星巴克时光特权

经常光顾星巴克的顾客都长时间占据着店里的最佳位置，这也是他们在星巴克的时光特权之选。在星巴克，极少有人会谈及咖啡，人们更看重的是座位、氛围、周边人群以及环境和景色，因此星巴克会在门店的交通、车位、环境、橱窗和店招设置上做大量研究。

3. 最佳门店位置在哪里?

(1) 选择街角：按照星巴克选址准则，星巴克将自己当成人们日常生活必经之路上无法绕过的景观，而不是让人们改变平素习惯的生活轨迹，因此星巴克选址都尽可能实现最高的可见度，以达到“赫然入目”的要求，星巴克最理想的选址就是“两条主路的交叉点”，街角就是最佳的位置。

(2) 门店选在行车道的右侧：如果朝着市中心的方向驾车行进，就会注意到几乎沿路经过的所有星巴克店都位于右手边，这是因为星巴克很早就认识到在拥堵的交通环境中左转停车是件费时费力的事情，因此星巴克会尽量将门店开在驾车人的右侧，以方便客人入店消费。

(3) 善于选择邻店：在美国，星巴克喜欢把咖啡店选在音像店或干洗店旁边，因为音像店的顾客租完影片还需要归还，干洗店的顾客送完衣服还需要来取，这样就可能有两次购买咖啡的机会。

4. 精准且密集的门店发展策略

星巴克的最主要目标就是以最快速度拿下每座城市的每个理想位置。星巴克并不是小心翼翼地先在一座城市试验性开店，在人们对星巴克表现出好感，业绩出来后再做门店规划。星巴克一旦决定进入某个城市，就会迅速占领这个新市场，让竞争对手来不及做出反应就在星巴克迅猛的攻势中败下阵来。2006 年星巴克宣布将于 2011 年在芝加哥开设 250 家新店，从而使这座城市拥有 580 家门店。星巴克使用过度饱和的市场策略在目标市场中瞬间铺满门店从而挤垮竞争对手，该策略有助于发挥规模经济效应，确保在当地的主导品牌地位，并迫使竞争对手只能到低一级的城市去抢占市场，之后星巴克故伎重演再向下一个地区推进。

然而，这一切并不是盲目进行的。在研究门店发展规划时，星巴克将研究区域市场，根据已制定的开店要求，对大城市进行排序，收入高、人口密度大、受教育程度高的区域优先。如在美国，星巴克把旧金山排在榜首，而蒙大拿州的索柯垫底。星巴克会按照“先中心后外围”的原则扩张，有条不紊地推进开店计划和门店布置。在每个市场布点时，公司都会在城市最繁华区域先开一家标志性的旗舰店，围绕旗舰店再布置外围门店群，数量从数家到十多家不等。对已经完成门店发展规划的区域星巴克会进行门店市场空间划分和业绩考核。

5. 使用信息系统与人工实地考察结合以确保选址决策精准可靠

星巴克利用GIS和Atlas等地理信息系统软件进行门店选址，这些信息化手段可以提供选址需要的相关数据，包括消费群体分布、商业构成、零售商圈、公共系统以及人口分布图等相关信息。为了提升选址决策的可靠性，星巴克的选址人员还会深入潜在选址地点展开实地调查，如判断附近的干洗店中顾客送洗衣物的品质和做工以了解消费者的经济实力；查看停车场的停车状况以判断目标客户群体的消费能力，从而协助做出更合理的新店选址决策。这些门店选址操作实践使得星巴克在门店选址决策方面几乎从未失手。

6. 收购同业门店，走兼并式扩张之路

星巴克还通过收购竞争对手的门店以实现快速扩张，这样既可以减少竞争，又加快了扩张速度。在星巴克高速发展时期，在美国它买下并改造拥有56家门店的帕斯克咖啡连锁店以及拥有17家门店的意大利托里法奇昂连锁店和戴奇咖啡连锁店旗下的200家门店。当星巴克准备进入英国市场时，它又拿下了西雅图咖啡公司旗下的65家门店，这使得星巴克几乎在一夜之间遍布英国。

7. 在引人关注之地开店

星巴克在中国往往会入驻著名的购物中心，通常选择在购物中心主入口旁的位置开店，显著的位置可以起到最佳的广告效果。2001年星巴克在北京故宫内开店，引起中国社会的广泛关注和争议。许多外国人来到故宫后，特地找到星巴克与之合影，并把照片发布在网上，这起到了免费广告的效果。

资料来源：根据多个网上资料和央视相关纪录片整理而成。

案例思考题：

1. 请剖析门店选址环节对于星巴克门店经营的重要意义。
2. 请总结星巴克门店选址工作的操作顺序。

第 6 章

Chapter 6 项目管理

学习目标

1. 了解项目及项目管理的概念
2. 掌握项目计划管理的内容
3. 掌握项目排序管理的主要方法
4. 掌握甘特图绘制方法
5. 掌握 CPM/PERT 网络图的绘制方法
6. 掌握关键路线的确认方法及时间计算
7. 了解项目管理控制的主要内容
8. 掌握项目赶工的原则及方法

6.1 项目计划管理

6.1.1 项目及项目管理

1. 项目的含义

项目（project）是指一组独特且相互关联的活动，这些活动有一个明确的目标或目的，必须在规定的时间里利用给定的资源并在限定的预算内依据规范完成。

项目参数包括项目范围、质量、成本、时间和资源。美国项目管理协会（Project Management Institute，PMI）在其出版的《项目管理知识体系指南》（Project Management Body of Knowledge，PMBOK）中为项目所做的定义是：项目是为创造独特的产品、服务或成果而进行的临时性工作。在企业管理或现实生活中项目的表现形式多种多样，如生产线建设施工、策划组织婚礼、筹备大型国际会议、策划一次自驾游等均属于项目的范畴。

2. 项目管理

项目管理（project management）是基于一整套技术和方法，对项目进行有效的计划、评估和控制，以按时、按预算、依据规范达到理想的最终效果。项目管理是“管理科学与工程”学科的一个分支，是介于自然科学和社会科学之间的一门边缘学科。

中国古代就有项目管理的成功实例，如万里长城、京杭大运河、北京故宫等工程，这些工程显示出中国古代人民杰出的智慧。现代的项目管理被认为始于美国曼哈顿计划（Manhattan Project），即美国陆军部于1942年6月开始实施利用核裂变反应来研制原子弹的计划，该工程集中了当时西方国家（除纳粹德国外）最优秀的核科学家，动员了10万多人参加，历时3年，耗资20亿美元，于1945年7月16日成功地进行了世界上第一次核爆炸，并按计划制造出两颗原子弹。整个工程取得圆满成功。在工程执行过程中，负责人格罗夫斯和奥本海默应用了系统工程的思路和方法，大大缩短了工程所耗时间。这一工程的成功促进了第二次世界大战后系统工程的发展。

阿波罗计划（Apollo Project），又称阿波罗工程，是美国从1961—1972年组织实施的一系列载人登月飞行任务。目的是实现载人登月飞行和人类对月球的实地考察，为载人行星飞行和探测进行技术准备，它是世界航天史上具有划时代意义的一项成就。阿波罗计划始于1961年5月，至1972年12月第6次登月成功结束，历时约11年，耗资255亿美元。在工程高峰时期，参加工程的有2万家企业、200多所大学和80多个科研机构，参与人数超过30万。

这些巨型工程都探索并使用了项目管理的理念和方法，对后续的项目管理工作产生深远的影响。项目管理的主要内容有范围管理、时间管理、费用管理、质量管理、人力资源管理、风险管理、沟通管理、采购与合同管理和综合管理等。

3. 项目管理的目标

项目管理的主要目标通常涉及项目质量、项目费用和项目进度三个部分。

（1）项目质量。“百年大计，质量第一”，质量是项目的生命。一个高质量的大型工程项目将福泽子孙，功在千秋；一个劣质工程将贻误子孙，祸及后世。项目的质量管理贯穿全方位、全过程和全体人员。全方位是指项目的每一部分，每个子项目、子活动每一件具体工作都要保证质量，才能确保整个工程的质量；全过程是指从提出项目任务、可行性研究、决策、设计、订货、施工、调试，到试运行、投产、达产整个生命周期，都要保证质量；全员是指参加项目建设的每一个人，上到最高领导者，下到普通员工，都要对本岗位的工作质量负责。

（2）项目费用。项目费用即项目预算所计划投入的资金，包括直接费用和间接费用之和。项目管理者需要合理组织项目施工，控制各项费用支出，使之不超出预算。值得注意的是，项目寿命周期费用是项目费用的核心，它包括研发费用、建设费用和运行（使用）费用。一般而言，运行费用占大头，应该追求项目整体费用最低，而非某一单项费用最低。

（3）项目进度。项目进度管理即对项目工期的控制。项目完工期限一旦被确定下来，项目管理者应该以此为目标，通过控制各项项目活动的进度，确保整个工期按期完工。按程序、分阶段实施是大型项目进度管理的特点。

项目质量、项目费用和项目进度构成了项目管理的目标，但三者之间存在矛盾，在处理三者之间关系时，应该以项目质量为中心，通过优化统筹，实现三者之间的平衡。

6.1.2 项目计划的内涵

项目计划包括确定项目目标、明确项目所需资源、进行工作分解、构建责任分配矩阵、成立项目组织等内容。

1. 确定项目目标

确定项目目标应当遵循目标设定的 SMART 原则，即设定目标应该是明确的（specific）、可度量的（measurable）、可实现的（achievable）、与成果相关的（relevant）和有时间约束的（time-bound）。

定义项目的交付物，不仅是指项目的最终产品，还包括项目的中间产品。例如，一个系统设计项目标准的项目产品可以是系统需求报告、系统设计报告、项目实施阶段计划、详细的程序说明书、系统测试计划、程序及程序文件、程序安装计划、用户文件等。

2. 明确项目所需资源

项目所需资源可以是一切具有现实的或潜在价值的东西，包括自然资源和人造资源、内部资源和外部资源、有形资源和无形资源等。

明确项目所需资源既包括确定实施项目活动需要的人力、财力、物力、技术以及每种资源的需要量等，还包括根据经验或应用相关方法给任务分配可支配的时间。

3. 进行工作分解

工作分解（work breakdown structure，WBS）是将项目按照其内在结构或实施过程的顺序进行逐层分解而形成的结构示意图。工作分解是项目所包含的全部活动的一张清单，也是进行进度计划、资源分配、费用预算的基础。一个项目经过工作分解之后才便于下一步的工作实施。

工作分解通常是将一个项目分解成易于管理的几个部分或几个细目，是一种树形图结构，其最底层是细化后的可交付成果，该树形图确定了项目的整个范围。图

6－1展示了一个项目被分解的过程，该项目经过几个层级的分解，最终被分解成“工作包1.1.1.1”和“工作包1.1.1.2”等基本工作。

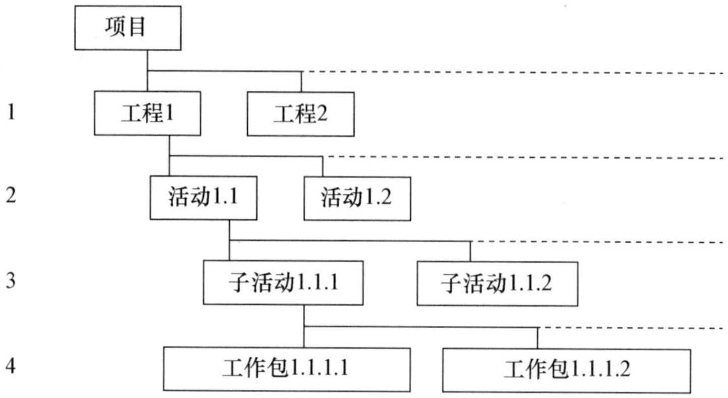

图6－1　工作分解示意图

4. 构建责任分配矩阵

责任分配矩阵中横向反映任务编码或工作任务，纵向则代表任务的执行者。横向和纵向交叉处表示项目组织成员或部门在某项工作任务中的具体职责。

责任分配矩阵是一种矩阵图，矩阵中的符号表示项目工作人员在每个工作单元中的参与角色或责任。责任分配矩阵可以用来确定项目参与方的责任和利益关系。

责任分配矩阵使得各部门或个人不仅能认识到自己在项目组织中的基本职责，而且充分认识到在与他人配合中应承担的责任，从而能够充分全面地认识自己的全部责任。

表6－1显示了某项目的工作分解及其责权利的落实。

表6－1　某项目的工作分解及其责权利的落实

WBS	组织责任者															
	项目经理	土建总工	机电总工	总会计师	工管处	财务处	计划合同处	机电设备处	C合同处	设计院	咨询专家	电力局	水电部	中技公司	十四局	大成
设计	●	●	●	●						▲	●	□	⬡	□	□	□
招投标	●	●	●	●		●	●			▲	●		□	□	□	□
施工准备	▲	●	□	□						⬡	□	□			▲	□
采购	⬡	□	●	□	□	●	●	▲	□	●	●					
施工	⬡	▲	●	□	●	●	●	●	●		●				▲	▲
项目管理	▲	●	●	●	●	●	●	●	●		●				□	□

▲负责　□通知　●辅助　△承包　⬡审批

责任分配矩阵的最重要的原则是一项任务只能由一个人负责，即项目中的任何一项任务都必须能够找到一个负责人，而且是唯一的负责人，可以包括必要的辅助工作人员，但对于项目的子任务，必须只有一个责任人。

5. 成立项目组织

（1）矩阵式组织。项目组织形式通常采用矩阵式结构形式（matrix organization），这种组织形式在直线职能式垂直形态组织系统的基础上，再增加一种横向的领导系统，它由职能部门系列和完成某一临时任务而组建的项目小组系列组成，从而同时实现事业部式与职能式组织结构特征的组织结构形式。矩阵式组织结构也可以称为非长期固定性组织结构。

矩阵式组织具有双重领导的特征，两套系统的权力平衡是这一组织结构的关键。在实际工作中会存在两条相互结合的划分职权的形式，即职能式矩阵和项目式矩阵。前者以职能主管为主要决策人，后者则以项目负责人为主。这种组织结构最为突出的特点就是打破了单一指令系统的概念，使管理矩阵中的员工同时拥有两个上级。图 6－2 说明了某公司里的两个矩阵式的项目管理组织结构。

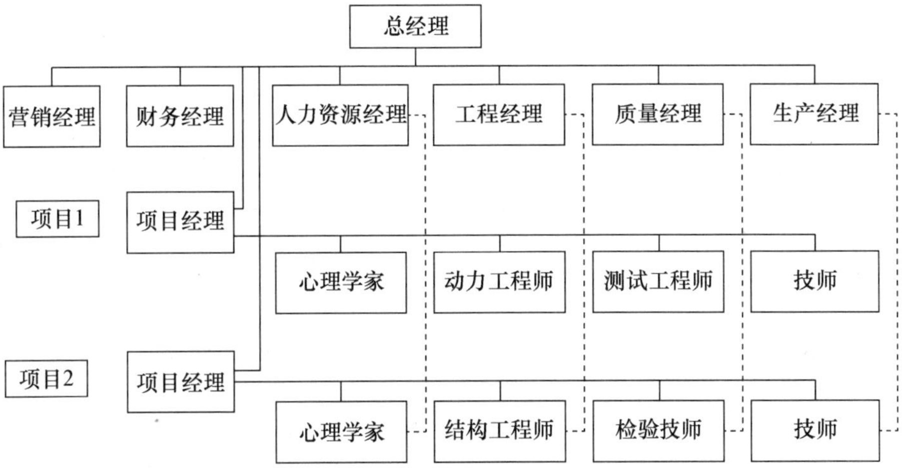

图 6－2　两个矩阵式的项目管理组织结构

（2）项目管理团队。项目管理团队是实施项目的人员所组成的特定组织。团队成员按照特定的模式组织起来，协调一致，以实现预期项目目标。项目管理团队建设一般要依次经历初创期、磨合期、规范期、成熟期和解散期等五个阶段，基本上与项目的生命周期同步。

项目管理团队是项目经理和项目管理团队成员的共同组织，团队建设过程中应创造一种开放和自信的气氛，使全体团队成员有统一感和使命感。实践证明，团队成员的社会化将会促进团队建设，而且团队成员之间相互了解越深入，团队建设就越出色。项目经理要确保团队成员间保持相互交流沟通，并为促进团队成员间的社会化创造条件。团队成员也要主动创造条件加强沟通和融合。

项目经理是项目管理团队的核心人物，项目经理应该对项目的整体工作负责，包括项目质量、项目工期和项目成本控制，还要对项目实施过程中的人力、物力和财力进行调度，沟通协调各项工作，项目经理的工作重要性不言而喻。《西游记》是中国古代四大名著之一，其中讲述的唐僧师徒到西天取经的故事家喻户晓。这是项目管理的绝佳案例，到西天取经即是一个项目，唐僧师徒就是项目团队，唐僧是项目经理，孙悟空、猪八戒、沙和尚、白龙马等是团队成员。西游记的故事说明在一个项目团队中，项目经理的个人技能不必强过项目成员，但项目经理必须具备明确的项目目标，拥有克服各种艰难险阻的毅力，还应具备领导团队成员实现项目目标的领导力。

6.2 项目排序管理

项目排序（scheduling）是项目短期计划的实施，短期计划时间跨度很短，涉及的工作内容十分具体明确。项目排序以网络图为核心，以甘特图、关键路线法和计划评审技术为主要项目管理技术手段，体现项目管理相关技术的应用。

6.2.1 甘特图

甘特图（Gantt chart）又称横道图、条状图（bar chart）。以提出者亨利·L. 甘特（Henry L. Gantt）的名字命名，甘特图在第一次世界大战期间在美国造船厂率先使用。甘特是科学管理运动的先驱者之一，是“科学管理之父”泰勒的亲密的合作者。

甘特图是目视管理（见本书第2章）的一个具体应用，其内在思想简单，即以图示的方式通过活动列表和时间刻度形象地表示出任何特定项目的活动顺序与持续时间。甘特图是一个二维图，横轴表示时间，纵轴表示活动或工作，横道表示在整个期间内的活动计划和实际的活动完成情况。它直观地表明每一个活动在什么时候进行，及实际进展与计划要求的对比。甘特图可直观地展示一项活动或工作状况，便于管理者评估工作进度。图6-3表明了一个有6个活动的甘特图。

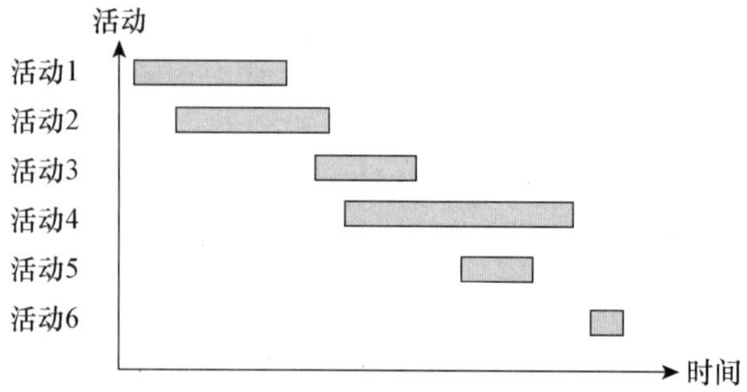

图6-3 一个有6个活动的甘特图

6.2.2 关键路线法

关键路线法（critical path method，CPM），又称关键线路法。最早出现于20世纪50年代，由兰德公司的克里（Kelly）和杜邦公司的沃克（Walker）在1957年提出的，用于安排杜邦公司化工厂生产设备的检修日程。CPM通过分析项目过程中诸项活动序列进度安排的总时差最少来预测项目工期的网络分析，用网络图表示各项工作之间的相互关系，找出控制工期的关键路线，从而在一定工期、成本、资源条件下获得最佳的计划安排，以达到缩短工期、提高工效、降低成本的目的。

在CPM诞生之前，杜邦公司的化工厂已经积累了超过150年的近百次生产设备检修的经验数据，包括每一项检修活动所需的时间长度。CPM采用单一时间估计法，项目中各项活动的时间是确定的，这种方法适用于成熟的项目工程，即该类项目过去有过多次重复建设或施工的经验，且项目管理方积累了大量该类项目施工进展的相关数据。需要看到的是，关键路线法面对的是一个动态进展的项目系统，项目系统的本身会随着项目的进展不断调整更新。

6.2.3 计划评审技术

计划评审技术（program evaluation and review technique，PERT）是1958年美国Booz Allen Hamilton咨询公司会同美国海军共同开发潜艇发射核武器“北极星导弹”项目时发展起来的技术，通过采用该技术，“北极星导弹”项目比原先估计的完工时间缩短了两年。“北极星导弹”项目庞大复杂，涉及单位众多，缺少相关的经验参数，因此PERT技术对项目的诸多活动采用三时间估计方法来评估所需时间，即：

a：最乐观时间（optimistic time）

m：最有可能时间（most-likely time）

b：最悲观时间（pessimistic time）

以上三时间估计均呈β分布，可以用式（6－1）将三时间分布转化成单时间分布：

$$t=(a+4m+b)/6 \tag{6-1}$$

式中，t为期望时间，呈标准正态分布。

方差见式（6－2）：

$$\delta=\left(\frac{b-a}{6}\right)^2 \tag{6-2}$$

给定工期见式（6－3）：

$$X=\mu+Z\delta_P \tag{6-3}$$

式中，X为给定工期；μ为期望工期；Z为标准正态分布中与概率对应的Z值；δ_P

为组成关键路线的各个活动方差之和的平方根。

PERT 假定项目完工时间服从标准正态分布，同时活动时间统计上独立。

6.2.4 绘制网络图的原则及方法

项目管理的诸项工作是以网络图（network）为基础展开的，因此绘制网络图是项目管理的重要基础工作。以下介绍常见的两种网络图的绘制方法。

1. AON 网络图与 AOA 网络图

常见的网络图有 AON（activity on node）网络图与 AOA（activity on arrow）网络图，前者是以节点表示活动，以箭线表示前一个活动的结束或后一个活动的开始；后者是以箭线表示活动，以节点表示前一个活动的结束或后一个活动的开始。图 6-4 表明了相同逻辑关系下的 AON 网络图与 AOA 网络图的表达方式，AON 网络图与 AOA 网络图逻辑是一致的。

	AON 网络图表达	活动含义	AOA 网络图表达
(a)	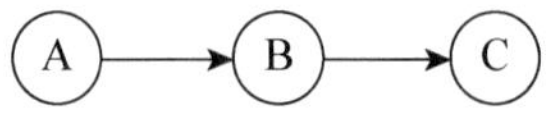	A 活动为 B 活动的紧前活动，B 活动为 C 活动的紧前活动。	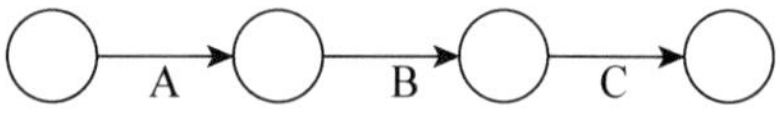
(b)	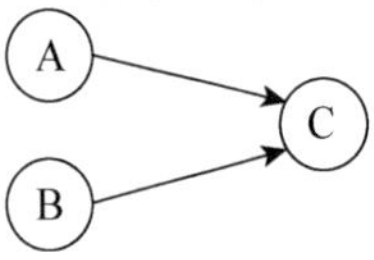	A、B 活动均完成后，C 活动才能开始。	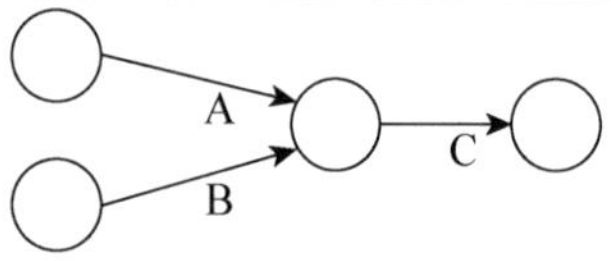
(c)	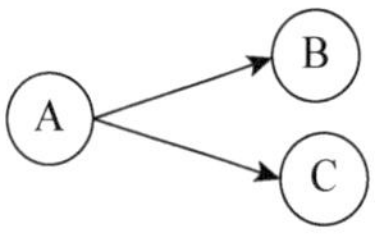	A 活动完成后，B、C 活动才能开始。	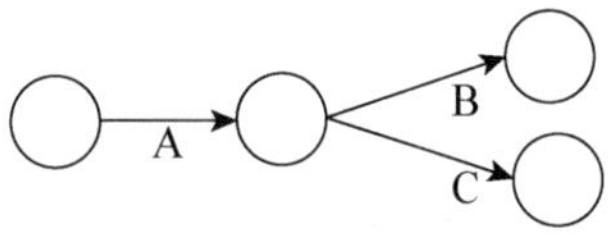
(d)	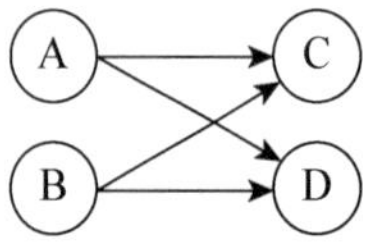	A、B 活动均完成后，C、D 活动才能开始。	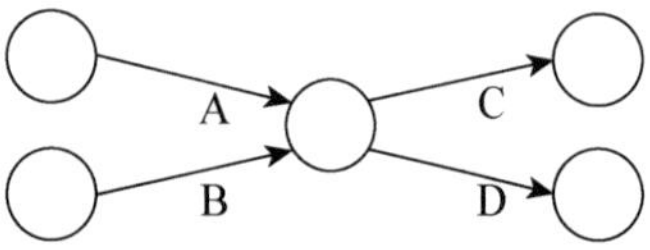
(e)	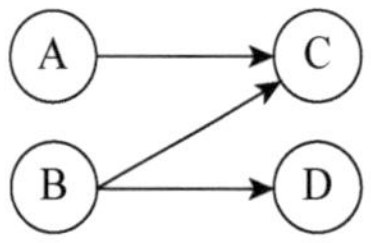	A、B 活动均完成后，C 活动才能开始；B 活动完成后，D 活动才能开始。AOA 图中需要加入一个虚活动。	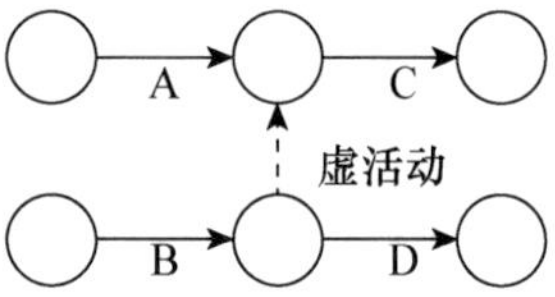
(f)	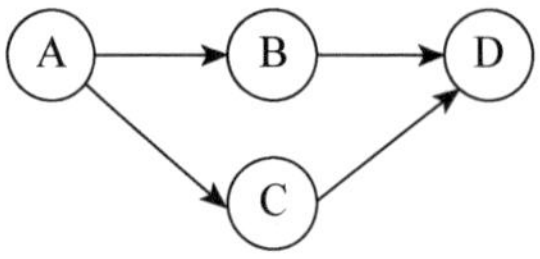	A 活动完成后，B、C 活动才能开始；B、C 活动均完成后，D 活动才能开始。AOA 图中需要加入一个虚活动。	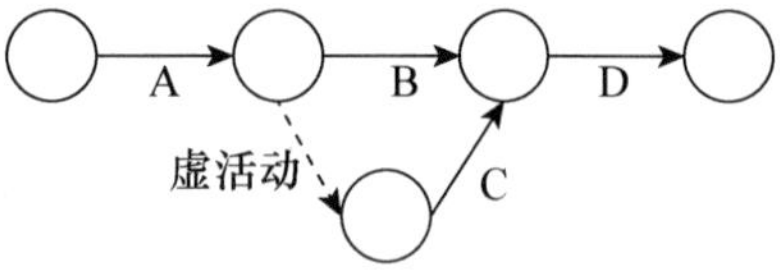

图 6-4 AON 网络图与 AOA 网络图的表达逻辑

下面以图 6-5 为例说明 AOA 网络图的逻辑。在图 6-5 中，活动 A 与 B 同时开工，活动 C 和 D 在活动 A 完工之后才能开工，而活动 E 必须在活动 B 和 C 同时完工后才能开工，活动 D 和 E 同时完工后整个项目才能完工。

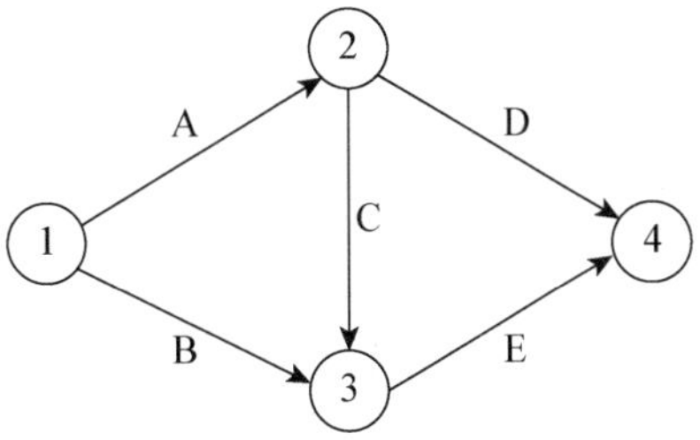

图 6-5 一个 AOA 网络图的逻辑示例

2. 绘制 AON 网络图和 AOA 网络图的原则

绘制 AON 网络图和 AOA 网络图应该遵循以下八项原则：

（1）首先，绘制网络图之前应该完成项目的工作分解；

（2）确定组成项目活动的先后逻辑关系，包括紧前关系（immediate predecessor）或紧后关系（immediate successor），紧前关系或紧后关系只需具备一个即可；

（3）网络图只有一个开头和一个结尾；

（4）网络图应该遵循从左至右的绘制方向，不可以从右至左绘制；

（5）两个节点之间只能有一个活动，且每个活动只能在网络图中出现一次；

（6）虚活动（dummy activity）表示活动之间的逻辑关系，虚活动既不需要执行，也不会消耗任何资源；

（7）AON 网络图中不会出现虚活动，AOA 网络图中根据诸项活动的逻辑关系可能会出现虚活动，虚活动要根据需要绘制，若无必要则不必绘制；

（8）AON 网络图或 AOA 网络图应该完全与已知活动的紧前关系或紧后关系相吻合。

下面通过实例展示 AON 网络图和 AOA 网络图的绘制过程。

［**例 6-1**］某医院新建一个医疗垃圾处理的环保项目，该项目共有 8 个活动，活动之间的先后逻辑关系及每个活动的完工所需时间见表 6-2。

表 6-2 某医院医疗垃圾处理的环保项目活动明细表

活动	活动内容描述	紧前活动	时间（周）
A	完成内部构件制造	—	2
B	房顶和地板装修	—	3
C	立柱建造	A	2
D	铺设混凝土及结构建造	A，B	4
E	安装高温燃烧炉	C	4
F	安装环保控制系统	C	3
G	安装气体污染控制装置	D，E	5
H	检验及测试	F，G	2

解：

根据绘制网络图的八项原则，可分别得到AON网络图和AOA网络图，如图6-6和图6-7所示。

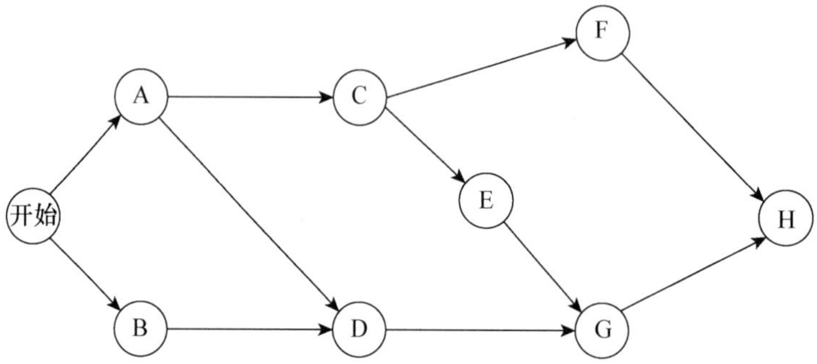

图6-6 某医院医疗垃圾处理的环保项目AON网络图

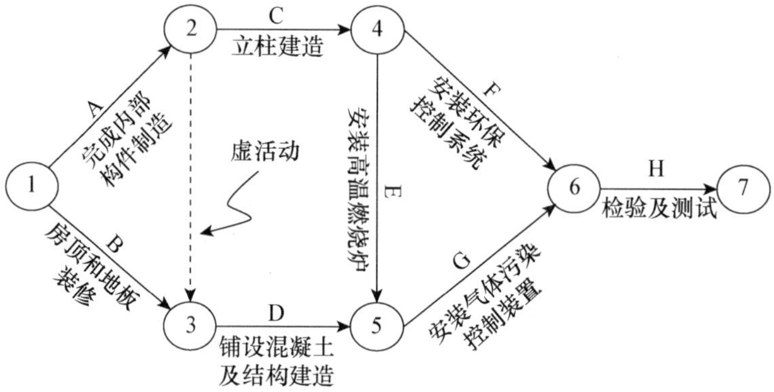

图6-7 某医院医疗垃圾处理的环保项目AOA网络图

值得注意的是，在图6-7 AOA网络图中，节点②至节点③需要一个虚活动，该虚活动建立起活动A与活动D的联系，与表6-2的已知条件相吻合；若删除该虚活动，则活动A与活动D在网络图中将失去关联，这不符合已知条件。

表6-3和表6-4以甘特图的方式表示该项目活动的四个时间参数。

表6-3 该项目活动的ES和EF甘特图

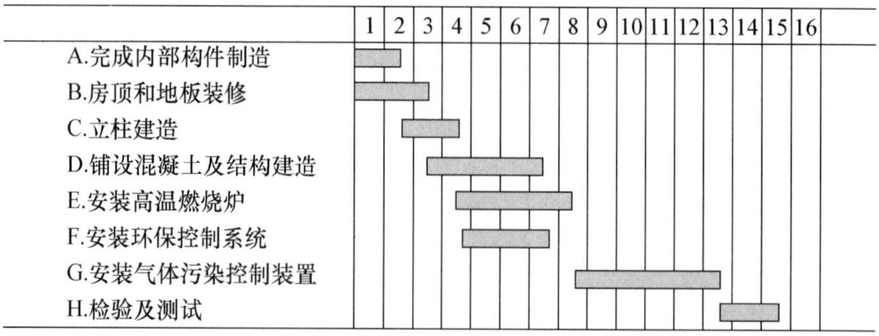

表 6-4　该项目活动的 LS 和 LF 甘特图

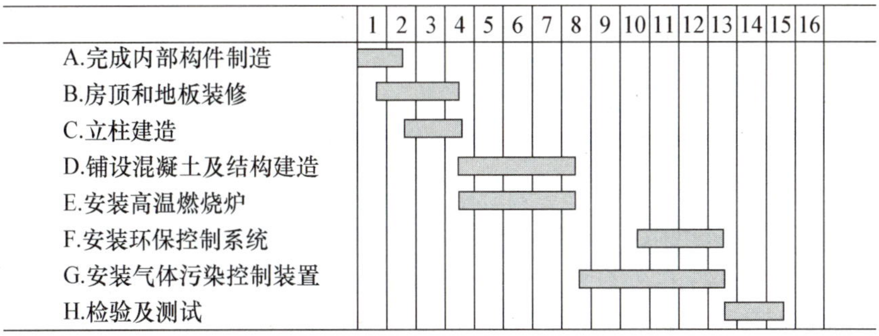

6.2.5　网络图中关键路线法的计算

1. 关键路线的含义

关键路线（critical path）即从网络图由开始至结束的众多路线中耗时最长的路线，在一个网络图中至少存在一条关键路线，有些网络图甚至同时存在多条关键路线。构成关键路线的各项活动完工就意味着该项目完工，所以对关键路线的掌控是项目管理的重点工作之一。

2. 关键路线的时间计算

（1）网络图的时间参数。在组成一个项目的多个活动中，每一个活动都有四个时间参数，分别是最早开始时间（earliest start，ES）、最早结束时间（earliest finish，EF）、最迟开始时间（latest start，LS）和最迟结束时间（latest finish，LF）。

1）最早开始时间是指所有的紧前活动都完成后，一个活动可以开始的时间。如果一个活动只有一个紧前活动，那么它的最早开始时间就是紧前活动的最早结束时间；如果一个活动有多个紧前活动，那么它的最早开始时间就是其所有紧前活动最早结束时间的最大值，即

$$ES=\max\{所有紧前活动的\ EF\} \quad (6-4)$$

最早结束时间是指活动最早可以完成的时间，是该活动最早开始时间与完成该活动的作业时间之和，即

$$EF=ES+作业时间 \quad (6-5)$$

可以在网络图中按从左到右的顺序推进，计算最早开始时间和最早结束时间，从网络图的起点推算到终点。开始活动没有紧前活动，所以它的最早开始时间为 0。

2）最迟结束时间是指在不推迟整个项目工期的前提下，活动最迟的结束时间。如果某个活动只有一个紧后活动，那么它的最迟结束时间就是它后面这个活动的最迟开始时间；如果一个活动有多个紧后活动，那么它的最迟结束时间就是其所有紧后活动最迟开始时间的最小值，即

$$LF=\min\{所有紧后活动的\ LS\} \quad (6-6)$$

最迟开始时间是指在不推迟整个项目工期的前提下活动的最迟开始时间，是其最迟结束时间与该活动的作业时间之差，即

$$LS = LF - 作业时间 \quad (6-7)$$

可以在网络图中从右到左逆向推进计算最迟结束时间和最迟开始时间，从网络图的终点到起点。整个项目的最迟结束时间也就是它的最迟开始时间。

（2）一个简便的关键路线时间计算。上述式（6－4）至式（6－7）的计算过程较为烦琐，下面给出一个基于AOA网络图的关键路线时间的简便计算方法。在AOA网络图中，不必搞清楚所有活动的四个时间参数，只需明确节点上的ES和LF两个参数即可。

首先要定义这两个参数的含义：ES是在任意一个节点，离开该节点最早开始活动的时间；LF是在任意一个节点，进入该节点最迟结束活动的时间。

其次给出ES和LF的计算步骤：ES遵从网络图由开始至结束方向进行计算的原则，取大值；LF遵从网络图由结束至开始方向进行计算，取小值。

ES和LF数值相等的节点即构成关键路线。

图6－8以例6－1为研究对象，展示了采用上述简便计算方法，通过图上作业来计算关键路线的时间耗费。

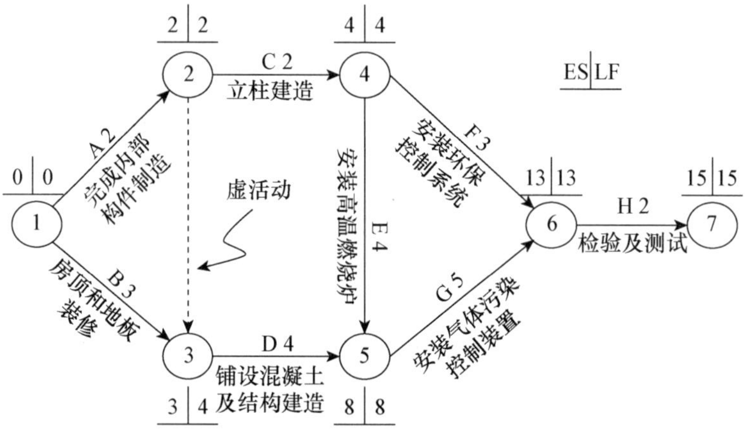

图6－8 采用简便方法计算关键路线时间的实例

从图6－8可以看出，A→C→E→G→H构成了关键路线，耗时15周。值得注意的是A→C→F→H虽然也是由节点上ES与LF数值相等构成的路线，因为其耗时为9周，因此不是耗时最长路线，显然不是关键路线。

6.2.6 网络图中计划评审技术的计算

关键路线法与计划评审技术在网络图绘制以及关键路线的确认过程中并无差异，都需要在绘制网络图的前提之下确定关键路线。所不同的是前者对于项目中的各项活动采用单一时间确认，而后者对各项活动采用三时间估计，在本章的前面对此已有论述。

例 6－2 是在例 6－1 的基础上，每个活动由单一的确定时间改为三时间估计来展示计划评审技术在网络图中的相关计算。

［例 6－2］ 某医院新建一个医疗垃圾处理的环保项目，项目共有 8 个活动，每个活动为三时间估计，活动之间的先后逻辑关系及每个活动的完工所需时间见表 6－5。该医院院长想知道 16 周完工的可能性，以及若有 99%完工的把握，需要多长时间。

表 6－5　某医院医疗垃圾处理的环保项目活动的三时间估计明细表

活动	最乐观时间 a	最有可能时间 m	最悲观时间 b	期望值时间 $t=(a+4m+b)/6$	方差 $[(b-a)/6]^2$
A	1	2	3	2	0.11
B	2	3	4	3	0.11
C	1	2	3	2	0.11
D	2	4	6	4	0.44
E	1	4	7	4	1.00
F	1	2	9	3	1.78
G	3	4	11	5	1.78
H	1	2	3	2	0.11

解：

对于院长提出的第一个问题，根据表 6－5 的有关参数结果和式（6－3），可以查询标准正态分布表，可知 Z 值为 0.57，其对应的概率为 71.57%，即该医院垃圾处理的环保项目 16 周完工的可能性为 71.57%。

对于院长提出的第二个问题，首先查询标准正态分布表，可知 99%的概率值对应的 Z 值为 2.33，还是根据表 6－5 的有关参数结果和式（6－3），可以推算出对应 99%完工的把握需要 19.1 周的时间。

6.3　项目管理控制

项目管理控制是指在项目管理中，根据项目进展的信息，对比项目的既定目标，找出偏差，分析成因，研究纠偏对策，实施纠偏措施的全过程。项目管理控制是项目实施过程中的必备环节，它是为了实现项目目标而进行的动态管理监督过程。

6.3.1　项目管理控制的内涵

通常项目管理控制涉及项目质量控制、项目预算控制和项目进度控制三个部分。

1. 项目质量控制

项目质量控制（project quality control）是指对于项目质量实施情况的监督和管理。这项工作的主要内容包括项目质量实际情况的度量、项目质量实际与项目质量标准的比较、项目质量误差与问题的确认、项目质量问题的原因分析和采取纠偏措施以消除项目质量差距与问题等一系列活动。项目质量控制活动是一项贯穿项目全过程的项目质量管理工作。

2. 项目预算控制

项目预算控制（project budget control）是在项目实施过程中管理者应尽量使项目实际发生的成本控制在项目预算范围之内的管理活动。项目成本控制涉及以下三个方面的控制活动，即对各种能够引起项目成本变化因素进行事前控制、对项目实施过程的成本进行事中控制、对项目实际成本变动进行事后控制。项目成本控制要以项目预算为控制准绳，使项目建设成本不超出项目预算为目的，不浪费项目投资人的每一分钱。在项目实施过程中应该有效保障项目资产的安全，保证会计资料的真实性、合法性和完整性。

3. 项目进度控制

项目进度控制（project time control）是采用科学的方法确定进度目标，编制进度计划与资源供应计划，进行进度控制，在与质量、费用、安全目标协调的基础上，实现既定工期目标的任务。由于在进度计划实施过程中资源有限，加之出现不确定因素和干扰因素，计划变更不可避免，因此，在项目施工过程中必须不断掌握计划的实施状况，并将实际情况与计划进行对比分析，必要时采取有效措施，使项目进度按预定的目标进行，确保目标的实现。进度控制管理是动态的和全过程的管理，其主要方法是规划、控制和协调。

以下重点介绍项目进度控制的主要原则及方法。

6.3.2 项目赶工管理

项目赶工（crashing）是项目进度控制的重要内容，它以缩短项目工期为目的，通过采取一系列措施，包括增加人财物等资源投入、改变施工工法、改变施工顺序等方法，以达到压缩项目进度的结果。

1. 项目赶工原则

项目赶工需遵循以下三个原则：

（1）在构成项目关键路线上的活动中增加人、财、物等资源投入；

（2）将资源投入压缩单位时间且花费少的活动上；

（3）采用逐次压缩的原则，即每次只压缩一个时间单位，直至完成预定的压缩工期目的。网络图被压缩一个时间单位后，需要重新确认关键路线，因为网络图被压缩一个时间单位后关键路线很有可能发生变动，因此需要逐次实施压缩，而不可一次压缩到位。

2. 项目赶工的操作方法

下面以例 6－1 为蓝本，在增加有关赶工原始数据的基础上展示项目赶工的操作方法。

［**例 6－3**］在例 6－1 的相关已知数据基础上，增加表 6－6 的补充数据，该表第（2）列分别是不赶工的活动耗时及赶工耗时；第（3）列是不赶工的活动费用及赶工费用；第（4）列是压缩单位时间所耗的费用，是由第（3）列两个参数的差额除以第（5）列两个参数的差额得到的；第五列是该项活动不是关键路线上的活动。该项目若将完工时间由 15 周压缩到 13 周应该如何安排赶工？

表 6－6 赶工补充数据

(1) 活动	(2) 时间（周）		(3) 费用（美元）		(4) 压缩单位时间费用（美元/周）	(5) 是不是关键路线活动
	正常时间	赶工时间	正常费用	赶工费用		
A	2	1	22 000	22 750	750	是
B	3	1	30 000	34 000	2 000	否
C	2	1	26 000	27 000	1 000	是
D	4	3	48 000	49 000	1 000	否
E	4	2	56 000	58 000	1 000	是
F	3	2	30 000	30 500	500	否
G	5	2	80 000	84 500	1 500	是
H	2	1	16 000	19 000	3 000	是

解：

根据赶工的三原则可以看出，第一步选择 750 美元投入 A 活动中，即可使该项目的完工时间由 15 周压缩到 14 周，图 6－9 是关键路线被压缩 1 周后的网络图。

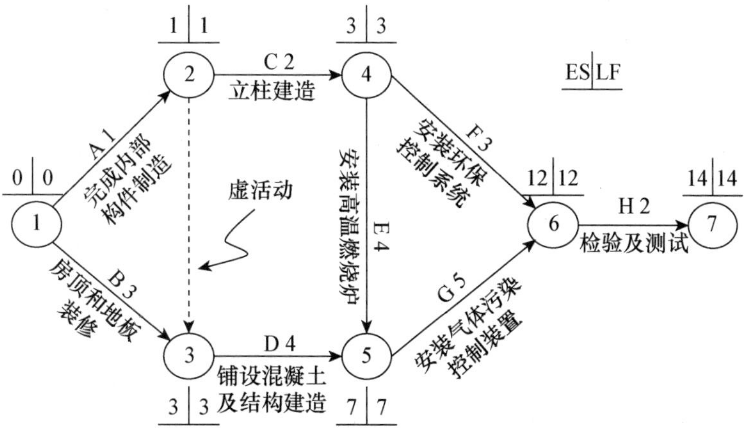

图 6－9 关键路线被压缩 1 周时间后的网络图

从图6-9可以看出，除了A→C→E→G→H依然是关键路线，该网络图又增加了一条关键路线，即B→D→G→H，两条关键路线的耗时均为14周。

第二步需要继续确认被压缩的活动，显然这两条关键路线的活动都是增加资源的备选活动，除去活动A，因为活动A在第一次压缩过程中潜力已经用完。表6-6补充数据的最后一列信息在第一轮压缩结束后已经不再适用，因为关键路线已经发生了变化。可以看出活动G是最佳备选活动，因为它是两条关键路线的共有活动，花费1 500美元实施活动G的压缩工作，可使两条关键路线同时被压缩1周时间，从而得到项目完工时间再缩短1周的结果，即13周项目完工。

可见本例题项目需要先后压缩活动A和活动G各1周时间，共耗资2 250美元，即可达到13周完工的目的。

本章从项目计划管理、项目排序管理和项目管理控制三个方面较为系统地阐述了项目管理的理念和方法。在实际项目管理过程中，管理人员可以采用项目管理专用软件对项目进行有效管控，而不必采用手工作业的方法操作。学习项目管理的学生和管理人员很有必要通过手工作业来学习项目管理的各项技术，这样有助于掌握项目管理的理念和方法，使学习者达到对项目管理不但要“知其然”，更要“知其所以然”的目的。

□ 小结

本章从项目管理的计划、排序和控制三个层面对项目管理展开描述。项目计划包括确定项目目标、明确项目所需资源、进行项目分解、构建责任分配矩阵、成立项目组织；项目排序是项目管理核心内容，包括确定组成项目的各项活动的时间参数，构建项目网络图，确定网络图中关键路线；项目控制包括对项目的进度、成本和质量的管控，本章重点讲述对项目进度的控制原则及方法。

□ 术语

项目　项目管理　矩阵式组织　工作分解　甘特图　CPM/PERT　网络图　关键路线

□ 习题

1. 请说明项目及项目管理的概念。
2. 请说明项目管理的目标。
3. 请说明项目管理的常见组织形式及特点。

4. 请说明项目工作分解的目的。

5. 请说明 CPM/PERT 网络图诞生的背景及其各自特点。

6. 请说明 AOA 网络图的绘制原则。

7. 请说明项目赶工的原则及方法。

8. 某项目由 10 个活动组成，如表 6-7 所示，请画出 AOA 网络图并找出关键路线及计算关键路线时间。

表 6-7

活动	紧前活动	时间（天）
A	无	4
B	A	8
C	A	2
D	B	3
E	B	5
F	C	6
G	C	8
H	E，F	15
I	D	4
J	G	6

9. 请根据表 6-8 的条件绘制 AOA 网络图并确定关键路线及计算项目完工时间。

表 6-8

活动	紧后活动	时间（天）
A	B，C	5
B	F	8
C	D，E	9
D	G	10
E	H	15
F	G，I	7
G	J	6
H	J	4
I	K	9
J	K	7
K	无	11

10. 某项目由 5 个活动构成，具体如表 6-9 所示，采用三时间估计方法预计每个活动的完成时间。

表 6-9

活动	紧前活动	a（天）	m（天）	b（天）
A	无	2	3	10
B	A	1	2	8
C	A	2	3	4
D	A	1	1	1
E	B，C	3	4	11

（1）绘制 AOA 网络图；

（2）计算 40%可能性的项目完工时间；

（3）估计项目在 11 天完工的可能性。

11. 某项目由 7 个活动构成，活动之间的逻辑关系如表 6-10 所示：

表 6-10

工序	紧前工序	正常情况		赶工情况	
		时间（周）	费用（元）	时间（周）	费用（元）
A	—	1	500	1	500
B	A	3	500	2	1 200
C	A	7	1 100	4	1 700
D	B	5	1 000	3	1 200
E	B	8	850	6	1 250
F	C，D	4	850	2	1 650
G	E，F	1	500	1	500
合计			5 300		8 000

（1）画出项目 AOA 网络图；

（2）请将项目完工时间压缩 2 周。

□ 案例

美国密西西比河 Clark 斜拉桥建设的项目管理

美国密西西比河上的 Clark 斜拉桥是连接伊利诺伊州与密苏里州的一座桥梁。该工程于 1991 年夏季破土动工，历时 3 年半，于 1994 年 1 月建成通车。建成后的大桥高 33 米，双向 4 车道，大桥还专门设计了自行车道。该桥耗费 8 100 吨钢材，拉索总长超过 120 英里（1 英里＝1.609 3 千米）。在新桥的旁边不远处是始建于 1928 年的双向 2 车道的钢结构老桥。因老桥无法满足当地日益繁忙的交通需求，伊利诺伊州交通管理局决定修建新桥。在新桥的建设过程中，建设者依据项目管理的理念，采用了大量的项目管理技术，进行科学的施工管理。

一、斜拉桥的建设阶段

1. 设计准备阶段

该桥的建设由伊利诺伊州交通管理局总负责，由 McCarthy Brother 建筑公司总承包。该桥被设计成斜拉桥，斜拉桥具有强度高和建设成本低的特点。整个大桥建设首先需要进行工作任务分解，被分解后的工作任务形成了由几千个工作组成的树形图，这几千个工作将由数个分承包商分别承担，这有利于工作的分派，也有利于分承包商之间竞争以降低建设成本。伊利诺伊州交通管理局要求这些分承包商提交甘特图和工作进展计划。该大桥设定的预算为 8 600 万美元，工期为 3 年 5 个月。

2. 大桥基础建设阶段

大桥的基础是水下钢制墙体，再用钢结构加固，墙体用钢筋混凝土建造，这种结构有利于应对深水水压的影响。在大桥基础建设过程中，一些前期工作需要潜水员水下作业完成，水下施工作业难度很大，要面对很多不确定性，工作计划的准确性面临很多挑战。

3. 塔柱建设阶段

该桥塔柱设计为 A 型，两个塔柱是拉索与桥梁连接的关键节点。塔柱高达 300 英尺（1 英尺=0.304 8 米），施工单位在不到一年的时间内完成施工。在建设过程中，施工人员每天早上乘坐驳船进入施工场地，3 个月的时间塔柱的高度就进展到 70 英尺。施工人员在这个高度进行高空作业时受风速影响较大，每当刮起强风时，需暂停高空作业，工人利用刮风的时间在地面完成塔柱加固件的制作，待风速降低后再进行高空安装作业。夏季洪水也会影响到施工进度。

4. 拉索铺设阶段

在拉索铺设阶段，长达 120 英里的拉索钢缆被架设到塔柱上，拉索把桥面和塔柱连接成一体。若干条钢缆构成一组拉索。

5. 桥面施工阶段

桥面施工阶段在桥墩基础和塔柱完成之后才可以进行。先完成塔柱旁的桥面，并以此为基础逐步延伸桥面，直至桥面合龙，桥墩和拉索共同支撑桥面。

6. 桥面合龙阶段

桥面合龙是大桥建设的收尾环节，技术人员使用专门测绘仪器对桥面合龙两端的桥面进行监测，确保将桥面高低误差控制在允许范围之内。桥面合龙后，还需在桥面上铺设一层特制的混凝土路面。

二、项目管理技术的使用

首先，该大桥在建设过程中注重工作计划的严密性，每天通过会议沟通项目进度，制定周密的工作计划，使得诸如水下作业等高难度工作得以按照计划顺利实施。

其次，在大桥的建设过程中，广泛使用项目管理的相关技术。对于有确定把握的子项目或活动采用单一时间的 CPM 方法，对于不确定或施工经验不足的活动或子项目采用三时间估计的 PERT 方法，如冬季天气多变增大不确定性和采用新的施工技术时就常常采用 PERT 方法，同时推行甘特图技术的使用。通过使用这些项目管理技术，施工管理者明确了各项工作的先后顺序以及各项工作的规定完成时间，从而提高项目管理工作的科学性和有效性。

三、施工过程的质量管理

以下两个事例说明了质量管理在施工过程中被重视。

（1）塔柱为钢筋混凝土建筑体，在质量检测时局部的混凝土材料被发现偏轻且能够漂浮在水面上，多达215立方英尺的不合格混凝土被移除返工。

（2）在拉索铺设阶段，施工单位使用了抗腐蚀不达标的拉索，事后发现这是一起意外事件，已经安装好的拉索被拆除返工，耽误工期长达一个半月。

四、大桥施工过程中的赶工

大桥施工过程中，按照工期完成相应的活动任务很重要，赶工经常发生。在赶工管理中，施工方需要对赶工的成本与收益做出合理评估。

（1）该大桥在建设过程中经历过数次工期延误的情况。如在桥墩基础建设过程中受不利天气影响，建设方采用新的施工技术以加快工程进度，以重力冲击的新方法结合挖掘河砂的传统方法构建桥墩基础空间。又如在施工过程中因使用了不合格的施工材料导致返工从而延误工期，该工程曾遭遇过使用耐腐蚀不达标的钢绳安装拉索，后拆除返工，不但增加了工程成本，也延误了工期。还是在铺设拉索的过程中，安装过程控制不当导致返工。一条拉索由若干组钢缆构成，钢缆由涂层材料包裹，施工方最初采用将单根钢缆逐个安装的方式，但这是一个没有经过测试的安装方法。在安装过程中，由于摩擦力的作用，导致单根钢缆的外涂层磨损过度。后来施工单位改进了施工方法，将一组钢缆一起放入套管进行整体安装，就避免了单根钢缆的外涂层不必要的磨损。

（2）恶劣的天气也是造成工期延误的主要原因。如在塔柱施工过程中，因为高空作业对气象条件要求较高，大风往往成为影响塔柱施工的主要障碍。又如在夏季密西西比河流域遭遇暴雨，洪水泛滥导致施工场地被淹，大桥建设工作一度陷于停顿状态，一切工作都要等待洪水退去之后才能进行。待洪水退去之后，施工单位必须采用赶工的方法把耽误的时间弥补回来，增加施工机械设备和人员加班是最常用的赶工手段。在赶工高峰时，施工人员每天工作时间长达16小时。伊利诺伊州作为业主方规定大桥建设每延期一天完工承建方将被罚款4 000美元。

（3）在桥面合龙后铺设混凝土路面的施工过程中，曾出现两起延误施工的事件。首先是经过老桥运送混凝土的水泥罐车遭到一个企图自杀的人阻止，该人声称若水泥罐车通行他就从桥上跳下去自杀，企图自杀者的行为严重影响了桥面铺设混凝土的施工进程。其次是为了消除高温对混凝土铺设质量带来的负面影响，施工方采用在混凝土中加入冰块的方法，从而保证了施工质量。

五、总结

由于采用项目管理的各项技术进行科学施工管理，大桥于1994年1月通车，建设工期长达3年半，是密西西比河上第一个按期完工的桥梁项目。项目竣工成本比预算超出2%，相比建设工程中遇到的各种困难，这个比例并不算高。

资料来源：本案例根据麦格劳-希尔出版公司 *Operations Management* 原版教材的案例整理翻译而成。

案例思考题：

1. 该桥梁在建设过程中使用了哪些项目管理技术？
2. 哪些事件阻碍该桥梁项目施工的正常进行？
3. 该桥梁项目中是如何处理赶工任务的？

第 7 章

Chapter 7

生产计划与作业计划及顾客排队管理

学习目标

1. 了解生产计划的概念和重要性
2. 了解生产计划的三个层次及其相应内容
3. 了解生产计划的内容与主要指标
4. 了解生产计划的编制步骤
5. 掌握综合生产计划的编制过程
6. 了解短期生产计划的常见形式
7. 掌握派工的原则和计算方法
8. 掌握 2 台机器排序问题的最优算法
9. 掌握常见排序的优先调度法则的适用条件和特点
10. 掌握人员循环排班的计划制定方法
11. 了解顾客排队时的心理状态，掌握提高顾客排队满意度的常见方法

7.1 生产计划与作业计划概述

生产计划与作业计划是指按照事先计划来管理企业的生产经营活动。生产计划与作业计划管理包括计划的编制、执行、检查和改进等四个阶段。生产计划与作业计划管理不仅仅是计划部门的工作，生产计划与作业计划管理包括企业生产经营活动的各个方面，如生产、技术、劳动力、供应、销售、设备、财务和成本等。所有其他部门和车间都要通过以上四个阶段来实行计划管理。

生产计划与作业计划工作是指生产计划的具体编制过程，它将通过一系列综合平衡工作，完成生产计划与作业计划的任务。企业设计生产计划与作业计划系统目

的就是要通过不断提高生产计划与作业计划工作水平，提供产品和服务，同时还要降低成本、节约时间和提高质量等。一个科学合理的生产计划与作业计划必须具备以下三个特征：

（1）充分利用企业产能，满足市场需求。

（2）科学合理地组合各项企业资源，实现生产成本最低化。

（3）有效调度分配各种生产资源，最大限度地减少生产资源的浪费和闲置。

生产计划与作业计划的最大区别在于两者研究的计划在时间和内容上不同，前者时间跨度长，计划内容较为宏观，后者时间跨度短，较为具体。

7.1.1　企业计划的层次

企业里的诸多计划一般可以分成战略层计划、战术层计划与作业层等三个层次，三个层次的计划有不同的特点。

1. 战略层计划

战略层计划又称长期生产计划（long-range plan），其时间跨度在 5 年以上。它的主要任务是进行产品决策、生产能力决策以及确立何种竞争优势的决策。涉及产品发展方向、生产发展规模、技术发展水平、新生产设施的建造等。

2. 战术层计划

战术层计划又称中期生产计划（intermediate-range plan），也通常称为生产计划或生产计划大纲；其计划期一般为一年，故许多企业又称之为年度生产计划。它的主要任务是在正确预测市场需求的基础上，对企业在计划年度内的生产任务做出统筹安排，设定企业的产品品种、质量、数量和进度等指标。充分利用现有资源和生产能力，尽可能均衡组织生产活动并合理控制库存水平，尽可能满足市场需求和获取利润。

中期生产计划是根据市场需求预测制定的，它的决策变量主要是生产率、人力规模和库存水平。其目标是如何充分利用生产能力，满足预测的用户需求，同时使生产率尽量均衡稳定，控制库存水平并使总生产成本尽可能低。对于连续生产型的企业，中期计划的作用非常关键，这是由于这类企业具有设备或生产设施价格昂贵、生产连续进行、生产能力可以明确核定以及属于备货生产方式等性质。而对于间歇式重复性批量生产的企业，由于生产能力随产品结构的变化而改变，难以在制定中期计划时准确核定；加上其主要属订货生产方式的性质，在制定中期生产计划时往往缺乏准确的订货合同信息，故中期生产计划只能起到一种指导作用。这类企业生产计划的重点是短期生产作业计划。但是，对于那些实现了流水生产和接近流水生产性质的加工装配企业来说，中期计划同样起着重要的作用。

3. 作业层计划

作业层计划又称短期生产作业计划（short-range plan），或称生产作业计划

(schedule)。生产作业计划时间跨度很短，一般以天或小时为时间单位，因其时间跨度很短，生产作业计划的内容大多有非常具体的细节。它的任务主要是直接依据用户的定单，合理地安排生产活动的每一个环节，使之紧密衔接，以确保按用户要求的质量、数量和交货期交货。

生产作业计划是生产计划的具体实施计划。它是把生产计划规定的任务，一项一项地具体分配到每个生产单位、每个工作中心和每个操作工人，规定他们在月、周、日以至每一个轮班的具体任务。因此生产作业计划是一项十分细致和复杂的工作。对于装配流水线型企业，生产作业计划的地位和作用很关键。对于这类企业，如何安排和协调材料、零部件和完工产品的加工进度和加工批量，确保交货并使库存尽可能少，是其作业计划面临的主要挑战。

有关产品与流程内容可参考本书第4章第3节的产品-流程矩阵的相关论述。

以上三个层次的计划逻辑关系如图7-1所示。

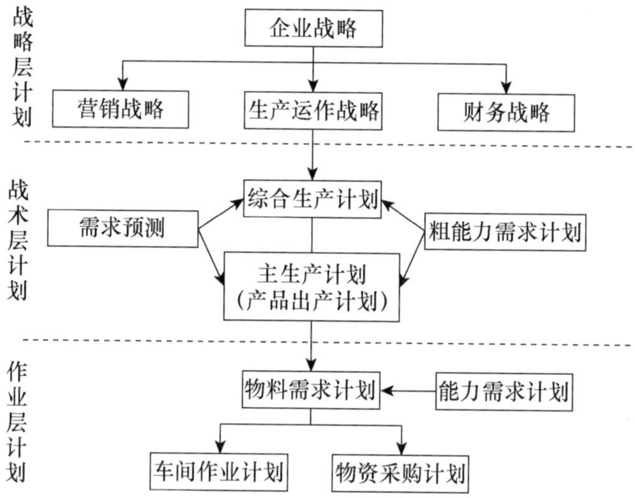

图7-1 战略层计划、战术层计划和作业层计划的逻辑关系图

由表7-1可以看出，从战略层到作业层，计划期越来越短，计划的时间单位越来越细，覆盖的空间范围越来越小，计划内容越来越详细，计划中的不确定性越来越小。

表7-1 不同层次计划的特点

项目	战略层计划	战术层计划	作业层计划
计划期	长（≥5年）	中（一年）	短（月、旬、周）
计划的时间单位	粗（年）	中（月、季）	细（工作日、班次、小时、分钟）
空间范围	企业、公司	工厂	车间、工段、班组
详细程度	高度综合	综合	详细
不确定性	高	中	低
管理层次	企业高层领导	中层，部门领导	低层，车间领导
特点	涉及资源获取	资源利用	日常活动处理

可以看出，规划好企业战略层计划是企业的高层领导的主要任务，必须高瞻远瞩，只看到眼前事务的领导者不是称职的企业高管；战术层计划是企业中层管理者主要负责的工作；作业层计划是各种具体的职能计划，是基层管理者的工作重点。

7.1.2　生产计划的内容与主要指标

为了生产出符合市场需要或顾客要求的产品和服务，生产计划需要确定什么时候生产、在何处生产以及如何生产。企业的生产计划是根据销售计划制定的，它又是企业制定物资供应计划、设备管理计划和生产作业计划的主要依据。

生产计划工作的主要内容包括：调查和预测社会对产品的需求，核定企业的生产能力、确定目标、制定策略、选择计划方法，正确制定生产计划、库存计划、生产进度计划和计划工作程序，以及计划的实施与控制工作。生产计划的主要指标有：品种指标、质量指标、产量指标、产值指标和出产期。

（1）品种指标。指企业在品种方面满足社会需要的程度，亦反映企业专业化协作水平、技术水平和管理水平。

（2）质量指标。产品质量指标通常指企业在计划期内，各种产品应达到的质量标准。

（3）产量指标。产品产量指标通常指企业在计划期内应当生产的合格产品的实物数量。产量指标反映企业在一定时期内向社会提供的使用价值的数量，以及企业生产发展水平。

（4）产值指标。产值指标就是用货币表示的产量指标。产值指标可分为总产值、商品产值、工业增加值等三种形式。

（5）出产期。指为了保证按期交货而确定的产品出产期限。

上述各项计划指标的关系十分密切。既定的产品品种、质量和产量指标，是计算以货币表现的各项产值指标的基础，而各项产值指标又是企业生产成果的综合反映。企业在编制生产计划时，应当首先安排落实产品的品种、质量与产量指标，然后据以计算产值指标。

7.1.3　生产计划的编制步骤和方法

1. 编制生产计划的主要步骤

（1）调查研究，收集资料。制定生产计划之前，要对企业经营环境进行调查研究，充分收集各方面的信息资料，其主要内容包括：根据市场信息进行预测、上期产品销售量、上期合同执行情况及成品库存量、上期计划的完成情况、企业的生产能力、原材料及能源供应情况、品种定额资料、成本与售价。

（2）确定生产计划指标，进行综合平衡。确定生产计划指标是制定生产计划的中心内容。其中包括：产值指标的选优和确定；产品出产进度的合理安排；各个产品的合理搭配生产；将企业的生产指标分解为各个分厂、车间的生产指标等。这些工作是同时进行且相互联系的。

综合平衡是制定生产计划的重要工作环节，其内容包括两个方面：一是以利润计划指标进行平衡；二是以生产计划指标为中心，生产计划与生产能力及其他投入资源进行平衡。

（3）安排产品出产进度。生产计划指标确定后，需进一步将全年的总产量指标按品种、规格和数量安排到各季、月中去，制定出产品出产进度计划，以便合理分配并指导企业的生产活动。

产品出产进度应做到保证交货时期，均衡出产，合理配置和充分利用企业资源。

2. 编制生产计划的主要方法

滚动式计划（rolling plan）是一种编制生产计划的主要方法，在编制过程中，整个计划期被分为几个时间段，其中第一个时间段的计划为执行计划，后几个时间段的计划为预计计划。执行计划较具体，预计计划比较粗略。每经过一个时间段，根据执行计划的实施情况以及企业内外部条件的变化，对原来的预计计划作出调整与修改，原预计计划中的第一个时间段的计划变成了执行计划。

滚动式计划方法的优点表现在保证计划的严肃性和应变性。因执行计划与编制计划的时间接近，内外部条件变化不大，可以基本保证完成，体现了计划的严肃性；预计计划允许修改，体现了应变性。滚动式计划能够在计划实施出现偏差时做出及时调整，保证计划工作更贴近实际。

7.2 综合生产计划

以制造业为例，综合运营计划（aggregate production plan）也称综合生产计划、总生产计划或年度生产大纲，该计划在未来一年时间内对企业资源和产品需求之间的平衡做出设想。它根据企业拥有的生产能力和需求预测较粗略地计划企业生产产品的种类和数量、生产时间及每一部门或人员的任务，内容涵盖产出内容、出产量、劳动力水平和库存投资等决策问题。综合生产计划是企业生产活动的前期工作，制定综合生产计划需要平衡市场需求和企业所掌握的资源，使生产资源得到有效利用，从而获得最佳收益。表7-2表明了某汽车制造公司某年第一季度的综合生产计划。

表7-2 某汽车制造公司某年第一季度的综合生产计划 单位：辆

	1月	2月	3月
A型车产量	10 000	15 000	20 000
B型车产量	30 000	30 000	30 000
合计	40 000	45 000	50 000

制定综合生产计划需要事先明确下列信息，包括现有原材料、现有成品库存、

市场需求量、产品研发能力、本企业产能、分承包商产能、劳动力需求量等内容。综合生产计划确定后，还要将其逐步细化，利用 MRP 和 ERP 等技术分解为主生产计划（master production schedule），即明确每一具体的最终产品在某一具体时间段的生产数量，包括进行产品出产进度安排等。主生产计划以具体产品为计划对象；某公司 C、D、E 三种产品在某年第一季度的主生产计划见表 7－3。

表 7－3　某公司 C、D、E 三种产品在某年第一季度的主生产计划　　单位：台

	1月				2月				3月			
	第 1 周	第 2 周	第 3 周	第 4 周	第 1 周	第 2 周	第 3 周	第 4 周	第 1 周	第 2 周	第 3 周	第 4 周
C 型产量		1 600		1 600		2 400		2 400		3 200		3 200
D 型产量	1 500	1 500	1 500	1 500	2 250	2 250	2 250	2 250	3 000	3 000	3 000	3 000
E 型产量	400		400		600		600		800		800	
合计产量	10 000				15 000				200 000			

在确定了主生产计划之后，还要将其继续细化为工作任务指派和生产作业计划，这是较为细致具体的工作方案，工作任务指派和生产作业计划将在本章有详细讨论。制定综合生产计划所需的各种信息见图 7－2。

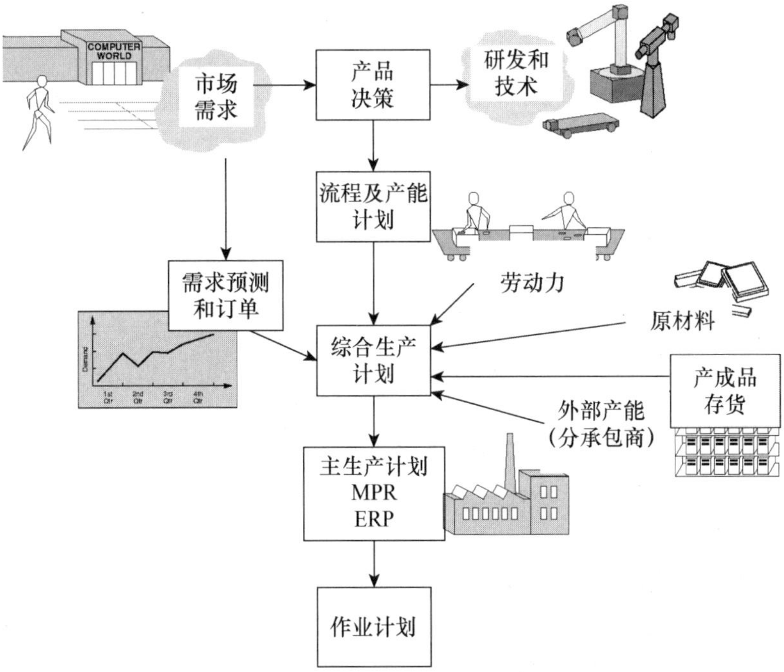

图 7－2　制定综合生产计划所需的各种信息

7.2.1　综合生产计划需考虑的成本

综合生产计划涉及以下成本内容：

1. 基本生产成本

基本生产成本是计划期内生产某一产品的固定成本与变动成本，包括直接与间接劳动力成本。

2. 与生产率相关的成本

包括雇用、培训与解雇人员的成本。

3. 库存成本

主要组成部分是库存占用资金的成本。

4. 延期交货成本

包括由延期交货引起的赶工生产成本，以及失去企业信誉和销售收入的损失。

7.2.2 制定综合生产计划的着眼点

一般产品的市场需求会起伏和波动，不可能100%预测准确，而企业的生产能力是相对稳定的，要解决这个矛盾，就要研究处理非均匀需求的策略。处理非均匀需求可以通过市场营销的办法，也可以通过生产运作的办法。

一般地，制定综合生产计划可以从改变市场需求和改变生产能力两种方式入手。

1. 改变市场需求的办法

(1) 通过改变价格转移需求。通过价格差别转移高峰需求，如航空公司的机票在淡旺季采用不同的定价模式，酒店在淡旺季客房价格差别较大，这样可以把一部分旺季的需求转移到淡季。

(2) 推迟交货。推迟交货是企业接受了顾客的订单，但暂时不交货。但推迟交货可能会丧失销售机会，甚至可能失去顾客。

(3) 采用季节上需求反向波动的产品或服务组合。采用两种或两种以上在季节上需求反向波动的产品或服务的组合，如雪地摩托车和除草机的生产组合。

2. 改变生产能力的办法

(1) 改变工人数量。改变工人数量就是随时雇用和解雇工人，这将引起工人反感。有些技术工人难以随时雇用，此办法适于服务业。

(2) 通过加班加点改变生产速率。这种方法使生产速率和需求速率匹配，消除库存，但生产不均衡，工人需经常加班。

(3) 使用非全职职工。雇用钟点工，使工作安排更具柔性。

(4) 转包。转包扩大了本企业的生产能力，但可能影响交货期和质量问题，丧失部分控制权，而且会损失一部分收益。

(5) 用库存调节产能。管理者可以在产品需求低谷时备货以应对产品需求高峰时的销售，但库存高会增大企业的库存持有费用。

7.2.3　制定综合生产计划常用的策略

制定综合生产计划常采用以下三种策略。

1. 追逐策略

追逐策略（chase strategy）通过改变工人人数的方法使得当前产能与产品需求的产出相适应，即在产品需求量大时应多雇用工人，在需求小时可以裁减工人。该策略的适用条件是当订货量处于上升期间，可以雇用到一批工人，且培训较为简单；当订货量处于下降期间，可以低成本地解雇一批工人，遣散费较低。追逐策略虽然库存投资较少，无订单积压，但每一期调整人员要花费成本，容易造成劳资关系疏远和生产率及产品质量下降。

2. 平准策略

平准策略（level strategy）保持工人人数不变，日产量维持在一个固定的水平。通过柔性工作计划和加班等方式改变工作时间，进而改变产量，使得产量和订货量相匹配。这种策略使工人数量稳定，避免了追逐策略中雇用和解雇工人所付出的代价。

3. 外包策略

外包策略（outsourcing strategy）在正常的工作时间内用固定人数的工人进行生产，以满足最小的生产需求量。或者说，通过库存来调节生产，而维持生产率和工人数量不变。当需求不足时，由于生产率不变，库存就会积累起来。当需求过大时，将利用库存来满足需求，库存就会减少。

可以看出制定综合生产计划是单位时间生产产量、劳动力持有数量、存货水平、加班和采用分承包商的不同组合。综合生产计划可以有多种选择方案，成本低的方案是企业通常选择的方案。

[例 7－1] 某公司欲制定未来 6 个月产品的主生产计划。已知信息如表 7－4 所示。

表 7－4　某公司未来 6 个月产品需求及每月工作天数

项目	时间						
	1 月	2 月	3 月	4 月	5 月	6 月	总计
产品需求预测/(件)	1 800	1 500	1 100	900	1 100	1 600	8 000
每月工作天数/(天)	22	19	21	21	22	20	125

已知期初库存为 400 件，安全库存为月度预测需求量的 25%。成本信息如下：

材料成本：100 元/件

库存成本：1.50 元/件·月

缺货损失：5.00元/件·月

分包边际成本：20元/件（分包费用一材料费用）

招聘与培训成本：200元/人

解聘费用：250元/人

单位产品加工时间：5小时/件

正常人工成本（每天8小时）：4.00元/小时

加班人工成本（1.5倍正常人工费用）：6.00元/小时

解：在研究备选生产计划之前，一般将预测需求量转换为生产需求量，生产需求量包括安全库存，见表7－5。

表7－5　将预测需求量转换为生产需求量　　单位：件

项目	时间					
	1月	2月	3月	4月	5月	6月
期初库存	400	450	375	275	225	275
需求量预测	1 800	1 500	1 100	900	1 100	1 600
安全库存	450	375	275	225	275	400
生产需求量（预测需求量＋安全库存一期初库存）	1 850	1 425	1 000	850	1 150	1 725
期末库存（期初库存量＋生产需求量一预测需求量）	450	375	275	225	275	400

该公司有四种策略可以选择，分别是追逐策略、平准策略、外包策略和加班策略，分别见表7－6、表7－7、表7－8和表7－9。

表7－6　追逐策略

	1月	2月	3月	4月	5月	6月	总和
生产需求量（件）（根据表7－5）	1 850	1 425	1 000	850	1 150	1 725	
所需生产时间（小时）（生产需求量×5小时/件）	9 250	7 125	5 000	4 250	5 750	8 625	
每月工作天数（天）	22	19	21	21	22	20	
每人每月工时（小时）（工作天数×8小时/天）	176	152	168	168	176	160	
所需人数（人）（生产时间÷每人每月工时）	53	47	30	25	33	54	
新增工人数（人）（假定期初工人数等于1月份的53人）	0	0	0	0	8	21	
招聘费（元）（新增工人数×200元）	0	0	0	0	1 600	4 200	5 800
解聘人数（人）	0	6	17	5	0	0	
解聘费（元）（解聘人数×250元）	0	1 500	4 250	1 250	0	0	7 000
正常人工成本（元）（所需生产时间×4元）	37 000	28 500	20 000	17 000	23 000	34 500	160 000

表7-7 平准策略

	1月	2月	3月	4月	5月	6月	总和
期初库存（件）	400	8	−276	−32	412	720	
每月工作天数（天）	22	19	21	21	22	20	
可用生产时间（小时）（工作天数×8小时/天×40人）	7 040	6 080	6 720	6 720	7 040	6 400	
实际生产量（件）（可用生产时间÷5小时/件）	1 408	1 216	1 344	1 344	1 408	1 280	
预测需求量（件）（根据表7-5）	1 800	1 500	1 100	900	1 100	1 600	
期末库存（件）（期初库存＋实际产量－预测需求测量）	8	−276	−32	412	720	400	
缺货损失（元）（缺货件数×5元）	0	1 380	160	0	0	0	1 540
安全库存（件）（根据表7-5）	450	375	275	225	275	400	
（正数）多余库存（件）（期末库存－安全库存）	0	0	0	187	445	0	
库存费用（元）（多余库存×1.50元）	0	0	0	281	668	0	949
正常人工成本（元）（可用生产时间×4元）	28 160	24 320	26 880	26 880	28 160	25 600	160 000

表7-8 外包策略

	1月	2月	3月	4月	5月	6月	总和
生产需求量（件）（根据表7-5）	1 850	1 425	1 000	850	1 150	1 725	
每月工作天数（天）	22	19	21	21	22	20	
可用生产时间（小时）（工作天数×8小时/天×25人）	4 400	3 800	4 200	4 200	4 400	4 000	
实际生产量（件）（可用时间÷5小时/件）	880	760	840	840	880	800	
分包件数（件）（生产需求量－实际产量）	970	665	160	10	270	925	
分包成本（元）（分包件数×20元）	19 400	13 300	3 200	200	5 400	18 500	60 000
正常人工成本（元）（可用生产时间×4元）	17 600	15 200	16 800	16 800	17 600	16 000	100 000

表7-9 加班策略

	1月	2月	3月	4月	5月	6月	总和
期初库存（件）	400	8	−276	−32	412	720	
每月工作天数（天）	22	19	21	21	22	20	
可用生产时间（小时）	6 688	5 776	6 384	6 384	6 688	6 080	
固定生产量（件）（可用生产时间÷5小时/件）	1 338	1 155	1 277	1 277	1 338	1 216	

续表

	1月	2月	3月	4月	5月	6月	总和
预测需求量（件）（根据表7-5）	1 800	1 500	1 100	900	1 100	1 600	
加班前库存量（件）（期初库存+固定生产－预测需求量）	－62	－337	－99	345	650	336	
加班生产件数（件）	62	337	0	0	0	0	
加班成本（元）（6元/小时）	1 860	10 110	0	0	0	0	11 970
安全库存（件）	450	375	275	225	275	400	
（正数）多余库存（件）（加班前库存量－安全库存）	0	0	0	120	375	0	
库存费用（元）	0	0	0	494	776	12	1 282
正常人工成本（元）（可用生产时间×4元）	26 752	23 104	25 536	25 536	26 752	24 320	152 000

以上四种策略的结果的比较见表7-10。

表7-10　四种策略的结果比较　　单位：元

	追逐策略	平准策略	外包策略	加班策略
雇用	5 800	0	0	0
解聘	7 000	0	0	0
库存	0	948	0	1 281
缺货	0	1 540	0	0
外包	0	0	6 000	0
加班	0	0	0	12 210
正常人工成本	160 000	160 000	100 000	152 000
总成本	172 800	162 488	160 000	165 491

从表7-10可以看出，外包策略成本最小，因此被采用。

需要说明的是，本例题中所讨论的综合生产计划的制定存在局限性，表现在用员工人数来调控生产能力，这在劳动密集型生产行业是可行的，如餐饮服务、制衣和玩具生产等行业；但对于连续生产型行业，如石油化工、金属冶炼和啤酒生产等行业就不适用了。

7.3 短期生产计划

短期生产计划包括的内容较多，本书因篇幅所限，只选择派工、排序和人员循环排班等几个内容讨论。

7.3.1 派工

派工（assignment）是把多个工作分派给多个机器或工人的安排，派工应该达到降低成本或缩短时间的目的。派工在制造业和服务业都有广泛的应用空间。如某支篮球队的管理者经常需要做出如下安排：今天需要选派 3 个球员到城市 A 打球，过两天又要选派 4 个球员到城市 B 打球，不同的球员球技存在差异，球员的人力成本也不同，应该合理组合搭配不同球技的球员，达到既满足球员输入方的要求，还要降低球员的人工成本，这需要球队的管理者做出科学的安排。

[例 7－2] 某制衣行有三个裁缝，因工作技能不同导致工作效率有差异，现制衣行接受了三件不同风格的成衣订单，相关数据见表 7－11，如何给这三个裁缝派工以使成衣完工时间最短？

表 7－11　三个裁缝与三件成衣的派工问题　　单位：天

	裁缝一	裁缝二	裁缝三
成衣 A	11	14	6
成衣 B	8	10	11
成衣 C	9	12	7

解： 此类派工问题可用匈牙利算法解决，先形成行列相等的行列式（注：此处仅仅借用行列式变换的名词，与线性代数中行列式变换的概念不同），按照如下四项原则操作：

原则 1：行变换，找出每一行的最小数，其他数值都减去这个最小数；

原则 2：列变换，找出每一列的最小数，其他数值都减去这个最小数；

原则 3：用最少数量的纵线和横线覆盖所有含零的数字，若线的数量与行的数量相同，则可以派工，最优派工在数值为零的位置；若线的数量少于行的数量，则进入原则 4。

原则 4：找出没有被线所覆盖的最小数字，用没有被线所覆盖的数字减去这个最小数字，并把这个最小数字加到两条线的交叉点上，再进入原则 3 操作。

根据原则 1，得出表 7－12。

表 7－12　行变换　　单位：天

	裁缝一	裁缝二	裁缝三
成衣 A	5	8	0
成衣 B	0	2	3
成衣 C	2	5	0

根据原则 2，得出表 7－13。

表 7－13　列变换　　单位：天

	裁缝一	裁缝二	裁缝三
成衣 A	5	6	0
成衣 B	0	0	3
成衣 C	2	3	0

根据原则 3，得出表 7－14。

表 7-14 用最少数量的横线和纵线覆盖所有含零的位置 单位：天

	裁缝一	裁缝二	裁缝三
成衣 A	5	6	0
成衣 B	0	0	3
成衣 C	2	3	0

可以看出只需要 2 条线就能覆盖所有含零的数字，这时需要进入原则 4，得出表 7-15。

表 7-15 再次用最少数量的横线和纵线覆盖所有含零的位置 单位：天

	裁缝一	裁缝二	裁缝三
成衣 A	3	4	0
成衣 B	0	0	5
成衣 C	0	1	0

可以看出表 7-15 需要用 3 条线来覆盖所有含零的数字，满足派工的要求。最优派工在数值为零的位置，首先安排裁缝三处理成衣 A，划去裁缝三和成衣 A 所在的行和列，就变成 2×2 的矩阵，其次安排裁缝一处理成衣 C，最后安排裁缝二处理成衣 B。

可以看出三件成衣总的交工时间为：6 天＋10 天＋9 天＝25 天，这样的派工是所有 6 种可行解中耗时最短的。

需要说明的是当机器和任务数量均大于 4 时，划线的方式不是唯一的，但并不影响最优结果的获得。派工管理中的数字一般为时间或成本，派工是对时间或成本的优化，合理的派工是以缩短作业完工时间或节约成本为优化目标。

当出现行列不相等的情况时，可以增加虚任务或虚机器使得行列相等。

7.3.2 排序

排序（sequencing）是将一组待处理的工作进行合理的顺序排列，以期达到缩短作业时间和提高系统利用率的目的。很多作业问题面临排序选择，本书只选择以下三种排序问题讨论，包括 2 台机器排序问题的最优算法、常见排序的优先调度法则（priority rules）。

1. 2 台机器排序问题的最优算法

对于 N 个零件先后经过两道加工工序处理，达到加工周期最短的问题，约翰逊（S. M. Johnson）于 1954 年提出了一个最优算法，即约翰逊算法，约翰逊算法的原则如下：

（1）列出两道工序的所有零件（任务）和相应的加工时间；

（2）找出一个最小的时间，若其处于第一道工序则安排在第一位，否则安排在最后一位；

（3）排好一个零件（任务）后就将其从待排序任务名单中划除，若最短加工时间有多个，则任选一个；

（4）重复第（2）、（3）两个步骤，直至所有零件（任务）都完成排序。

［例 7－3］ 现有 5 个有待加工任务，先后经过工序一和工序二两道工序，见表 7－16。如何安排才能使加工周期最短？

表 7－16　5 个先后经过两道加工工序的任务　　单位：小时

任务	工序一	工序二
A	5	2
B	3	6
C	8	4
D	10	7
E	7	12

解： 根据 Johnson 算法的四项原则，得到如下排序结果：

B—E—D—C—A

为了说明这个排序结果的合理性，请见图 7－3 的甘特图。图中深颜色的部分为时间损失，在这个例子中此部分时间的损失是无法避免的。

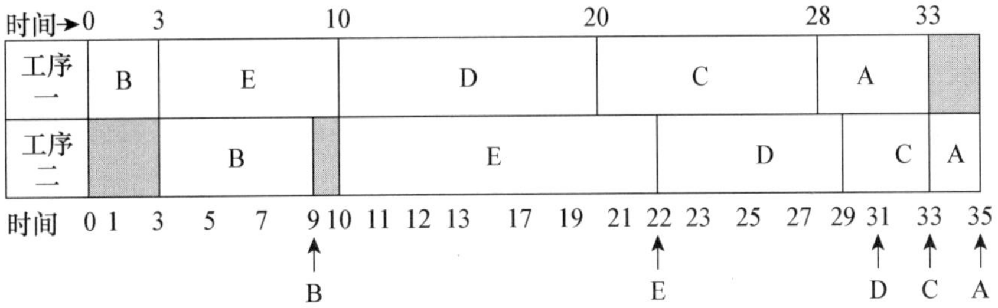

图 7－3　5 个先后经过两道加工工序的任务排序时间序列图

2. 常见排序的优先调度法则

在公司运营管理中，管理者经常要面对一组任务经过一道工序加工的排序选择。虽然有超过 100 个优先调度法则可供选择，但常见的优先调度法则以下面四个居多，其特点及适用范围如下：

（1）先到先服务（first come，first serve，FCFS）；

（2）加工时间最短优先（shortest processing time，SPT）；

（3）交工期限紧（earliest due date，EDD）；

（4）加工时间长优先（longest processing time，LPT）。

不管哪种优先调度法则，都有以下相似的假定前提条件：

（1）任务的集合是确定的，在加工开始后无新加入的任务，也没有被取消的任务；

（2）设备调整时间与加工顺序相互独立；

（3）设备调整时间是确定的；

（4）任务加工时间也是确定的，无波动；

（5）在进行任务加工的过程中不会出现机器设备停工、事故或工人缺勤。

为了更好地分析以上四种不同优先调度法则的特点，现举例进行对比分析。

[例7-4] 在某品牌汽车4S店中，维修工准备给6辆待维修的汽车A，B，C，D，E和F排序。表7-17给出了这6辆待维修汽车所需维修时间和预定完工时间的详细信息。

表7-17　6辆待维修的汽车维修时间信息　　单位：小时

任务	任务所维修工时间	预定任务完工时间
A	2	7
B	8	16
C	4	4
D	10	17
E	5	15
F	12	18

解：针对上述问题，现用以上四种优先调度法则展开分析。

（1）按照FCFS优先调度法则，任务的维修顺序应为A—B—C—D—E—F，任务在系统中的停留时间（flow time）为每项维修任务在系统中等待和被维修的时间之和。如任务C的停留时间为等待维修时间10小时和被维修时间4小时之和，为14小时，这将比预定任务完工时间延迟10小时。表7-18反映出按照FCFS优先调度法则的各项效率参数。

表7-18　FCFS优先调度法则排序　　单位：小时

任务	任务所需维修时间	任务在系统中的停留时间	预定任务完工时间	任务延迟时间
A	2	2	7	0
B	8	10	16	0
C	4	14	4	10
D	10	24	17	7
E	5	29	15	14
F	12	41	18	23
总和	41	120		54

根据表7-18的数据，可以计算出FCFS优先调度法则排序的效率参数：

1）$\text{平均完成时间}=\dfrac{\text{任务在系统中的停留时间之和}}{\text{任务的数量}}=120/6=20\text{（小时）}$

2）$\text{系统利用率}=\dfrac{\text{被加工任务所需时间之和}}{\text{任务在系统中的停留时间之和}}=41/120=34.2\%$

3）系统中平均任务的数量 $=\frac{\text{任务在系统中的停留时间之和}}{\text{任务所需加工时间之和}}$

$=120/41=2.93$（台）

4）平均任务延迟时间 $=\frac{\text{总延迟时间}}{\text{任务的数量}}=54/6=9$（小时）

（2）按照SPT优先调度法则，任务的维修顺序应为A—C—E—B—D—F，根据维修时间安排任务排序，最短维修时间的任务应排在最前，见表7-19。

表7-19　SPT优先调度法则排序　单位：小时

任务	任务所需维修时间	任务在系统中的停留时间	预定任务完工时间	任务延迟时间
A	2	2	7	0
C	4	6	4	2
E	5	11	15	0
B	8	19	16	3
D	10	29	17	12
F	12	41	18	23
总和	41	108		40

根据表7-19的数据，SPT优先调度法则排序的效率参数如下：

1）平均完成时间 $=108/6=18$（小时）

2）系统利用率 $=41/108=38.0\%$

3）系统中平均任务的数量 $=108/41=2.63$（台）

4）平均任务延迟时间 $=40/6=6.67$（小时）

（3）按照EDD优先调度法则，任务的维修顺序应为C—A—E—B—D—F，优先选择交工期限紧的任务排在最前，见表7-20。

表7-20　EDD优先调度法则排序　单位：小时

任务	任务所需维修时间	任务在系统中的停留时间	预定任务完工时间	任务延迟时间
C	4	4	4	0
A	2	6	7	0
E	5	11	15	0
B	8	19	16	3
D	10	29	17	12
F	12	41	18	23
总和	41	110		38

根据表7-20的数据，EDD优先调度法则排序的效率参数如下：

1）平均完成时间 $=110/6=18.33$（小时）

2）系统利用率 $=41/110=37.3\%$

3）系统中平均任务的数量=110/41=2.68（台）

4）平均任务延迟时间=38/6=6.33（小时）

（4）按照LPT优先调度法则，任务的加工顺序应为E—C—A—D—B，优先选择加工时间最长的任务，工时间最长的任务通常都是重要的任务，见表7-21。

表7-21 LPT优先调度法则排序

单位：小时

任务	任务所需维修时间	任务在系统中的停留时间	预定任务完工时间	任务延迟时间
F	12	12	18	0
D	10	22	17	5
B	8	30	16	14
E	5	35	15	20
C	4	39	4	35
A	2	41	7	34
总和	41	179		108

根据表7-21的数据，LPT优先调度法则排序的效率参数如下：

1）平均完成时间=179/6=29.8（小时）

2）系统利用率=41/179=22.9%

3）系统中平均任务的数量=179/41=4.37（台）

4）平均任务延迟时间=108/6=18（小时）

（5）四种不同优先调度法则的总结。

以上四种不同优先调度法则的相关效率参数见表7-22。

表7-22 四种不同优先调度法则的相关参数

法则	平均完成时间（小时）	系统利用率（%）	系统中平均任务的数量（个）	平均任务延迟时间（小时）
FCFS	20	34.2	2.93	9
SPT	18	38.0	2.63	6.67
EDD	18.33	37.3	2.68	6.33
LPT	29.8	22.9	4.37	18

通过判断表7-22中四种优先调度法则的四个参数的含义，很容易得出这样的结论：平均完成时间越少越好，系统利用率越大越好，系统中平均任务的数量（这个指标等同于在制品存货数量）越少越好，平均任务延迟时间越少越好。通过表7-22对以上四种优先调度法则在汽车维修服务业的分析研究可以得出以下结论：

（1）FCFS优先调度法则最为公平，不会引发顾客抱怨；

（2）SPT优先调度法则在平均完成时间、系统利用率和系统中平均任务的数量三项指标中效率最高，优点最多；

（3）EDD 在平均任务延迟时间指标中最优，强调平均交货延迟时间最短；

（4）LPT 优先调度法则的整体排序效率最低，在以上四个效率参数均无优点，但维修时间最长的任务优先通常意味着大客户或重要客户优先，因为大客户或重要客户通常用时较长，这是 LPT 的优点所在。

上述汽车 4S 店的汽车维修模拟了任务排序的场景。在现实操作中，没有哪一种排序法则在所有指标中整体优于另一种排序法则，服务业企业在实践中经常会把以下经验作为决策依据：

（1）SPT 优先调度法则对于减少任务在系统中的停留时间和减少系统中平均任务的数量是较为理想的排序法则，还有利于提高服务系统的使用效率。不利的方面在于较长维护时间的任务将处于不利的排序地位。

（2）FCFS 优先调度法则在几项效率指标中表现并不突出，它的优点在于公平，通常顾客不会抱怨这种优先调度法则，FCFS 在餐饮、零售和银行等服务业领域中被广泛使用。

（3）EDD 优先调度法则在减少平均任务延迟时间方面表现突出，在任务延迟需承担罚款的背景下使用较为合适。若决策者主要考虑减少延迟时间，EDD 则成为首选的优先调度法则。

（4）LPT 优先调度法则的整体排序效率虽然最低，但若强调大客户或重要客户优先则可选择此调度法则。

虽然以上四种优先调度法则在实践中应用较广，但还存在以下局限性：

（1）作业计划排序是动态变化的，在操作中经常会出现调整加工顺序、变动加工工艺、机器设备调整以及产品组合发生变动的情况，优先调度法则并不能根据这些变化做出反应。

（2）优先调度法则没有顾及上下游岗位的实际，也没有考虑生产设施闲置以及瓶颈资源的情况。

（3）优先调度法则同等对待具有相同预定任务完工时间的任务，无法区分二者之间的轻重缓急，但在现实中的确存在先后主次之分。

7.3.3　人员循环排班

人员循环排班（cyclical scheduling）是运营计划的组成部分，在制造业和服务业都有广泛的使用。很多服务行业在双休日和节假日都有从业人员在岗上班，诸如警察、护士、餐饮服务人员、银行职员、卖场销售人员等都需要制定人员排班计划，因此人员循环排班是运营计划中的重要工作。例题 7－5 展示了一个排班工作的具体操作规程。

［例 7－5］某服务企业依据过去一段时间的统计数据发现，根据业务量的大小，一周 7 天每天安排相应数量的人员即可满足业务需要，见表 7－23。该服务企业实施员工一周连续休息两天的管理政策，问该服务企业需要多少员工？每个员工如何安排作息时间？

表 7-23　某服务企业一个星期中的人员数量安排　　单位：人

星期一	星期二	星期三	星期四	星期五	星期六	星期日
5	5	6	5	4	3	3

解：依据已知条件，找出连续两个最小的用工数量对应的工作日安排给员工一休息，将这两天对应的数字移到下一行，其余数字减 1 移到下一行，再如法炮制，给员工二、三等安排作息时间。需要指出的是，星期一和星期日是连续的，在排班的过程中，可能不止一种选择。该服务企业的人员排班见表 7-24。

表 7-24　某服务企业工作人员循环排班计划　　单位：人

	星期一	星期二	星期三	星期四	星期五	星期六	星期日
员工一	5	5	6	5	4	③	③
员工二	4	4	5	4	3	③	③
员工三	3	3	4	3	②	③	3
员工四	2	2	3	②	②	3	2
员工五	①	①	2	2	2	2	1
员工六	1	1	1	1	1	①	⓪
员工七						1	

由表 7-24 可以看出，画圈的数字表示某员工的休息安排，其余为上班时间。该服务企业共需要 7 名员工，其中员工七仅需要在星期六上一天班。若每周上一天班的员工难以寻找，则可以考虑让现有的 6 个工作人员每六周一次替代由员工七干的工作，也可满足要求。

上述人员循环排班的操作方法还可以解决员工每周休息一天或三天等不同前提条件下的排班问题，也可以解决每天 2 班倒班、3 班倒班甚至 4 班倒班的人员排班问题，其解决方案与本例题解决思路一致。

7.4　顾客排队管理

排队等待（waiting-in-line）是顾客接受服务过程当中所经历的一个普遍现象，每个人都或多或少地经历过排队等待，如超市购物后排队等待结账、到银行排队等待取钱、到发廊等待理发等等。据有关资料估计，美国人每年要花 370 亿小时等待，平均每人 150 小时。几乎没有人喜欢等待，等待意味着时间的浪费、效率的低下，也不可避免地使人感到烦躁和沮丧。消费者等待的时间加长，满意度随之下降。对顾客排队等待进行有效管理是商家提高服务质量的重要环节。本节从顾客排队的两个基本定理及管理顾客等待心理入手，探讨商家提高顾客排队满意度的方法。

7.4.1 两个关于排队的基本定理

1. 顾客的排队满意度取决于对服务的感知减去对服务的期待

提供服务的商家应该尽可能增加顾客对服务的感知效果，努力提高服务质量，同时应该降低顾客对服务的期望值，这样才能提高顾客满意度。商家对顾客排队等待进行有效管理也应该秉承这种理念。

2. 盯着看的水壶永远不会烧开

“盯着看的水壶永远不会烧开”的含义是，在顾客排队等待时，应该将顾客的注意力转移到排队等待以外的其他地方。如果客人的注意力在排队等待上面，其感知到的排队等待将十分漫长。

7.4.2 商家应该知晓的十条顾客等待心理

戴维·梅斯特（David Maister）在 1984 年对顾客排队心理作了全面研究和总结，他提出了被广泛认可和采用的顾客等待心理八条。

（1）无所事事的等待比有事可干的等待感觉要长；

（2）过程前的等待时间比过程中的等待时间感觉要长；

（3）焦虑使等待看起来比实际时间更长；

（4）不确定的等待比已知的、有限的等待时间更长；

（5）没有说明理由的等待比说明了理由的等待时间更长；

（6）不公平的等待比公平的等待时间要长；

（7）服务的价值越高，人们愿意等待的时间就越长；

（8）单人等待比许多人一起等待感觉时间要长；

在此基础上，戴维斯等人（Davis & et al.，1994）和琼斯等人（Jones & et al.，1996）先后对顾客排队等待心理理论作出了两条补充：

（9）令人身体不舒适的等待比舒适的等待感觉时间要长；

（10）不熟悉的等待比熟悉的等待时间要长。

以上十条可以作为商家实施顾客排队等待管理的理论依据。商家在进行顾客排队等待管理的过程中，充分了解顾客的心理诉求，采取有效管理措施是提高顾客排队等待满意度的前提条件。

7.4.3 商家应该对顾客排队等待进行系统性管理

商家应该采取综合措施，提升顾客排队等待过程的满意度。这些管理措施包括确定一个顾客可以接受的等待时间、对服务系统的通道和阶段进行合理设计、根据顾客的类型确定队列和排队规则、对服务人员培训以提高服务质量。以上措施归结到一点，就是在顾客排队等待不可避免的情况下，把顾客在排队等待时的负感受尽量降低至最低。

小结

生产计划和作业计划的完成始于生产计划和作业计划的制定。计划是管理的首要职能，没有计划，企业的一切活动都会陷入混乱。现代企业生产运营的内部分工细致，协作严密，因此需要一个统一的计划来指挥企业的各项生产活动，这一切都有赖于科学合理的生产计划和作业计划的制定。

本章介绍了生产计划和作业计划两个层面的计划。首先介绍了时间跨度较长的生产计划，包括生产计划的三个层次及其相应内容及主要生产计划指标和生产计划编制步骤，还分析了综合生产计划的编制过程；其次较为细致地介绍了时间跨度较短的短期生产计划的常见组成部分，包括制定派工、排序和人员循环排班等几个内容的原则和算法。本章结合实际，用丰富的实例详细地说明了生产计划和作业计划在运营管理实际中的应用。

针对服务业中经常出现的顾客排队等待现象，本章从顾客排队等待的基本定理和心理出发，探讨提高顾客排队满意度的方法。

术语

生产计划　综合生产计划　主生产计划　生产作业计划　滚动式计划　追逐策略　平准策略　外包策略　派工　排序　约翰逊算法　优先调度法则　先到先服务（FCFS）　加工时间最短优先（SPT）　交工期限紧优先（EDD）　加工时间长优先（LPT）　人员循环排班　排队等待

习题

1. 如何根据层次和时间对生产计划进行分类？
2. 制定生产计划需要哪些信息？
3. 生产计划关注哪些内容与主要指标？
4. 生产计划的编制步骤有哪些？
5. 什么是滚动式计划？
6. 什么是综合生产计划？制定综合生产计划的着眼点是什么？
7. 制定综合生产计划常用三种策略，即追逐策略、平准策略和外包策略，各自的特点是什么？
8. 短期生产计划包括哪些常见的内容？
9. 现有5台机器处理5个待加工的任务，见表7-25，如何派工才能使完成任务的时间最短？

表 7－25　机器及生产任务情况表　　单位：小时

任务	机器				
	1#	2#	3#	4#	5#
A	5	6	4	8	3
B	6	4	9	8	5
C	4	3	2	5	4
D	7	2	4	5	3
E	3	6	4	5	5

10．现有 A、B、C、D、E、F6 个任务要先后经过两道加工工序，见表 7－26。请用约翰逊算法排序并求最短加工时间，并用时间序列图表示排序结果。

表 7－26　生产任务及工序情况表　　单位：小时

任务	工序一	工序二
A	6	12
B	3	7
C	18	9
D	15	14
E	16	8
F	10	15

11．请说明常见的排序优先调度法则及其特点和适用条件。

12．某酒吧星期一至星期天每日所需员工的数量如表 7－27 所示，员工每周 5 天上班，2 天休息，请计算该酒吧所需员工数量并为员工排班。

表 7－27　需要员工数量情况表　　单位：人

星期一	星期二	星期三	星期四	星期五	星期六	星期天
5	2	3	4	8	9	3

□ 案例

让患者等待？这事不会发生在我的诊所

医生和患者之间的良好关系从双方都能准时开始。在我的诊所——儿科诊所，这尤其重要。一些母亲不想让只是生了小病的孩子跟得了重病的孩子一起候诊，而那些得了重病的孩子如果等得太久也会烦躁不安。

但是迟到不管是谁的责任，在任何情况下都会产生问题。一旦你晚了，可能当天就轮不到你了。而且让可能还有其他事项的人一直等也是不公平的。最近的一次调查表明，患者在诊室外面的平均等待时间达到 20 分钟。患者可能会容忍这些，但是他们并不喜欢。

在我的诊所里，我不能容忍这些，我99%以上是在预约的时间接待患者的。所以，在我的行医经历中遇到过很多心怀感激的患者。他们经常对我说："我们真的很感激您的准时接待。为什么其他的医生做不到呢？"我的回答是："我不知道，但是我很愿意告诉他们我是怎么做的。"

一、按实际情况安排预约

准时的关键是根据所需的服务类型为每次就诊安排适当的时间，然后坚持这个计划。这就是说，医生要小心掌握好自己的节奏，如果偏离了计划，接待员就要进行纠正，并且要告诉患者遵守预约时间。

我们通常为一个新患者安排半小时，给一个健康婴儿体检或者一个重症患者安排15分钟时间，给一个复查、一个接种疫苗或者类似长疖子之类的小病患者安排5分钟或者10分钟。当然，你可以根据实际情况安排你自己的时间分配。

预约好了以后，每一个患者都会收到一个确定的时间，像10：30或者2：40。在我的诊所里，对患者说"10分钟以后来"或者"半小时以后来"是绝对不允许的。人们对这些指示的理解是不同的，而且没有人知道他们到底什么时候会到。

我经常使用三个诊室，第四个是留给小婴儿的，第五个留给急诊患者。有这么多的房间，我可以不把时间浪费在等待上，而且患者也很少需要待在接待处。实际上，一些小孩子抱怨，他们在看病前很难有时间在接待处玩玩具和拼图，他们的母亲只是让他们在出来的路上玩一会儿。

在平常，我从早上9点到下午5点诊治20～30名患者。但是我们的预约系统非常灵活，必要时我能在同样的时间诊治40～50名患者。下面是有关我们如何紧缩计划的。

我的两个助手（在繁忙的时候是三个）掌握顺序，每天为急诊患者安排一定量的空档。我们在冬天以及周末和假期后的几天比平时要忙，就要设法多留出一点的空档。

第一次就诊，我们安排的时间是30分钟，我们通常以半小时或一个小时为单位来安排计划。如果我比计划时间早一些完成诊治，我们就可以为一个需要立即诊治的患者挤出一点时间。如果需要，我们还可以在做体检的15分钟内预约2～3个患者。有了这些可以利用的缓冲时间，我就可以在一个情况严重的患者身上多花10分钟，因为我知道损失的时间很快可以得到弥补。

新患者的父母会被要求在预约前的几分钟到达诊所，完成一些初步的登记工作。在那个时候，接待员就会告诉他们，"这位医生总是很准时地按预约时间出诊"。一些患者已经知道了这一点，并且就是因为这个才选择我。但是，另外一些甚至不知道有医生会如此准时，所以我们觉得在第一次就诊时就告诉他们最好。

二、急诊安排

在大多数情况下，出急诊是医生未能遵守预约时间的原因。当一个手臂断了的小孩来就诊或者接到医院电话去参加一个剖宫产急诊手术的时候，我必须放下手中的工作。如果只是中断了一小会儿，那么还可以设法赶上原来的计划。如果可能要很长的时间，那么接下来的几个患者就不得不选择继续等待或者安排新的预约。偶尔我的助手需要对接下来的一两个小时进行重新安排。不过，通常这种中断都不会超过10～20分钟，而且患者通常也会选择继续等待。接下来我会把他们安排到为重症患者预留的时间里。

重要的是，我从来不让急诊破坏我一天的计划。一旦一个延时得到了调整，那么后面的预约我就可以准时了。我所能想象到的会破坏我的计划的情况是：在诊所和医院同时有急诊患者，但是这还没有发生过。

当我回来时，我会对等待的患者说“实在对不起，让您久等了，我有个急诊——伤得很厉害”（或者类似的话）。这些父母通常的回答是：“没问题，医生。这些年里您从来没有让我等过。而且如果是我的孩子受伤了，我也会希望您离开这个屋子的。”

除了急诊，我还碰到过几次没有预约就直接过来的情况。在这个社区里，大家都知道除了急诊，我只按照预约接待患者，对于没有预约的非急诊情况我们会按照预约电话那样处理。接待员会问来访者是想咨询还是想预约，如果是后者，就为他安排一个诊治一般病症的最早时间。

三、电话处理

如果不能好好处理来自患者的电话，预约计划也会被破坏。但是我这里没有发生过这种情况。和其他的儿科医生不同，我没有固定的电话时间，我的助手会在办公时间接听来自患者父母的电话。如果电话问题比较简单，比如“一个一岁的孩子应该服用多少阿司匹林”等，那么我的助手就可以回答。如果问题需要我的回答，那么助手就会写在患者表里，在下一名患者进入诊室时交给我。我写下答案，然后助手传达给打电话的人。

如果打电话的人坚持要跟我通话怎么办呢？标准的回答是“如果时间不超过1分钟，医生将会和您直接通话，否则您可能要安排预约再过来”。在这种情况下，我很少要答复电话。但是如果对方很焦急，我还是愿意和他通话的。我不会把电话时间限制在1分钟内，而是可以延长到2～3分钟。不过打电话的人知道我是离开患者跟他通话，也会尽量简短。

四、迟到处理

有些人习惯于迟到，其他一些人偶尔迟到有合理的理由，比如车胎爆了等。但是不管如何，如果他们比约定时间晚10分钟以上到达诊所的话，我很难立即为他们诊治。因为这样做就会耽搁那些按时到达的患者。迟到不超过10分钟的人还是可以立即得到诊治的，但是他们会被提醒已经迟到了。

当超过预约时间10分钟以上，患者还没有出现在办公室时，助手就会给他打电话安排晚一些的预约。如果患者在几分钟后到达办公室，接待员会很有礼貌地说：“嗨！我们正在找您呢！医生不得不为其他预约的患者诊治了，但是我们会尽快把您安排进去的。”然后在患者表上做记录，记下日期、迟到的原因以及他是那天诊治了还是另外约时间了。这样可以帮助我们鉴别那些总是迟到的人，在必要的时候采取措施。

五、爽约处理

对于预约好了但最终没有出现、电话也打不通的患者怎么处理呢？这些也会被记在患者表中。通常有很简单的解释，比如忘了预约。如果第二次出现，我们会重复同一步骤。如果第三次发生，患者就会收到一封信，提醒他时间已经留出来，但是他三次都没有出现；并且会告诉他，将来他会为这些浪费的时间付账。

这是我们针对少数影响计划的人的最强硬措施，但是我从来没有因为患者这么做而抛弃他们。事实上，我不记得要求爽约的人付过账。威胁他们会这么做只是帮助他们改正，而且当他们回来的时候——几乎所有人都会这样的——他们会得到同其他患者一样的便利和尊重。

资料来源：W. B. Schafer，“Keep patients waiting? Not in my office”，*Medical Economics*，May 12，1986.

案例思考题：

1. 在收获很多心怀“感激的患者”方面，哪些预约计划系统的特征是关键性的？

2. 应该遵循什么样的程序，才能使预约系统具有充分的灵活性来适应急诊情况，同时又可以跟上其他患者预约的时间？

3. 对于诸如迟到和爽约情况，应该如何处理？

第 8 章
Chapter 8 库存管理

学习目标

1. 了解库存的概念和库存管理的内容
2. 了解库存产生的原因及库存对企业的作用
3. 掌握库存水平过高对企业的危害
4. 了解库存管理的重点
5. 掌握库存的分类
6. 掌握库存管理的 ABC 方法
7. 掌握库存的主要费用构成
8. 掌握经济订货批量模型、生产订货批量模型、有价格折扣的订货模型
9. 了解定量库存控制模型和定期库存控制模型的差异
10. 掌握“报童问题”模型及其计算

8.1 库存概述

8.1.1 库存的概念和库存管理

1. 库存的概念

库存（inventory）也称存货，是指企业生产经营活动所需的备用物品，库存无论对制造业还是服务业都十分重要。库存的主要功能是在供给和需求之间建立缓冲，减缓供需矛盾；在生产或销售的两次进货期间便于周转，避免物资短缺；为适应预期或不可预测的市场变化而保持库存。在生产过程中的不同生产阶段，库存以

不同的物料形态呈现，正是因为有了库存，企业的生产过程才能平稳进行，库存从最初的原材料被加工成半成品，再被生产成产成品交付到消费者的手中。生产企业库存流动示意图见图8－1所示，三角形图标表示原材料、在制品和产成品的库存。

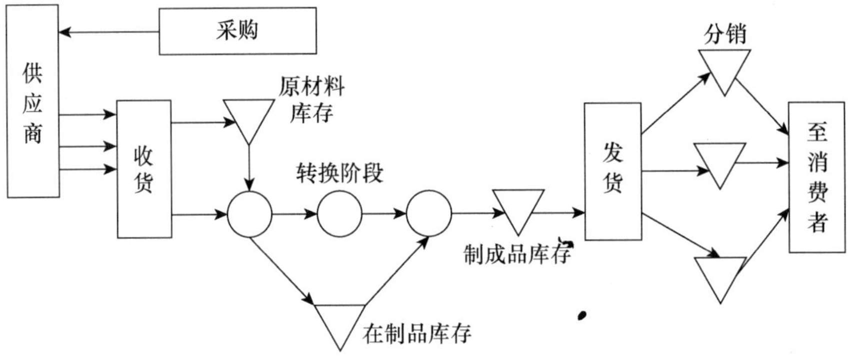

图8－1 生产企业库存流动示意图

2. 库存管理

库存管理的内容不仅仅是对库存物资的数量管理，更不能认为库存管理就是要保持一定的库存数量。实际上，就库存管理所包括的内容来说，数量管理仅仅是其中的重要一项，并不是全部内容。企业的库存在大部分储存时间中处在闲置状态，因此研究库存管理意义十分重大。库存管理的主要内容涉及库存物料的进货时间即订货点、储存起始日期、确定合理的订货批量和库存水平。应用库存控制的管理方法，在保证生产过程顺畅进行的前提之下，优化库存数量管理，降低库存水平，加快库存周转，减少资金积压和占用，提高资金使用效率，最终体现在提高公司经营利润的目标上。

8.1.2 库存产生的原因

从企业内部来看，企业的生产过程是由多个顺序的作业或操作构成的，每个作业或操作的生产率（或产出率）不可能完全一致，若让它们单独和更经济地运行，两个或多个作业中就必然会产生库存；其次，从供应链的角度来看，供应链各环节的企业为了便于周转，避免缺货，建立库存缓冲是十分必要的。从以上的企业内外部环境来看，库存是运营管理中至关重要的环节，不可缺少。

基于以上原因，真正意义上的“零库存”是不存在的，“零库存”是企业在优化管理中追求的终极目标，只能接近，无法完全达到。

8.1.3 库存的作用

库存是企业生产经营中不可缺少的环节，其作用表现在以下方面：

1. 维持产品销售稳定

企业维持一定的成品库存才能满足顾客的购买需求，便于顾客挑选，减少顾客的等待时间，企业才能在激烈的市场竞争中争取到顾客。

2. 维持生产稳定

库存可以起到维持生产稳定器的作用，外部市场需求快速多变，表现出需求不稳定，而企业组织内部又要求生产均衡，可以通过维持一部分库存的方法解决这个矛盾。

3. 降低采购成本

订货需要发生费用，这笔费用若摊在一件物品上将是很高的。如果以一定批量采购，分摊在每件物品上的订货费用就会较低。同时，对生产过程而言，采取批量加工，可以分摊调整准备费用。关于库存的相关成本请见本章第 3 节的论述。

4. 防止缺货

维持一定量的库存可以防止货物短缺。为了应付突发事件，小到一个企业，大到一个国家必须要有储备。

5. 防止生产中断

在生产过程中维持一定量的在制品库存，可以防止整个生产过程的中断。例如，当某道工序的加工设备发生故障时，如果工序间有在制品库存，其后续工序就不会中断。同样，在运输中维持一定量的库存，可以保证供应，使生产正常进行。

但是过多的在制品库存会导致企业成本升高，同时也会掩盖生产过程中的许多缺陷，使问题不能及时解决。在保持生产和销售平稳的状态下，维持适当的库存并尽量降低库存是库存管理的核心所在。

8.1.4 库存的负面影响

库存虽然重要，但不是越多越好，超出正常水平的库存会造成并掩盖以下很多问题：

1. 增大企业资金占用

库存属于企业的资产，库存资产需要企业用现金购买，过多的库存会造成资金大量沉淀在库存上，降低了资金的使用效率，从而增大企业的成本。

2. 掩盖管理中的缺陷

库存可能会掩盖工人的缺勤、技能训练差、劳动纪律松散和现场管理混乱等问题；库存可能被用来掩盖经常性的产品或零部件的制造质量问题。当废品率和返修率很高时，一种很自然的做法就是加大生产批量和增加在制品或产成品库存；库存还可能被用来掩盖或弥补作业计划安排不当、生产控制制度不健全、需求预测不准、产品成套性差等问题；此外，如有产品设计不当、工程改动、生产过程组织不当等问题，企业可以增大库存水平加以掩盖。

总之，企业管理不善会最终导致库存水平居高不下。

3. 掩盖供应链中的问题

库存可能被用来掩盖供应商或外协厂家的原材料质量问题、外协件质量问题和交货不及时等问题。

图8-2说明了过多的库存管理的礁石理论。在丰田公司提出的礁石理论中，河水的水位高度就意味着一个公司的库存水平，降低河水的水位就是消除过多的库存，在不影响公司正常运转的前提下，降低库存的意义重大。读者可以参考本书第12章准时制生产方式第12.3节消除浪费的有关内容。

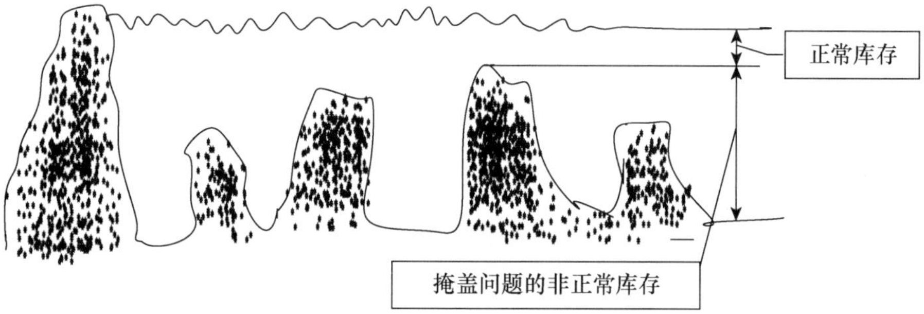

图8-2 库存管理的礁石理论

8.1.5 库存管理的着眼点

利润的最大化是每一个企业追求的目标，就库存管理而言，要实现这一目标，公司需保持合理的服务水平，提高企业管理水平。

1. 保持合理的服务水平

服务水平（service level）或服务率是指一个企业满足消费者需求的能力。在库存管理中，服务水平是用来表示当用户需要时，物品或服务的可获取性，它是库存管理有效性的一个指标。这里的顾客是广义的概念，可以是购买者、批发商、企业中的另外一个工厂或下一道工序。有很多不同方法用来评估顾客服务水平，例如按期发运的订单的百分比或订货期内缺货天数的百分比等。

提高顾客服务水平，即增加库存可以减小不确定因素的影响，提高顾客满意度；但持有库存会带来成本的增加，因此确定合理的库存水平，即设定合理的顾客服务水平至关重要。如果能够精确地确定消费者想要什么、什么时候需要就可以百分之百满足消费者的需要。然而，这种理想状态在现实生活中很难出现，需求和供货提前期通常都是不确定的，不可避免地会出现缺货和顾客不满意的情况。因此，企业有必要保持一定数量的附加库存，这就是所谓的安全库存（safety stock），本章第 4 节将讨论安全库存的问题。

2. 提高企业管理水平

重视库存管理是企业优化现有管理水平的重要途径。从库存的角度来看，一个好的库存管理可以帮助企业改进生产经营的效率。

首先，对有些季节性需求的产品，可以通过使用预置库存的策略，使生产率保持相对平稳，淡季时建立库存，以供旺季时使用。对企业来说，这种策略可以降低加班成本、减小分包生产成本、降低对生产能力的要求、减小生产调整准备的成本。在这种情况下，企业可以将生产率置于预测需求的平均水平，见图 8－3。必须指出的是，这种策略是以增大库存持有成本的代价来缓解生产和消费的不平衡。

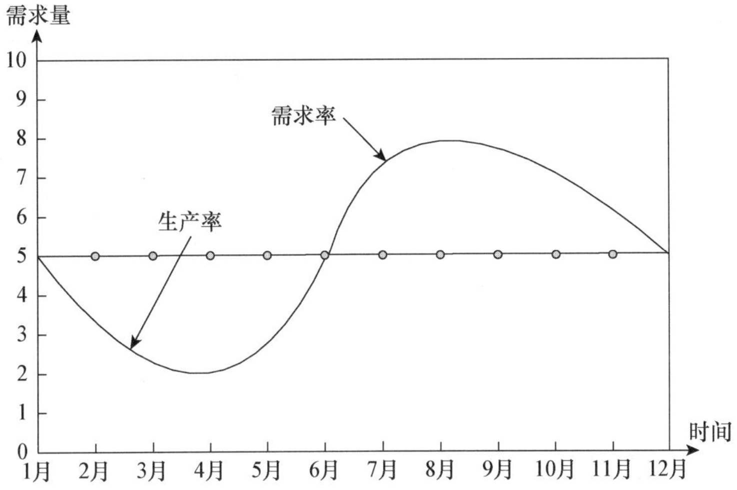

图 8－3　生产与需求不匹配

其次，库存使得企业长时间持续地生产，可以降低企业的单位生产调整费用。一个生产批量的成本与生产的调整准备费用和生产运行的成本有关。调整准备费用是固定的，而生产运行成本是可变的，它与生产的产量成正比。如果生产批量较大，调整费用被分摊给较大批量的产品，将使得单位调整费用下降。

再次，与经常进行调整准备相反，库存使得加工作业时间的比重增加，从而增加了生产能力。加工工序的时间由调整准备时间和加工作业时间组成，只有当加工作业时间增加时，生产系统的产量才能增加。如果每次生产的批量较大，那么一年中的调整准备次数就会减少，从而可以用于加工的时间就会增加。这对生产过程的瓶颈工序尤为重要，瓶颈工序的加工时间损失就是生产能力的损失，从而导致总产量损失。

最后，由于供应商促销的原因和大批量生产和采购的议价能力，企业以一定批量采购形成的库存可以减少单位订货费用和享受价格折扣。

8.1.6 库存的分类

库存的分类方法有很多种，可以从不同角度来进行。

1. 按价值划分

可分为贵重物品和普通物品，如库存 ABC 分类法就属于按价值分类的方法。

2. 按物品在企业的产品成型状态划分

可分成原材料库存、半成品库存以及产品库存。

3. 按库存物品的形成原因或用途划分

可分成安全库存、储备库存、在途库存和正常周转库存。

安全库存是为了应付需求、制造与供应的意外情况而设立的一种库存。例如，有时会因为供应商可能发生的生产事故、原材料采购意外等造成材料供应短缺，因而要对一些材料设立安全库存；产品销售的不可预测性，也需要储存一定量的成品库存；预防本企业生产发生意外情况，也需设立半成品的安全库存。

储备库存一般是企业用于应付季节性市场采购与销售情况，如采购困难、材料涨价、销售旺季等。

在途库存是由于材料和产品运输而产生的库存量。

正常周转库存是指一般用于生产等企业经营需要而产生的库存，如按生产计划采购的物资等。

4. 按物品需求的相关性划分

可分为独立需求库存（independent inventory）和相关需求库存（dependent inventory）。来自用户对企业产品和服务的需求称为独立需求。独立需求最明显的特征是需求的对象和数量不确定，只能通过预测方法粗略估计。相反，企业内部物料转化各环节之间所发生的需求称为相关需求。相关需求也称为非独立需求，它可以根据对最终产品的独立需求准确地计算出来。比如，某汽车制造厂年产汽车 30 万辆，这是通过预测市场对该产品的独立需求来确定的。一旦 30 万辆汽车的生产任务确定之后，对零部件和原材料的需求就是相关需求，其数量和需要时间可以通过计算精确获得。相关需求可以是垂直方向的，也可以是水平方向的，产品与其零部件之间垂直相关，与其附件和包装物之间则水平相关。

需要指出的是，本章的库存内容是针对独立需求库存而言的，相关需求库存是企业信息化（如 ERP、MRP 等）中所研究的内容，不在本章的研究范畴之内。

8.2　库存的成本费用构成及 ABC 分类法

8.2.1　库存成本构成

企业持有一定数量的库存对生产经营的平稳运行是必要的，但持有库存会给企业带来相应的成本费用，库存费用由下面五个部分组成。

1. 库存自身的成本

库存自身的成本（inventory cost）是将现金资产转化成库存资产的过程。

2. 订货成本

订货成本（ordering cost）包括向供应商或工厂订货的手续费、运输装卸费等，通常按物品的订货、装运次数计算，与订货量的大小无关。年订货成本与一年中的订货次数成正比。

工厂内的订货成本则包括：

（1）生产控制成本。年生产控制成本与发出生产订货的次数有关，与订货的批量无关。每年订货次数越少，这部分费用就越低。这种费用发生在发出订货任务书、进度安排、装载和工作分派等活动中。

（2）调整准备和拆卸成本。每发出一次生产指令，生产工作中心中的各个工序必须为新批量的生产进行调整准备，生产结束后还要进行拆卸。每年与这些活动有关的成本取决于发出生产指令的次数。

（3）损失生产能力的成本。对生产工作中心每发出一次生产指令，就必须为生产而进行准备，为此可能损失加工作业时间。这种实际生产能力的损失，与发出生产指令的次数有关。这对瓶颈工序尤为重要，并可能使这种成本增大。

（4）外购订货费用。每发出一次订货，就会有相应的订货费用，它包括与下面活动有关的费用：准备订单、订单跟踪、到货收货、批准支付、支票和发票处理等。

3. 库存持有成本

库存持有成本（holding cost/carrying cost）一般包括物资本身占有资金的利息、仓库租金、过时或折旧费、保管费、破损损失、丢失损失、保险费和税金等，通常按物资的储存数量和储存时间计算。当库存数量增加时，库存持有成本也随之增加。库存持有成本通常按单位时间（如一年）每单位物品的价格的百分比计算。

4. 缺货损失成本

缺货损失成本（stockout cost）发生在供货期内的需求超过预测的水平出现缺

货时。缺货会使企业丧失销售机会，失去顾客，影响声誉，因而造成损失。可以通过增加供货期内的安全库存水平来降低缺货损失成本。

8.2.2 库存管理的ABC分类法

库存管理的ABC分类法是库存管理的一种重要方法，其模式是按物资品种和占用资金多少对库存进行分类，再按各类重要程度不同分别控制，抓住重点和主要矛盾，进行重点控制。

1. ABC分类法的内容

1879年，意大利经济学家帕累托（Pareto）发现社会财富的80%掌握在20%的人手中，而余下的80%的人只占有20%的财富。这种“关键的少数和次要的多数”的现象在社会学和经济学中都有实例存在，称为帕累托原理，也称80/20法则。

ABC分类法将库存物品按品种和占用资金的多少分为特别重要的A类库存、一般重要的B类库存和不重要的C类库存，然后针对不同等级分别进行管理与控制。其核心是“抓住重点，分清主次”。

2. ABC库存分类法的操作

ABC库存分类法是按物品的价值、重要程度、耗用情况等加以分类的。一般A类为高价物品，其价值占全部库存价值的70%以上，而品种数不及库存品种总数的20%；B类物品的价值约占库存总值的20%，品种数不到库存品种总数的30%；而C类物品的价值只占10%以下，品种数却占到了50%以上。图8-4为典型的ABC库存分类图。

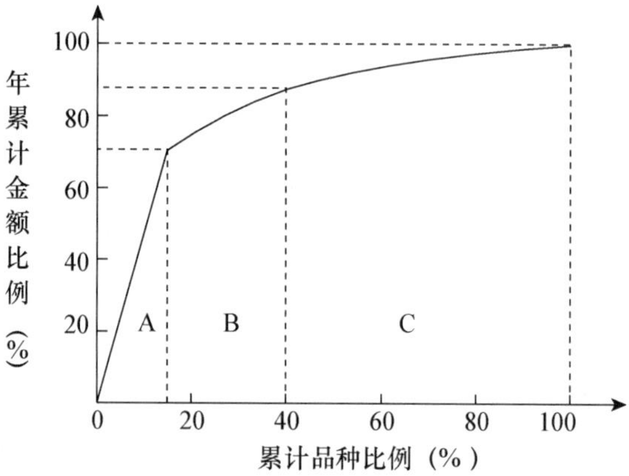

图8-4 ABC库存分类

对于三种不同的物料应进行不同的控制：

（1）A类货物的库存管理。对A类物资要重点控制。A类货物库存品种不多，占用资金量大，必须对其实行精确的定期订货控制。对A类库存品，需要有详细的进出库记录，经常检查库存情况，随时提供准确的库存信息，尽量缩短供应间隔时间，选择最优的订购批量，在满足企业内部需要和客户需要的前提下维持尽可能低的经常量和安全库存量。在库存配置上，应把 A 类货物储存在靠近客户的配送中心，客户一旦订货能马上送到客户手中，提供及时优质的服务。

（2）B 类货物的库存管理。对 B 类物资也应引起重视，适当控制。在实际中，既可用定期也可用定量订货法，视具体情况而定，可适当照顾到供应企业确定合理的生产批量以及选择合理的运输方式。在库存配置上，可以把这类货物分别在工厂仓库和配送中心保管，库存的数量可以根据各种具体情况来决定。

（3）C 类货物的库存管理。对 C 类物资放宽控制或一般控制。C 类库存品种多，但占用资金较少，用比较简单的订货点法进行控制即可。在库存配置上，可以经常性地放置在工厂仓库中加以保管。

表 8－1 显示的是企业对货物进行 ABC 分类后不同的管理方法。

表 8－1　ABC 货物库存管理表

货物等级	控制程度	库存配置	订货方法	记录要求	安全库存量	库存检查
A 类	严格	配送中心	定期订货	详细	较低	经常
B 类	一般	仓库或配送中心	定期或定量订货	一般	较大	一般
C 类	稍弱	工厂仓库	简单订货	简单	大量	很少

［**例 8－1**］某企业全部库存物资共计 3 424 种，按每一品种年度销售额从大到小顺序，排成如表 8－2 所列的七档。统计每档的品种数和销售金额，要求用 ABC 库存分类法确定分类。

表 8－2　某企业库存物料 ABC 分类汇总表

每种商品年销售额 X（万元）	品种数	占全部品种的百分比（%）	品种累计	销售额（万元）	占销售总额的百分比（%）	销售额累计（万元）	占销售总额的累计百分比（%）
X>6	260	7.59	260	5 800	69.13	5 800	69.13
5<X≤6	68	1.99	328	500	5.96	6 300	75.09
4<X≤5	55	1.61	383	250	2.98	6 550	78.07
3<X≤4	95	2.77	478	340	4.05	6 890	82.12
2<X≤3	170	4.96	648	420	5.01	7 310	87.13
1<X≤2	352	10.28	1 000	410	4.89	7 720	92.01
X≤1	2 424	70.79	3 424	670	7.99	8 390	100
合计	3 424	100		8 390			

库存物资 ABC 分类可分为数据收集、统计汇总、制作 ABC 分析表、确定 ABC 类别、绘 ABC 分类管理图和确定管理方法几个步骤。

第一步：数据收集。

第二步：统计汇总，根据该题给定数据，做出汇总表，见表 8－3。

表 8-3 ABC分析表

分类	品种数	占全部品种的百分比（%）	占全部品种的累计百分比（%）	销售额（万元）	占销售总额的百分比（%）	占销售总额的累计百分比（%）
A	328	9.6	9.6	6 300	75.1	75.1
B	672	19.6	29.2	1 420	16.9	92.1
C	2 421	70.8	100	670	8	100

第三步：根据ABC分类标准，X>5为A类；1<X≤5为B类，X≤1为C类，制作ABC库存分类管理图，见图8-5。

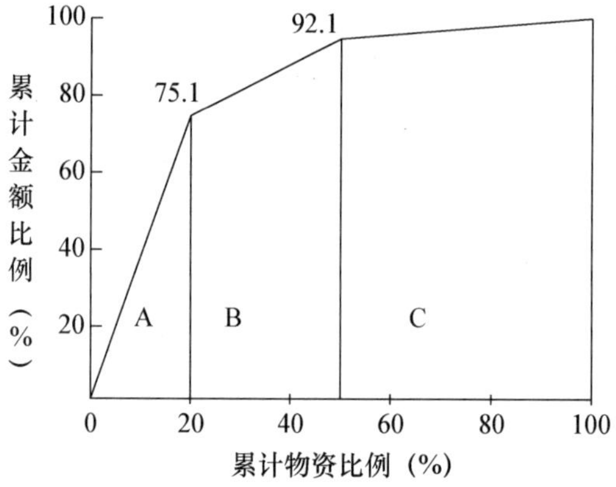

图 8-5 ABC库存分类管理图

8.3 常见的独立需求库存模型

独立需求物品是指物品的需求量之间没有直接的联系，即没有量的传递关系。这类库存物品的控制主要考虑确定订货点、订货量、订货周期等问题。本节主要讨论独立需求库存模型。独立需求物品的库存一般按定量库存管理模型或定期库存控制模型来管理，下面分别描述这两种模型。

8.3.1 定量库存控制模型

定量库存控制模型（fixed-order quantity model）通过观测库存是否达到再订货点来实现库存控制。当库存数量下降到某个库存值时，立即采取补充库存的方法来保证库存的供应。这种控制方法必须连续不断地检查库存物品的库存数量，所以有时又称连续库存检查控制法。这种系统适用于重要物资的库存控制，银行业务如储户存取款就是典型范例。其模型如图8-6所示。

定量库存控制模型又可以衍生出以下几种不同的模型。

1. 经济订货批量

经济订货批量（economic order quality，EOQ）的原理是要求总库存费用（包

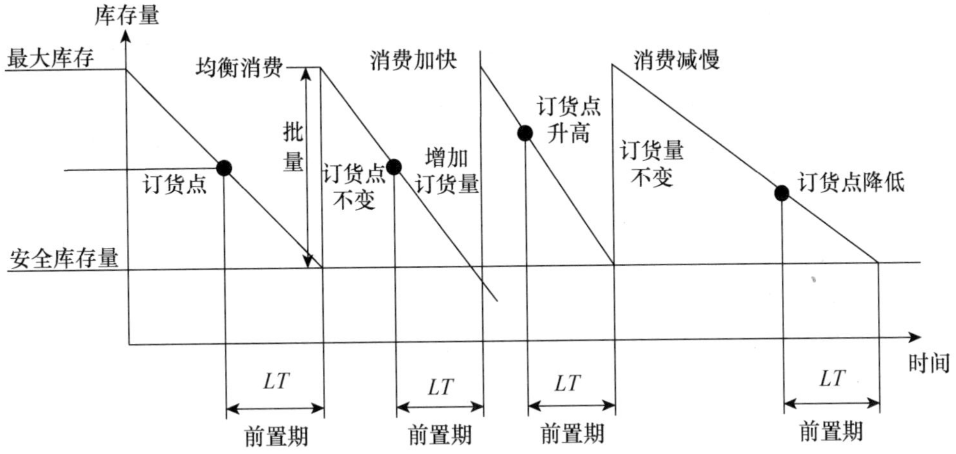

图 8-6　定量库存控制模型

括库存订货成本和库存持有成本）最小。库存持有成本随着库存量的增加而增加，但库存订货成本随着采购批量的加大而减少，因此这是一对矛盾，既不能一味地减少库存而减少库存持有成本，也不能一味地增加采购批量而减少库存订货成本。这就要找到一个合理的订货批量，使总成本最小，如图 8-7 所示。经济订货批量就是对这个合理订货批量的求解。

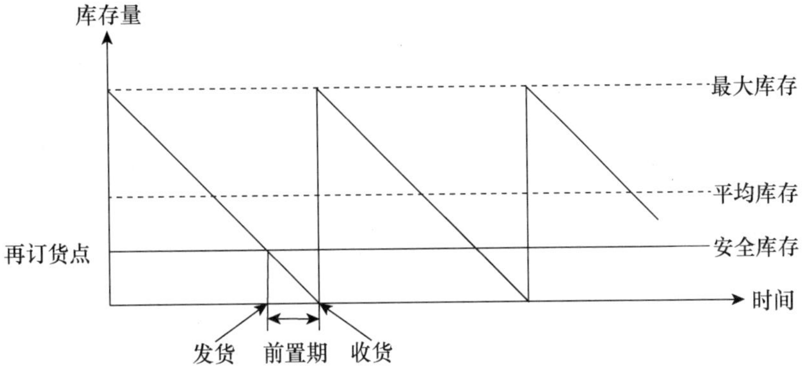

图 8-7　EOQ 假设下的库存变化图

（1）经济订货批量的假设条件。

1）企业生产某种产品的生产计划稳定不变，因而对原材料的逐日消耗量均匀且已知；

2）原材料供应稳定可靠，何时订货、订多少、何时到货都能掌握，订货准备费用和库存管理费用不变且已知；

3）每次订货批量和订货时间间隔稳定不变，因而，每次的最高库存量能控制在同一水平上；

4）瞬时补充库存，即所订物料能一次运送到达，瞬时补充需要的库存量。

在上述假定条件下物料的订货、到货和库存、使用情况可以用图 8-7 来描述。可以看出，确定补充库存的再订货点和订货批量这两个参数后才能确定此模型。当订货到达时，形成最大的库存量，随着生产过程中的耗用，库存水平均匀地下降到再订货点时，需要发出订单，经过前置期（lead time），即从订货到物料送达的时间间隔，预订的下一批货正好到达，库存水平恢复到最大库存量。

（2）库存成本分析。根据本章第2节的相关内容，可知EOQ模型由订货成本、持有成本和采购成本组成。

$$C_T=C_P+C_S+C_H=Dc+S(D/Q)+H(Q/2) \tag{8-1}$$

式中，C_T为年度库存总成本；C_P为某类存货的采购成本；C_S为年度库存订货和设备调整成本；C_H为年度库存持有成本；H为库存持有成本；Q为订货批量；c为采购单价；D为年度库存需求量；S为库存订货成本。

式（8-1）可以用图8-8描述。总库存成本曲线是一个向下凸的曲线，有极小值。对Q求导数为零的点，可得到经济订货批量Q^*。如果每次采购量为Q^*，则全年的总库存成本最低，见图8-8及式（8-2）。

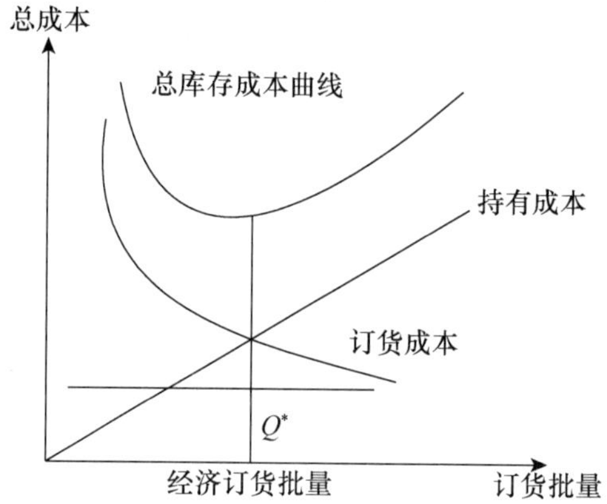

图8-8 EOQ年费用成本曲线图

$$Q^*=EOQ=\sqrt{\frac{2DS}{H}} \tag{8-2}$$

［例8-2］某企业每年需要购买8 000套儿童服装，每套服装的价格是100元，其年库存成本是3元/件，每次订购成本为30元，每次订货的前置期为2周。问：最优订货数量、年订购次数、预期每次订货时间间隔、再订货点和年度库存总成本为多少（每年按360天计算）？

解：D=8 000件，S=30元/次，H=3元/（件·年），采用经济订货批量式（8-2），有

$$EOQ=\sqrt{\frac{2DS}{H}}=\sqrt{\frac{2\times30\times8\,000}{3}}=400(\text{件})$$

$$\text{年订购次数}=\frac{D}{EOQ}=\frac{8\,000}{400}=20(\text{次})$$

$$\text{订货间隔时间}=\frac{360}{20}=18(\text{天})$$

$$再订货点=(D/52)\times 前置期=(8\,000/52)\times 2=307.7(件)$$

$$年度库存总成本=Dc+S\left(\frac{D}{Q}\right)+H\left(\frac{Q}{2}\right)=801\,200(元)$$

所以每次订购批量为 400 件时，年库存总成本最小；年订购 20 次，每次订货时间间隔为 18 天，当库存为 308 件时需再订货，最小成本为 801 200 元。

2. 生产订货批量

经济订货批量的假设条件在现实生活中过于苛刻，在某些情况下，当每批订货数量较多时，供应商往往将货物分几次运到。物料的订货、到货、库存和耗用变化情况如图 8-9 所示。如果订货的每天到货量（这个指标也可以理解为供应商的生产速度）为 p，使用物料的厂家每天耗用量为 d，每天到货量为 p，扣除当天生产耗用 d 后，尚有剩余（$p-d$）需要入库储存。从图 8-9 可以看出，d 和 p 的几何意义分别是两条斜线的斜率的绝对值，很显然 d 的斜率绝对值小于 p 斜率绝对值，p 的斜线更陡。

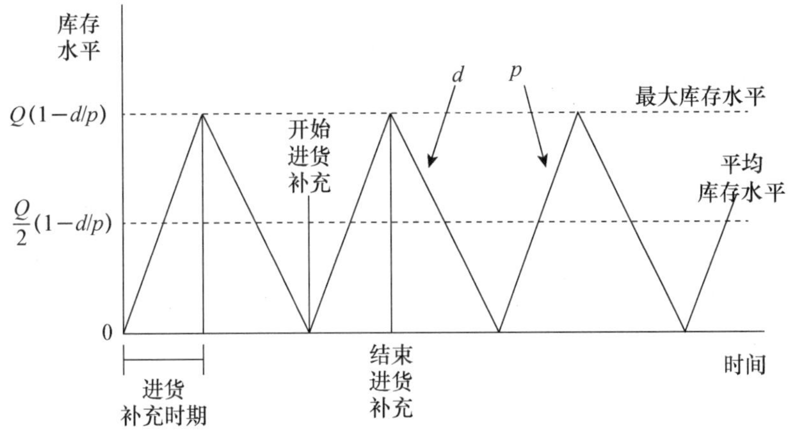

图 8-9　POQ 假设下的库存变化图

EOQ 模型是生产订货批量（production order quality，POQ）模型的一个特例，当 p 趋于无限大时，POQ 就是 EOQ。可以看出，无论 EOQ 模型，还是 POQ 模型，当订货成本 S 越大，则生产批量越大；当单位库存持有成本越大，则经济订货批量或生产订货批量就越小。

此时式（8-2）调整为式（8-3）：

$$POQ=\sqrt{\frac{2DS}{H\left(1-\frac{d}{p}\right)}} \tag{8-3}$$

［例 8-3］根据预测，市场每年对某公司生产的产品需求量为 20 000 台，一年按 250 个工作日计算，生产率为每天 100 台，前置期为 4 天。单位产品的生产成本为 50 元，单位产品的年库存持有成本为 10 元，每次生产的准备成本为 20 元。求

生产订货批量、年生产次数、再订货点和最低年库存总成本。

解：这是一个典型的生产订货批量问题，依照题意：

$$日生产量\ d=D/N=20\,000/250=80(台/日)$$

$$生产订货批量\ POQ=\sqrt{\frac{2DS}{H\left(1-\frac{d}{p}\right)}}=\sqrt{\frac{2\times 20\,000\times 20}{10\left(1-\frac{80}{100}\right)}}=632(台)$$

$$每年生产次数\ n=D/POQ=20\,000/632=31.6(次)$$

$$再订货点\ ROP=d\times 前置期=80\times 4=320(台)$$

$$\begin{aligned}最低年库存总成本\ C_T&=H(1-d/p)Q/2+S(D/Q)+cD\\&=10(1-80/100)(632/2)+20(20\,000/632)\\&\quad+50\times 20\,000\\&=1\,001\,265(元)\end{aligned}$$

3. 价格折扣的订货批量模型

在价格折扣的订货批量模型（quantity discount model）下，供应商鼓励需求方大批量采购，在订购数量超过一定量时往往给予价格优惠。在这种情况下，需求方若增大采购批量，则可以降低采购成本，但因购入的批量增大，库存持有成本也会增加，需求方应进行计算和比较，以确定是否需要增加订货量去获得折扣，这里存在最优平衡点。需求方的判断准则是：若接受折扣所产生的年总成本小于经济订货批量所产生的年总成本，则应接受折扣；反之，应按不考虑数量折扣计算的经济订货批量EOQ购买，如图8-10中的价格折扣模型所示。在这个模型中，决策者要做出判断，在订货量分别是Q_1、Q_2和Q_3时做出选择，选取对应的年库存成本最低的订货量。

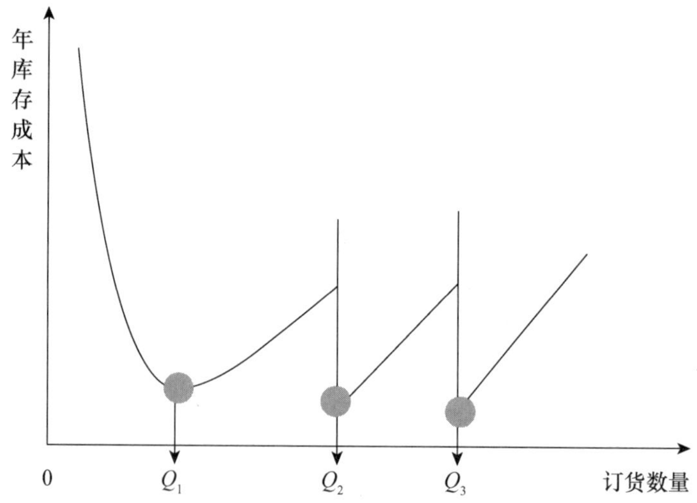

图8-10 价格折扣模型

［**例8-4**］某公司销售玩具汽车，对购买方实行数量折扣，报价见表8-4。若

每次订货成本为 49 元，年需求为 5 000 辆玩具汽车，储存成本为商品成本的 20%，则总库存成本最小的订货数量是多少？

表 8-4 某公司销售玩具汽车折扣报价

序号	折扣数量	折扣（%）	折扣价格（元）
1	0～999	0	5.00
2	1 000～1 999	4	4.80
3	2 000 以上	5	4.75

解：先根据 EOQ 公式对每个报价折扣区间计算经济订货批量 Q^*：

$$Q_1^* = \sqrt{\frac{2\times 5\,000\times 49}{0.2\times 5.00}} = 700(\text{辆})$$

$$Q_2^* = \sqrt{\frac{2\times 5\,000\times 49}{0.2\times 4.80}} = 714(\text{辆})$$

$$Q_3^* = \sqrt{\frac{2\times 5\,000\times 49}{0.2\times 4.75}} = 718(\text{辆})$$

然后将在允许折扣范围以下的 Q^* 值向上调整。因为 Q_1^* 在 0～999 之间，它不需调整。Q_2^* 低于允许范围 1 000～1 999，所以它必须调整到 1 000。同理 Q_3^* 也要调整到 2 000。

最后将调整后的订货数量代入式（8-1），计算每个订货数量的总成本。

表 8-5 不同库存采购量 Q^* 对应的年库存成本

折扣数量	折扣价格（元）	Q^*	年产品采购成本（元）	年订货成本（元）	年库存持有成本（元）	年总库存成本（元）
0～999	5.00	700	25 000	350	350	25 700
1 000～1 999	4.80	1 000	24 000	245	480	24 725
2 000 以上	4.75	2 000	23 750	122.5	950	24 882.5

选择总成本最低的那个订货数量。从表 8-5 中可以看出，订货数量为 1 000 辆可使总成本最小，为 24 725 元。但是，还应看到订货 2 000 辆的总成本只比订购 1 000 辆大一点。因此，若第三个折扣成本再降一点，这一订货数量也许会使总库存成本最小。

8.3.2 定期库存控制模型

定期库存控制模型（fixed-time period model）按一定的周期 T 检查库存，并随时进行库存补充，补充到规定的库存 S，也称定期检查法或订货间隔期法。这种库存控制方法不存在固定的订货点，但有固定的订货周期。每次订货也没有固定的订货数量，而是根据当前库存量 I 与规定库存量 S 比较，补充的量为 $Q=S-I$。但由于订货存在前提期，所以还必须加上订货前置期的消耗量。这种库存控制方法也要设立安全库存量。这种模型主要是确定订货周期与库存补充量，小杂货店的管理者就常用这种方法定期检查货架和储藏室。其模型如图8-11所示。

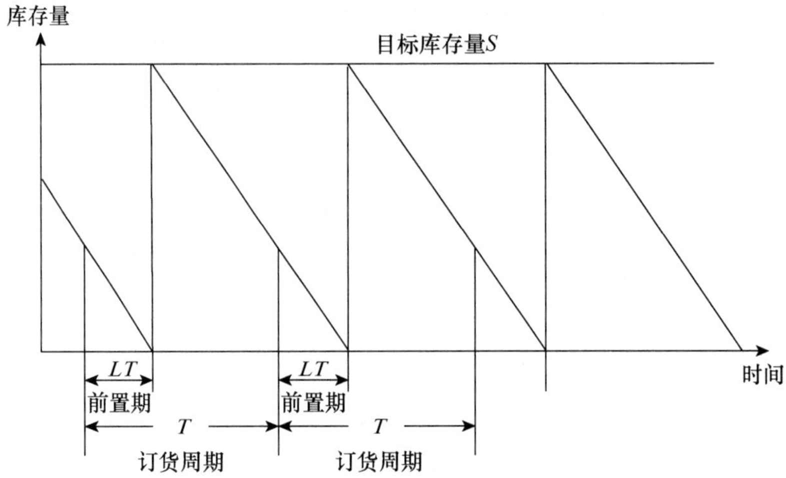

图8-11 定期库存控制模型

定期库存控制模型的两个重要参数分别是经济订货周期 T（economic order interval，EOL）和经济订货批量 Q，两个参数的推导过程省略，现分别给出这两个参数的计算公式：

$$\text{经济订货周期 } T=\sqrt{2S/(DH)} \tag{8-4}$$

$$\text{经济订货批量 } Q=(T+L)\times D/365 \tag{8-5}$$

式中，S 为单位订货费用；D 为库存物料的年需求量；H 为单位库存持有成本；L 为订货前置期。

［**例8-5**］某商场的X型彩电年销售量为10 000台，订货费用为每台10元/次，每台彩电平均年库存保管费用为4元/台，订货前置期为7天，每台价格为580元/台，安全库存为100台。依据定期库存控制模型，求经济订货周期和经济订货批量。

解：根据题意，先确认已知参数：

S=10元/次，D=10 000台/年，H=4元/台，安全库存 SS=100台，L=7天。

代入式（8-4）和式（8-5），得到：

$$\begin{aligned}\text{经济订货周期 } T&=\sqrt{2S/(DH)}\\&=\sqrt{2\times10/(10\,000\times4)}\\&=0.022\,36(\text{年})=8.16(\text{天})\end{aligned}$$

$$\begin{aligned}\text{经济订货批量 } Q&=(T+L)\times D/365\\&=(8.16+7)\times10\,000/365\\&=415.3(\text{件})\end{aligned}$$

8.3.3 定量库存控制模型和定期库存控制模型的比较

表 8-6 总结了以上两种不同库存模型的差异。

表 8-6 定量库存控制模型和定期库存控制模型的比较

比较内容	定期订货法	定量订货法
订货数量	每次订货数量变化	每次订货数量保持不变
订货时间	订货间隔期不变	订货间隔期变化
库存检查	在订货周期到来时检查库存	随时进行货物库存状况检查和记录
订货成本	较低	较高
订货种类	多品种统一进行订货	每个货物品种单独进行订货作业
订货对象	B 类、C 类货物	A 类货物，有时 B 类货物
缺货	在整个订货间隔期内以及前置期间内均有可能发生缺货	只是发生在已经订货但货物还未收到的前置期间内

8.4 随机型库存控制模型

本章第 3 节中讨论了常见的几种独立需求库存控制模型，其共同特点是假设需求不变，但在现实生活中需求由市场决定，前置是波动变化的。因此，前置期内的需求也可能随机波动。在前置期间不确定的因素有两种：一是前置期内每一时期的需求量，二是前置期本身的时间长度。这些不确定因素的存在增加了库存控制的难度，这就是随机型库存问题。本节将从随机型库存的假设条件、安全库存、服务水平和安全库存控制模型等几个方面展开讨论。

8.4.1 假设条件

随机型库存控制模型需满足以下几个条件：

(1) 需求率 d 和前置期 LT 为已知分布的随机变量，且在不同的补充周期，这种分布不变；

(2) 补充率 p 无限大，全部订货一次同时交付；

(3) 允许晚交货，即供应过程中允许缺货，但一旦到货，所欠发货必须补上；

(4) 年平均需求量为 D；

(5) 已知一次订货费为 S，库存持有成本为 H，单位缺货损失费为 C_S；

(6) 无价格折扣。

按照以上假设条件，库存量的变化如图 8-12 所示。

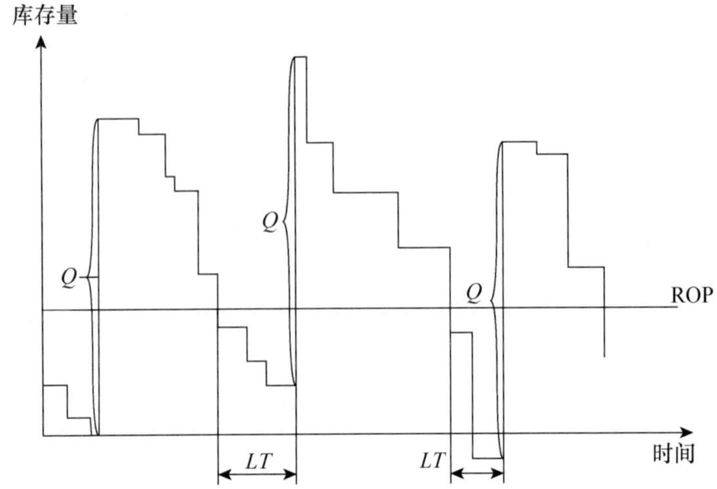

图 8-12 随机型库存控制模型

8.4.2 安全库存

在实际情况中需求往往是变化的，因此前置期内的需求也是变化的。如果前置期的需求量大于再订货水平就会出现缺货现象，由此可能影响顾客的满意程度或给企业造成经济损失。企业可以通过设置一定水平的库存量来减少这种风险，为前置期增加的这种起缓冲作用的库存称为安全库存，见图 8-13。

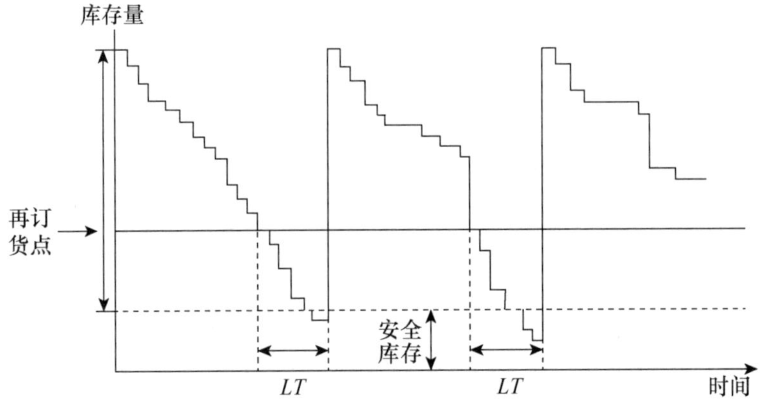

图 8-13 带安全库存的再订货点库存

8.4.3 服务水平

服务水平用前置期内的库存满足需求的概率来表示。例如，服务水平为 90%表示前置期内的需求得到满足的可能性是 90%，或出现缺货的可能性有 10%。服务水平受到一些因素的影响，如库存管理费的大小、没有被满足的顾客给企业带来的机会损失等。服务水平可以主观设定，也可以通过计算获得。

8.4.4　有安全库存的定量库存控制模型

在定量库存控制模型中，库存水平需要被监测，当库存降到某一水平时，就需要补充库存。在现实生活中，由于不确定性的存在，在订货前置期时有可能出现缺货的现象，这就要求企业设立安全库存来应对，这就是有安全库存的定量库存控制模型（fixed-order quantity model with safety stock）。安全库存的储备量一方面取决于过去企业的统计数据，若无统计数据也可以给出一个估计值。另一方面，安全库存的储备量还取决于企业设定的服务水平。此模型见图 8-14。

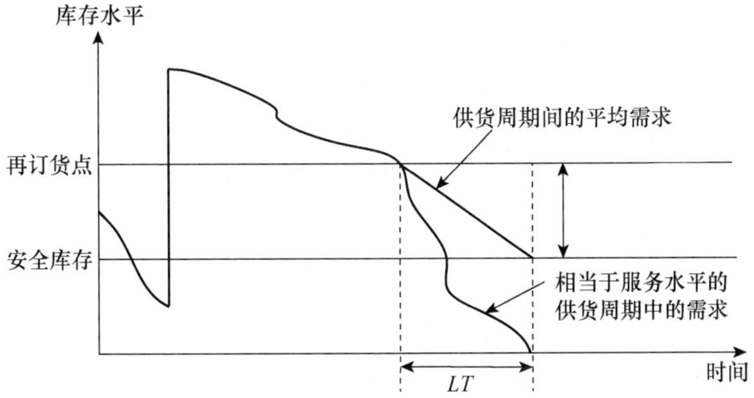

图 8-14　有安全库存的定量库存控制模型

有安全库存的定量库存控制模型和无安全库存的定量库存控制模型的差别在于前者有安全库存，而后者因不存在不确定性，没有安全库存。两个模型中的主要参数，如经济订货批量 *EOQ* 的计算方法是一样的。

下面给出有安全库存的定量库存控制模型中的再订货点的计算公式：

$$ROP = dL + Z\delta \tag{8-6}$$

式中，*ROP* 为再订货点；*d* 为库存的日消耗量；*L* 为订货前置期；*dL* 相当于经济订货批量 *EOQ*；*Z* 为对应服务水平的正态分布 *Z* 值（可从正态分布表中查到）；δ 为在订货前置期中库存消耗的标准差。

需要说明的是，服务水平的确定要与公司经营目标相一致，不可片面追求高服务水平，因为高服务水平会带来很大的安全库存，理论上 *Z* 值趋向无穷大，安全库存也就趋向无穷大。若安全库存过高，则公司消化不了的可能性就增大，随之而来的库存成本势必增加，经营成本也就随之上升。

［**例 8-6**］某品牌眼镜架的再订货点为 50 副，该眼镜架的持有成本为 5 元/年，缺货损失为 40 元/副，统计数据表明在订货前置期该眼镜架的需求分布如表8-7所示。最佳年订货次数为 6 次。该品牌眼镜架的安全库存应该是多少？

表8-7 某品牌眼镜架的在订货前置期内的需求量及概率分布

需求量（副）	概率值
30	0.2
40	0.2
50	0.3
60	0.2
70	0.1
	累积概率 1.00

解：依题意，该品牌眼镜架的在订货前置期内的需求量分别是表中的30副和40副时，不会产生缺货。只需比较一下在订货前置期内的需求量分别是表中的50副、60副和70副时所对应的安全库存分别是20副、10副和0副时的总成本，即持有成本和缺货成本之和。计算结果见表8-8。

表8-8 某品牌眼镜架的不同安全库存下的持有成本、缺货成本和总成本比较

安全库存	持有成本（元）	缺货成本（元）	总成本（元）
20	20×5=100	0	100
10	10×5=50	10×0.1×40×6=240	290
0	0	10×0.2×40×6+20×0.1×40×6=960	960

由表8-8可知，当安全库存为20副时，年总成本最低。再订货点为50+20=70（副）。

8.4.5 单周期库存模型

单周期库存模型（single-period inventory model）涉及单一需求周期，这种情况涉及时尚流行产品（如时装等）、容易腐烂的物品（如新鲜水果、蔬菜、海鲜、牛奶等）以及有效期短的产品（报纸、杂志等）的订货，这类库存问题称为单周期库存模型或“报童问题”（news vendor problem）。这些未售出或未使用商品不能跨期保存或销售。例如，一天没卖掉的烤面包往往会降价出售，过了销售期的时装也会降价销售，过期杂志则会廉价出售给旧书店。有时处置剩余商品甚至还可能发生额外费用。

1. 单周期库存模型的特点

（1）可以根据顾客的特点，把顾客分成价格敏感型和不敏感型两类；

（2）固定成本高而变动成本低；

（3）存贷难以储存；

（4）产品在消费者购买前可以售出；

（5）产品有淡旺季之分。

以上特点在服务业中的酒店和航空公司十分常见，如酒店的房间不可以储存，昨天空置的房间损失已不可挽回，航空公司的飞机起飞后空置的座位也无法销售等

等，这两个行业完全符合以上特点。采用“报童问题”模型来优化公司管理又称为收益管理或产出管理（revenue management/yield management），20 世纪 80 年代美国航空业最先采用，旨在通过提高产能利用率来提高公司的收益。

2. “报童问题”模型的计算

以报童卖报纸为例，报童每天从报社批发报纸进行零售，赚取批零差价。每天报童可以卖出的报纸数量都不一样，存在不确定性，围绕某个均值上下波动。“报童问题”的实质是在每天报纸销售均值确定的基础上，报童如何确定服务水平，即安全库存的问题。若安全库存设定较低，则报童面临缺货损失，即差价损失；若安全库存设定较高，则多余库存无法销售，将损失进货成本。因此可以预见，可以设定一个恰当的安全库存，以平衡这一对矛盾。下面给出“报童问题”模型。

假设报童以单价 X 从报社进货，以单价 Y 零售，显然 X 小于 Y。C_o和C_u分别是报童进货超量和进货不足的边际成本。P 为报童再多进一份报纸就卖不掉的概率，那么存在不等式（8-7）：

$$P(C_o)\leqslant(1-P)\ C_u \tag{8-7}$$

将不等式（8-7）变形得到：

$$P\leqslant\frac{C_u}{C_o+C_u} \tag{8-8}$$

在式（8-8）中，可以认定 P 的临界值（即取等号的结果）为“报童问题”的服务水平。

[例 8-7] 报童在报社批发报纸，在街头零售。统计数据表明，在星期一报童可以售出 90 份《云南信息报》，标准差为 10 份。若报童将服务水平定在 80%，问：

(1) 每周一报童应该进多少份《云南信息报》?

(2) 若报纸进价为 0.6 元，零售价为 1 元，在这种情况下报童又应该进多少份报纸?

解：(1) 查正态分布表，80%的服务水平对应的 Z 值为 0.84，根据式（8-6），dL 为每次进货的均值（期望值）：

$$ROP=dL+Z\delta=90+0.84\times10=99(\text{份})$$

所以，每周一报童应该进 99 份《云南信息报》。

(2) 首先根据式（8-8）确定报童的服务水平：

$$P=\frac{C_u}{C_o+C_u}=\frac{1-0.6}{0.6+(1-0.6)}=0.4$$

在这种情况下，报童的服务水平应设定在 40%，查正态分布表，Z 值为-0.25，根据式（8-6）：

$$ROP=dL+Z\delta=90+(-0.25)\times10=87(\text{份})$$

所以，每周一报童应该进87份《云南信息报》。

“报童问题”模型应用较广，并不限于报童卖报纸。

［例8-8］某酒吧对果汁的需求每周平均为400升，标准差为10升，进价为1.6元/升，售价为4元/升，如果一周内卖不出去，就只能倒掉，求最佳订货量和服务水平。

解：首先根据式（8-8），确定酒吧对果汁的服务水平：

$$P=\frac{C_u}{C_o+C_u}=\frac{4-1.6}{1.6+(4-1.6)}=0.6$$

在这种情况下，该酒吧的服务水平应设定在60%，查正态分布表，Z值为0.25，再根据式（8-6）：

$$ROP=dL+Z\delta=400+0.25\times 10=403(\text{升})$$

因此，该酒吧每周应该进403升果汁。

通过以上两个例题可以看出，商家应该客观合理地设定服务水平，把服务水平设定的很高是不可取的，因为这会导致安全库存过大。服务水平设定后，就可以确定安全库存了。

“报童问题”模型的表现形式多种多样，在酒店和航空业管理中，超售是根据“报童问题”模型演化过来的。由于酒店和航空业提供的服务无法形成库存，在顾客预订率比较高的情况下，总有少数顾客因为各种原因在预订后不能到场，这样就给酒店或航空公司带来潜在的收入损失。为了减少类似的损失，商家往往采用超售（overbooking）的方式加以弥补。若在超售的过程中，超售服务的顾客到场则给商家带来麻烦，商家往往临时补办服务或采用经济补偿的方式加以应对。虽然超售给管理工作带来难度，但却能提升产能利用率，从而增加收入。

［例8-9］某酒店靠近大型运动场馆，周末常常爆满，但总会有客人预订房间后不入住。统计数据表明，每个周末平均有5个客人订房后不入住，标准差为3人。酒店每个标准间收费80元。该酒店采用超售策略，当酒店客满时，酒店就安排预订房间的客人入住附近的一个同档次酒店，因为是临时订房，这个同档次酒店收费较高，标准间为200元。表8-9显示了该酒店的历史数据。该酒店应该超售的房间数量是多少？

表8-9 酒店有关历史数据表

订房后不来的客人的数量	概率
0	0.05
1	0.08
2	0.1
3	0.15
4	0.2
5	0.15
6	0.11

续表

订房后不来的客人的数量	概率
7	0.06
8	0.05
9	0.04
10	0.01

解：该问题是一个离散概率事件，计算结果见表 8-10。NS 表示订房后不来的客人的数量。

表 8-10　计算结果

NS	概率	酒店超售房间的数量										
		0	1	2	3	4	5	6	7	8	9	10
0	0.05	0	200	400	600	800	1 000	1 200	1 400	1 600	1 800	2 000
1	0.08	80	0	200	400	600	800	1 000	1 200	1 400	1 600	1 800
2	0.1	160	80	0	200	400	600	800	1 000	1 200	1 400	1 600
3	0.15	240	160	80	0	200	400	600	800	1 000	1 200	1 400
4	0.2	320	240	160	80	0	200	400	600	800	1 000	1 200
5	0.15	400	320	240	160	80	0	200	400	600	800	1 000
6	0.11	480	400	320	240	160	80	0	200	400	600	800
7	0.06	560	480	400	320	240	160	80	0	200	400	600
8	0.05	640	560	480	400	320	240	160	80	0	200	400
9	0.04	720	640	560	480	400	320	240	160	80	0	200
10	0.01	800	720	640	560	480	400	320	240	160	80	0
总成本（元）		337.6	271.6	228	212.4	238.8	321.2	445.6	600.8	772.8	958.8	1 156

表 8-10 中最后一行的总成本是概率期望值，从中可以看出，当酒店超售房间的数量分别为 0、1、2、3 和 4 时，对应的酒店总成本分别为 337.6 元、271.6 元、228 元、212.4 元和 238.8 元，其中当该酒店超售房间的数量为 3 时，总成本达到最低值，为 212.4 元。当超售房间数量为 4 以上时，总成本逐步增大。因此可以得出结论：该酒店应该超售 3 个房间。

［**例 8-10**］某酒店经理苦恼于该酒店在周末入住客人爆满，但总有客人预订房间后不入住。表 8-11 是该酒店客人预订房间后不入住的统计数据。该酒店的房价每间每天 100 元，但酒店维持正常运转的费用每间每天 25 元。该酒店采用超售策略，当酒店客满时，酒店就安排预订房间的客人入住附近的一个同档次酒店，酒店因此需花费 70 元。该酒店超售的房间数量是多少？

表 8-11　某酒店客人预订房间后不入住的统计数据

订房后不来的客人的数量	概率
0	0.15
1	0.25
2	0.30
3	0.30

解：首先，根据表 8－11 计算订房后不来的客人的数学期望值：

$$0\times0.15+1\times0.25+2\times0.30+3\times0.30=1.75(\text{人})$$

从数学期望值上看，订房后不来的客人最接近 2 人，因此该酒店应该超售 2 个房间。下面再计算一下该酒店因为超售 2 个房间而获得的收益。

首先，根据式（8－8）计算该酒店的服务水平：

$$P=\frac{C_u}{C_o+C_u}=\frac{100-25}{70+(100-25)}=0.517$$

其次，计算该酒店因为超售而付出的成本，这部分成本为转移到附近的一个同档次酒店所需的花费：

$$(2\times0.15+1\times0.25)\times70=38.50(\text{元})$$

当有 3 个客人预订房间后不入住的成本：

$$0.30\times75=22.50(\text{元})$$

这两部分成本的和为：

$$38.50+22.50=61(\text{元})$$

该酒店因为超售 2 个房间而获得的收益为：

$$1.75\times75-61=70.25(\text{元})$$

□ 小结

出色的库存管理既是企业运营的基础，也是企业达到经营目标的重要手段。企业必须清楚各种库存相关成本，结合所处行业的特点制定科学合理的库存服务水平。企业还必须对库存管理进行认真规划，制定合理的库存控制系统，明确各种与库存管理相关联的信息，制定对库存成本的现实评价体系。

本章介绍了定期库存控制模型和定量库存控制模型两大类常见的库存分析模型，在此基础上详细分析了经济订货批量、生产订货批量、再订货点模型、采购折扣模型。本章还用了一定的篇幅对库存的不确定性展开了讨论，介绍了“报童问题”库存模型，列举了库存管理在不确定环境下的应用以及库存管理模型在服务业中的应用举例。

□ 术语

库存　服务水平　安全库存　独立需求库存　相关需求库存　订货成本　库存持有成本　缺货损失成本　定量库存控制模型　经济订货批量　生产订货批量　有

价格折扣的订货批量模型 定期库存控制模型 单周期库存模型 收益管理/产出管理 “报童问题” 超售

□ 习题

1. 企业拥有库存的原因是什么？
2. 真正意义上的企业“零库存”管理能否实现？若能实现，前提和基础是什么？
3. 什么是 ABC 库存管理方法？A，B，C 三类物资是如何分类管理的？
4. 哪些成本构成了库存管理的成本？请详细说明。
5. EOQ 模型有哪些假设条件？
6. 基本 EOQ 模型与 POQ 模型有什么差异？
7. 在随机需求库存模型中，服务水平的含义是什么？
8. 什么是“报童问题”模型？其实质是什么？
9. 某健身设备制造商购买部件滑轮时，供应商的报价为：低于 1 000 个，5 元/个；1 000～3 999 个，4.95 元/个；4 000～5 999 个，4.90 元/个；6 000 个及以上，4.85 元/个。订货成本为 50 元，年持有成本为购买成本的 40%。年使用量是4 900 个滑轮。求解使总成本最小的订货数量。
10. 某经营鲜鱼的商家每天以每千克 14 元的价格购买某种鲜鱼，加工后以每千克 19 元的价格出售。每日卖剩下的鱼则以每千克 8 元的价格出售给猫粮生产商。该种鲜鱼日需求量近似服从正态分布，均值为 80 千克，标准差为 10 千克，请问每日进多少千克的鲜鱼为最佳？

□ 案例

M 航空公司应该取消机票超售吗？

引言

2018 年 4 月初的一天，风和日丽。早上 9 点，温和的阳光透过窗户，斜照在 M 航空公司主管运营的副总裁张超杰的办公桌上。张超杰正在查看公司第一季度的报表：营业收入比上年同期增加 20.03%，总资产比上年度同期增加 12.99%，归属于上市公司股东的净利润比上年同期增加 20.92%，这一业绩好于大多数航空公司。

M 航空公司是一家成立十多年的低成本航空公司，在竞争激烈的航空运输业，取得这样骄人的业绩实属不易。但当张总看到第一季度的运营数据时，皱了一下眉头：公司一季度平均客座率 90.26%，虽然仍然比行业的平均客座率 83%高，但比公司 2017 年第四季度的平均客座率降低了 1.2%，而公司 2017 年第四季度的平均客座率又比 2017 年第三季度的平均客座率下降了 1.3%。虽然降低幅度不大，但连续两个季度都在降低。看来，公司总资产和净利润的提高主要得益于公司航线和航班的增加。运营绩效实则有所下降，这不能不引起张总的警惕，因为公司是低成本航空公司，而要实现低成本运营，公司重要的运营策略之一就是追求高客座率。这又使他想起了一份关于建议公司取消机票超售的报告。

此报告是地面服务部递交的，主要内容是："我公司市场部自 2017 年 5 月 1 日起在机票销售中实施了超售的措施，目的是提高公司航班的客座率。但自实施以来，各季度的平均客座率与上年同期相比，并没有提高，甚至略有下降。而且还发生了 10 多起购票旅客到达机场后不能如期登机，引起旅客严重不满、投诉的事件，其中一起甚至发展成治安事件，虽然经公司地面服务部、保卫部和机场保安部门的共同努力这些事件得到比较妥善的处理，但影响了我公司的服务质量和美誉。为此，我部与服务管理部协商后，建议公司取消机票超售。"

张超杰并没有立即给出报告的处理意见，他认为市场部一定会坚持机票超售。两年前，为提高公司航班客座率，市场部就多次建议公司实施机票超售。超售建议在 2017 年 4 月初的总裁办公会上获得通过，2017 年 5 月 1 日起正式实施。但实施机票超售后，公司航班的客座率并没有提高，反而引起一些服务质量问题，所以张超杰也不愿意轻易否定地面服务部取消超售的建议。在收到这份报告以前，地面服务部经理已经向张超杰口头汇报过两次超售引起的地面服务质量问题。

一、M 航空公司聚焦低成本运营

M 航空公司是中国首批民营航空公司之一，主要从事国内、国际及港澳台航空客货运输业务及与航空运输业务相关的服务。公司成立于 2006 年，总部位于上海，是国内第一家，也是国内最大的高性价比航空公司。成立初期，公司主要提供国内航线的客运业务，于 2011 年开始经营国际及地区航线，并于 2012 年开始加快开辟国际及地区航线。

区别于全服务航空公司，M 航空公司定位于低成本航空经营模式，凭借价格优势吸引大量由对价格较为敏感的自费旅客以及追求高性价比的商务旅客构成的细分市场客户。公司借鉴美国西南航空、爱尔兰瑞安航空等高性价比航空公司的经验，通过"两高"（高客座率、高飞机利用率）、"两单"（单一机型、单一舱位）和"两低"（低销售费用、低管理费用）的运营模式，在确保安全的同时，大幅度降低了运营成本和票价，被广大旅客和媒体称为"平民航空""老百姓自己的航空公司""高性价比的航空公司"。

目前国内低成本航空公司主要包括两类：一类是独立成立的低成本航空公司，以 M 航空公司为代表；另一类由传统全服务航空公司成立低成本航空子公司或下属公司转型为低成本航空公司，包括九元航空有限公司、西部航空有限责任公司、中国联合航空有限公司和云南祥鹏航空有限责任公司等。根据亚太航空中心统计，目前中国低成本航空占国内航线市场份额为 9.3%，低成本航空公司无论从数量还是市场份额来看仍然较少，但随着中国民航局出台进一步促进低成本航空发展的相关政策，以及国内需求的逐年增加，未来市场有较大潜力。M 航空公司是唯一一家不进中航信、不通过机票代理，以 B2C 网上销售和手机直销为主要销售渠道的航空公司。M 航空公司提倡节俭、环保的出行和生活方式，把一切不必要服务以简单的方式让旅客自由选择，如品种丰富的机上餐饮，在随身免费携带 7 千克行李的基础上自主选择的行李套餐，高度自由的产品搭配组合，从极简出行直至服务至臻的商务座，让每一张机票都成为旅客设计的艺术品，令 M 航空的飞行与众不同。

二、M 航空公司客座率现状

M 航空公司自成立以来，在严格确保飞行安全和服务质量的前提下，恪守低成本航空的经营模式，借鉴国外低成本航空的成功经验，最大限度地利用现有资产，实现高效率的航空生产运营。公司始终保持较高的客座率水平，2015 年以前，公司的平均客座率可以达到 95%。但随着各航空公司扩大机队规模、增加运力，航空客运市场竞争激烈，2016 年 M 航空公司的平均客座率下降为 94%，2017 年继续下降，全年平均约为 92%。根据中国民航管理局关于民航主要生产指标统计，2015—2017 年，国内民航运输业的正班客座率分别为 82.2%、82.7%和 83.2%。

M 航空公司市场部经过调查认为，这两年客座率降低的原因有两方面：一方面是航空客运市场竞争程度加剧，同一航线可供旅客选择的航班增多，导致选择 M 航空公司航班的旅客有所减少；另一方面是航班座位虚耗的情况逐渐增多，航班虚耗主要是旅客订票后并未购票、购票后放弃旅行、退票、变更航班或日期等造成的。

针对航班虚耗逐渐增多的情况，M 航空公司市场部从 2016 年起就多次建议公司实施机票超售的措施，减少虚耗，提高公司的平均客座率。这一建议在 2017 年 4 月初的总裁办公会上获得通过，2017 年 5 月 1 日起正式实施。

三、机票超售该取消吗？

2018 年 5 月，M 航空公司实施机票超售的政策满一年，张超杰看到的却是平均客座率两个季度的持续小幅下降，而且机票超售还多次引起地面服务质量问题，于是他请来地面服务部和市场部两个部门的经理开会，两位经理各自站在本部门的角度陈述了对超售的见解。

地面服务部经理认为，自实施机票超售后确实多次发生服务质量问题，地面服务部对每一起服务投诉都展开调查核实。经调查发现，这些服务质量问题都是机票超售引起，并非地面服务部本身的服务质量问题。

而市场部经理认为机票超售是国外航空公司的通行做法，国内也有几家航空公司在实施超售，这一措施可以减少因旅客退票、变更航班等引起的航班虚耗问题。M 航空公司自 2017 年实施机票超售后，有效地减少了航班虚耗，增加了航班的收益。市场部经理还当场展示了 2018 年第一季度某航班退票、变更航班的人数统计表格，如下所示。市场部经理还补充道："M 航空公司一个航班的座位数一般都是 186 座，像这个航班，如果不超售，平均就会有 5 个座位形成虚耗。"

2018年第一季度某航班退票、变更航班的人数

退票、变更航班人数（人）	2018年第一季度中发生的次数（次）	频率（%）
0	3	3.33
1	5	5.56
2	7	7.78
3	10	11.11
4	11	12.22
5	14	15.56
6	13	14.44
7	10	11.11
8	8	8.89
9	6	6.67
10	3	3.33

两个部门的经理都在等待张超杰给出裁定。张超杰认真思考着，“很多航空公司都在实行机票超售的管理制度，如果没有道理，为什么这些同行还要坚持呢？是不是M航空公司当前的操作方法存在不完善的地方呢？”

资料来源：根据中国管理案例共享中心案例库中的案例“M航空股份有限公司的机票超售，该取消吗？”整理而成，有删减和补充。

案例思考题：

1. M航空公司应保留还是取消机票超售？请给出理由。

2. 若M航空公司依然实施机票超售制度，请给出当出现座位短缺有乘客无法登机时的管理预案。

第 9 章 Chapter 9 供应链管理

学习目标

1. 掌握供应链管理的内容、关键问题及发展趋势
2. 了解供应链战略合作伙伴关系及伙伴选择
3. 了解批发价格契约、回购契约、收益共享契约、弹性数量契约和数量折扣契约
4. 掌握牛鞭效应的危害、成因及缓解策略
5. 了解供应链风险的识别、评估和防范对策
6. 了解闭环供应链
7. 了解绿色供应链管理

9.1 供应链管理基础理论

9.1.1 供应链与供应链管理

供应链（supply chain）是由供应商、制造商、仓库、配送中心和渠道商等构成的物流网络。同一企业可能构成这个网络的不同组成节点。比如，在某个供应链中，同一企业可能既在制造商、仓库节点，又在配送中心节点等占有位置。但更多的情况下，由不同的企业构成这个网络中的不同节点。在分工细、专业要求高的供应链中，不同节点基本上由不同的企业组成。

供应链是一个范围更广的企业组织模式。它不仅是一条连接供应商到用户的物料链、信息链、资金链，更是一条增值链。物料在供应链上进行加工、包装、运输

等过程而增加其价值，从而给这条链上的相关企业带来了收益。这一点非常关键。它是维系这条供应链赖以存在的基础。如果没有创造额外的价值，即增值，相关企业没有得到应有的回报，这条链就不能继续转动。

供应链管理（supply chain management，SCM）是指在满足一定的客户服务水平的条件下，为了使整个供应链系统成本达到最小而把供应商、制造商、仓库、配送中心和渠道商等有效地组织在一起来进行的产品制造、转运、分销及销售的管理方法。

9.1.2 供应链管理的内容

1. 工作流程视角

从工作流程视角，供应链管理包括计划、采购、制造、配送、退货五大基本内容。

（1）计划。这是供应链管理的策略性部分。企业需要有一个策略来管理所有的资源，以满足客户的需求。好的计划是建立一系列的方法监控供应链，使它能够有效、低成本地为顾客递送高质量和高价值的产品或服务。

（2）采购。通过和供应商建立一套定价、配送和付款流程，选择能提供货品和服务的供应商，并把供应商提供的货品和服务流程与企业自身的相关流程结合起来。

（3）制造。安排生产、测试、打包和准备送货所需的活动，是供应链中测量内容最多的部分，包括质量水平、产品产量和工人的生产效率等的测量。

（4）配送。调整用户的订单收据，建立仓库网络，派递送人员提货并送货到顾客手中，建立货品计价系统，接收货款。

（5）退货。建立网络接收客户退回的次品和多余产品，并在客户应用产品出问题时提供支持。

2. 工作内容分类视角

从工作内容分类视角，作为供应链中各节点企业相关运营活动的协调平台，供应链管理应把重点放在以下几个方面：

（1）战略管理。供应链管理本身属于企业战略层面的问题。在选择和参与供应链时，必须从企业发展战略的高度考虑问题。供应链运作方式、供应链必需的信息支持系统以及绩效管理等都必须符合企业经营管理战略。

（2）信息管理。信息以及对信息的处理质量和速度是企业能否在供应链中获益的关键，也是实现供应链整体效益的关键。信息管理的基础是构建信息平台，实现供应链的信息共享，将供求信息及时、准确地传递到相关节点企业，从技术上实现与供应链其他成员的集成化和一体化。

（3）客户管理。客户管理是供应链的起点，供应链源于客户需求，也终于客户需求，因此供应链管理是以满足客户需求为核心来运作的。通过客户管理，详细地掌握客户信息，从而做到预先控制，在最大限度地节约资源的同时，为客户提供优质的服务。

（4）库存管理。利用先进的信息技术，收集供应链各方以及市场需求方面的信息，减少需求预测的误差，用实时准确的信息控制物流，减少甚至取消库存（实现库存的“虚拟化”），从而降低库存的持有风险。

（5）关系管理。通过协调供应链各节点企业，改变传统的企业间进行交易时的“单向有利”意识，使节点企业在协调合作关系基础上进行交易，从而有效地降低供应链整体的交易成本，实现供应链的全局最优化，使供应链上的节点企业增加收益，进而达到双赢的效果。

（6）风险管理。采取措施尽可能地规避由信息不对称、信息扭曲、市场不确定性以及其他政治、经济、法律等因素导致的节点企业运作风险。例如，通过提高信息透明度和共享性，优化合同模式，建立监督控制机制等措施，在供应链节点企业间合作的各个方面、各个阶段，建立有效的激励机制，促进节点企业间的诚意合作。有关供应链的风险内容请见本章第 5 节的论述。

9.1.3　供应链管理中的关键问题

供应链管理是一个复杂的系统，涉及众多目标不同的企业，牵扯到企业的方方面面。因此，实施供应链管理必须确保要理清思路，分清主次，抓住关键问题。只有这样，才能做到既见“树木”，又见“森林”。

具体地说，在实施供应链管理中需注意如下七个关键问题。

1. 配送网络重构

配送网络重构是指采用一个或几个制造工厂生产的产品来服务一组或几组在地理位置上分散的渠道商时，由于原有的需求模式发生改变或外在条件发生变化引起的配送网络调整。这可能由于现有的几个仓库租赁合同的终止或渠道商的数量发生增减变化等原因引起。

2. 配送战略问题

在供应链管理中配送战略非常关键。例如，采用直接转运战略、经典配送战略还是直接运输战略，需要多少个转运点，都需要视具体情况来研究。

直接转运战略是指终端渠道由中央仓库供应货物，中央仓库充当供应过程的调节者和来自外部供应商的订货的转运站，而其本身并不保留库存；经典配送战略则是在中央仓库中保有库存；直接运输战略相对较为简单，是指把货物直接从供应商运往终端渠道的一种配送战略。

3. 供应链集成与战略伙伴

由于供应链本身的动态性以及不同节点企业间存在相互冲突的目标，因此对供应链进行集成是相当困难的。但实践表明，对供应链集成不仅是可能的，而且能够对节点企业的销售业绩和市场份额产生显著的影响。集成供应链有两个关键问题：一个是什么信息应该共享，如何共享，信息如何影响供应链的设计和作业；另一个是在不同节点企业间实施什么层次的集成，可以实施哪些类型的伙伴关系等。

4. 库存控制问题

库存控制问题包括：一个终端渠道对某一特定产品应该持有多少库存？终端渠道的订货量应该大于、小于还是等于需求的预测值？终端渠道应该采用多大的库存周转率？终端渠道的目标在于决定在什么点上再订购一批产品，以及为了最小化库存订购和保管成本，应订多少产品等。

5. 产品设计

众所周知，有效的产品设计在供应链管理中起着多方面的关键作用。那么什么时候值得对产品进行设计来减少物流成本或缩短供应链的周期，产品设计是否可以弥补顾客需求的不确定性，为了利用新产品设计，对供应链应该做什么样的修改等问题就非常重要。

6. 信息技术和决策支持系统

信息技术是促成有效供应链管理的关键因素。供应链管理中信息技术方面包括传递数据的选取和数据的分析与利用等内容。

7. 顾客价值

顾客价值是衡量一个企业对于其顾客的贡献大小的指标，这一指标是根据企业提供的全部货物、服务以及无形影响来衡量的。最近几年这个指标已经取代了质量和顾客满意度等指标。

9.1.4 供应链管理的发展趋势

供应链管理非常复杂，且动态多变，但众多企业已经在供应链管理的实践中获得了丰富的经验并取得显著的成效。当前供应链管理的发展正呈现出一些明显的趋势。

1. 时间与速度

在供应链环境下，时间与速度已被看作提高企业竞争优势的主要来源，一个环节的拖沓往往会影响整个供应链的运转。供应链中的各个企业通过各种手段实现它们之间物流、信息流的紧密连接，以达到对最终客户要求的快速响应、减少存货成本、提高供应链整体竞争水平的目的。

2. 质量

供应链管理涉及许多环节，需要环环紧扣，并确保每一个环节的质量。任何一个环节，比如运输服务质量的好坏，都将直接影响到供应商备货的数量、分销商仓储的数量，进而最终影响到用户对产品质量、时效性以及价格等方面的评价。时下，越来越多的企业信奉物流质量创新正在演变为一种提高供应链绩效的强大力量。

3. 资本生产率

资本生产率是一定时期内（一年内）单位资本存量创造的产出，产出越多，投资效率越高。制造商越来越关心资本生产率。改进资本生产率不仅仅是注重减少企业内部的存货，更重要的是减少供应链渠道中的存货。供应链管理发展的趋势要求企业开展合作与数据共享以减少在整个供应链渠道中的存货。

4. 组织精简

供应链成员的类型及数量是引发供应链管理复杂性的直接原因。在当前的供应链发展趋势下，越来越多的企业开始考虑减少物流供应商的数量，并且这种趋势非常明显与迅速。比如，跨国公司客户更愿意将它们的全球物流供应链外包给少数几家，理想情况下最好是一家物流供应商。因为这样不仅有利于管理，而且有利于在全球范围内提供统一的标准服务，更好地显示出全球供应链管理的优势。

5. 客户服务

越来越多的供应链成员开始真正地重视客户服务与客户满意度。传统的量度是以订单交货周期、完成订单的百分比等来衡量的，而目前更注重客户对服务水平的感受，服务水平的量度也以它为标准。客户服务重点转移的结果就是重视与物流公司的关系，并把物流公司看成提供高水平服务的合作者。

9.2 供应链战略合作伙伴关系

供应链战略合作伙伴关系一般是指在供应链内部两个或两个以上独立的成员之间形成的一种协调关系，以保证实现某个特定的目标或效益。建立供应链合作伙伴关系的目的，在于通过提高信息共享水平，减少整个供应链产品的库存总量，降低成本，提高整个供应链的运作绩效。

9.2.1 合作伙伴关系的形成

1. 传统关系

以产品买卖为特征的短期合同关系。买卖关系是基于价格的关系，买方通过引起卖方之间的价格竞争，并在卖方之间分配采购数量来对卖方加以控制。

2. 物流关系

以加强基于产品质量和服务的物流关系为特征，物料从供应链上游到下游的转换过程进行集成，注重服务的质量和可靠性，供应商在产品组、柔性、准时等方面的要求较高。

3. 合作伙伴关系

企业与其合作伙伴在信息共享、服务支持、并行工程、群体决策等方面合作，强调基于时间（time-based）和基于价值（value-based）的供应链管理。

4. 网络资源关系

以实现集成化战略合作伙伴关系和以信息共享的网络资源关系为特征，供应链节点企业间的合作关系最终集成为网络资源关系。

9.2.2 合作伙伴关系的特点

1. 基于协议的合作关系

合作关系是通过协议来保障交易活动的顺利进行，这些协议可以是正式的，也可以是非正式的。正式的协议一般是基于一定的政策及法律法规框架而订立的有强制约束力的书面协议。非正式的协议通常以口头承诺或备忘录的形式存在，这类协议一般基于诚实及商业信用而订立，在大多数情况下执行力相对较弱，并不具有强制的约束力。但它在保持供应链关系、保障交易活动正常秩序方面有着积极的意义。

2. 基于竞争的合作关系

(1) 合作企业是基于相互信任、互惠互利、信息共享、风险共担、协同工作等基本原则结成战略意义上的伙伴或同盟关系。为了使客户满意和供应链的整体绩效最佳，合作是它们结成同盟的基本前提，各成员企业在合作的基础上按照一定的分配机制共享供应链成果。

(2) 供应链成员企业是相互独立的经济实体，具有各自的主营业务和核心竞争力，它们有自己的财务核算体系，有符合自身特点的发展战略和企业文化体系，所以，供应链中的企业常常要按照自身的理性需要，追求其效益的最大化。

(3) 合作供应链成员企业总是希望在资源及信息等方面具有控制权，并企图建立有利于自身的分配机制。资源及决策权配置问题是供应链上各成员企业之间竞争的焦点问题，这将成为它们进一步合作的障碍，甚至最终导致供应链战略合作伙伴关系的解体。因此，供应链合作伙伴关系之间的合作是竞争性的、有条件的。竞争性因素使得供应链的合作博弈存在诸多不确定性，因而供应链管理表现出相当的复杂性。

3. 具有相对稳定性

供应链战略合作伙伴依据正式的或非正式的协议达成共识，并凝聚在一起，互惠互利、风险共担和信息共享是它们合作的坚实基础，使客户满意和供应链整体绩效最佳是它们共同的目标，它们之间有广泛的一致性和信任度。因此，从这个意义上说，供应链合作伙伴关系是稳定的。

个体差异和竞争性因素的存在使得供应链成员之间的合作总是有条件的，供应链战略合作伙伴关系始终处于动态变化中，它只是在一定条件和时间范围内表现出一定程度的稳定性。

4. 注重运作协调性

供应链战略合作伙伴关系就是供应链成员企业之间以正式或非正式的协议形式达成的具有相对稳定性和运作协调性的竞争性合作关系。供应链管理目标必须通过成员企业间的协调运作来实现。

9.2.3 建立合作伙伴关系的意义

1. 减少不确定因素，降低库存

供需关系上的不确定因素可以通过相互之间的合作消除。通过合作，共享需求与供给信息，能使许多不确定因素明确。

2. 快速响应市场

集中力量于自身的核心竞争优势，能充分发挥各方的优势，并能迅速开展新产品的设计和制造，从而使新产品响应市场的时间明显缩短。

3. 加强企业的核心竞争力

以战略合作关系为基础的供应链管理，能发挥企业的核心竞争优势，获得竞争地位。

4. 增加用户满意度

制造商帮助供应商更新生产和配送设备，加大对技术改造的投入，提高产品和服务质量，增加用户满意度。

9.2.4 选择合作伙伴的原则

1. 拥有各自的核心竞争力

唯有合作企业拥有各自的核心竞争力，并使各自的核心竞争力相结合，才能提高整条供应链的运作效率，从而为企业带来可观的贡献。只有合作伙伴努力发展自己的核心价值，才能使企业在整条供应链保持良好的运行和获得相应的利益。

2. 拥有相同的企业价值观及战略思想

若合作伙伴之间的价值观及战略思想差距太大，合作必定以失败告终。合作企业要有良性的战略目标与积极向上的价值观，使公司形象得到大众的好评。

3. 工艺技术的连贯性

合作伙伴必须在技术上保存一致标准，包括产品设计、制造工艺的连贯性。工艺上的差异或供应商现在、未来制造能力的局限，都会限制供应商在被引入战略合作伙伴后的先进生产技术的引进，从而影响整个供应链的运作。

4. 企业的业绩和经营状况

一个企业过去年度里的经营状况往往成为选择长期合作伙伴的重要影响因素。业绩好的企业一般比较容易被接纳，也很容易进入合作角色。

5. 有效的交流和信息共享

在选择合作伙伴的过程中，只有更好地与被选择方加强交流，才能提供更多的战略信息，使评价过程和结果更具可信度和参考价值。

9.2.5 选择合作伙伴的步骤

以下七个步骤展示了选择合作伙伴的过程，如图9-1所示。

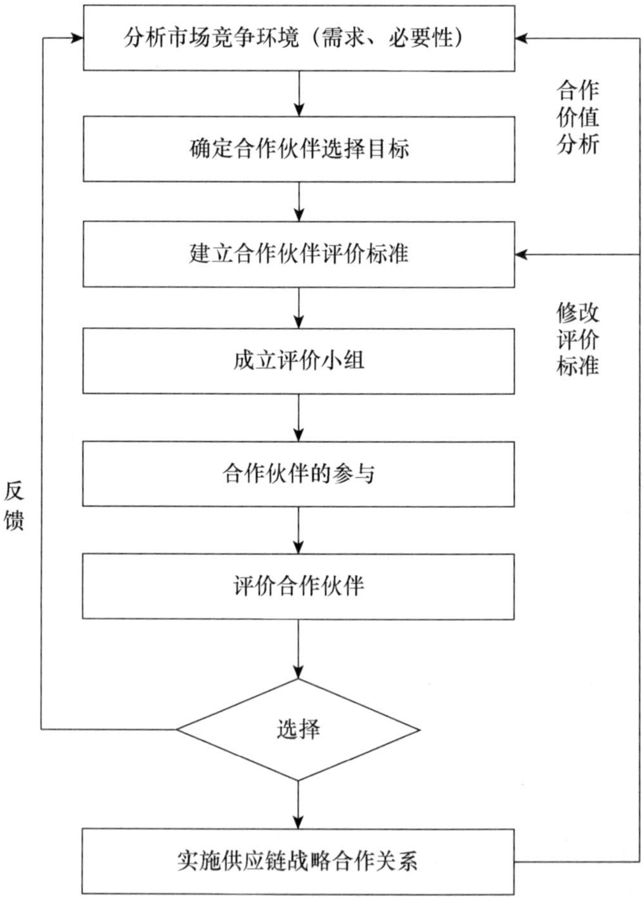

图9-1 供应链战略合作伙伴选择过程

步骤 1：分析市场竞争环境。

市场需求是企业一切活动的驱动源。建立基于信任、合作、开放性交流的供应链长期合作伙伴关系首先必须分析市场竞争环境。其目的在于找到针对哪些产品开发供应链合作关系才有效，知道现在的产品需求是什么，产品类型和特征是什么，以确认用户的需求，确认是否有建立供应链合作关系的必要。

步骤 2：确定合作伙伴选择目标。

企业必须确定合作伙伴评价程序如何实施，信息流程如何，谁负责，而且必须建立切合实际的目标。合作伙伴评价选择不仅仅是一个简单的评价选择过程，也是企业自身和企业与企业之间的一次业务流程重构过程。

步骤 3：建立合作伙伴评价标准。

根据系统全面性、简明科学性、可比性、灵活可操作性的原则，建立集成化供应链管理环境下合作伙伴的综合评价指标体系。不同行业或企业、不同产品需求、不同环境下合作伙伴评价虽然应有所不同，但都涉及合作伙伴的业绩、技术开发、用户满意度、交换协议等可能影响供应链合作关系的方面。

步骤 4：成立评价小组。

企业必须建立一个小组以控制和实施合作伙伴评价。组员以来自采购、质量、生产、工程等与供应链合作关系密切的部门为主，组员必须有团队合作精神，具有一定的专业技能。评价小组必须同时得到制造商企业和合作伙伴企业最高领导的支持。

步骤 5：合作伙伴的参与。

一旦企业决定实施合作伙伴评价，评价小组必须与初步选定的合作伙伴取得联系，以确认他们是否愿意与企业建立供应链合作关系，是否想获得更高业绩水平的愿望。企业应尽可能早地让合作伙伴参与到评价的设计过程中来。然而因为企业的力量和资源是有限的，企业只能与少数关键的合作伙伴保持紧密合作，所以参与的合作伙伴不能太多。

步骤 6：评价合作伙伴。

评价合作伙伴的一个主要工作是调查和收集有关合作伙伴的生产运作等全方位的信息。在收集合作伙伴信息的基础上，就可以利用一定的工具和技术方法对合作伙伴进行评价。评价的过程最后有一个决策点，根据一定的技术方法选择合作伙伴。如果选择成功，则可以开始实施供应链合作关系，如果没有合适的合作伙伴可选，则返回步骤 2 重新开始评价选择。

步骤 7：实施供应链战略合作关系。

在实施供应链合作关系的过程中，市场需求是不断变化的，可以根据实际情况的需要及时修改合作伙伴评价标准，或重新开始合作伙伴评价选择。在重新选择合作伙伴的时候，应给予旧合作伙伴足够的时间以适应变化。

9.2.6　常见的供应商选择方法

选择合乎要求的供应商，需要根据具体的情况采用合适的方法。

1. 直观判断法

直观判断法是通过调查、征求意见、综合分析和判断来选择供应商的一种方法，是一种主观性很强的判断方法，主要是倾听和采纳有经验的采购人员的意见，或者直接由采购人员凭经验做出判断，常用于选择企业非主要原材料的供应商。

2. 采购成本比较法

在多个供应商可以提供质量和交货期都能满足要求的产品，且成本是企业选择供应商需要考虑的最重要因素的情形下，采购企业可以通过比较各个供应商的实际采购成本来做出选择。采用此方法时需特别注意：实际采购成本由价格成本、质量成本、库存成本、缺货损失成本和运输成本构成。

3. 招标法

招标法是国际上通行的实行公开、公平、公正竞争，进行择优选择的有效方式，也是企业追求最大限度地降低采购成本的有效途径。当订购数量大、合作伙伴竞争激烈时，可采用招标法来选择适当的合作伙伴。它是由需求方企业提出招标条件，各投标合作伙伴进行竞标，然后由需求方企业决标，与提出最有利条件的合作伙伴签订合同或协议。

4. 比质比价法

对于那些批量不大，采购周期短而不宜于实际招标采购的物资，采用比质比价方式选择供应商。在满足质量要求，避免质量过剩造成浪费的前提下，经过询价和多次价格谈判，选择最佳性价比的供应商，充分利用市场竞争的优势，最大限度地降低采购成本。

5. 层次分析法

层次分析法的基本原理是根据具有递阶结构的目标、子目标、约束条件、部门等来评价方案，采用两两比较的方法确定判断矩阵，然后把判断矩阵的最大特征相对应的特征向量作为响应系数，最后综合给出各方案的权重。层次分析法作为一种定性和定量相结合的工具，具有实用、系统、简洁的特点，现已广泛用于决策、预测、评估等方法，是系统工程的常用方法。

6. 协商选择法

企业可以在同供应条件较为有利的供应商分别进行协商的基础上确定供应商。与招标法相比，协商方法由于供需双方能充分协商，在物资质量、交货日期和售后服务等方面较有保障。当采购时间紧迫、投标单位少、订购物资规格和技术条件复杂时，协商选择法比招标法更为合适。

7. 神经网络法

通过对给定样本模式的学习，获取评价专家的认识、经验、主观判断及对目标重要性的倾向，可再现评价专家的认识、经验和直觉思维，从而建立接近于人类思维模式的定性和定量相结合的评价选择模型，模仿专家经验和知识来选择供应商。

9.2.7 确定供应链战略合作伙伴关系应有风险意识

1. 过分地依赖于一个或几个供应商会增加制造商的风险

当制造商将某一关键技术或部件外包给某个特定的供应商，而该供应商又无法按期完成任务时，整个企业将面临重创。因此，对关键技术或零部件供应商的选择要慎重。

2. 制造商对供应商的影响力减少会增加制造商的风险

随着大量部件的外包以及供应商数目的减少，制造商对供应商的影响力减少而依赖性增强，供应商对制造商带来损害的可能性就会增大。

3. 制造商不能明确自己的核心竞争优势会增大风险

随着大量部件的外包以及供应商数目的减少，有可能使企业的核心竞争优势丧失。制造商与供应商建立了合作伙伴关系之后，将自己不擅长的零部件外包给供应商生产，长期这样做的后果是企业如果不能明确自己的核心竞争优势，市场份额将被供应商所蚕食，最终企业会被架空。

9.3 几种常见的供应链契约

供应链契约（supply chain contract）是指通过提供合适的信息和激励措施，保证买卖双方协调，优化销售渠道绩效的有关条款。帕斯特纳克（Pasternack，1985）最早提出了供应链契约的概念，给出了易腐坏商品的最优批发价格和退货政策。供应链契约设计主要是解决影响供应链整体效率的两个问题：供应链成员追求自身利益最大化所导致的双边际效应（double marginalization）；信息不对称造成的牛鞭效应。

1. 批发价格契约

批发价格契约（wholesale price contract）是指零售商根据市场需求和批发价格决定订购量，供应商根据零售商的订购量组织生产，零售商负责处理库存产品，因此，该契约中供应商的利润是确定的，零售商完全承担市场风险。

2. 回购契约

回购契约（buyback contract）是指供应商对零售商没有卖掉的产品以低于批发价的价格进行回购，故该契约的转移利润就是在上述批发价格契约所付利润的基础上，扣除那些没有卖掉的产品的回购值。回购契约是为了给零售商一定的保护，引导零售商增大订购量，使由于需求不确定而产生的风险由供应商和零售商共同承担，它经常应用在易逝品的销售渠道中，如服装、报刊、牛奶、化妆品等。

3. 收益共享契约

收益共享契约（revenue sharing contract）是指零售商将一定比例的销售收益交付给供应商，以获得较低的批发价格，改进供应链运作绩效的一种协调方式。这一契约最早出现在音像租赁行业，后推广到其他行业。收益共享契约需要对零售商的收益进行衡量，会产生额外的管理成本。在有些情况下，若收益共享契约比批发价契约所得的利润低于收益共享契约带来的管理成本，则不宜使用收益共享契约。

4. 数量弹性契约

数量弹性契约（quantity flexibility contract）是指零售商在销售季节前预订部分产品，制造商据此组织生产，待零售商获得确定的市场需求后，可向制造商补订部分产品的一种约定。在数量弹性契约方式下，由于规定了每期订货的最大波动比例，制造商有义务满足最高上限的采购量，以防止销售商增加订货数量而导致供应链缺货损失；同时销售商必须采购最低下限的产品数量，防止销售商高估需求而导致供应链生产过剩。在此上下限条件下，销售商订货量提高可以使供应链绩效达到最优，减少制造商和销售商的双重边际效应造成的影响。数量弹性契约的目的是使买卖双方共同承担风险或共同分享利益，促使买方认真预测需求和计划订货数量。数量弹性契约提高了零售商采购货物的平均数量，激励零售商努力预测市场需求以增加它们的期望利润，并最终有可能会增加供应链的整体效益。

5. 数量折扣契约

数量折扣（quantity discount）是价格折扣（price discount）的一种，在商业活动中广泛使用，是指供应商（卖方）给零售商（买方）在价格方面的优惠，货物单价随订购数量而变化。正如经常看到的那样，一种商品有所谓的零售价、批发价、出厂价。购买商品的数量、时间和总金额不同，商品的单价也不同。一般情况下，购买量越多，购买金额越大，越早提前订货，折扣就越大，以鼓励大量或提前购买。少数情况下，因货物较少，供小于求，商品限量供应，可能会出现负的折扣。一个设计合理的数量折扣契约可以有效地促进供应链各方的合作，降低交易成本，提高各方利润，降低市场风险，减少反应时间，提高顾客满意度，达到供应链各方的共赢。

对数量折扣有两种分类方法。第一种是一次性数量折扣，指按照买方一次购买数量或购买金额达到一定标准时给予的折扣优惠，也称为基于批量的数量折扣（lot size-based quantity discount）。当买方的购买量超过这一标准时，购买量越大，得到的折扣比例越高。这种做法在于鼓励买方一次性大量购买。这种折扣方式又可以分为全单位数量折扣（all-units quantity discount）和累进数量折扣（incremental quantity discount)。全单位数量折扣是指订货数量如果大于等于某一折扣临界点，则折扣价格适用于全部的购买单位。累进数量折扣则指在不同数量范围内的单位商品实行不同的折扣价格，又称边际单位数量折扣，其实质是一个多组收费的价格安排（multi-block tariff)。尽管全单位数量折扣与累进数量折扣看起来不尽相同，但是可以证明，在卖者对买者成本结构有完全信息的假设下，当只有一个折扣点时，二者是等价的。第二种数量折扣又称总量折扣（volume-based quantity discount)，是指供应商按买方购货累计达到的数量或金额给予大小不同的折扣优惠。这种做法的目的是鼓励顾客长期购买，留住顾客，使其成为卖方稳定的客源。

9.4　牛鞭效应

牛鞭效应（bullwhip effect）又称需求变异加速放大原理，最先由美国宝洁公司发现，是著名的供应链管理专家李效良（Hau L. Lee）教授对需求信息扭曲在供应链中传递的一种形象描述。其基本思想是当供应链的各节点企业只根据来自其相邻的下级企业的需求信息进行生产或供应决策时，需求信息的不真实性会沿着供应链逆流而上，产生逐级放大的现象，到达源头供应商时，其获得的需求信息和实际消费市场中的顾客需求信息发生了很大的偏差，需求变异系数比分销商和零售商的需求变异系数大得多，如图 9－2 所示。由于这种需求放大效应的影响，上游供应商往往维持比下游供应商更高的库存水平。这种现象反映出供应链上需求的不同步现象，它说明了供应链库存管理中的一个普遍现象：看到的是非实际的。

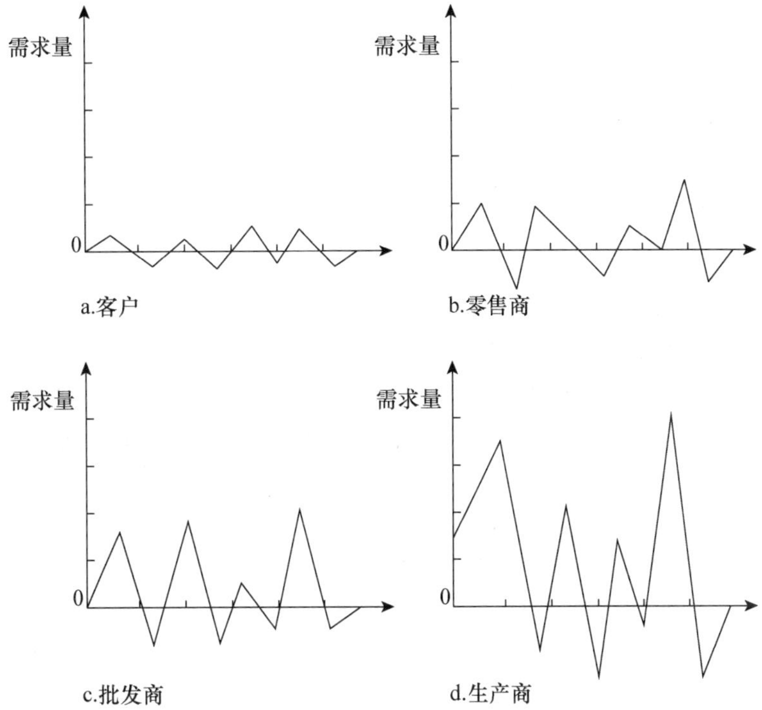

图 9－2　牛鞭效应示意图

9.4.1 牛鞭效应的危害

牛鞭效应对供应链管理产生负面影响，它造成批发商、零售商的订单和生产商产量峰值远远高于实际客户需求量，进而造成产品积压，占用资金，使得整个供应链效率低下。随着供应链上的企业越来越多，这种效应越加明显，整个供应链的管理会变得复杂困难。牛鞭效应的危害表现在以下方面。

1. 增大生产成本

牛鞭效应增加了供应链的生产成本。由于存在牛鞭效应，制造商和它的供应商要满足比顾客需求波动更大的订单。为了应付这种增大的波动性，制造商要么扩大生产能力，要么保有过量的库存，这两种做法都会增加单位产品的生产成本。

2. 增加库存成本

牛鞭效应增加了供应链的库存成本。为了满足更大的需求波动，制造商不得不维持更高的库存水平。因此，增加了整个供应链的库存水平，从而增加了库存成本。另外，高库存水平有可能会导致高过时库存。

3. 延长供货期

牛鞭效应延长了供应链的补给供货期。由于牛鞭效应增加了需求的变动性，制造商会出现当前生产能力和库存不能满足订单需求的情况，从而导致供应链内公司及其供应商的补给供货期延长。

4. 增加运输成本

制造商及其供应商在不同时期的运输需求与订单完成密切相关。由于牛鞭效应的存在，运输需求将会随着时间的变化而变化。因此，需要保持剩余的劳动力来满足订货高峰期的要求，从而增加了运输成本。

5. 增大人工成本

牛鞭效应增加了供应链中送货和进货的劳动力成本。制造商和供应商发货所需的劳动力随着订单的波动而波动。分销商和零售商收货所需要的劳动力也会发生类似的波动。要么保持过剩的劳动力，要么根据订单的波动改变劳动力供应，这两种方法都会增加劳动力成本。

6. 降低供给水平

牛鞭效应降低了供应链的产品供给水平，并导致了更多的缺货情况。过大的订单波动使得制造商很难满足所有的分销商和零售商的订单。这增大了零售商缺货的概率，给销售带来不良影响。

7. 损害供应链各方的关系

牛鞭效应对各个环节的经营绩效都有负面影响，从而损害了供应链各个环节的关系。每个环节的企业都认为自己尽了最大努力，将这一责任归咎于其他环节。因此，牛鞭效应导致供应链的不同环节信任度减弱。

9.4.2 牛鞭效应的成因

产生牛鞭效应的原因主要有以下六个方面。

1. 需求预测修正

需求预测修正是指当供应链的成员采用其直接的下游订货数据作为市场需求信息和依据时，就会产生需求放大。例如，在市场销售活动中，假如零售商的历史最高月销量为 1 000 件，但下月正逢重大节日，为了保证销售不断货，零售商会在月最高销量基础上再追加 $A\%$，于是向其上级批发商下订单 $(1+A\%)\times 1\,000$ 件。批发商汇总该区域的销量预计后（假设）为 12 000 件，批发商为了保证零售商的需要又追加 $B\%$，于是批发商向生产商下订单 $(1+B\%)\times 12\,000$ 件。生产商虽然明知其中有夸大成分，但并不知道具体情况。生产商为了保证给批发商的供货，不得不至少按 $(1+B\%)\times 12\,000$ 件投产，并且为了稳妥起见，在考虑毁损、漏订等情况后，生产商又加量生产，这样一层一层地增加预订量，导致牛鞭效应的产生。

2. 订货批量决策

在供应链中，每个企业都会向其上游订货，一般情况下，销售商并不会来一个订单就向上级供应商订货一次，而是在考虑库存和运输费用的基础上，在一个周期或者汇总到一定数量后再向供应商订货；为了减少订货频率，降低成本和规避断货风险，销售商往往会按照最佳经济规模加量订货。同时频繁的订货也会增加供应商的工作量和成本，供应商也往往要求销售商在一定数量或一定周期订货，此时销售商为了尽早得到货物或全额得到货物，或者为备不时之需，往往会人为提高订货量，由此，订货批量决策导致了牛鞭效应。

3. 价格波动

价格波动是由于一些促销手段或者经济环境突变造成的，如价格折扣、数量折扣、赠票、与竞争对手的恶性竞争和供不应求、通货膨胀、自然灾害、社会动荡等。价格波动使许多零售商和推销人员预先采购的订货量大于实际的需求量，因为如果库存成本小于由于价格折扣所获得的利益，销售人员当然愿意预先多买，这样订货没有真实反映需求的变化，从而产生牛鞭效应。

4. 短缺博弈

当需求大于供给时，理性的决策是按照订货量比例分配现有供应量，比如，总的供应量只有订货量的60%，合理的配给办法就是按其订货的60%供货。此时，销售商为了获得更大份额的配给量，故意夸大其订货需求是在所难免的，当需求降温时，订货又突然消失，这种由于短缺博弈导致的需求信息的扭曲最终导致牛鞭效应。

5. 库存责任失衡

库存责任失衡加剧了订货需求放大。在营销操作上，通常的做法是供应商先铺货，待销售商销售完成后再结算。这种体制导致的结果是供应商需要在销售商（批发商、零售商）结算之前按照销售商的订货量负责将货物运至销售商指定的地方，而销售商并不承担货物转运费用。在发生货物毁损或者供给过剩时，供应商还需承担调换、退货及其他相关损失，这样，库存责任自然转移到供应商，从而使销售商处于有利地位。同时在销售商资金周转不畅时，由于有大量存货可作为资产使用，销售商会利用这些存货与其他供应商易货，或者不顾供应商的价格规定，低价出货，加速资金回笼，从而缓解资金周转的困境。再者，销售商掌握大量的库存也可以作为与供应商进行博弈的筹码。因此，销售商普遍倾向于加大订货量掌握主动权，这样也必然会导致牛鞭效应。

6. 应对环境变异

应对环境变异所产生的不确定性也是促使订货需求放大加剧的现实原因。自然环境、人文环境、政策环境和社会环境的变化都会增强市场的不确定性。销售商应对这些不确定性因素影响的最主要手段之一就是保持库存，并且随着这些不确定性的增强，库存量也会变化。当对不确定性的预测被人为渲染，或者形成一种普遍认识时，为了持有应付这些不确定性的安全库存，销售商会加大订货，将不确定性风险转移给供应商，这样也会导致牛鞭效应。

9.4.3 缓解牛鞭效应的策略

从供应商的角度看，牛鞭效应是供应链上的各层级销售商（总经销商、批发商、零售商）转嫁风险和进行投机的结果，它会导致生产无序，库存增加，成本加大，通路阻塞，市场混乱，风险增大，因此妥善解决就能规避风险，减量增效。企业可以从以下几个方面着手缓解牛鞭效应的负面影响。

1. 订货分级管理

从供应商的角度看，并不是所有销售商（批发商、零售商）的地位和作用都是相同的。按照帕累托定律，供应商可根据一定标准将销售商分为一般销售商、重要销售商和关键销售商三类，并对它们的订货实行分级管理，如对于一般销售商的订货实行满足管理，对于重要销售商的订货进行充分管理，对于关键销售商的订货实现完美管理，这样就可以通过管住关键销售商和重要销售商来减少变异概率；在供应短缺时，可以优先确保关键销售商的订货；供应商还可以通过分级管理策略，在合适时机剔除不合格销售商，维护销售商的统一性和渠道管理的规范性。

2. 信息共享

避免人为处理供应链上的有关数据的一个方法是使上游企业可以获得其下游企业的真实需求信息，这样，上下游企业都可以根据相同的原始资料来制定供需计划。使用电子数据交换系统（EDI）等现代信息技术对销售情况进行适时跟踪也是解决牛鞭效应的重要方法。

3. 联合库存管理

联合库存管理策略是合理分担库存责任、防止需求变异放大的先进方法。在供应商管理库存的环境下，销售商的库存并不需要预付款，不会增加资金周转压力；相反地，大库存还会起到融资作用，提高资本收益率，甚至大库存还能起到制约供应商的作用，因此它实质上加剧了订货需求放大，使供应商的风险异常大。联合库存管理则是对此进行修正，使供应商与销售商权力责任平衡的一种风险分担的库存管理模式，它在供应商与销售商之间建立起合理的库存成本、运输成本与竞争性库存损失的分担机制，将供应商全责转化为各销售商的部分责任，从而使双方成本和风险共担，利益共享，有利于形成成本、风险与效益平衡，从而有效地抑制了牛鞭效应的产生和加剧。

4. 缩短前置期

一般来说，订货前置期越短，订货量越准确，因此鼓励缩短前置期是破解牛鞭效应的一个好办法。

5. 实行外包服务

使用外包服务，如第三方物流也可以缩短前置期和使小批订货实现规模经营，这样销售商就无须从同一个供应商那里一次性大批订货。虽然这样会增加额外的处理费用和管理费用，但只要所节省的费用比额外的费用大就值得。

6. 规避短缺情况下的博弈行为

面临供应不足时，供应商可以根据顾客以前的销售记录进行限额供应，而不是根据订购的数量，这样就可以防止销售商为了获得更多的供应而夸大订购量。通用汽车公司长期以来都是这样做的，现在很多大公司，如惠普等也开始采用这种方法。

在供不应求时，销售商对供应商的供应情况缺乏了解，博弈的程度就很容易加剧。与销售商共享供应能力和库存状况的有关信息能减轻销售商的忧虑，从而在一定程度上防止它们参与博弈。但是，共享这些信息并不能完全解决问题，如果供应商在销售旺季来临之前帮助销售商做好订货工作，供应商就能更好地设计生产能力和安排生产进度以满足产品的需求，从而降低产生牛鞭效应的机会。

7. 参考历史资料，适当减量修正，分批发送

供应商根据历史资料和当前环境分析，适当削减订货量，同时为保证需求，供应商可使用联合库存和联合运输方式多批次发送，这样，在不增加成本的前提下，也能够保证订货的满足。

8. 缩短回款期限

缩短回款期限，根据回款比例安排物流配送也是消除订货量虚高的一个好办法，因为这种方法只是将期初预订数作为一种参考，具体的供应与回款挂钩，从而保证了订购和配送的双回路管理。

9.5 供应链风险管理

9.5.1 供应链风险识别

1. 供应链内生风险

（1）道德风险。道德风险是指由于信息不对称，供应链合约的一方从另一方得到剩余收益，使合约破裂，导致供应链的危机。在整个供应链管理环境中，委托人往往比代理人处于更不利的位置，代理企业往往会通过增加信息的不对称，从委托合作伙伴那里得到最大的收益。如供应商由于自身生产能力上的局限或是为了追求自身利益的最大化而不择手段，偷工减料或以次充好，所提供的物资达不到采购合同要求造成的风险。

（2）信息传递风险。由于每个企业都是独立经营和管理的经济实体，供应链实质上是一种松散的企业联盟，当供应链规模日益扩大，结构日趋繁复时，供应链上发生信息错误的机会也随之增多。信息传递延迟将导致上下游企业之间沟通不充分，对产品的生产以及客户的需求在理解上出现分歧，不能真正满足市场的需要。同时会产生牛鞭效应，导致库存过量。

（3）生产组织与采购风险。现代企业生产组织强调集成和效率，这样可能导致生产过程刚性太强，缺乏柔性，若在生产或采购过程的某个环节上出现问题，很容易导致整个生产过程的停顿。

（4）分销商选择产生的风险。分销商是市场的直接面对者，要充分实施有效的供应链管理，必须做好分销商的选择工作。在供应链中，如果分销商选择不当，会直接导致核心企业市场竞争的失败，也会导致供应链凝聚力的涣散，从而导致供应链的解体。

（5）物流运作风险。物流活动是供应链管理的纽带。供应链要加快资金流转速度，实现即时化生产和柔性化制造，离不开高效运作的物流系统。这就需要供应链各成员之间采取联合计划，实现信息共享与存货统一管理。但在实际运行中是很难做到这一点的，导致在原料运输、产品生产和产品销售等过程中可能出现衔接失误，从而可能导致供应链物流不畅通而产生的风险。例如，运输障碍使原材料和产品不能及时供应，造成上游企业在承诺的前置期内无法交货，致使下游企业生产和销售受到不利影响。

（6）企业文化差异产生的风险。供应链一般由多家成员企业构成，这些不同的企业在经营理念、文化制度、员工职业素养和核心价值观等方面必然会存在一定的差异，从而导致对相同问题的不同看法，采取不一致的工作方法，最后产生不同的结果，造成供应链的混乱。

2. 供应链外来风险

（1）市场需求不确定性风险。供应链的运作应以市场需求为导向，供应链中的生产、运输、供给和销售等都建立在对需求准确预测的基础之上。市场竞争的激化增强了消费者需求偏好的不确定性，使准确预测难度加大，容易导致整个供应链的经营风险。如果不能获得正确的市场信息，供应链无法反映出不断变化的市场趋势和顾客偏好，就不能进入一个新的细分市场，从而丧失进入一个新市场的机会。

（2）经济周期风险。市场经济的运行轨迹具有明显的周期性，繁荣和衰退交替出现，这种宏观经济的周期性变化，使供应链的经营风险加大。在经济繁荣时期，供应链在市场需求不断升温的刺激下，会增加固定资产投资，进行扩大再生产，增加存货、补充人力，相应地增加了现金流出量。而在经济衰退时期，供应链销售额下降，现金流入量减少，而未完成的固定资产投资仍需大量资金的继续投入，此时市场筹资成本加大，资金流动性差的状况就增大了供应链的经营风险。

（3）政策风险。当国家经济政策发生变化时，往往会对供应链的资金筹集、投资及其他经营管理活动产生重大影响，使供应链的经营风险增加。例如，当产业结构调整时，国家往往会出台一系列的产业结构调整政策和措施，对一些产业加以鼓励，对一些产业加以限制，使供应链原有的投资面临遭受损失的风险，供应链需要筹集大量的资金进行产业调整。

（4）法律风险。供应链面临的法律环境的变化也会诱发供应链经营风险。每个国家的法律都有一个逐渐完善的过程，法律法规的调整、修订等不确定性，有可能对供应链运转产生负面效应。

（5）意外灾祸风险。地震、火灾、政治动荡、战争都会引起非常规性的破坏，影响到供应链的某个节点企业，从而影响到整个供应链的稳定，使供应链中企业资金运动过程受阻或中断，使生产经营过程遭受损失，既定的经营目标和财务目标无法实现等。

9.5.2　供应链风险评估

在对供应链的风险进行识别后，必须对供应链的风险进行评估，在此介绍一种多元统计方法，其步骤如下。

1. 设计调查表格并调查

首先将供应链的内外部指标确定为调查表格中的一级指标。二级指标有系统风险、管理风险、信息风险、合作风险、自然环境风险与市场环境风险等。在二级指标的基础之上又可细分出众多的易获得数据的三级指标，如管理风险可分为采购价格过高、供应商选择不当、采购品质量不合格、客户关系管理能力差、库存控制不严格等。再由以上确定的指标设计调查表格，根据抽样调查原则，对各行业供应链企业进行问卷调查，对收集到的数据进行预处理，使之规范化和标准化。然后在预处理的基础上再进行数据挖掘以确定重要数据间的潜在联系，自动发现奇异值，总结出特征指标，并对其进行归纳、分析和筛选，从而确定影响企业供应链风险识别的初级指标体系。

2. 构建企业供应链风险识别指标体系

把所确定的初级指标体系中的指标先进行简单的定性分类，使每一类指标都大概反映企业供应链风险的某个方面，再以此为基础对每一类指标进行主成分分析，以选出的主成分作为新的分析变量，以各企业在各个主成分上的得分作为新的分析数据进行因子分析。通过因子分析，找出影响企业供应链风险的几个主要因子，并以此作为构建企业供应链风险最终评价指标体系的依据。接下来，计算出各企业在每个因子上的得分，作为判断企业在某个供应链风险方面强弱的标准，再以每个因子的贡献率作为权数，得到加权因子得分和，便可作为评价整个企业供应链风险强弱的标准。

3. 构建企业供应链风险评估模型

对统计分析中确定的不同因素研究影响供应链企业风险的方式、范围和程度，按相关程度大小对各因素进行筛选，将筛选出的几个主要因素作为评估模型的构成要素，根据数据挖掘过程中确定的各种数据之间的潜在联系，确定评估模型的结构和各个要素在模型中的地位与相互关系。利用多元统计分析方法，根据不同行业的特点，确定该模型各个要素取值的有效范围、测试标准和适用场合。

在各种不同类型的企业中随机抽取足够大的样本，使用这些样本企业的数据对构造的模型进行测试，根据测试的结果对模型做出必要的修正。

通过模型动态地对供应链企业风险进态测定，以利于企业实施有效的风险管理。

9.5.3 供应链风险防范对策

1. 加强节点企业的风险管理

供应链从采购、生产到销售过程是由多个节点企业共同参与而形成的串行或并行的混合网络结构。其中某项工作既可能由一个企业完成，也可能由多个企业共同完成。供应链整体的效率、成本、质量指标取决于节点指标。由于供应链整体风险是由各节点风险传递而成，因此，通过对节点企业风险的识别与判断，进行风险调整和优化，将大大加强整个供应链的风险控制。

2. 建立应急处理机制

供应链是多环节、多通道的一种复杂的系统，很容易发生突发事件。因此，必须建立相应的预警系统与应急系统。供应链管理中，对突发事件的发生要有充分的准备。对于偶发但破坏性大的事件，可预先制定应变措施，制定应对突发事件的工作流程，建立应变事件的小组。同时，要建立一整套预警评价指标体系，当其中一项以上的指标偏离正常水平并超过某一临界值时，发出预警信号。在预警系统做出警告后，应急系统及时对紧急、突发事件进行应急处理，以避免给供应链企业带来严重后果。

3. 加强信息交流与共享，提高信息沟通效率

信息技术的应用加强了企业的通信能力，很大程度上推倒了以前阻碍信息在企业内各职能部门之间流动的“厚墙”。供应链企业之间应该通过建立多种信息传递渠道，加强信息交流和沟通，增加供应链透明度，加大信息共享程度来消除信息扭曲，比如共享有关预期需求、订单、生产计划等信息，从而降低不确定性、降低风险。一般来说，企业上下游间有先进的通信方式、及时的反馈机制、规范化的处理流程，供应链风险就小，反之就大。

4. 加强对供应链企业的激励

要防止败德行为的出现，就应该尽可能消除信息不对称性，积极采用激励手段和机制，使合作伙伴能得到比败德行为更大的利益，来消除对方的败德风险。

5. 优化合作伙伴选择

供应链合作伙伴选择是供应链风险管理的重要一环。一方面要充分利用各自的互补性以发挥合作竞争优势，另一方面要考量伙伴的合作成本与敏捷性。合作伙伴应将供应链看成一个整体，而不是由采购、生产、分销、销售构成的分离的块块功能。只有链上伙伴坚持并最终执行对整条供应链的战略决策，供应链才能真正发挥成本优势。

6. 重视柔性化设计，保持供应链的弹性

供应链合作中客观上存在需求和供应的不确定性。供应链企业合作过程中，通过在合同设计中互相提供柔性，可以部分消除外界环境不确定性的影响，传递供给和需求的信息。柔性设计是消除由外界环境不确定性引起的变动因素的一种重要手段。另外，当今供应链管理强调 JIT 方法，减少库存以降低成本，这种运作模式一旦遇到突发事件或需求有较大波动时就会显得缺乏弹性。因此在注重效率的同时仍应保持供应链适度的弹性。

7. 建立战略合作伙伴关系

供应链企业要实现预期的战略目标，客观上要求供应链企业进行合作，形成共享利润、共担风险的双赢局面。因此，与供应链中的其他成员企业建立紧密的合作伙伴关系，成为供应链成功运作、风险防范的一个非常重要的先决条件。建立长期的战略合作伙伴关系，首先要求供应链的成员加强信任；其次，应该加强成员间信息的交流与共享；再次，建立正式的合作机制，在供应链成员间实现利益分享和风险分担；最后，加强契约规定等规范建设，促使伙伴成员以诚实、灵活的方式相互协调彼此的合作态度和行为。

8. 加强供应链文化建设，打造共同的价值观

良好的供应链文化能在系统内形成一股强大的凝聚力，增强成员企业之间的团结协作，减少不必要的矛盾冲突，从而减少内耗，形成一种相互信任、相互尊重、共同创造、共同发展、共享成果的双赢关系，使得供应链的成员与整体有相同的利益要求和共同的价值标准，从而维持供应链的稳定与发展。

9. 加强采购管理，优化物流配送

企业生产产品始于物料采购，采购既是企业内部供应链的开始，又是企业与企业之间供应链的桥梁，对于企业降低成本，提高运作效率，增强竞争力具有重要作用。采购环境的复杂多变与采购管理系统功能的弱化是采购风险形成的缘由，采购风险的防范应从供应渠道或供应商的选择与强化采购制度控制两方面入手。大型企业集团物资采购涉及多个行业和领域，招标或比价采购促使成百上千家供应商前来竞争，为保证质优价廉物资的及时供应和可靠服务，一方面要实行供应商准入制，设定供应商准入的资格和条件，拒质量差、资信低、服务不到位的供应商于门外；另一方面要建立供应商资信考评信息库，对供应商基本情况、产品质量、价格、交货及时性、售后服务等实行动态跟踪考核，并借助优胜劣汰机制，使企业集团始终拥有一支最佳组合的供应商队伍，为集团企业各类物资的可靠供应提供保障。强化采购制度控制应从加强采购队伍建设、严格采购程序、实施有效监管等方面推进。

供应链上采用多头供应商的柔性供应机制，可以有效防范单一供应商结构下渠道受阻，即可减少影响整条供应链正常运行的供货风险。为此，企业对关键物资材料的供应须选择来自不同地域的两个以上供应商，并对每个供应商的供货进行跟踪评估，以确保物资供应安全稳定。物流配送是供应链营运中的重要环节，依靠专业强势的第三方物流，企业可专注核心业务，优化经营流程，降低运营成本，分散并增强抵御物流配送风险的能力。

9.6　闭环供应链与绿色供应链

9.6.1　闭环供应链

闭环供应链（closed loop supply chain）是指企业从采购到最终销售的完整供应链循环，包括产品回收与生命周期支持的逆向物流。其目的在于对物料的流动进行封闭处理，减少污染排放和剩余废物，同时以较低的成本为顾客提供服务。因此，闭环供应链除了传统供应链的内容，还包含可持续发展的内容。1995 年，蒂埃里（Thierry）等提出了一个闭环供应链的系统模型，将废旧物的利用方式分为修理、翻新、再制造、拆解利用和回收处理五类，如图 9－3 所示。

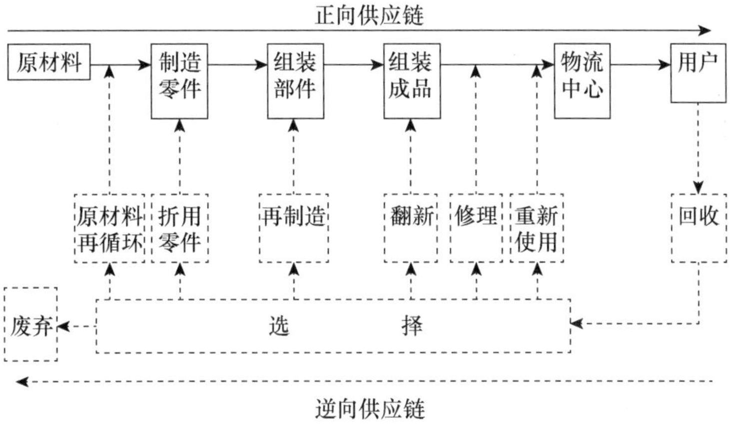

图 9－3　闭环供应链的典型结构

闭环供应链的产生最初源于环境持续恶化、资源短缺和法律法规限制等多重压力。欧盟率先在环境和资源保护方面进行立法，广泛采纳扩大生产者责任及污染者付费原则，尽量促使环境外部性内部化。这些规定和标准不仅约束欧盟国家的企业，而且对在欧盟国家销售相关产品的企业同样有效，将产品出口到欧盟国家的企业、为欧盟国家企业提供某种零部件的企业等都需要为自己生产的部分承担相应的责任。

追求经济利益也是企业主动实施闭环供应链的一个原因。优化闭环供应链管理有助于企业降低成本和增加盈利，如减少资源投入，降低库存和分销成本。实现废弃物品的再循环和再利用还可以间接地给公司带来获利的新机遇，有利于建立更紧密的顾客关系，越来越多的企业意识到实施闭环供应链策略可以获取竞争优势，赢得更多的利润和更大的市场占有率。另外，随着可持续发展观念日益深入人心，道德和伦理责任常常被确定为闭环供应链的一个重要推动因素，认真履行企业公民责任的企业能得到社会的认可，有利于树立企业形象，增加企业无形资产，这将为企业实现闭环供应链管理带来不可低估的效益。

实施闭环供应链仍然存在一定的障碍，包括企业缺乏闭环供应链的意识，构建逆向供应链系统需要考虑多种再制造成本，销售已使用过的产品可能会影响企业的品牌形象。闭环供应链的设计还要面对诸多不确定性问题，如某些产品实施闭环供应链时存在较大困难，如易腐烂变质的产品。闭环供应链已经在电子、汽车、机械等行业成功应用。闭环供应链所面向的系统无论从其深度还是广度都大大超越了传统供应链，它不是简单的“正向＋逆向”，而是涉及从战略层到运作层的一系列变化，其复杂程度和难度都远超过正向供应链。闭环供应链管理的目的是实现经济与环境的综合效益，该理念不仅有助于企业的可持续发展，也有助于整个国际社会的可持续发展，在构筑强环境绩效方面，闭环供应链表现出的优势远远超过传统供应链，已成为供应链发展的必然趋势。

9.6.2 绿色供应链

绿色供应链管理（green supply chain management）又称环境意识供应链管理（environmentally conscious supply chain management），它考虑了供应链中各个环节的环境问题，注重对于环境的保护，促进经济与环境的协调发展。关于绿色供应链管理的确切定义，目前理论界还没有统一的表述，但总体上是指在供应链管理的基础上，增加环境保护意识，把“无废无污”和“无任何不良成分”及“无任何副作用”贯穿于整个供应链。

绿色供应链管理包括从产品设计到最终回收的全过程，如图9－4所示。

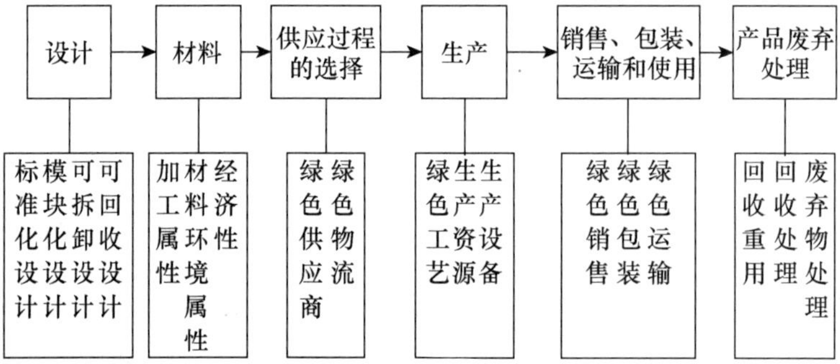

图9－4 绿色供应链管理体系

1. 绿色设计

研究表明，产品性能的70％～80％是由设计阶段决定的，而设计本身的成本仅为产品总成本的10％，因此，在设计阶段要充分考虑产品对生态和环境的影响，使设计结果在整个生命周期内资源利用、能量消耗和环境污染最小。绿色设计强调零件设计的标准化、模块化、可拆卸和可回收等。在绿色设计中强调多使用可回收和可降解的原材料，以达到节约资源和能源的目的，减少环境污染。

2. 绿色供应过程

供应过程就是制造商在产品生产时，向原材料供应商进行原材料的采购，确保整个供应业务活动的成功进行。为了保证供应活动的绿色性，重点应该对供应商和物流活动进行控制。

（1）绿色供应商。选择供应商需要考虑的主要因素包括产品质量、价格、交货期、批量柔性、品种多样性和环境友好性等。绿色供应商应该在降低材料使用和减少废弃物产生上做文章。因此供应商应该通过 ISO 14000 认证，重视生产过程的环境保护，严格控制污染物排放，产品生产过程和包装环节都应该使用绿色无害的材料。

（2）绿色物流。主要是在运输、保管、搬运、包装、流通加工等作业过程对环境负面影响的评价。评价指标如下：

1）运输作业对环境的负面影响主要表现为交通运输工具的燃料能耗、有害气体的排放、噪声污染等；

2）保管过程中是否对周边环境造成污染和破坏；

3）搬运过程中是否有噪声污染，因搬运不当破坏商品实体，造成资源浪费和环境污染等；

4）在包装作业中，是否使用了不易降解、不可再生、有毒的材料，造成环境污染。

3. 绿色生产

绿色生产关注由原材料到合格零件的转化过程和转化过程中物料流动、物料资源的消耗、废弃物的产生、对环境的影响，包括以下方面：

（1）绿色工艺。在工艺方案选择的过程中要分析对环境影响比较大的因素，注重节约能源和减少消耗，降低工艺成本和污染处理费用。

（2）生产资源。减少材料的浪费，对下脚料进行有效的回收、分类、处理和再利用。

（3）生产设备。科学进行生产设备维修和维护，降低能源和资源消耗，减少环境污染。

4. 绿色分销

（1）绿色销售。强调尽量减少分销过程中的污染和社会资源的损失，倡导符合环保原则的电子商务模式。

（2）绿色包装。实施绿色包装设计，优化包装结构，减少包装材料，考虑包装材料的回收、处理和循环使用。

（3）绿色运输。提倡集中配送，科学规划运输路径，减少运输次数，降低货物运输中的能物耗。

5. 产品废弃处理

产品废弃阶段的绿色性主要是回收利用、循环再用和报废处理。可将废旧产品运输到回收加工工厂处理，最后把再生产品运输到销售地点进行销售；完全无用的废弃物则进行无害化处理。

□ 小结

公司的运营离不开对其所在供应链的管理，本章在介绍供应链理论的基础上，对供应链战略合作伙伴关系进行了详细的阐述，旨在使读者对供应链的形成与管理有更深刻的认识。

本章着重对供应链管理中三个重要问题进行了专题介绍：供应链契约、牛鞭效应和供应链风险。供应链管理追求的是合作，但合作的前提是有双方认可的契约。企业管理者应该对批发价格契约、回购契约、收益共享契约、数量弹性契约等几种常见的供应链契约有所了解。牛鞭效应则是供应链管理中的热点问题，作为企业管理者也非常有必要认识其危害、成因及缓解策略；企业管理者往往能认识到供应链的价值，但容易忽视或低估供应链的风险，掌握供应链风险的识别、评估、防范对策是很有必要的；本章的最后还对供应链领域的两个热点概念进行了介绍，使读者对闭环供应链和绿色供应链有所认识。

□ 术语

供应链　供应链管理　合作伙伴关系　供应链契约　批发价格契约　回购契约　收益共享契约　数量弹性契约　数量折扣契约　牛鞭效应　供应链风险　风险识别　风险评估　风险防范　闭环供应链　绿色供应链

□ 习题

1. 供应链管理有哪几方面的关键问题?
2. 供应链战略合作伙伴选择的原则是什么?
3. 哪些因素影响供应链战略合作伙伴关系的选择?
4. 请描述批发价格契约、回购契约、收益共享契约、数量弹性契约和数量折扣契约。
5. 可以从哪些方面加强供应链风险的防范?
6. 请描述牛鞭效应的成因及缓解策略。

□ 案例

从供应链的起源看日、美企业供应链管理的差异

日美企业在供应链管理中存在差异，虽然当前二者在供应链管理上趋同，但日

本企业强调与供应商长期合作，美国企业则视供应商为契约型买卖关系，美国企业还实现了 IT 在供应链中的应用。

一、独树一帜，日本企业是供应链管理的先驱

自从有了企业，就有供应链管理中的各项职能，但供应链的概念却是最近三四十年才产生的。从 20 世纪 80 年代开始，日美企业的竞争加剧，使得供应链受到重视。从那时起美国企业系统地学习日本企业的做法，总结并完善了供应链管理理论和实践，突出了供应链管理在运营管理中的重要地位。美国企业偏向以契约为基础，强调经营边界和个体优化；日本企业则以关系模式为特点，讲究供应链伙伴之间的协作和全局优化。供应链管理在美国得到重视，是契约经济模式被关系经济模式强烈冲击后美国企业界的选择。供应链管理的起源可以看到日本企业的贡献，阅读美国最近 30 余年的文献，日本企业的影子随处可见，如长期关系、精益生产、JIT 等概念都是典型的日本实践。供应链管理经过美国企业系统研究并总结了日本企业的实践，折射出日美企业管理的特色。

20 世纪 80 年代，从汽车、家电到半导体，从消费品、工业品到航空航天，日本企业从美国企业口里全面夺食，在汽车、家电、半导体等众多领域与美国直接交锋，因质量好、价格低、更新速度快等优点，日本产品全面碾压美国产品。以汽车为例，丰田当年主打美国市场的一些车型，顾客开了二十几年依然可靠耐用。在二手车市场上日系车口碑好，同样 10 年左右的车龄，美国车基本处于报废状态，一两千美元就能买一辆，但顾客买来后需频繁维护；而日系二手车虽然价格在四五千美元，但买来后极少需要维护。在新车市场上，同类型的日系新车的价格显著高过美系新车，但日系车仍然受青睐。

二、见贤思齐，美国企业学习日式供应链的优点

美国企业家从供应链的角度研究日本同行，发现日本企业有几个特点：(1) 日本企业以长期关系为主，而美国以短期关系为主。短期关系下，买卖双方经常博弈，交易成本高，供应链单兵作战，协作度低，以局部的个体优化为目标。(2) 日本企业以小批量、多频次生产为特点，周转周期短；美国企业以大批量、小频次为特点，周转周期长。(3) 日本企业一般跟数量有限的供应商合作，规模效益明显，关系稳定；美国企业则普遍采用多供应商模式，主要依赖市场竞争，跟数量众多的供应商合作，采购额分散，规模效益低下。

日本企业倡导团体作战，美国企业是单兵作战，这跟日、美的不同文化背景有关。在日本，长期关系下链主企业与伙伴企业之间的关系紧密，配合度高，容易形成合力，是一致对外的关系经济。在美国，传统的关系是基于契约的短期关系，链主企业跟伙伴企业签订合同，供求双方都严格按照合同约定来做，是契约经济。契约经济的好处是可预见性高：合同上写的质量、交货期、价格等条款都可以期望得到，如果做不到则承担处罚。但问题出在很多东西难以量化，或者即使量化了也会变化，在契约经济里，双方独立性很高的情况下，调整比较困难。

日本企业的操作正好与美国企业相反，它们买卖双方长期合作，关系稳定，习惯于协作，一起解决问题。比如在产品设计阶段，供应商早期介入，与采购方合作

设计，有利于产品设计与工艺设计的交互优化：产品不但要能设计出来（产品设计），而且要能容易地制造出来（工艺设计），产品设计与工艺设计交替进行，才能促成相互优化，不但能设计出功能优秀的产品，而且能够低成本、快捷、高质量地制造出来。这在关系经济里相对容易实现，但在契约经济里就很难。契约的短期关系反而会造成买卖双方的不信任，比如需求方要参观供应商的生产线，共同解决质量问题，供应商会担心需求方可能学到它们的工艺知识和商业秘密，要么传递给它们的竞争对手，要么逼着它们降价。可见契约经济下短期关系存在局限性。

发现日本企业的长处之后，美国企业开始系统地向日本同行学习。所有这些都以供应链买卖双方深度协作为特点，如长期关系、供应商早期介入、合作设计、准时制（JIT）、全面质量管理等理念，都是美国企业和学术界系统总结日本实践后得出的。又如JIT生产模式，看上去是稳定的产品流，但若缺乏双方的深度协作和信息共享，则很难做到，因此供应链管理的根本是双方的关系问题。在信息技术方面，日美企业的供应链有不同的表现，如日本式供应链对信息技术的要求很低，并不需要复杂的ERP系统，通过看板等非常简单、低技术的手段就能实现信息共享，同时报表也很少；而美国式的供应链则相反，因为协作度和互信度都比较低，为了控制的需要，供应链诸多环节就需要设计更复杂的流程，编制更多的报表，从而需要IT系统更加复杂和强大。

美国企业通过以下两种途径学习日本式供应链模式：（1）企业直接学习，如美国企业通过参观和研究日本企业，或通过合资和并购等方式进行深度学习。在汽车行业，通用与丰田合资成立NUMMI、福特并购马自达等，这些案例都深刻地影响了美国企业。（2）企业和政府资助，对日式供应链系统进行研究，如当年密歇根大学研究日本汽车供应链，MIT研究日本精益生产模式，美国高级采购研究中心研究日本的长期合作关系等，这些研究系统地分析总结了众多日本公司的供应链管理实践，提升了供应链管理的理论高度，供应链管理的很多词汇也是这个时候诞生的。在美国历史上，如此系统地学习和研究另一个国家的管理实践是绝无仅有的。

三、金无足赤，日、美供应链各有优劣

在学习的过程中，美国企业发现日式供应链模式并非完美无缺，如以财阀交叉持股为特点的日式供应链的长期关系存在跳跃式创新能力不足。在短期关系下，一旦有更好的技术和更好的供应商，美国企业就可以迅速导入；而长期关系下，对于日本企业要导入更好的供应商和更好的技术难度很大，从上到下、从里到外都会有很大的阻力。近些年日本的大企业陷入经营困难就与这种封闭和迟缓的供应链有直接关系。但日式供应链系统的优点也是显而易见的，在日式供应链长期稳定的关系下，某个特定的技术或产品被开发出来后，通过一代接一代的持续改善，日本企业可以将产品做得越来越好，成本控制得越来越低。相反，美国企业与供应商在渐进式创新上相对更薄弱，因为协作度低，很难一起把一件东西做得越来越完美。因为在短期关系下，供应商缺少投入精力进行持续改进的动力。所以很多产品和技术虽然都是美国企业最先创造出来的，最后市场份额却被日本企业拿走了。如有个销售额近百亿美元的美国半导体设备制造商有好的技术，也开发出了好的产品，但产品质量总不过关，于是跟一个日本企业合作，结果日本企业很快学会了相应的技术，做出来质量更好、价格更便宜的产品，变成了一个强劲的竞争对手，并抢走了很多市场份额。

四、与时俱进，持续改善才是供应链管理的正道

日式供应链的“最佳实践”也不是一成不变的。以长期关系为例，今天日本企业的长期关系也不能跟30年前相比，终身雇佣也不再是日本企业的标签。当陷入经营困境的时候，维持良好的供应商关系就不那么容易，如2008年金融危机后，丰田和本田的供应商关系都在走下坡路，因为存在降低成本的压力，虽然丰田和本田都聚焦设计优化和流程优化来降低成本，但依然给供应商带来巨大的压力。如丰田“刹车门”事件与供应商过度削减成本有关，让人们有了重新审视日本产品的质量管理的机会。今天在全球供应链实践做得很好的企业中，鲜见日本企业，这也从一个侧面反映了日本的供应链管理水平的现状，如在Gartner全球供应链25强中，日本企业只有丰田位居第24位。

以汽车业为例，美国有个公司每年调查供应商与汽车原厂的关系，主要是一级供应商与日本三巨头（丰田、本田和日产）、美国三巨头（通用汽车、福特和克莱斯勒）的关系。整体看，日本三巨头与供应商的关系明显好过美国的竞争对手，但最近10年这一差距在逐步缩小：美国三巨头与供应商的关系逐渐改善，而日本三巨头则走势相反，虽然其供应商关系仍旧明显好于美国车企，这在金融危机前后的几年尤其明显。这种趋势在日产公司尤其如此，这与日产和雷诺的结盟后在管理上去日本化有关系。这也说明日本企业更加全球化，纯粹的日本管理方式也在随着全球化而改变。

很多经典的做法会随着时间推移而变化。所有的失去都是从得到开始，当成为被学习的对象时，也意味着失败的开始。以日本引以为豪的质量来说，到2015年日本汽车的质量第一次低于平均水平（JD Power的调查结论）。这并非说明日本的质量水平在下降，而是因为美国和韩国的车企在快速提升，而日本企业没有同步进步。这其实也反映了杂交优势：日本的管理方法与美国、韩国的具体情况相结合产生了更好的效果，这两个国家都曾经系统地向日本学习过。

在供应链管理领域不能忽视日本企业的贡献，更不能忽视美国企业从日本企业学到的经验。而美式供应链的做法更多的是“杂交”，它综合了契约经济与关系经济的很多优点，经过30年多年的磨合总结出更好的实践。

资料来源：本案例来源于刘宝红2016年2月3日的博客，有改动。

案例思考题：

请说明美、日供应链各自的特点。

第 10 章 Chapter 10 物流管理

学习目标

1. 了解物流空间效益、物流时间效益和物流成本的构成
2. 了解物流管理的概念和主要内容
3. 了解物流战略管理的目标和内容
4. 了解现代物流的特点
5. 掌握运输的作用和方式
6. 掌握影响运输合理化的因素及运输合理化的有效途径
7. 了解车辆路径问题
8. 掌握仓储的功能、作用和内容
9. 了解国际物流的概念、特点和标准化
10. 掌握第三方物流的基本特征、作用和缺点
11. 掌握第四方物流的基本特征、第四方物流企业的基本组织结构和运作模式

10.1 物流管理概述

10.1.1 物流

物流（logistics）是物品从供应地向接收地的实体流动过程中，根据实际需要将运输、储存、装卸搬运、包装、流通加工、配送、信息处理等功能有机结合起来实现用户要求的过程。理解物流空间效益、物流时间效益和物流成本有助于物流运营管理工作的实施。

1. 物流空间效益

物流空间效益是指在“物”的流动过程中由于“物”的空间转换所产生的效益。供给者与需求者之间往往处于不同的空间，由改变位置创造的价值称作空间价值。

物流的空间效益伴随着“物”的流动得以实现，内容十分丰富。从“物”的流动方向与流动过程来看，可从以下四个方面来理解空间效益的具体内容。

（1）基于集中生产所创造的空间效益。由于资源、分工和需求等的差异，存在人力、资源、基础设施等生产要素的差异，会出现较之其他地区更适合生产某种产品和更有比较优势的地区。而要充分利用这种比较优势，生产出特定产品，就需要相关的原材料、资本、信息、人力、管理等生产要素不断从其他地区流入，以求集中生产，形成本产品相对于其他地区生产产品的优势。通过运输、搬运装卸、储存、流通加工、信息管理等物流环节使得各种生产要素顺利流入，促进集中生产的进行，创造空间效益。

（2）基于分散生产所创造的空间效益。与集中生产相反，由于受到自然条件、产品生产方式、产品技术经济特征以及社会分工深化等因素的影响，现实中还广泛存在分散生产的情况。这种生产方式需要完善的物流体系的支撑，能够使与之相关的“物”实现顺利流动。

分散生产的情形在现实中有很多。例如，粮食生产是在各块田地分散生产出来的，不可能将所有的种子集中于某一块地进行集中生产。而一个大城市的粮食需求却相对大规模集中。在这一过程中，物流活动通过实现粮食生产所需的各种物资的顺利流动和粮食向需求地的顺利流动创造空间效益。

（3）基于中间集散所创造的空间效益。中间集散地是指在市场交易的过程中，为了解决信息不对称带来的交易双方交易的困难而出现的并不以最终消费为目的，而主要以中间集散为目的的集中交易市场（也可能包括一部分最终消费，但不占主要部分，这也是中间集散地区别于一般市场的重要特征）。中间集散地的功能是为交易双方提供一个中间交易的平台，集中交易双方的需求，促使交易信息能够在平台上得到较好的流动与利用，避免交易双方在寻求交易对象的过程中由于信息的不对称而发生的额外费用，从而降低商品的交易成本。

（4）基于弥合生产需求分散所创造的空间效益。现代社会中生产与需求的空间差十分普遍，而现在消费者对商品的需求也日益多样化。除了大生产决定的供应分散，自然地理、产业集群和社会发展因素等也造就了产品生产的分散。生产与消费的关系由过去的一对一、一对多或多对一，变成多对多的关系。

每种商品的生产者面临众多的消费者，每种商品的消费者也面临对众多生产者生产的产品的选择。这么错综复杂的供给与需求的空间差都是依靠物流来弥合的，物流也从中取得了利益。这就是物流这种经济活动取得的空间效益。

2. 物流时间效益

物流时间效益是指“物”（物流商品）从供给者到需求者之间存在时间差，由改变这一时间差所创造的价值，称为时间效益。

时间效益，从形式上看，是把握“物”的流动时机，从而形成的效益；从构成实质上看，包括提高资金使用效率和把握商机形成增量效益。时间效益不是单独追求物流过程中某一个单独的变量的变化，如仅仅收入增加或资源消耗的减少等，而是把握相关收入的增加、资源占用及资源消耗成本的减少。

（1）缩短时间创造效益。缩短时间创造效益，就是采取技术的、管理的、系统的方法来尽量缩短物流的宏观时间和有针对性地缩短微观物流时间，从而取得较高的时间效益。在当今经济一体化和强调速度、效率的经济社会中，快速及时，加快物流速度，缩短物流时间，可获得多方面的好处，如减少物流损失，降低物流消耗，节约资金，增加资金与物流工具等物品的周转等，以尽量缩小时间间隔来创造价值。

研究表明，在制造领域物流时间几乎占到整个产品从生产到消费的95%的时间。这一方面说明在制造领域物流时间的重要性，另一方面也说明物流具有巨大的优化空间。通过优化物流时间，可能会给企业带来巨大的效益，从而确立竞争优势。企业通过大幅度压缩物流时间，甚至实现无滞留时间，减少库存，实现无产成品积压、提高操作人员的积极性，对企业流程从采购、生产到销售、配售全程实现优化，提高资本周转率和资金利润率，进而提高企业整体效益，这就是压缩时间创造的效益。

（2）改变时间差创造效益。改变时间差创造效益，即错位时间效益，是指本来在某个时间应该进行相应的经济活动，但是人为地通过相关的物流活动，将这一经济活动发生时间改变，以求取得较高的经济效益，这期间的效益增值即为错位时间效益。

供给与需求之间存在时间差，可以说这是一种普遍的客观存在，正是有了这个时间差，商品才能取得自身最高价值，才能获得十分理想的效益，才能起到以丰补歉的作用。但是商品本身是不会自动弥合这个时间差的，如果没有有效的方法，集中生产出的商品除了当时的少量消耗，就会损坏掉，丧失其使用价值。而在非产出时间，人们又会寻求该商品。物流便是以科学的和系统的方法进行弥补，有时是改变这种时间差，以实现其时间效益。

由于市场供求规律和价格机制的作用，供大于求商品价格下降，供不应求则价格上扬。利用供需之间的不平衡，通过相应的物流活动，努力塑造错位时间效益。其基本思路就是在市场竞争中采取“人无我有，人有我优”的竞争策略，使得自己的产品在市场中总是处于供不应求的状态，以求取得较好的经济效益。此种经济效益仅仅通过相关的物流活动就可以获得。

改变时间差创造效益可以分为两种：弥补时间差创造效益和延长时间差创造效益。

1）弥补时间差创造效益。许多商品的生产有严格的季节性和周期性，而消费者对这些商品的需求却未必仅在商品的产出时间。如粮食秋季集中产出，但人们对粮食的消费要持续一整年时间。这种集中产出所形成的供给和分散的需求必然会出现时间差。物流过程是一个中转和物资的储存地，商品在从生产部门到消费者的流通过程中必然存在一个停留期，通过储存期间的保管养护，可以克服商品生产与消费在时间上的差异，创造物资的时间效用，以保证流通和生产的顺利进行。这就是物流弥补时间差创造出的时间效益。

2）延长时间差创造效益。延长时间差创造效益是因为通过延迟物流时间，使得商品能在更好的时间点上实现更高的价值。这种物流的时间效益对于某些季节性商品的效益实现十分重要，因为其在不同的时间点上实现的价值可能相差很大。因此，利用时间差来创造时间效益成为物流服务创造效益的一个手段。

在某些物流存在延长物流时间来创造效益的空间，如秋季集中产出的粮食和水果等农作物，通过物流的储存和储备活动，得以延长物流的时间，以均衡人们的需求。由于产品生产的技术经济特征，在现有科学技术条件下不可能通过即时生产和配送来消除，或者即使能通过科学技术的发展实现即时生产和配送，但却不经济。因此，只能通过延长时间差来实现产品的效益，即通过物的储备有意识地延长物流时间，以均衡人们的需求。

（3）JIT 效益。JIT 效益就是在物流实践中以系统的观点来审视各活动环节的合理性和优化空间，使物流环节之间和各子系统之间能取得一个较好的平衡，从而使得整个物流系统的整体效益最优。在整个物流系统间寻求平衡，强调无缝连接。原则上不严格要求供应原材料时间最短或者运输费用最省，只强调整个系统的平衡和无缝连接，使得整个系统最优。在此理念指导下，不求完全无缺货的仓储系统可以大幅度降低仓储水平；运输系统也不要求片面地追求满载运输和回程实载等，在特定条件下，进行迂回运输和重复运输具备合理性和经济性。

（4）利用物流时间生产创造的时间效益。物流时间生产创造的时间效益是指在物流作业的同时进行生产作业，降低相应的设备购置成本和操作人员费用，同时缩短作业时间而创造的效益。

物流可以创造加工附加价值，加工是生产领域常用的手段，并不是物流的本来职能。现代物流的一个重要特点是企业根据自身的优势从事一定的补充性的加工活动，这种加工活动不是创造商品主要实体，形成商品主要功能和使用价值，而是带有完善、补充、增加性质的加工活动，这种活动会形成附加价值，这形成了现代物流有别于传统物流的特色。

3. 物流成本

在分析企业物流成本时，一般按物流所处领域的不同分成流通企业物流和生产企业物流，相应的物流成本也可分为流通企业物流成本和生产企业物流成本。

（1）流通企业物流成本的构成。流通企业物流成本是指在组织物品的购进、运输、保管、销售等一系列活动中所耗费的人力、物力和财力的货币表现。其基本构成及分类如下：

1）人工费用。如企业员工工资、奖金、津贴、福利费等。

2）营业费用。如运杂费、能源消耗费用、设施设备折旧费、保险费、办公费、差旅费以及经营过程中的合理消耗（如商品损耗）等。

3）财务费用。如支付的贷款利息、手续费、资金的占用费等。

4）管理费用。如行政办公费、差旅费等。

5）物流信息费。如硬件费用、软件费用、维护费用等。

（2）生产企业物流成本的构成。生产企业生产满足市场需求的各种产品，需要购进原材料和销售产品，同时产品的返修和废物的回收也是企业经营过程中必需的活动。因此，生产性企业的物流成本是指企业在进行供应、生产、销售、回收等过程中所发生的运输、包装、保管、配送、回收方面的成本。生产企业的物流成本大都体现在所生产的产品成本之中，具有与产品成本的不可分割性。其物流成本的基本构成及分类如下：

1）人工费用。人工费用是指企业从事物流工作的员工工资、奖金、津贴、福利费。

2）采购费用。如运输费、保险费、合理损耗、采购人员的差旅费等。

3）仓库保管费。如仓库的维护保养费、搬运费。

4）营业费用。营业费用是指在物流活动中的能源、材料消耗费，办公费，差旅费，保险费，劳动保护费等。

5）物流设施、设备维护和折旧费等。

6）产品销售费用。产品销售费用是指在产品销售过程中所发生的物流费用。如销售活动中的运输费、保险费、搬运费、装卸费、仓储费、配送费等。

7）物流信息费。如物流硬件费用、软件费用、维护费用等。

8）财务费用。如物流活动中的贷款利息、手续费、资金占用费等。

10.1.2 物流管理

物流管理（logistics management）是对物流活动进行计划、组织、指挥、协调、控制和监督，使各项物流活动实现最佳的协调与配合，以降低物流成本，提高物流效率和经济效益。

1. 物流管理的原则

（1）在总体上，坚持物流合理化的原则，就是在兼顾成本与服务的前提下，对物流系统的构成要素进行调整改进，实现物流系统整体优化。

（2）在宏观上，除了完善支撑要素建设，还需要政府以及有关专业组织的规划和指导。

（3）在微观上，除了实现供应链的整体最优管理目标，还要实现服务的专业化和增值化。现代物流管理的永恒主题是成本和服务，即在努力削减物流成本的基础上，努力提升物流增值性服务。

（4）在服务上，具体表现为7R原则，即适合的质量（right quality）、适合的数量（right quantity）、适合的时间（right time）、适合的地点（right place）、良好的印象（right impression）、适当的价格（right price）和适合的商品（right commodity），为客户提供上述七个方面的恰当服务。

2. 物流管理的主要内容

（1）对物流活动诸要素的管理，包括运输、储存、装卸、配送等环节的管理。

（2）对物流系统诸要素的管理，即对其中人、财、物、设备、方法和信息等要素的管理。

（3）对物流活动中具体职能的管理，主要包括物流计划、质量、技术、经济等职能的管理等。

现代物流管理建立在系统论、信息论和控制论的科学基础上，从系统论的观点出发，要求物流系统能及时提供完整、准确和必要的信息，通过对这些信息的处理，了解掌握物流状况。

10.1.3　物流战略管理

物流战略是指为寻求物流的可持续发展，就物流发展目标以及达成目标的途径与手段而制定的长远性、全局性的规划与谋略。物流战略管理绝不是一件简单的任务或目标，而是物流经营者在构建物流系统过程中，通过物流战略设计、战略实施、战略评价与控制等环节，调节物流资源、组织结构等，并且最终实现物流系统宗旨和战略目标等一系列动态过程的总和。

1. 物流战略实施计划的内容

战略实施计划回答战略如何实施的具体问题。根据所考虑时期长短不同可分为三个层面：战略层面、策略层面和执行层面。战略层面考虑长期的计划制定，时间跨度在一年以上；策略层面考虑一年以内的实施计划；执行层面考虑短期的活动，经常需要做出每天甚至每小时的决策，三者的区别如表 10-1 所示。

表 10-1　不同计划层面决策举例

决策变量	战略层面	策略层面	执行层面
选址	设施数目、地点及规模	库存分布决策	路线、路线上产品的分配
运输	运输方案	季节性的服务	数量及时间安排
订货流程	设计订单流程系统	客户的优惠待遇	执行订单流程
仓库	布局、地点选择	季节性的空间变换	订单履行
采购	政策制定	合同管理、供应商选择	订单送出

不同层面的计划需要处理不同的数据和信息。战略计划是长期性的，所需数据无须太精确和完整，而经常是长期的平均数字，计划的制定也不追求绝对完美。处在另一个极端上的是执行层面的计划，需要处理大量精确的信息和数据。例如战略层面的计划对于库存的要求是整个库存水平不超过某一财务预算，而执行层面的计

划需要对每种产品提出相应的管理方法。

2. 物流战略计划的主要内容

物流计划主要包括四个方面的问题：顾客服务水平、物流设施分布、库存和运输，如图10－1所示，它们组成了一个不可分割的整体。

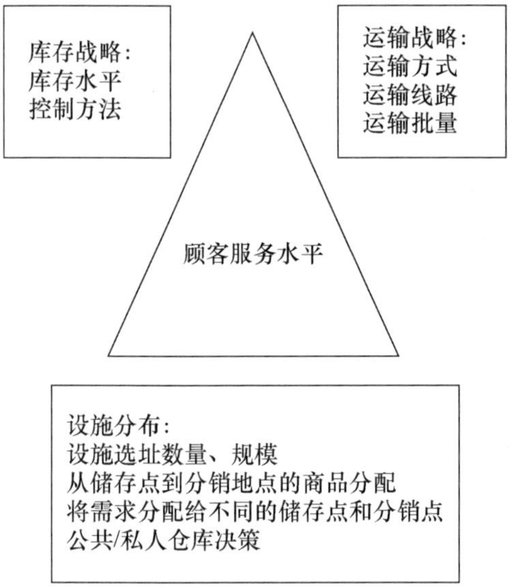

图10－1 物流决策三角

物流系统的顾客服务水平关乎顾客的满意度。若将服务水平设定较低，企业则可使用较便宜的运输方式和在较少的地方设置库存；若设定较高的服务水平，则要求运输和库存都有足够的保障。不可追求过高的服务水平，服务水平过高需要支出更多成本。因此，在设计时应权衡利益，设计合适的服务水平。服务水平涉及物流设施分布、库存和运输环节。

（1）物流设施分布有助于找到费用最小或获利最大的商品分销方式。

（2）库存涉及将存货分配到不同的分销地点还是通过持续供货以满足需求，采取不同的库存管理方法决定了物流设施的分布决策。

（3）运输问题包括运输方式的选择、运输批量、运输路线和日程安排。这些决策受物流设施分布的影响，物流分布决策与运输安排相关，库存水平的大小也与运输批量有关。

3. 改善物流战略计划应考虑的主要因素

（1）市场需求。市场需求及其地理分布直接影响物流网络系统的构建。一个国家和地区的需求的大幅度变化往往是物流系统需要重建的指示灯。随着需求的变化，应当调整现有物流设施规模，在那些没有建设物流系统的地区，由于需求的增长也应该建立相应的物流系统。

（2）顾客服务水平。顾客服务水平变化的原因有竞争对手的战略发生变化或市场发生变化。

（3）物流中的产品特性。物流中的产品特性包括重量、体积、价值和风险。可以在物流中通过包装和流通加工等方式改变其特性。

（4）物流成本。若物流成本相对较高，则更新物流计划的频率应该加快以保持对市场的敏感性。例如生产食品的公司，由于其物流成本较高，所以进行微小的改善便可大幅度降低成本。但对于一些高科技产业如计算机等，由于物流成本在成本中仅占微小的比例，所以其改善物流系统的动力相对较小。

（5）定价方法。采购或销售物品时定价方法的改变也会对物流计划产生影响。企业一般只关心自己责任范围内所产生的成本，如果一个公司最初的定价方法是由顾客来承担运输成本，那么它往往会只建立少量的仓库来降低成本，尽管成本在很多时候是可以转换的，但当定价方法改变时，运输成本需要由供货方来承担的话，则不得不考虑运输所产生的成本而重新设计物流系统。

10.2 运输管理

运输（transport）是实现人和物的空间位置变化的活动，与人类的生产生活息息相关，运输的历史和人类的历史同样悠久。物流的运输则专指物的载运及输送，它是在不同地域范围间（如两个城市、两个工厂之间，或一大企业内相距较远的两个部门之间）以改变物的空间位置为目的的活动，是对物进行的空间位移。运输一般分为运输和配送，所有物品的移动都是运输，而配送则专指短距离和小批量的运输，运输侧重整体，配送注重局部。

10.2.1 运输的作用

1. 运输是物流的主要功能要素之一

物流是物的物理性运动，它包含物的时间状态和空间状态的改变。运输是改变空间状态的主要手段，运输再配以搬运和配送等活动以完成改变空间状态的全部任务。

2. 运输是社会物质生产的必要条件之一

运输是生产过程的继续，它既连接生产与消费环节，同时也连接国民经济各部门和各企业，运输活动小到连接城乡，大到连接不同国家和地区。在生产过程中，运输是生产的直接组成部分，没有运输则无法关联生产内部的各个环节。

3. 运输可以创造“场所效用”

由于空间场所不同，同种物品的使用价值的实现程度也不同。如在沿海地区廉价的海产品，在内陆价格很高。由于改变场所而最大限度发挥使用价值，最大限度提高产出投入比，这就是“场所效用”。通过运输，将物运到场所效用最高的地方，就能发挥物的潜力，实现资源的优化配置，运输提高了物的使用价值。

4. 运输是“第三利润来源”

运输承担大跨度空间转移任务，要消耗大量的能源动力才能实现，节约的潜力巨大。通过科学规划运输活动可缩短运输吨公里数，节约运输成本就是帮助企业获得利润。

5. 合理的运输能够节约物流成本

运输费用是物流费用的主要组成部分，应通过合理地组织运输，缩短运输里程，提高运输工具的运用效率，从而达到节约物流成本的目的。

6. 合理的运输能够提高资金使用效率

合理的运输能促使物流建设的加快，减少物品的库存量，加快资金周转，节约资金占用，从而提高社会产品的使用效率，实现物流的经济效益和社会效益。

10.2.2 运输方式

现代运输方式可按运输工具的不同进行以下划分。

1. 公路运输

公路运输（trucking）是以汽车为主在公路上进行客货运输的一种方式，公路运输主要承担近距离和小批量的货运。公路运输是唯一可以实现“门到门”的运输方式，即从发货者门口到收货者门口，无须转运或反复装卸搬运。公路运输常常作为其他运输方式的衔接手段。公路运输的主要优点是灵活性强，公路建设期短，投资较低，易于因地制宜，对收到站设施要求不高。公路运输的经济半径一般在500公里以内。

2. 铁路运输

铁路运输（railway transport）是使用铁路列车运送客货的一种运输方式。铁路运输主要承担长距离和大数量的货运，在没有水运条件的地区，几乎所有大批量货物都是依靠铁路，铁路是在干线运输中起主力运输作用的运输形式。铁路运输的主要优点是速度快，运输不受天气条件限制，载运量大，运输成本较低。铁路运输灵活性差，只能在固定线路上实现运输，需要与其他运输手段配合和衔接。铁路运输经济里程一般在500公里以上。

3. 水运

水运（water transport）是使用船舶运送客货的一种运输方式。水运主要承担大数量和长距离的运输，是国际贸易的主要货运形式。在内河及沿海，水运也常作为小型运输工具使用，担任补充及衔接大批量干线运输的任务。水运的主要优点是低成本、大批量、远距离。但水运速度慢，内河运输受港口、水位、季节、气候影响较大。水运包括远洋运输、近海运输、沿海运输和内河运输四种形式。

4. 航空运输

航空运输（air transport）是使用飞机或其他航空器进行运输的一种形式。航空运输单位成本很高，主要适合运载价值高和运费承担能力很强的货物或贵重设备的零部件和高档产品等。航空运输也适合运送紧急物资，如救灾抢险物资等。航空运输的主要优点是速度快，不受地形的限制，在火车、汽车都达不到的地区也可依靠航空运输，因而有其重要意义。

5. 管道运输

管道运输（pipeline transport）是利用管道输送气体、液体和粉状固体的一种运输方式。其运输形式是靠物体在管道内顺着压力方向循序移动实现的。管道运输建设成本较高，其主要优点是运输过程中消耗动力较少，不受气象条件的影响，适合大量连续不断的物资运送。

6. 联合运输

联合运输（combined transport）指使用两种或两种以上的运输方式组合，以完成一项货物的综合运输。联合运输要求两种不同的运输方式进行衔接运输。联合运输按地域划分为国际联运和国内联运两种，国内联运较为简单，国际联运是联合运输最高水平的体现。联合运输可以简化托运、结算及理赔手续，节省人力和物力费用；能够缩短货物运输时间，减少库存，降低货损货差事故，提高货运质量；可以降低运输成本，节省各种支出；提高运输管理水平，实现运输合理化。

10.2.3　运输合理化

运输合理化是在一定的产销条件下货物的运量、运距、流向和中转环节的合理配置，实现以最适宜的运输工具、最低的运输费用、最少的运输环节、最佳的运输线路和最快的运输速度转移货物。

1. 影响运输合理化的因素

影响物流运输合理化的因素很多，起决定作用的有五个方面，称作合理运输的“五要素”。

（1）运输距离。在运输过程中，运输时间和运输费用等技术经济指标都与运输距离有关，运距长短是关系运输是否合理的一个最基本因素。

（2）运输环节。每增加一个运输环节，势必要增加运输的附属活动，如装卸、包装等，各项技术经济指标也会因此发生变化，因此减少运输环节有积极的作用。

（3）运输工具。各种运输工具都有其优势领域，对运输工具进行优化选择，最大限度发挥运输工具的特点和作用是运输合理化的重要一环。

（4）运输时间。缩短运输时间对缩短整个流通时间意义重大。缩短运输时间还有助于加速运输工具的周转，充分发挥运力效能，提高运输线路通过能力。

（5）运输费用。运输费用在全部物流费用中占很大的比例，运费高低在很大程度上决定了整个物流系统的竞争能力。无论货主还是物流企业都十分关注运输合理化，运费是各种合理化措施是否行之有效的最终判断依据之一。

2. 运输合理化的有效途径

运输合理化是一个系统工程，需要通过有效的途径加以落实，运输合理化的有效途径表现在以下方面：

（1）合理配置运输网络。在规划运输网络时，应合理配置仓库、配送中心、物流中心以及中转站、货运站等物流节点。企业为了确保市场占有率，就需要考虑利用多少个仓库和配送中心；配送中心和仓库应该科学布局，合理分配密度。这些问题需要整体规划，统一考虑，做到既满足销售的需要，又能减少交叉、迂回、空载运输，降低运输成本，提高运输效率。

（2）选择最佳的运输方式。每种运输方式都有自己的优势和劣势。应对不同运输方式进行综合分析，选择适宜的运输方式。长距离、大批量的货物运输宜采用铁路或水路运输；小批量、多品种、近距离的货物运输宜采用公路运输。

（3）提高车辆运行效率。提高运输车辆的运行率和实载率，减少车辆空载、迂回运输、重复运输、倒流运输等现象，缩短等待时间和装运时间，提高时间利用率，促进运输合理化。

（4）发展社会化运输体系。运输社会化的含义是发展运输的大生产优势，实行专业分工，改变一家一户自成运输体系的状况。目前，我国铁路运输的社会化体系较为完善，而公路运输由于小生产作业非常普遍，是社会化运输体系改善的重点。社会化运输体系中，各种联运体系是水平较高的方式。

（5）采用先进的运输技术装备。不断开发特殊运输技术和采用先进的运输工具是实现运输合理化的重要途径。

（6）采用合理的运输策略和模式。要实现运输合理化，还必须采用合理的运输策略。企业可根据实际情况，尽量采用直达运输、共同运输、集运等策略。在实际工作中，应推进共同运输，即企业部门之间、企业之间、行业之间进行合作，协调运输计划，共同利用运力。

10.2.4 车辆路径问题

车辆路径问题（vehicle routing problem）可以描述为：给定一组有容量限制的车辆的集合、一个物流中心（或供货地）、若干有供货需求的客户，组织适当的行车路线，使车辆有序地通过所有的客户，在满足一定的约束条件（如需求量、服务时间限制、车辆容量限制、行驶里程限制等）下，达到一定的目标（如路程最短、费用极小、时间尽量少、使用车辆数尽量少等）。因此，研究车辆的路径问题，就是要研究如何安排运输车辆的行驶路线，使运输车辆依照最短的行驶路径或最少的时间费用，依次服务于每个客户后返回起点，实现总运输成本最小。

1. 车辆路径问题相关的常用基本问题

（1）旅行商问题。旅行商问题（traveling salesman problem）可描述为：一个推销员欲到 N 个城市推销商品，每两个城市之间的距离是已知的，如何选择一条路径使推销员依次又不重复地走遍每个城市后回到起点，且所走的路径最短，如图 10－2 所示。

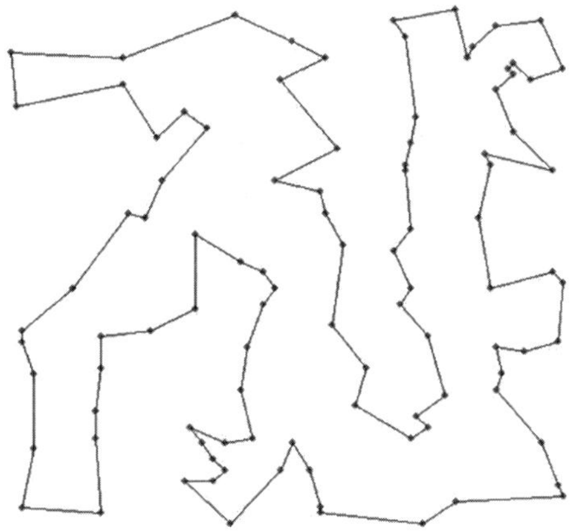

图 10－2　旅行商问题示意图

（2）运输问题。运输问题（transportation problem）关心的是以最低的总配送成本把供应中心（称为出发地（sources））的任何产品运送到每一个接受中心（称为目的地（destinations））。运输问题需要的数据包括供应量、需求量和单位成本，运输问题请见本书第 5 章第 2 节选址方案的定量评估方法。

（3）背包问题。背包问题（knapsack problem）是指有一只固定容量的背包和若干体积和重量不等的物品，背包的容量不允许装下这所有的物品，如何选择适当的物品装入背包，使得背包的装载量（所装物品的重量之和）最大。

（4）最短路径问题。最短路径问题（shortest path problem）是在一个网络中寻找两点之间的最短路径。这两点之间通常没有直接的通路可达，但可经由若干中间节点相通。

（5）最小费用流问题。最小费用流问题（minimum cost flow problem）主要解决如何以最小成本在一个配送网络中运输货物，该问题又称为网络配送问题。最大流问题和最小费用流问题与网络中的流有关。但是它们的目标不同，最大流问题不是使得流的成本最小化，而是寻找一个流的方案，使得通过网络的流量最大。

（6）中国邮递员问题。中国邮递员问题（Chinese postman problem）是由管梅谷先生在1962年首先提出的，它可描述为一个邮递员负责某一地区的信件投递。每天要从邮局出发，走遍该地区所有的街道再返回邮局，应该怎样安排送信路线可以使所走的路程最短。

（7）指派问题。指派问题（assignment problem）解决将N件工作安排给M个人完成的问题。已知不同人完成不同工作的效率或成本不同，指派问题要求以最高的效率或最小的人工成本完成工作的安排。指派问题请见本书第7章第3节派工的相关论述。

2. 车辆路径问题的分类

对于车辆路径问题，当不考虑时间要求，仅根据空间位置安排路线时称为车辆路线安排问题；当考虑时间要求安排路线时称为车辆调度问题；当同时考虑空间位置和时间要求时称为路线和调度混合问题。

车辆路径问题还有确定性模式和随机性模式之分。确定性模式假设：

（1）客户的数目在配送开始前是已知且固定的；

（2）客户的需求量在配送开始前是已知且固定的；

（3）两点之间的旅行时间仅取决于这两点之间的距离。

随机性模式不要求以上一个或多个假设。随机性模式又称随机需求车辆路径问题。如果考虑装卸工人的调配问题，则车辆路径问题就称为带装卸工调配的车辆路径问题。

除了以上分类，车辆路径问题还可以按任务特征分为装货问题、卸货问题及装卸混合问题；按任务性质分为对弧服务问题（如中国邮递员问题）和对点服务问题（如旅行商问题）以及混合服务问题（如校车路线安排问题）；按车辆载货状况分为满载问题和非满载问题；按车场数目分为单车场问题和多车场问题；按车辆类型数分为单车型问题和多车型问题；按车辆对车场的所属关系分为车辆开放问题（车辆可不返回车场）和车辆封闭问题（车辆必须返回车场）；按优化目标可分为单目标问题和多目标问题；等等。

针对不同的分类方法，车辆路径问题的模型构造及求解方法有很大差别。

3. 车辆路径问题的求解方法

车辆路径问题通常被构造成整数规划模型、图论或其他模型，这些模型之间存在着某种联系。但从建立模型时的出发点考虑，大多数模型都可看成是下面三种模型的变形与组合：第一，以车流为基础的模型；第二，以物流为基础的模型；第三，集覆盖模型。

常用的基本理论和方法有：分支定界法、割平面法、线性规划法、动态规划法、匹配理论、对偶理论、线搜索技术、列生成技术、拉格朗日松弛技术、状态空间松弛技术、Benders分解技术、扶梯度（subgradient）优化技术、概率分析、统计分析、最差情况分析、经验分析等。

常用算法基本上可分为优化算法和启发式算法两大类。优化算法求解时间长，算法效率低且不适合求解规模较大的问题，因此在实际应用中受到限制；启发式算法效率较高且能逼近最优解，为此专家主要把精力花在构造高质量的启发式算法上。目前的启发式算法相当多，大体上可分为传统启发式算法和巨集启发式算法两大类。

传统启发式算法具有求解速度快、求得的解较为固定的特点，已被证明会陷入局部优化解中。巨集启发式算法则尝试以不同的方式跳出局部解，在可接受的时间内，求得近似最优解，甚至是全局最优解。所以在近年来的研究中，多用巨集启发式算法来求解车辆路径问题，或者混合使用传统启发式算法和巨集启发式算法。

10.3　仓储管理

10.3.1　仓储的功能

仓储管理（warehouse management）是指对仓库和仓库中储存的物资进行管理。从整个物流过程看，仓储是保证这个过程正常运转的基础环节之一。仓储的价值主要体现在基本功能、增值功能以及社会功能三个方面。

1. 基本功能

基本功能指为了满足市场的基本储存需求，仓库所具有的基本的操作或行为，包括储存、保管、拼装、分类等基础作业。其中，储存和保管是仓储最基础的功能。通过基础作业，货物得到符合市场和客户需求的仓储处理，例如，拼装可以为进入下一个物流环节做好准备。

2. 增值功能

仓储通过基本功能体现仓储的基本价值，增值功能则是指通过仓储高质量的作业和服务，使经营方或供需方获取附加增值，这是物流中心与传统仓库的重要区别之一。增值功能的典型表现方式包括提高客户的满意度。当客户下达订单时，物流中心能够迅速组织货物，并按要求及时送达，提高了客户对服务的满意度，从而增加了潜在的销售量。增值功能还表现在信息的有效传递。在仓库管理的各项事务中，经营方和供需方都需要及时准确的仓库信息，包括仓库利用水平、进出货频率、仓库的地理位置、仓库的运输情况、客户需求状况和仓库人员的配置等信息，这些信息为用户或经营方进行商业决策提供可靠的依据，提高用户对市场的响应速度，有助于降低经营成本，获得更大的经济效益。

3. 社会功能

仓储的基础作业和增值作业会给整个社会物流运转带来不同的影响，良好的仓储作业与管理保证了生产和生活的连续性，反之会带来负面的效应，这些功能称为社会功能。社会功能表现在以下三个方面：第一，时间调整功能。一般情况下，生产与消费之间会产生时间差，通过储存可以克服货物产销在时间上的隔离，如粮食生产和消费。第二，价格调整功能。生产和消费之间也会产生价格差，供过于求和供不应求都会对价格产生影响，因此通过仓储可以克服货物在产销量上的不平衡，达到调控价格的效果。第三，衔接商品流通的功能。商品仓储是商品流通的必要条件，为保证商品流通过程连续进行，就必须有仓储活动。通过仓储以应对突发事件，保证商品顺利流通，仓储活动起到缓冲器的作用。

10.3.2 仓储管理的作用

仓储管理是仓储机构为了充分利用所具有的仓储资源提供高效的仓储服务所进行的计划、组织、控制和协调过程。

仓储管理的基本作用就是满足客户需求，科学合理地做好物品的入库、保管保养和出库等工作，为客户创造价值，为企业创造利润。具体来说，仓储管理包括仓储资源的获得、营运决策、商务管理、作业管理、仓储保管、安全管理、人事劳动管理、经济管理等一系列管理工作。仓储管理的作用表现在以下方面：

1. 获得最大的仓储资源配置

仓储管理需要营造本仓储机构的局部效益空间，吸引资源的进入。具体任务包括根据市场供求关系确定仓储的建设，依据竞争优势选择仓储地址，以生产差别产品决定仓储专业化分工和确定仓储功能，以所确定的功能决定仓储布局，根据设备利用率决定设备配置等。

2. 高效的组织管理机构

仓储组织机构的确定须围绕仓储经营的目标展开，以实现仓储经营的最终目标为原则，依据管理幅度和因事设岗和责权对等的原则，建立结构简单、分工明确、互相合作和促进的管理机构和管理队伍。因仓储机构的属性不同，仓储管理机构分为独立仓储企业的管理组织和附属仓储机构的管理组织，一般都设有内部行政管理、商务、库场管理、机械设备管理、安全保卫、财务等方面的机构以及其他必要的机构。随着计算机网络的普及，管理机构向少层次的扁平化结构发展。

3. 高效的仓储作业管理

仓储作业应充分利用机械设备、先进的保管技术和有效的管理手段，实现仓储快进快出，提高仓储利用率，降低成本，减少差错，保持连续稳定的生产作业。管理的核心在于充分使用先进的生产技术和手段，建立科学的生产作业制度和操作规程，实行严格的监督管理，采取有效的员工激励机制，充分配合企业的生产和经营活动。

10.3.3　仓储管理的内容

仓储管理围绕以下活动展开：

1. 仓库的选址与建设

仓库的选址与建设是仓库管理战略层问题，对仓库长期经营过程中的服务水平和综合成本产生长远影响，必须提到战略高度加以处理。

2. 仓库机械作业的选择与配置

仓库机械作业的选择与配置包括根据仓库作业特点和储存商品的种类及其理化特性选择机械装备以及应配备的数量。现代仓库离不开仓库所配备的机械设施，如叉车、货架、托盘和各种辅助设备等设施设备等。合理选择适用于不同作业类型的仓库设施和设备有助于降低仓库作业中的人工作业劳动量，提高货品流通的顺畅性，保障货品在流通过程中的质量。

3. 仓库作业组织和流程

仓库作业组织和流程包括设置适宜的组织结构，确定各岗位的责任分工，处理库存过程中的信息和作业流程等。仓库的作业组织和流程随着作业范围的扩大和功能的增加而变得复杂，现代大型的物流中心要比以前的储存型仓库组织机构大得多，流程也复杂得多。设计合理的组织结构和分工明确是仓储管理目标得以实现的基本保证。合理的信息流程和作业流程使仓储管理高效顺畅，提高客户的满意度。

4. 仓库管理技术的应用

现代仓储管理离不开现代管理技术与管理手段，仓库管理技术包括编码系统和仓储管理系统，商品的编码技术和仓储管理系统极大地改善了商品流通过程中的识别和信息传递与处理效率，使得商品的仓储管理更准确和快捷，有利于降低成本。

5. 仓库作业管理

仓库作业管理涉及商品入库前的验收，安排库位存放入库商品，对在库商品进行合理保存和发放出库等。仓库的作业管理是仓库日常所面对的大量复杂的管理工作，只有认真做好仓库作业中的每一个环节，才能保证仓储整体作业的良好运行。

6. 仓储综合成本控制

成本控制是任何一个企业管理者的重要工作目标，仓储的综合成本控制不但要考虑库房内仓储运作过程中各环节的相互协调关系，还要考虑物流过程各功能间的背反效应，以平衡局部利益和总体利益最大化的关系。选择使用成本控制方法和手段，对仓储过程每一个环节的作业成本加以控制，才能有效管控好仓储综合成本。

10.4 国际物流管理

10.4.1 国际物流的概念

广义的国际物流（international logistics）包括国际贸易物流、非贸易物流、国际物流合作、国际物流投资、国际物流交流等领域。其中，国际贸易物流主要是指特定组织的货物在国际的合理流动；非贸易物流是指国际展览与展品物流和国际邮政物流等；国际物流合作是指不同国别的企业完成重大的国际经济技术项目的国际物流；国际物流投资是指不同国家物流企业共同投资建设国际物流企业；国际物流交流则主要是指物流科学、技术、教育、培训和管理方面的国际交流。

狭义的国际物流主要是指当生产消费分别在两个或两个以上的国家或地区独立进行时，为了克服生产和消费之间的空间间隔和时间距离，对货物进行物流性移动的一项国际商品交流活动，从而完成国际商品交易的最终目的，即实现卖方交付单证、货物和买方收取货物。

国际物流的实质是根据国际分工的原则，依照国际惯例，利用国际化的物流网络、物流设施和物流技术，实现货物在国际的流动与交换，以促进区域经济的发展与世界资源的优化配置。国际物流的总目标是为国际贸易和跨国经营服务，即选择最佳的方式与路径，以最低的费用和最小的风险，保质、保量、适时地将货物从某国的供方运到另一国的需方。

10.4.2 国际物流的特点

与国内物流相比，国际物流有以下几个特点：

1. 物流环境存在差异

国际物流的一个非常重要的特点是各国物流环境的差异，尤其是物流软环境的差异。不同国家的不同物流适用法律使国际物流的复杂性远高于一国的国内物流，甚至会阻断国际物流；不同国家不同经济和科技发展水平会造成国际物流处于不同科技条件的支撑下，甚至有些地区根本无法应用某些技术而迫使国际物流全系统水平下降；不同国家不同标准，也造成国际接轨的困难，因而使国际物流系统难以建立；不同国家的风俗人文也使国际物流受到很大局限。物流环境的差异迫使一个国际物流系统需要在几个不同法律、人文、习俗、语言、科技、设施的环境下运行，无疑会大大增加物流的难度和系统的复杂性。

2. 物流系统的范围广

物流本身的功能要素和系统与外界的沟通本已很复杂，国际物流在这复杂系统上又增加了不同国家的要素，更增加了难度和复杂性，导致风险增大。也正是因为如此，国际物流一旦融入现代化系统技术后，其效果比以前更显著。例如，“大陆桥”的开通使部分国家间的物流速度成倍提高，物流效益显著增加就说明了这一点。

3. 国际物流必须有国际化信息系统的支持

国际化信息系统是国际物流的重要支持手段。建立国际信息系统存在管理困难和投资巨大的挑战，加之世界上不同地区发展不平衡，加大了建立信息系统的难度。当前一个较好的建立国际物流信息系统的办法是和各国海关的公共信息系统联网，以及时掌握有关各个港口、机场和联运线路、站场的实际状况，为供应或销售物流决策提供支持。国际物流是最早发展电子数据交换（EDI）的领域，以 EDI 为基础的国际物流将会对物流的国际化产生重大影响。

4. 国际物流的标准化要求较高

统一标准是使国际间物流畅通的前提。目前，美国和欧洲基本实现了物流工具、设施的统一标准，如托盘采用 1 000 毫米×1 200 毫米，集装箱的几种统一规格及条码技术等，降低了物流费用和转运的难度。如果采用的标准与这一标准不同，必然在转运等许多方面耗费更多的时间和费用，有可能降低国际竞争力。在物流信息传递技术方面，欧洲各国不仅实现企业内部的标准化，而且实现了企业之间及欧洲统一市场的标准化，这就使欧洲各国之间比其与亚洲和非洲等国家交流更简单和有效。

10.4.3　国际物流标准化

国际物流标准化是以国际物流为一个大系统，制定系统内部设施、机械设备、专用工具等各个分系统的技术标准；制定系统内各分领域如包装、装卸、运输等方面的工作标准；以系统为出发点，研究各分系统与分领域中技术标准与工作标准的配合性，按配合性要求，统一整个目标物流系统的标准；研究整个国际物流系统与相关其他系统的配合性，从而谋求国际物流大系统的标准统一，获得最佳物流秩序和经济效益。

国际标准化组织（ISO）对国际物流系统标准做出了统一规定，相关术语如下：

1. 物流模数

物流模数是指为了物流的合理化和标准化，以数值表示的物流系统各种因素的尺寸的标准尺度。它是由物流系统中的各种因素构成的，这些因素包括货物的成组，成组货物的装卸机械、搬运机械和设备，货车、卡车、集装箱以及运输设施，用于货物保管的机械和设备等。

2. 物流托盘化

物流托盘化是指把成为物流对象的货物的尺寸，通过托盘统一起来，由于物流中的各种货物的尺寸不同，为了方便货物的运输、搬运等环节的顺利进行，需要先把不同尺寸的货物放在托盘中，而将托盘标准化。目前由于不同的国家习惯不同，各自使用的托盘标准也不同，世界上流行的托盘如美国托盘、欧洲的标准托盘和日本的标准托盘，ISO 规定的托盘标准是欧洲的标准托盘。

3. EDI 标准

EDI 指电子交换数据系统，即能够做到结构合理化、标准化的使用计算机处理的商务文件，企业与企业之间通过计算机网络直观地进行信息交流，企业之间可用这种方法实施低成本物流，简单迅速地相互交易。要实现这个目的，就需要有电子信息交换用的标准规则，这就是 EDI 标准。国际通行的 EDI 标准有联合国管理的 UN/EDIFACT。目前国际贸易中的许多信息都依靠 EDI 进行数据传递。

10.5 第三方物流及第四方物流

10.5.1 第三方物流

第三方物流（third party logistics，3PL）是相对“第一方”发货人和“第二方”收货人而言的，是由第三方物流企业来承担企业物流活动的一种物流形态。第三方物流既不属于第一方，也不属于第二方，而是通过与第一方或第二方的合作来提供其专业化的物流服务，它不拥有商品，不参与商品的买卖，而是为客户提供以合同为约束，以结盟为基础的系列化、个性化和信息化的物流代理服务。随着信息技术的发展和经济全球化趋势，越来越多的产品在世界范围内流通、生产、销售和消费，物流活动日益庞大和复杂，而第一、二方物流的组织和经营方式已不能完全满足社会需要；同时，为参与国际竞争，企业必须确立核心竞争力，加强供应链管理，降低物流成本，把不属于核心业务的物流活动外包出去，第三方物流就是在这个背景之下诞生的。

1. 第三方物流的基本特征

(1) 关系合同化。第三方物流通过契约形式来规范物流经营者与物流消费者之间的关系。物流经营者根据契约规定的要求，提供多功能和全方位一体化的物流服务，并以契约来管理所提供的物流服务活动及其过程。其次，第三方物流发展物流联盟也是通过契约的形式来明确各物流联盟参与者之间的权利和义务关系。

(2) 服务个性化。首先，不同的物流消费者存在不同的物流服务要求，第三方物流需要根据不同物流消费者在企业形象、业务流程、产品特征、顾客需求特征、竞争需要等方面的不同要求，提供针对性强的个性化物流服务和增值服务。其次，从事第三方物流的物流经营者也因为市场竞争、物流资源、物流能力的影响需要形成核心业务，不断强化所提供物流服务的个性化和特色化，以增强物流市场竞争能力。

（3）功能专业化。第三方物流提供专业的物流服务，包括物流设计、物流操作过程、物流技术工具、物流设施、物流管理等，体现专门化和专业水平，这既是物流消费者的需要，也是第三方物流自身发展的基本要求。

（4）管理系统化。第三方物流应具有系统的物流功能，是第三方物流产生和发展的基本要求，第三方物流需要建立现代管理系统才能满足其运行和发展的基本要求。

（5）信息网络化。信息技术是第三方物流发展的基础。在物流服务过程中，信息技术发展实现了信息实时共享，促进了物流管理的科学化，极大地提高了物流效率和物流效益。

2. 第三方物流的作用

（1）降低成本。物流行业的最大组成部分是运输和库存等，利用第三方物流，可以减少生产企业的运输和库存成本。

（2）使企业集中精力于核心业务。由于任何企业的资源都是有限的，企业应把自己的主要资源集中于自己精通的主要业务活动中，而把物流等辅助功能外包给专业的物流企业。

（3）拥有第三方灵活性。把物流业务外包给承包商可以使得公司的固定投入成本转化为可变投资成本。

（4）享有专业知识和信息技术。通过专业化的发展，第三方物流公司开发了信息网络并且积累了针对不同物流市场的专业知识，涵盖运输、仓储和其他增值服务。

（5）降低库存。通过与第三方物流广泛的信息交流使企业对产品的预测更加准确，减少不必要的库存。

3. 第三方物流的缺点

（1）企业对物流的控制能力降低。由于第三方的介入，企业自身对物流的控制能力下降，在双方协调出现问题的情况下，可能会出现物流失控的风险，从而使企业的客服水平降低。另外，由于外部服务商的存在，企业内部更容易出现相互推诿，影响效率。

（2）客户关系管理的风险。

1）企业与客户的关系被削弱。由于生产企业通过第三方来完成产品的配送与售后服务，同客户的直接接触少了，这对建立稳定密切的客户管理非常不利。同时，第三方物流公司会通过在运输工具上喷涂自己的标志或让公司员工穿着统一服装等方式来提升第三方物流公司在顾客心目中的整体形象，从而会弱化生产企业的地位。

2）客户信息泄漏风险。客户信息对企业而言是非常重要的资源，但第三方物流公司并不面对一个客户，在为企业竞争对手提供服务的时候，企业的商业机密被泄露的可能性将增大。

（3）连带经营风险。第三方物流是一种长期的合作关系，如果物流提供方自身经营不善，则可能给第一、二方企业的经营造成负面影响，解除合作关系又会产生较高的成本，因为稳定的合作关系是建立在较长时间的磨合期上的。

10.5.2 第四方物流

1998年美国埃森哲咨询公司率先提出第四方物流（fourth party logistics）的概念，第四方物流专门为第一方、第二方和第三方提供物流规划、咨询、物流信息系统、供应链管理等活动的服务。

1. 第四方物流的基本特征

（1）第四方物流有能力提供一整套完善的供应链解决方案，是集管理咨询和第三方物流服务的集成商。

（2）第四方物流是通过对供应链产生影响的能力来增加价值，在向客户提供持续更新和优化的技术方案的同时，满足客户的特殊需求。

（3）成为第四方物流企业需具备一定的条件，如能够制定供应链策略、设计业务流程再造、具备技术集成和人力资源管理的能力；在集成供应链技术和外包能力方面处于领先地位，并具有专业人才；能够管理多个不同的供应商并具有良好的管理和组织能力等。

2. 第四方物流的基本组织结构

第四方物流组织成员可多可少，主要有如下几类：

（1）优秀的第三方物流服务商。这是为企业提供专业物流服务的机构。它通常拥有一定的服务设施、服务专业知识和经验，提供采购、储存、运输、装卸和配送等综合多样化服务，也可以是从事物流某一方面业务服务的企业。它是第四方物流在物流实际操作方面的主要承担者，但第三方物流公司缺乏对整个供应链管理进行运作的战略性专长和整合供应链的相关技术。

（2）物流管理咨询公司。这是从事物流管理服务的咨询机构，对需要物流服务的企业来讲，它没有物流设施实体，但却拥有高素质的物流管理人才和丰富的管理经验，了解和掌握物流信息，主要从事物流评审、物流规划、物流顾问、系统实施及物流培训等方面的业务，善于帮助企业做出科学的规划和管理，提高收益和竞争力。在第四方物流中它起着“智囊”的作用。

（3）客户。参加第四方物流的客户数量可以是一个，也可以是若干个，可以是同行业的，也可以是不同行业的，根据其规模和实力的不同可分为主要客户和一般客户。所谓的主要客户，与第四方物流组织保持长期、稳定的业务关系，除了共同出资，通常也把它的整个物流和采购管理，包括资产、物流管理人员以及经营人员转让给第四方物流组织。作为出资的回报，第四方物流组织负责管理和经营主要客户的整个供应链的管理职能。一般客户和主要客户的主要区别，一是企业的规模和对第四方物流组织的出资不及主要客户；二是和第四方物流组织的关系没有主要客户那么稳定、紧密和长期，通常情况下只享受第四方物流提供的服务。

（4）其他增值服务商。信息服务提供者以及专业的经营、包装、加工、配送等服务商，以及第三方物流服务商、物流咨询机构和主要客户构成了第四方物流组织的核心层，形成了整合功能型的组织模式。第四方物流组织的组建方式主要是合资（资金、技术知识、基础设施、机器设备等）和长期承包等。

3. 第四方物流的运作模式

第四方物流组织有较大的柔性，根据成员组织的约定和目标，它能够适应不同的组织，反过来也能够被行业结构和行为所塑造，组成灵活的运作模式。第四方物流主要有以下几种运作模式：

（1）协同运作型。由第四方物流为第三方物流提供其缺少的资源，如信息技术、管理技术，制定供应链策略和战略规划方案等，并与第三方物流企业共同开发市场，而具体的物流业务实施则由第三方物流企业在第四方物流组织的指导下完成，它们之间的关系一般是商业合同方式或战略联盟合作方式。

在这种模式中，第四方物流组织为实力雄厚的第三方物流服务商提供供应链战略方案、技术、专门项目管理等补充功能，并主要通过第四方物流为多个客户提供全面物流服务，其特点是雄厚的物流配送实力＋最优的解决方案，业务范围多集中在物流配送管理方面，具有针对性和灵活性。如中远货运公司依托中远集运，在美国西海岸至中国上海之间为通用汽车公司提供汽车零配件的集装箱陆运、海运、仓储、配送等一条龙服务。

（2）方案集成型。由第四方物流组织为客户提供运作和管理整个供应链的解决方案，并利用其成员的资源、能力和技术进行整合和管理，为客户提供全面集成的供应链管理服务。在这种方式中，通常由第四方物流组织和客户成立合资或合伙公司，客户在公司中占主要份额，第四方物流作为一个联盟的领导者和枢纽，集成多个服务供应商的资源，重点为一个主要客户服务。

这种模式的运作一般是在同一行业范围内，供应商和加工制造商等成员处于供应链的上下游和相关的业务范围内，彼此间专业熟悉，业务联系紧密，且有一定的依赖性。第四方物流服务以主要客户为龙头，带动其他成员企业发展。执行该模式的好处是服务对象及范围明确集中，客户的商业和技术秘密能够得到保护。第四方物流组织与客户的关系稳定、紧密而且具有长期性，但重要的前提条件是客户的业务量要足够大，使参与的服务商能够得到满意的收益，否则大多数服务商不愿把全部资源集中在一个客户上。

（3）行业创新型。第四方物流组织通过与各个资源、技术和能力的服务商进行协助，为多个行业的客户提供供应链解决方案。它以整合供应链的职能为重点，以各个行业的特殊性为依据，领导整个行业供应链实现创新，给整个行业带来改革和最大利益。

这种模式是以第四方物流组织为主导，联合第三方物流企业等其他服务商，提供运输、仓储、配送等全方位的高端服务，给多个行业客户制定供应链解决方案，如美国卡特彼勒物流公司从起初只负责总公司的货物运输，发展到后来为其他多个行业的客户如戴姆勒-克莱斯勒公司等大企业提供供应链解决方案。

（4）动态联盟型。动态联盟是由一些相对独立的服务商，如第三方物流企业、咨询机构、供应商、制造商、分销商和客户等由市场机会所驱动，通过信息技术相连接，在某个时期内结成的供应链管理联盟。它的组成与解散主要取决于市场机会存在与消失，以及企业可利用的价值。这些企业在设计、供应、制造、分销等领域里分别为该联盟提供自己的核心能力，实现利润共享和风险分担。这些企业除了具有一般企业的特征外，还具有基于公共网络环境的全球化伙伴关系及企业合作特征，面向经营过程优化的组织特征，可再构、重组与可变的敏捷特征等，能以最快速度完成联盟的组织与建立，集成优势并抓住机遇，通过响应市场来赢得竞争。

□ 小结

本章在介绍物流空间效益、物流时间效益、物流成本、物流管理和物流战略管理等相关知识基础上，对物流管理领域的五个重点及热点问题进行了描述，包括运输管理、仓储管理、国际物流、第三方物流和第四方物流。运输与仓储是物流管理中的两个重点环节，企业管理者有必要加强对其中的运输合理化问题和车辆路径问题的认识。国际物流是物流管理中有一定特殊内容的一个模块，而物流资源优化中的第三方物流及第四方物流在本章中也进行了介绍，帮助企业管理者开阔视野。

□ 术语

物流 物流空间效益 物流时间效益 物流成本 物流管理 物流战略 现代物流 运输方式 运输合理化 车辆路径问题 仓储管理 国际物流 第三方物流 第四方物流

□ 习题

1. 简述物流空间效益。
2. 简述物流时间效益。
3. 简述物流成本。
4. 运输的作用是什么？
5. 影响物流运输合理化的因素有哪些？
6. 仓储管理包括哪些内容？

7. 与国内物流相比，国际物流有哪些特点？
8. 第三方物流的作用是什么？
9. 第三方物流有什么缺点？
10. 第四方物流组织成员主要有哪几类？

□ 案例

印度孟买送饭小哥是如何创造物流奇迹的？

在印度孟买这个拥有 2 200 多万人口的城市里，活跃着一支由 5 000 人组成的专业送饭队伍，当地人称他们为达巴瓦拉（Dabbawala），15%的达巴瓦拉平均受过 8 年教育，80%不曾受过学校教育。每天 5 000 个达巴瓦拉要从孟买方圆 70 公里的市郊收集 200 000 个盛有家庭现做的饭菜的饭盒，经过 2～3 道火车中转，盒饭中间交接8～10 次，中午时分辗转送达孟买城内的客户手中，完成一般人不可思议的午餐投递工作。为什么在写字楼里上班的白领客户不自己携饭盒上班？因为在当地人看来，白领身着正装手提饭盒上下班不体面；而且饭盒体积大，不便于带上拥挤的孟买火车。自从有了达巴瓦拉的服务后，写字楼里的白领们无须担心用餐问题，他们在办公室里坐等就可以吃到亲人在上午新鲜烹制的可口饭菜，送饭以及餐后运送空饭盒回家都由达巴瓦拉承担。达巴瓦拉是如何完成这种技术要求低，但效率奇高的送餐物流的呢？

一、孟买的专业送饭工

早在 130 年前，孟买就有送饭服务了。达巴瓦拉历经社会变迁，始终奔跑在孟买街头，与“宝莱坞”齐名，已经成为孟买的标志之一。今天，使用其服务的顾客多达 17 万～20 万，并且业务量仍然在以每年 5%～10%的速度稳步增长。达巴瓦拉服务的顾客群体众多，包括小企业老板和上班族，特别是银行职员和工厂工人，甚至还有在读的大学生和中学生。有的是为了省钱，有的是为了卫生，有的是因为有特别的民族饮食习惯，总之一日也离不开达巴瓦拉的服务。

达巴瓦拉从来不做广告，也不进行品牌宣传，大多数新顾客通过老顾客介绍而来，有的则是达巴瓦拉从铁路站台上招徕而来。新用户的住址被记录下来之后，有专人登门拜访，确定服务合约。根据递送距离和花费时间的不同，每人每月收费 150～300 卢比不等。一些品牌厂商认识到达巴瓦拉的影响力，为了在本地消费者中间扩大品牌美誉度，纷纷寻求与达巴瓦拉合作。例如，微软公司就请达巴瓦拉派送过软件产品，印度电信公司 Airtel 雇用达巴瓦拉派送电信设备和预付费卡。更有甚者，维珍集团董事长理查德·布兰森听闻达巴瓦拉的事，专门到孟买乘坐火车体验送饭工的工作。

二、送饭流程及路径

送饭流程及时间表如下：

上午7：00～9：00	从客户家收集200 000个饭盒（每年65 000 000个）。
上午9：00～11：00	饭盒送上火车，在中途站把饭盒根据路线分类，饭盒在途中因目的地不同而分拣几次。
中午11：00～12：00	经过1～3道列车中转抵达孟买市内，饭盒派送到多个集散点，根据街道、大厦分类投递。
下午12：30～1：00	以手推车、自行车或步行为主要方式送达顾客手中。
下午2：00	反向物流，从客户手中取回200 000个空饭盒。
下午6：00	空饭盒送还至客户家中。

达巴瓦拉的工作时间为早上7：00到下午7：00，中午1：00～2：00小休。

三、简单高效的派送流程

令人吃惊的是大多数达巴瓦拉是文盲或半文盲，并且派送任务时间紧迫，派送方式只限于传统的步行、自行车和火车等交通工具，派送过程完全不依赖现代通信手段，也不产生任何单据，对于这个不识字的群体，单据不起作用。但它的错误率却只有800万分之一。这一成就完全超越了六西格玛的要求，让很多现代跨国速递公司也自叹不如。达巴瓦拉因而成为精益研究者的典范，更被收入《吉尼斯世界纪录》和很多商学院的案例库中。2001年，凭借出色的表现，达巴瓦拉通过了ISO 9001质量管理体系的认证。

达巴瓦拉成功的秘诀在哪里呢？

首先，孟买的城市特征为达巴瓦拉的良好运转提供了充足的客源和物流基础。

孟买是一个狭长形的城市，独特的地理条件形成了北部城郊为居住区，南部中心地带是办公和商业区的格局。作为印度第一大城市，孟买是商业和金融的中心，也是白领和公司职员最为集中的地方。居高不下的房价使得在孟买即便是中产阶层，大多也只能住在北部市郊，而他们大多保留着午餐要吃家中饭菜的习俗，这就为达巴瓦拉提供了充足的客源。

物流在孟买南北两个区域之间发生，贯穿这两大区域的是孟买全长303千米的城郊铁路系统，该系统将孟买的主要地区串联起来，使达巴瓦拉能以各个火车站为饭盒集散地，形成辐射效应，而且成本低廉。

其次，达巴瓦拉发展了自己的一套简单而高效实用的派送流程。一般来说，午餐从客户家到办公室往往要经过5位达巴瓦拉的转手：从城郊的顾客家取饭盒，在城郊的火车站口分拣，通过火车送货，在目的地站口分拣，最后送货上门。午饭后，上述过程再从尾到头逆向重复一遍，直到把饭盒返还到客户家中。下图是送饭路径：

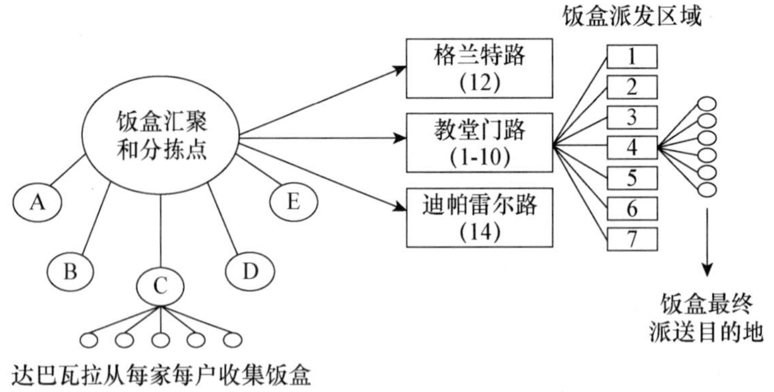

这个运作流程具备两个鲜明的特征：

其一，分工精细。每一位达巴瓦拉在五个环节中只参与其中一个，并且取饭盒和最后送饭盒两个环节的达巴瓦拉负责的区域大体固定。所有的业务环环相扣，每个达巴瓦拉仅做自己应做的一件事，这样效率和差错率都能很好地控制。

其二，采用行之有效的编码机制。达巴瓦拉大多目不识丁，因此饭盒上没有烦琐的文字，采用简单的编码机制和目视化管理方法对达巴瓦拉非常有效：初期他们使用一些不同颜色的布条来区分地址和物流信息，如今他们使用色卡和简单的字母来区分。下图是达巴瓦拉所用的目视化管理示意图：

餐盒盖子中央的阿拉伯数字 3 是指目的地车站的编号；左侧的 E 是指距离客户家最近的车站编码；VLP 是孟买郊区的一个地名，即客户家庭住址；9E12 是目的地的编码，9 是目的地达巴瓦拉的编号，E 表示建筑的名字，12 代表楼层。每种颜色代表孟买不同的区域、街区。单一颜色的代码表明是优先派送的业务。所有的工作程序都按照标准操作程序（SOP）的要求制定好，一环扣一环，保证了投递工作的准确性。

四、扁平高效的组织结构

扁平的组织结构和达巴瓦拉简单、快乐、敬业的天性，也确保了精简高效的递送流程得到彻底的贯彻执行。达巴瓦拉的组织结构十分扁平，5 000 人的组织只有三个层级：最高层是协会执行委员会，负责组织、协调和处理紧急事务、福利和对外交往；第二层是协会内每 25～30 名达巴瓦拉组成的小组的负责人，一般由经验丰富的老达巴瓦拉担任，监管每一个小组的工作运行；第三层就是小组内负责具体递送工作的达巴瓦拉。扁平的组织结构为问题的现场解决创造了条件，在饭盒递送过程中，一旦发生问题，每个小组就地解决，不需要汇报到总部。1956 年协会正式登记注册，而达巴瓦拉的服务早在 1890 年就开始了。如此漫长的时间里，会员增长全靠自发。协会办公室最初设在格兰特路上，而今在靠近大部分车站的地方都建立了联络点。

担任小组负责人的老达巴瓦拉熟悉颜色编码和操作流程，关键职责为分配餐盒，记录款项进出。他们有时候也要解决纠纷，争取新顾客，训练新员工，在新员工第一天递送饭盒的时候提供指导。每一个小组的财务独立，团队成员要为团队整体收益努力，这意味着相邻区域的不同小组为争取更多的顾客会产生激烈竞争。但同样规格的派送任务，不允许以低于其他小组的价格进行恶性竞争，这是约定俗成的规则。

每个月的第一个星期，达巴瓦拉向顾客收取当月服务费。服务费统一上交给小组负责人后，负责人在当月第一个星期日平均分配给团队成员。每个达巴瓦拉每月还要上交15卢比给协会作为管理费，协会的决议具有约束力，成员必须履行。每月15日，协会执行委员按时召开会议，主要强调顾客服务。有午餐盒丢失或被偷，专门调查就会启动，经过调查属实，顾客有权从本该支付的费用里扣除一部分。若是顾客的投诉缺乏证据，协会执行委员也会将该顾客的投递任务转移给另一位达巴瓦拉。

一个20人左右的小组，如果有675名顾客，每月可以赚到大约100 000卢比。同一个小组，有人服务40名顾客，有人服务30名顾客，拿到手的钱是一样的。小组与小组互相竞争，小组内部从不竞争，这也是约定俗成的规则。

五、快乐简单和难以复制的达巴瓦拉

达巴瓦拉与协会不是雇佣与被雇佣关系，而是成员关系。他们在加入协会时要交纳一定的资本金。最低投资要求是两辆自行车、一个木条箱、一套白色传统服装和一顶标志性的帽子，因此所有的达巴瓦拉都是股东，享有分红的权利。

新成员由老成员推荐加入，在入会之前还有严格的审核；而推荐人对新成员的表现又负有责任，这些安排都有效强化了达巴瓦拉的所有者意识以及相互之间高度的团队合作精神。

达巴瓦拉的纪律意识非常严格，如果有人工作时间不穿白色传统服装，将被罚款100卢比。为了保证准时送餐，达巴瓦拉对顾客也有要求，如果顾客的家人连续几次不能在规定时间内准备好餐盒，达巴瓦拉有权在一个星期之内拒绝服务。

精简的组织架构和业务流程设计毕竟要靠人来贯彻执行。达巴瓦拉恰恰是这样一群快乐并追求简单的人群。文化程度不高的达巴瓦拉每天工作12小时，骑行自行车近18公里。除去费用，一个达巴瓦拉月纯收入仅相当于107美元。在他们的眼中，递送饭盒是为了解决顾客的基本午饭需求，这不仅仅是一份工作，而是一项伟大的事业。

2003年英国查尔斯王子访问印度指名要会见达巴瓦拉，达巴瓦拉也只是同意在某一个送饭汇合的车站简单会见，因为这样不会影响他们每日的送饭流程。

资料来源：根据网上资料及美国《国家地理》系列电视节目《超级城市之孟买》编写而成。

案例思考题：

请分析支撑达巴瓦拉低成本送饭物流的运营模式的要素。

第 11 章 Chapter 11 质量管理

学习目标

1. 理解产品质量、服务质量及服务质量差距模型
2. 了解质量管理及其发展历程
3. 了解全面质量管理的基本要求
4. 掌握 PDCA 循环
5. 了解六西格玛管理的概念及特点
6. 掌握六西格玛管理的实施步骤
7. 掌握质量管理七种传统工具
8. 了解质量管理七种新工具

11.1 质量与质量管理

11.1.1 质量及其内涵

1. 质量的定义

国内外学者从多个角度对质量（quality）进行了定义，可以将质量的定义分为两类：

（1）质量是指产品和服务的特性符合给定的规格要求，通常是量化要求。

（2）质量是指产品和服务满足顾客期望。

随着 ISO 9000 标准在企业的广泛应用，ISO 9000 关于质量的定义逐渐为越来越多的人所接受。在 ISO 9000：2000 中质量的定义为：一组固有特性满足要求的程度。

上述定义可从以下几个方面来理解：

（1）质量是相对于 ISO 8402 的术语，更能直接地表述质量的属性，由于它对质量的载体不做界定，说明质量可以存在于不同领域或任何事物中。对质量管理体系来说，质量的载体不仅针对产品，即过程的结果（如硬件、流程性材料、软件和服务）。也针对过程和体系或者它们的组合。也就是说，所谓“质量”，既可以是零部件、计算机软件或服务等产品的质量，也可以是某项活动的工作质量或某个过程的工作质量，还可以是指企业的信誉、体系的有效性。

（2）定义中特性是指事物所特有的性质，固有特性是事物本来就有的，它是通过产品、过程或体系设计和开发及其之后的实现过程形成的属性。例如：物质特性（如机械、电气、化学或生物特性）、感官特性（如用嗅觉、触觉、味觉、视觉等感觉控测的特性）、行为特性（如礼貌、诚实、正直）、时间特性（如准时性、可靠性、可用性）、人体工效特性（如语言或生理特性、人身安全特性）、功能特性（如飞机最高速度）等。这些固有特性的要求大多是可测量的。赋予的特性（如某一产品的价格），并非是产品、体系或过程的固有特性。

（3）满足要求就是应满足明示的（如明确规定的）、通常隐含的（如组织的惯例、一般习惯）或必须履行的（如法律法规、行业规则）的需要和期望。只有全面满足这些要求，才能评定为好的质量或优秀的质量。

（4）顾客和其他相关方对产品、体系或过程的质量要求是动态的、发展的和相对的。它将随着时间、地点、环境的变化而变化。所以，应定期对质量进行评审，按照变化的需要和期望，相应地改进产品、体系或过程的质量，确保持续地满足顾客和其他相关方的要求。

（5）“质量”一词可用差、好或优秀等来修饰。在质量管理过程中，“质量”的含义是广义的，除产品质量之外，还包括工作质量。质量管理不仅要管好产品本身的质量，还要管好质量赖以产生和形成的工作质量，并以工作质量为重点。

2. 产品质量

产品质量是指产品适应社会生产和生活消费需要而具备的特性，是产品使用价值的具体体现。它包括产品内在质量和外观质量两个方面。

（1）产品内在质量。产品的内在质量是指产品的内在属性，包括性能、寿命、可靠性、安全性、经济性五个方面。

1）产品性能，指产品具有适合用户要求的物理、化学或技术性能，如强度、化学成分、纯度、功率、转速等。

2）产品寿命，指产品在正常情况下的使用期限，如房屋的使用年限，电灯、电视机显像管的使用时数，闪光灯的闪光次数等。

3）产品可靠性，指产品在规定的时间内和规定的条件下使用，不发生故障的特性，如电视机使用无故障、钟表的走时准确等。

4）产品安全性，指产品在使用过程中对人身及环境的安全保障程度，如热水器的安全性、啤酒瓶的防爆性、电器产品的导电安全性等。

5）产品经济性，指产品经济寿命周期内的总费用的多少，如空调器、冰箱等家电产品的耗电量，汽车的每百公里的耗油量等。

（2）产品外观质量。

1）产品的外观质量指产品的外部属性，包括产品的光洁度、造型、色泽、包装等，如自行车的造型、色彩、光洁度等。

2）产品的内在质量与外观质量特性比较，内在质量是主要的、基本的，只有在保证内在特性的前提下，外观质量才有意义。

3. 服务质量

服务质量（quality of service）是产品生产的服务或服务业满足规定或潜在要求（或需要）的特征和特性的总和。美国营销学家帕拉休拉曼（A. Parasuraman）、赞瑟姆（Valarie A. Zeithamal）和贝里（Leonard L. Berry）等人提出服务质量差距模型（service quality model），也称 5GAP 模型，专门用来分析质量问题的根源，如图 11－1 所示。

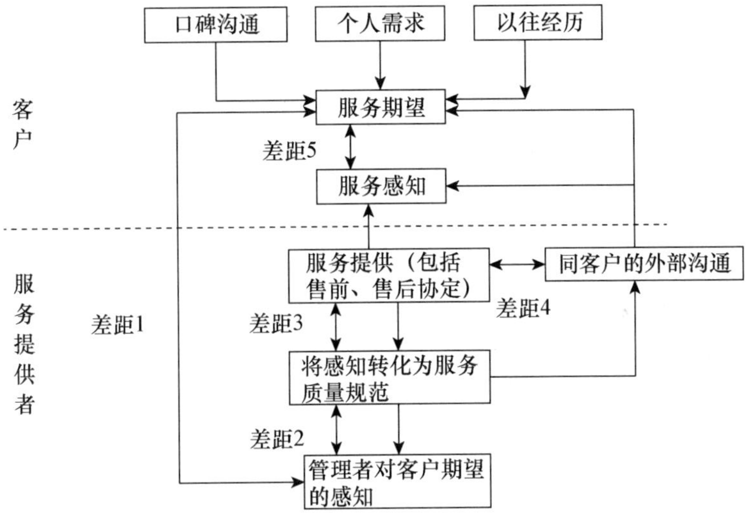

图 11－1 服务质量差距模型

该模型说明了服务质量的形成过程，模型的上半部分涉及与顾客有关的现象，期望的服务是顾客的以往经历、个人需求以及口碑沟通的函数，并受到企业营销活动的影响。顾客对实际经历服务的认识在模型中称为服务感知，它是一系列内部决策和内部活动的结果。在服务交易发生时，管理者对顾客期望的认识，对确定组织所遵循的服务质量标准起到指导作用。顾客亲身经历的服务交易和服务的生产过程都会影响服务质量。在分析和设计服务质量时，该模型指明必须要考虑的步骤，根据发现的问题查找服务差距。要素之间有五种差距，这五种差距以及它们造成的结果和产生的原因分述如下：

（1）管理者认识的差距（差距 1）。这个差距指管理者对期望质量的感觉不明确。产生的原因有：

1）对市场研究和需求分析的信息不准确；

2）对期望的解释信息不准确；

3）没有需求分析；

4）从企业与顾客联系的层次向管理者传递的信息失真或丧失；

5）臃肿的组织层次阻碍或改变了在顾客联系中所产生的信息。

管理者认识到差距是改善服务质量的第一步。

（2）质量标准差距（差距2）。这一差距指服务质量标准与管理者对质量期望的认识不一致。原因如下：

1）计划失误或计划过程不够充分；

2）计划管理混乱；

3）组织无明确目标；

4）服务质量的计划得不到最高管理层的支持。

服务生产者和管理者对服务质量达成共识，缩小质量标准差距，远要比任何严格的目标和计划过程重要得多。

（3）服务交易差距（差距3）。这一差距指在服务生产和交易过程中员工的行为不符合质量标准，它是因为：

1）标准太复杂或太苛刻；

2）员工对标准有不同意见，例如一流服务质量可以有不同的行为；

3）标准与现有的企业文化冲突；

4）服务生产管理混乱；

5）内部营销不充分或根本不开展内部营销；

6）技术和系统没有按照标准为工作提供便利。

管理和监督、员工对标准规则的认识和对顾客需要的认识以及缺少生产系统和技术的支持都会造成上述差距。

（4）营销沟通的差距（差距4）。这一差距指营销沟通行为所做出的承诺与实际提供的服务不一致，产生的原因是：

1）营销沟通计划与服务生产没统一；

2）传统的市场营销和服务生产之间缺乏协作；

3）营销沟通活动提出一些标准，但组织却不能按照这些标准完成工作；

4）有故意夸大其词，承诺太多的倾向。

外部营销沟通的计划与执行没有和服务生产统一起来以及广告等营销沟通过程中往往存在承诺过多的倾向都会导致整个差距的产生。

（5）感知服务质量差距（差距5）。这一差距指感知或经历的服务与期望的服务不一样，它会导致以下后果：

1）消极的质量评价（劣质）和质量问题；

2）口碑不佳；

3）对公司形象的消极影响；

4）丧失业务。

感知服务差距产生的原因可能是本部分讨论的众多原因中的一个或者是它们的组合。

11.1.2　质量管理

关于“质量管理”（quality management）这一术语的含义有着不尽一致的表述：

ISO 9000《质量管理和质量保证》标准规定：“质量管理是指全部管理职能的一个方面。该管理职能负责质量方针的制定与实施。”

ISO 8402《质量管理和质量保证术语》标准中，将质量管理的含义进行了扩展，规定：“质量管理是指确定质量方针、目标和职责，并通过质量体系中的质量策划、质量控制、质量保证和质量改进来使其实现的所有管理职能的全部活动。”

质量管理关注以下几个方面：

（1）质量管理是企业全部管理工作的中心，应由最高管理者领导。

（2）在质量管理过程中，应明确质量方针、质量目标、质量职责和程序。

1）质量方针。组织应遵循的质量政策、质量观念和活动准则，以及质量追求和承诺。

2）质量目标。产品质量、服务质量等应在一定时期内实现的量化要求。

3）质量职责。与质量有关的各部门、各类人员应遵守的明确规定的质量职责和权限。

4）程序。形成文件的程序是涉及活动过程的控制依据。

（3）实施质量方针和实现质量目标是开展质量管理的根本目的。

（4）质量管理通过质量管理体系进行过程管理、质量策划、质量控制、质量保证和质量改进，确保质量方针、质量职责和形成文件的程序的实施和质量目标的实现，满足顾客要求，提高顾客满意程度。

（5）质量管理通过组织的体系系统有效地开展，涉及组织的所有与产品质量直接或间接有关的职能和活动。

（6）开展质量管理应考虑经济性，在确保质量和改进质量的同时，应使成本适当，实现质量和效益最佳化。

11.1.3　质量管理的发展历程

质量管理的发展大致经历了以下三个阶段：

1. 质量检验阶段

在 20 世纪以前，质量管理主要依靠操作者本人的技艺水平和经验来保证，属于“操作者的质量管理”。20 世纪初，科学管理理论的产生，促使产品的质量检验从加工制造中分离出来，质量管理的职能由操作者转移给工长，质量管理进入“工长的质量管理”阶段。随着企业生产规模的扩大和产品复杂程度的提高，产品有了技术标准（技术条件），公差制也日趋完善，各种检验工具和检验技术随之发展，大多数企业开始设置检验部门，有的直属厂长领导，质量管理进入“检验员的质量管理”阶段。上述几种做法都属于事后检验的质量管理方式。

2. 统计质量控制阶段

1924年，美国数理统计学家W. A. 休哈特提出了控制和预防缺陷的概念，他运用数理统计的原理提出在生产过程中控制产品质量的6σ法，绘制出第一张控制图并建立了一套统计卡片。与此同时，美国贝尔实验室提出关于抽样检验的概念及其实施方案，成为运用数理统计理论解决质量问题的先驱，但当时并未被普遍接受。以数理统计理论为基础的统计质量控制的推广应用始于第二次世界大战期间。由于事后检验无法控制武器弹药的质量，美国国防部决定把数理统计法用于质量管理，并由美国标准协会制定有关数理统计方法应用于质量管理方面的规划，成立了专门委员会，并于1941—1942年公布一批美国战时的质量管理标准。

3. 全面质量管理阶段

20世纪50年代以来，随着生产力的迅速发展和科学技术的日新月异，企业之间市场竞争越来越激烈，“保护消费者权益”运动兴起，人们对产品的质量从注重产品的一般性能发展为注重产品的耐用性、可靠性、安全性、可维修性和经济性等，在生产技术和企业管理中要求运用系统的观点来研究质量问题。在管理理论上也有新的发展，突出重视人的因素，强调依靠企业全体人员的努力来保证质量。费根堡姆于20世纪60年代初提出全面质量管理的概念，指出全面质量管理是“在最经济的水平上考虑到充分满足顾客要求的条件下进行生产和提供服务，并把企业各部门在研制质量、维持质量和提高质量方面的活动构成为一体的一种有效体系”。

11.2 全面质量管理

全面质量管理（total quality management）是指一个组织以质量为中心，以全员参与为基础，目的在于通过顾客满意和本组织所有成员及社会受益而达到长期成功的管理途径。全面质量管理于20世纪60年代产生于美国，后来在西欧及日本逐渐得到推广与发展。它应用数理统计方法进行质量控制，使质量管理实现定量化，变产品质量的事后检验为生产过程中的质量控制。

11.2.1 全面质量管理的基本要求

1. 全过程的质量管理

任何产品或服务的质量，都有一个产生、形成和实现的过程。从全过程的角度来看，质量产生、形成和实现的整个过程由多个相互联系和相互影响的环节组成，每一个环节都或轻或重地影响着最终的质量状况。为了保证和提高质量就必须把影响质量的所有环节和因素都控制起来。为此，全过程的质量管理是从市场调研、产品的设计开发、生产作业到销售等全部有关过程的质量管理。要保证产品或服务的质量，不仅要搞好生产作业过程的质量管理，还要搞好设计过程和使用过程的质量管理。要把质量形成全过程的各个环节或有关因素加以控制，形成一个综合性的质量管理体系，以预防为主，防检结合，重在提高。为此，全面质量管理强调如下两个思想：

（1）预防为主、不断改进的思想。优良的产品质量是设计和生产制造出来的而不是靠事后检验决定的，事后检验面对的是已经既成事实的产品质量。根据这一基本道理，全面质量管理要求把管理工作的重点从“事后把关”转移到“事前预防”上来，从管结果转变为管因素，实行“预防为主”的方针，把不合格品消灭在它的形成过程之中，做到“防患于未然”。当然，为了保证产品质量，防止不合格品出厂或流入下道工序，并把发现的问题及时反馈，防止再出现和再发生，加强质量检验在任何情况下都是必不可少的。强调预防为主和不断改进不仅不排斥质量检验，而且要求质量检验更加完善和更加科学。质量检验是全面质量管理的重要组成部分，企业内行之有效的质量检验制度必须坚持，并且要进一步使之科学化、完善化、规范化。

（2）为顾客服务的思想。顾客有内部和外部之分：外部的顾客可以是最终的顾客，也可以是产品的经销商或再加工者；内部的顾客是企业的部门和人员。实行全过程的质量管理要求企业各个工作环节都必须树立为顾客服务的思想。内部顾客满意是外部顾客满意的基础。因此，在企业内部要树立“下道工序是顾客”和“努力为下道工序服务”的思想。现代工业生产环环相扣，前道工序的质量会影响后道工序的质量，一道工序出了质量问题就会影响整个过程以至产品质量。因此，要求每道工序的工序质量，都要经得起下道工序，即“顾客”的检验，满足下道工序的要求。只有每道工序在质量上都坚持高标准，都为下道工序着想，为下道工序提供最大的便利，企业才能生产出符合规定要求和满足用户期望的产品。

可见，全过程的质量管理意味着全面质量管理要“始于识别顾客的需要，终于满足顾客的需要”。

2. 全员的质量管理

产品和服务质量是企业各方面、各部门、各环节工作质量的综合反映。企业中任何一个环节，任何一个人的工作质量都会不同程度地直接或间接地影响产品质量或服务质量。因此，产品质量人人有责，全员参加质量管理，才能生产出顾客满意的产品。要实现全员的质量管理，应当做好三个方面的工作。

（1）抓好全员的质量教育和培训。教育和培训的目的有两个方面：第一，加强员工的质量意识，牢固树立“质量第一”的思想。第二，提高员工的技术能力和管理能力，增强参与意识。在教育和培训过程中，要分析不同层次员工的需求，有针对性地开展教育和培训。

（2）形成一个高效、协调、严密的质量管理工作的系统。要制定各部门、各级各类人员的质量责任制，明确任务和职权，各司其职，密切配合。这就要求企业的管理者要勇于授权、敢于放权。授权是现代质量管理的基本要求之一。原因在于：

第一，顾客和其他相关方能否满意，企业能否对市场变化做出迅速反应决定了企业能否生存。提高反应速度的重要和有效的方式就是授权。第二，企业的员工有强烈的参与意识，应该充分利用员工的聪明才智，赋予他们权力和相应的责任，激发他们的积极性和创造性。第三，在明确职权和职责的同时，还应该要求各部门和相关人员对于质量做出相应的承诺。为了激发员工的积极性和责任心，企业应该将质量责任同奖惩机制挂起钩来，做到责、权、利三者的统一。

（3）开展多种形式的群众性质量管理活动。除质量管理小组之外，还有很多群众性质量管理活动，如合理化建议制度和与质量相关的劳动竞赛等。企业应该发挥员工的创造性，采取多种形式激发全员参与的积极性。

3. 全企业的质量管理

全企业的质量管理可以从纵横两个方面来加以理解。从纵向的组织管理角度来看，质量目标的实现有赖于企业的高层、中层、基层管理者乃至一线员工的通力协作，其中高层管理者能否全力以赴起着决定性的作用。从企业职能间的横向配合来看，要保证和提高产品质量必须使企业研发、维持和改进质量的所有活动构成一个有效的整体。全企业的质量管理可以从两个角度来理解。

（1）从组织管理的角度来看，全企业的质量管理就是要求企业各管理层次都有明确的质量管理活动内容。各管理层次活动的侧重点不同，高层管理侧重于质量决策，中层管理则要贯彻落实高层的质量决策，基层管理则要求每个员工都要贯彻执行本岗位的质量工作标准。

（2）从质量职能角度看，产品质量职能是分散在全企业的有关部门中的，要保证和提高产品质量，就必须将分散在企业各部门的质量职能充分发挥出来。

全企业的质量管理就是要以质量为中心，领导重视、组织落实、体系完善。

4. 多方法的质量管理

质量管理中广泛使用的质量管理方法有传统的七种工具，包括调查表、分层法、直方图、散布图、排列图、因果图、控制图；还有七种新工具，包括系统图、关联图、KJ法、矩阵图、矩阵数据分析图法、PDPC法及箭线图法。本章的第4节和第5节将详细介绍以上方法。

除了以上方法，还有很多方法，包括质量功能展开、田口方法、故障模式和影响分析、头脑风暴法、六西格玛法、水平对比法、业务流程再造等。

11.2.2 全面质量管理的PDCA循环

1. PDCA循环的概念

PDCA循环又叫质量环，是管理学中的一个通用模型，最早由休哈特于1930年构想出来，后来被美国质量管理专家戴明在1950年再度挖掘并加以广泛宣传，运用于持续改善产品质量的过程，如图11－2所示。

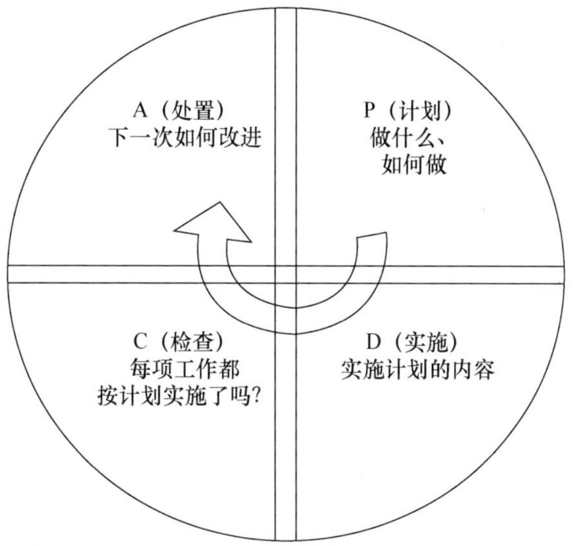

图 11－2　PDCA 循环

(1) P（plan）计划，包括方针和目标的确定，以及活动规划的制定。

(2) D（do）实施，根据已知的信息，设计具体的方法、方案和计划；再根据设计进行具体运作，实现计划中的内容。

(3) C（check）检查，总结执行计划的结果，明确效果，找出问题。

(4) A（action）处置，对成功的经验加以肯定，并予以标准化；对于失败的教训也要总结，引起重视。对于没有解决的问题，应提交给下一个 PDCA 循环去解决。

2. PDCA 循环基本内容

(1) 阶段一（P）：制定质量目标、活动计划、管理项目和措施方案。

步骤一：分析质量现状，找出存在的质量问题，收集有关数据，采用调查表、排列图、直方图、控制图等工具。

步骤二：分析质量问题产生的各种原因或影响因素，采用鱼骨图和头脑风暴法等。

步骤三：找出影响质量问题的主要原因，采用排列图和相关图等方法。

步骤四：针对主要原因制定对策，采取措施，提出执行计划，采用 5W2H 法。

(2) 阶段二（D）：按照预定的质量计划、目标和措施落实执行。

(3) 阶段三（C）：把执行的结果与预定的目标对比，检查与分析。

(4) 阶段四（A）：总结经验，提出下一个目标。

步骤一：根据检查的结果总结成功的经验和失败的教训，把成功的经验肯定下来，纳入有关的标准和制度，包括修订相关程序或流程，失败的教训也要总结整理，记录在案，作为借鉴，防止再发。

步骤二：提出该循环尚未解决的问题，并将其转入下一个 PDCA 循环，作为下一个循环中的计划目标。

PDCA 循环基本内容如图 11－3 所示。

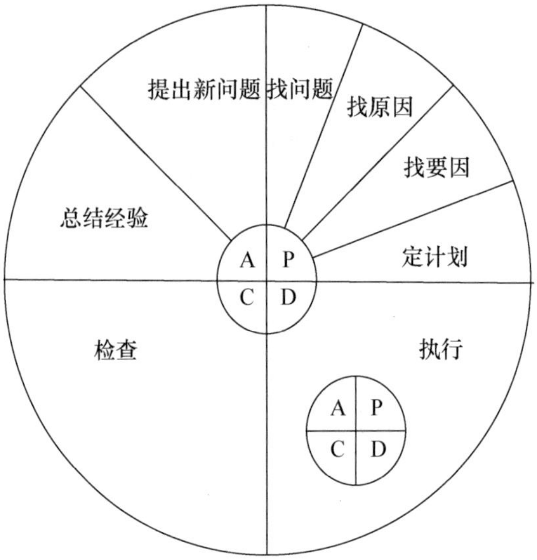

图 11－3　PDCA 循环基本内容

3. PDCA 循环的特点

（1）PDCA 循环大环套小环，一环扣一环，小环保大环，推动大循环。公司级的大循环，部门级的小循环，班组级的更小循环，上一级的大循环是下一级的小循环的依据，下一级的小循环是上一级的大循环的组成部分和具体保证。

（2）PDCA 循环每转动一次就提升一步。PDCA 循环是螺旋式上升和发展，每一项计划指标，都要有保证措施，一次循环解决不了的问题，必须转入下一轮循环解决。通过循环往复，质量问题不断被解决，工作质量、管理水平和产品质量就不断提高。

（3）PDCA 循环是综合性的循环。PDCA 四个阶段紧密相连，甚至有时边计划边执行，边执行边检查，边检查边总结，边总结边改进，活动调整交叉进行。

（4）PDCA 循环是动态的循环。PDCA 在动态循环中不断进入更高一级的水平，提升工作质量和产品质量始终处在动态过程中，永无止境，如图 11－4 所示。

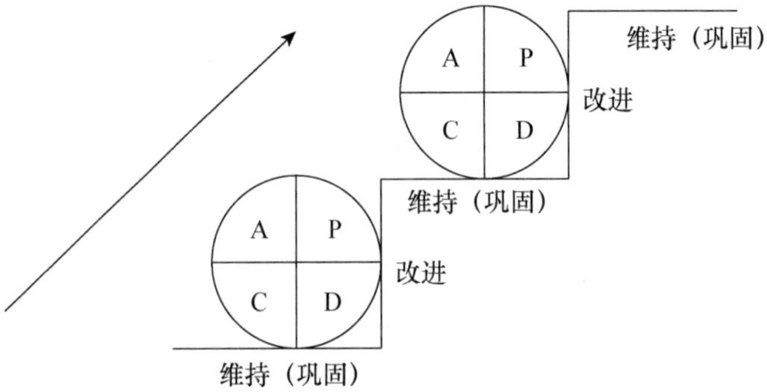

图 11－4　PDCA 的动态循环

11.3　六西格玛管理

六西格玛管理（six sigma management）是一种建立在测量、试验和统计学基础上的现代质量管理方法，由摩托罗拉公司于 1987 年首创，作为全面满足客户需求的关键经营战略，经过十多年的发展，逐渐被众多一流公司采用。希腊字母 σ（音 SIGMA）是统计学里的一个单位，表示与平均值的标准偏差。六西格玛（6σ）质量水平表示在生产或服务过程中每百万次出现缺陷的机会仅出现 3.4 个缺陷，即达到 99.999 7%合格率。实行六西格玛质量计划要求管理层全面介入，并由经过特殊培训的内部六西格玛质量计划的专职人员以及项目负责人组织实施，以实现减少偏差，提高过程能力的目的。

20 世纪 80 年代到 90 年代初期，由于产品质量问题，包括摩托罗拉在内的众多西方公司的市场不断被日本竞争对手蚕食。1987 年，当时摩托罗拉通信部门的经理乔治·费希尔提出了一种质量管理新方法，就是六西格玛方法。在公司主席鲍伯·高尔文的支持下，六西格玛方法在公司范围内得到推广。实施六西格玛方法仅仅两年，摩托罗拉就获得了马尔科姆·鲍德里奇国家质量奖。从实施六西格玛方法的 1987 年到 1997 年，摩托罗拉销售额增长 5 倍，利润平均每年增长 20%，带来的节约额累计达 140 亿美元，股票价格平均每年上涨 21.3%。

11.3.1　六西格玛管理的特点

1. 对顾客需求的高度关注

6σ 管理从更为广泛的视角关注影响顾客满意度的所有方面。6σ 管理的绩效评估首先从顾客开始，其改进的程度用对顾客满意度和价值的影响来衡量。6σ 质量代表了极高的对顾客要求的符合性和极低的缺陷率，它把顾客的期望作为目标，并且不断超越这种期望。企业的质量管理可以先从 3σ 开始，然后是 4σ、5σ，最终达到 6σ 水准。

2. 高度依赖统计数据

统计数据是实施 6σ 管理的重要工具，一切以数字说话，所有的生产表现和执行能力都量化为具体的数据，成果一目了然。决策者及经理人可以从各种统计报表中找出问题所在，真实掌握产品质量状况和顾客抱怨情况等，而改善的成果，如成本节约和利润增加等，也都以统计资料与财务数据为依据。

3. 重视改善业务流程

传统的质量管理理论和方法往往侧重结果，通过在生产的终端加强检验以及开展售后服务来确保产品质量。然而，生产过程中产生的废品对企业已经造成损失，售后维修需要花费企业额外的成本支出。更为糟糕的是，由于一定比例的废品已司空见惯，员工逐渐丧失了主动改进的意识。

6σ管理将重点放在消除产生缺陷的根本原因上，认为质量是靠流程优化而不是通过对最终产品的检验来实现的。企业应该把资源放在认识、改善和控制原因上而不是放在质量检查、售后服务等活动上。质量不是企业内某个部门和某个人的事情，而是每个部门及每个人的工作，追求完美应该成为企业中每一个成员的行为。6σ管理有一整套严谨的工具和方法来帮助企业推广实施流程优化工作，识别并排除那些不能给顾客带来价值的成本浪费，消除无附加值活动，缩短生产经营循环周期。

4. 突破管理

掌握了6σ管理方法，就好像找到了一个重新观察企业的放大镜。实施6σ管理方法的企业的员工会惊讶地发现，缺陷犹如灰尘，存在于企业的各个角落，管理者和员工应该主动而为，不断寻找问题，不断改善质量，使企业始终处于不断改进质量的过程中。

5. 倡导无界限合作

6σ管理扩展了合作的机会，当员工认识到流程改进对于提高产品品质的重要性时，就会意识到在工作流程中各个部门、各个环节的相互依赖性，从而加强部门之间、上下环节之间的合作和配合。由于6σ管理所追求的品质改进是一个永无终止的过程，而这种持续的改进必须以员工素质的不断提高为基础，因此，有助于形成勤于学习的企业氛围。事实上，导入6σ管理的过程，本身就是一个不断培训和学习的过程，通过组建推行6σ管理的骨干队伍，对全员进行分层次的培训，使员工都了解和掌握6σ管理的要点，充分发挥员工的积极性和创造性，在实践中不断进取。

11.3.2 六西格玛管理的实施步骤

六西格玛是系统地解决问题的方法和工具。DMAIC代表了六西格玛改进活动中的五个阶段，是五个阶段的英文名称缩写，是目前使用最多的一种方法和程序，也是六西格玛最成熟的一种方法和程序，主要用于改进现有过程。

1. 界定阶段（definition）

界定阶段要收集顾客声音，甄别和确认顾客的关键需求，并识别出需要改进的产品或流程，将改进项目界定在合理的范围之内。

2. 测量阶段（measure）

测量阶段首先要充分了解现有流程和产品在满足顾客需求方面存在哪些差

距，又有哪些需要继续保持的特征，通过对现有过程的测量和评估，制定期望达到的目标及业绩衡量标准，识别影响过程输出 Y 的输入 X，并验证测量系统的有效性。

3. 分析阶段（analysis）

通过六西格玛工具，对所有资料进行分析总结，通过数据分析确定影响输出 Y 的关键输入 X，即确定过程的关键影响因素。

4. 改进阶段（improvement）

找到改进的问题，分析关键因素，然后就是寻找最优改进方案，优化过程输出 Y 并消除或减少关键 X 的影响，使过程的缺陷或变异降至最低，充分满足顾客需求。

5. 控制阶段（control）

一个流程优化的结束意味着下一个质量改进提高的开始，必须将改进成果进行固化，通过修订文件等方法使成功经验制度化，并通过有效的控制，维持过程改进的成果并寻求进一步提高改进效果的持续改进方法。

11.4　质量管理传统工具

本节介绍七种质量管理的传统工具。

11.4.1　调查表

调查表（data collection form）又称检查表、核对表、统计分析表，用来系统地收集和积累数据，确认事实，并对数据进行粗略整理和分析。

在现场质量管理中，可根据收集数据的目的和数据类型等，自行设计所用的表格，常用的调查表有不合格品项目调查表、缺陷位置调查表、质量分布调查表和矩阵调查表。

1. 不合格品项目调查表

主要用于调查生产现场不合格品中不合格品的频数和不合格品率，以便进一步利用排列图等进行分析研究。

2. 缺陷位置调查表

用来记录、统计、分析不同类型的外观质量缺陷所发生的部件、部位和密集程度，找出规律性，为调查或找出解决问题的方法提供依据。

3. 质量分布调查表

质量分布调查表是使用计量数据进行现场调查的有效工具。它根据以往资料，将某一质量特性的数据分布范围分成若干区间制成表格，用来记录和统计每一质量特性数据落在某一区间的频数。从表格形式看，质量分布调查表与直方图的频数分布表相似。两者的不同之处是，质量分布调查表的区间范围是根据以往资料，首先划分区间范围，然后制成表格，以供现场调查记录数据；而频数分布表则是首先收集数据。再适当划分区间，然后制成图表，以供分析现场质量分布状况之用。

4. 矩阵调查表

矩阵调查表是一种多因素调查表，它要求把产生问题的对应因素分别排列成行和列，在其交叉点上标出调查到的各种缺陷和问题以及数量。

11.4.2 分层法

引起质量波动或称变异的原因多种多样，因此收集到的质量数据和意见往往带有综合性。为了能够真实反映产品质量波动的真实原因和变化规律，必须对质量数据、意见等进行适当归类和整理，这种方法称为分层法（stratification）。

1. 分层法的目的和用途

分层的目的在于把杂乱无章和错综复杂的数据和意见加以归类汇总，使之更能确切地反映客观事实。分层的目的不同，分层的标志也不一样。

分层法有一个重要的原则，就是同一层次内的数据波动（意见和观点差别）幅度尽可能小，层与层之间的差别尽可能大，这样才能达到归类汇总的目的。

基于不同的分层标志，有多种分层方法，常用的分层标志有5M1E、时间、意见和观点等，可根据具体情况灵活选用和细分，也可以在质量管理活动中不断开发出新的分层标志。

分层法常用于归纳整理所收集到的统计数据，或归纳汇总由头脑风暴法所产生的意见和想法。分层法常与其他方法结合起来应用，如分层直方图法、分层排列图法、分层控制图法、分层散布图法、分层因果图法和分层调查表法等。

2. 分层法应用过程

（1）收集数据和意见；

（2）选择分层标志；

（3）分层；

（4）按层归类；

（5）画分层归类图。

3. 分层法应用案例

某食品厂的水果旋盖玻璃罐头经常发生漏气，造成产品发酵和变质。经抽检

100 罐产品后发现，一是由于 A、B、C 3 台封罐机的生产厂家不同；二是所使用的罐盖是由两个制造厂提供的。

在用分层法分析漏气原因时，采用按封罐机生产厂家分层和按罐盖生产厂家分层两种情况。

(1) 按封罐机生产厂家分层（见表 11-1）。

表 11-1 按封罐机生产厂家分层

封罐机生产厂家	漏气（罐）	不漏气（罐）	漏气率（%）
A	12	26	32
B	6	18	25
C	20	18	53
合计	38	62	38

由表 11-1 可知，为降低漏气率，应采用 B 厂的封罐机。

(2) 按罐盖生产厂家分层（见表 11-2）。

表 11-2 按罐盖生产厂家分层

罐盖生产厂家	漏气（罐）	不漏气（罐）	漏气率（%）
一厂	18	28	39
二厂	20	34	37
合计	38	62	38

由表 11-2 可知，为降低漏气率，应采用二厂的罐盖。

但同时采用 B 厂的封罐机和二厂的罐盖，漏气率不但没有降低，反而由原来的 38%增加到 43%。说明这样的简单分层是有问题的。

(3) 多因素分层（见表 11-3）。

表 11-3 多因素分层 单位：罐

封罐机生产厂家	漏气情况	罐盖生产厂家		合计
		一厂	二厂	
A	漏气	12	0	12
	不漏气	4	22	26
B	漏气	0	6	6
	不漏气	10	8	18
C	漏气	6	14	20
	不漏气	14	4	18
小计	漏气	18	20	38
	不漏气	28	34	62
合计		46	54	100

正确的方法应该是：当采用一厂生产的罐盖时，应采用 B 厂的封罐机；当采用二厂生产的罐盖时，应采用 A 厂的封罐机；这时它们的漏气率均为 0，见表 11-3。

因此，运用分层法时，不宜简单地按单一因素分层，必须考虑各因素的综合影响效果。在分析时，要特别注意各原因之间是否存在相互影响，有无内在联系，严防把不同分层方法的结论混为一谈。

11.4.3 直方图

直方图（histogram）又称质量分布图，是通过对测定或收集来的数据加以整理，来判断和预测生产过程质量和不合格品率的一种常用工具。

直方图法适用于对大量计量值数据进行整理加工，找出其统计规律，分析数据分布的形态，以便对其总体的分布特征进行分析。直方图的基本图形为直角坐标系下若干依照顺序排列的矩形，各矩形底边相等，称为数据区间，矩形的高为数据落入各相应区间的频数。

1. 直方图的作图步骤

（1）收集数据；

（2）找出数据中的最大值、最小值并计算极差值；

（3）确定组数和组距；

（4）确定组限值；

（5）计算各组的组中值；

（6）统计各组频数及频率；

（7）画直方图。

2. 直方图的几种典型形状

直方图能形象、直观、清晰地反映产品质量的分布情况，观察直方图时，应该着眼于整个图形的形态，对于局部的参差不齐不必计较。根据形状判断它是正常型还是异常型，如果是异常型，还要进一步判断它是哪种类型，以便分析原因，采取措施。常见的直方图形状大体有八种，如图 11-5 所示。

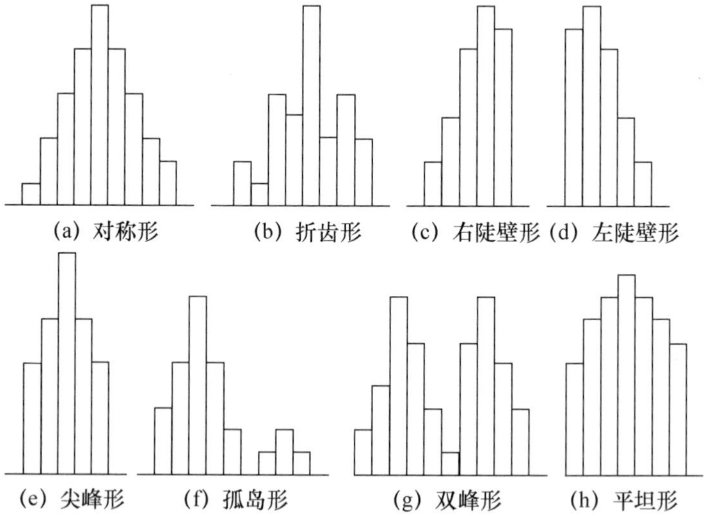

图 11-5 直方图的几种典型形状

3. 直方图与标准界限比较

直方图与标准界限比较如表 11－4 所示。

表 11－4　直方图与标准界限比较

常见类型	图例	调整要点
理想型	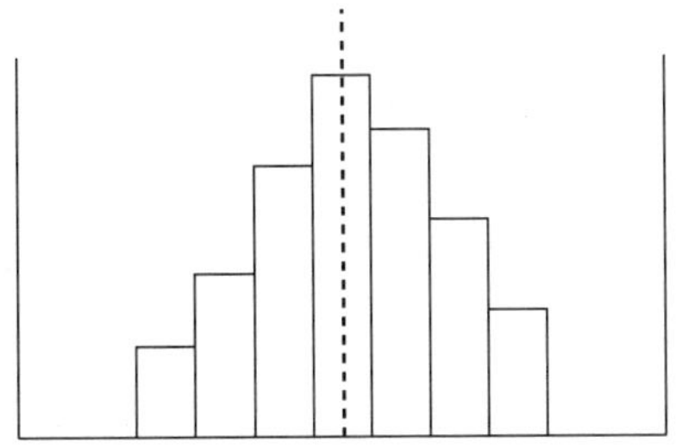	图形对称分布且两边有一定余量，此时，应采取控制和监督办法
偏心型	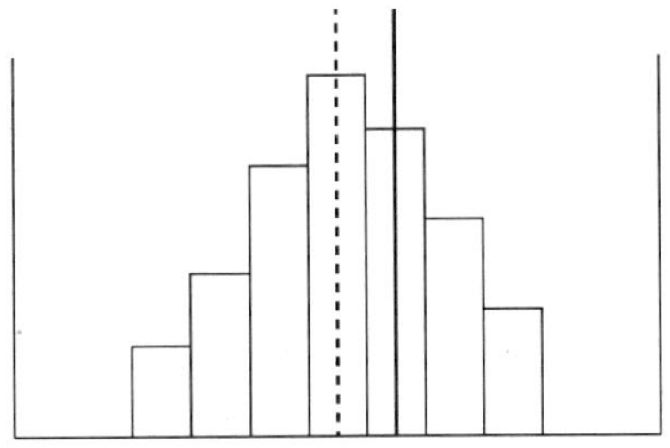	调整分布中心，使分布中心与公差中心重合
无富余型	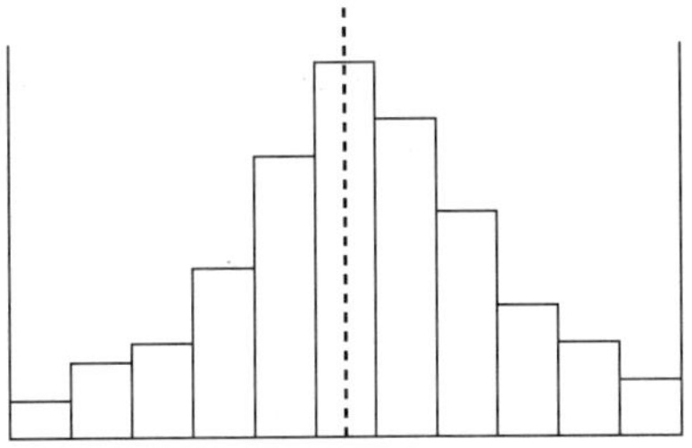	采取措施，减少标准偏差
能力富余型	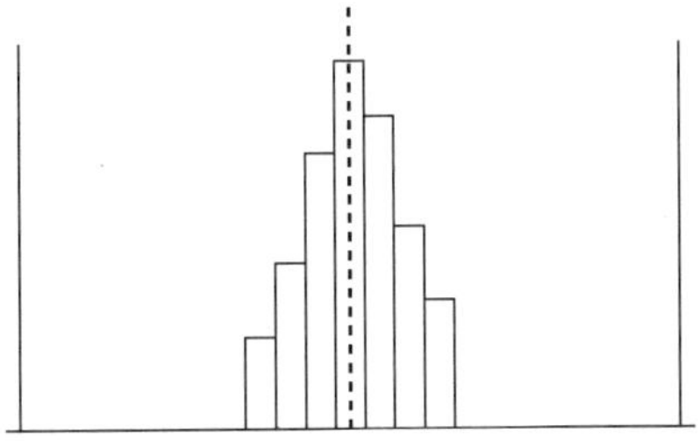	工序能力出现过剩，经济性差。可考虑改变工艺，放宽加工精度或减少检验频次，以降低成本
能力不足型	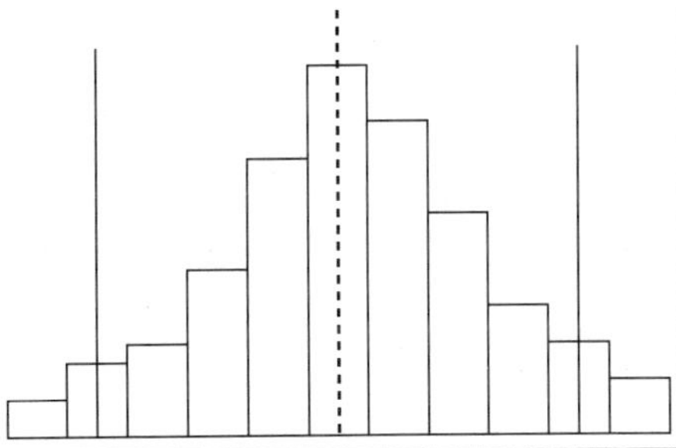	已出现不合格品，应多方面采取措施，减少标准偏差或放宽过严的公差范围

11.4.4 散布图

散布图（scatter diagram）是研究两个变量之间相互关系的图示方法，是一种简单的回归分析技术。在质量管理中，常常需要研究两个或多个变量之间的关系，其中有些是确定的函数关系，有些则是相关但不完全确定的关系，这些关系即为散布图的研究对象。在散布图中，成对的数据形成点子云，研究点子云的分布状态，即可推出数据间的相关程度。比如，研究成对出现的（X，Y）变量时，当Y值随X值的增加而增加时，则称二者为正相关关系；反之，当Y值随X值的增加而减少时，则称二者为负相关关系。图11－6给出了散布图的典型图例。

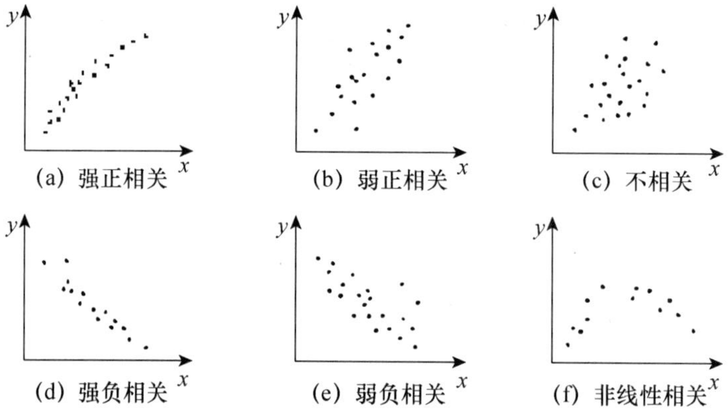

图11－6　散布图的典型图例

1. 散布图的应用程序

（1）确定要研究的数据组和成对数据（X，Y）；

（2）收集成对数据，一般不少于30对；

（3）标明X轴与Y轴；

（4）描点作图（当两对的数据值相同时，即数据点重合时，可围绕数据点画同心圆表示，或在该点最近处画点）；

（5）分析变量的相关程度。

2. 应用散布图的注意事项

（1）应将不同性质的数据分层作图，否则会导致不真实的判断结论；

（2）散布图相关性规律的应用范围一般局限于观测值数据的范围内，不能任意扩大相关判断范围；

（3）散布图中出现的个别偏离分布趋势的异常点，应在查明原因后予以剔除。

11.4.5 排列图

排列图（Pareto diagram）又叫帕累托图，排列图的全称是主次因素分析图，它是将质量改进项目从最重要到最次要进行排列而采用的一种简单的图示技术。

排列图建立在帕累托原理基础之上，本书第 8 章第 2 节已对帕累托原理有过介绍。美国质量管理专家朱兰把帕累托原理应用到质量管理中，发现尽管影响产品质量的因素有许多，但关键的因素往往只是少数几项，它们造成的不合格品占总数的绝大多数。质量管理运用排列图对有关产品质量的数据进行分类排列，用图形表明影响产品质量的关键所在，从而了解对质量影响最大的因素，制定有针对性的工作改善质量，取得最佳效果。

排列图由两个纵坐标、一个横坐标、几个直方图和一条曲线组成。左边的纵坐标表示频数，右边的纵坐标表示累计百分数，横坐标表示影响产品质量的各个因素，按影响程度的大小从左至右排列；直方形的高度表示某个因素影响的大小；曲线表示各因素影响大小的累计百分数，这条曲线称为帕累托曲线。通常将累计百分数分为三个等级，累计百分数在 0～80%的因素为 A 类主要因素，累计百分数在 80%～90%的因素为 B 类次要因素，累计百分数在 90%～100%的为 C 类一般因素，如图 11－7 所示。

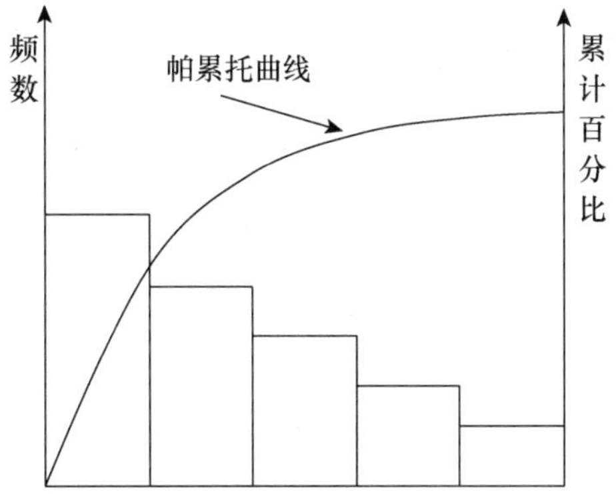

图 11－7　排列图示例

11.4.6　因果图

因果图（cause and effect diagram）是以结果为特性，以原因作为因素，在它们之间用箭头联系起来表示因果关系的图形。因果图又叫特性要因图，或形象地称为树枝图或鱼刺图，是由日本质量管理学者石川馨在 1943 年提出的，所以也称为石川图。

因果图是利用头脑风暴法的原理，集思广益，寻找影响质量、时间、成本等问题的潜在因素，是从产生问题的结果出发，首先找出产生问题的大原因，然后再通过大原因找出中原因，再进一步找出小原因，依此类推下去，步步深入，一直到能够采取措施为止。

1. 因果图的做法

（1）确定待分析的质量问题，将其写在右侧的方框内，画出主干，箭头指向右端。

（2）确定该问题中影响质量原因的分类方法。一般分析工序质量问题，常按其影响因素——人、机、料、法、环五大因素，用中箭头表示。

（3）将各分类项目分别展开，每个中枝表示各项目中造成质量问题的一个原因。作图时，中枝平行于主干，箭头指向大枝，将原因记在中枝上下方。

（4）对于每个中枝的箭头所代表的一类因素进一步分析，找出导致它们质量不好的原因，逐类细分，用粗细不同、长短不一的箭头表示，直到能具体采取措施为止。

（5）分析图上标出的原因是否有遗漏，找出主要原因，画上方框，作为质量改进的重点。

（6）注明因果图的名称、绘图者、绘图时间、参与分析人员等。

图11－8展示了一个复印机复印效果不佳的因果图。

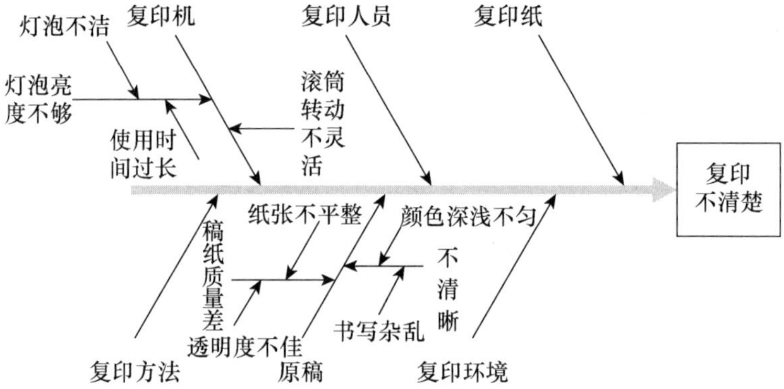

图11－8　因果图示例

2. 画因果图的注意事项

（1）画因果图时要充分发扬民主，集思广益，把每个人的意见都一一记录在图上。

（2）确定要分析的主要质量问题特性不能笼统，要具体，不宜在一张图上分析若干个主要质量问题，一个主要质量问题只能画一张图，多个质量问题则应画多张因果图。总之，因果图只能用于单一目的的研究分析。

（3）因果关系的层次要分明，最高层次的原因应寻求到可以直接采取措施为止。

（4）主要原因一定要确定在末端因素上，而不应确定在中间过程上。

（5）主要原因可用排列图、投票或试验验证等方法确定，然后加以标记。

（6）画出因果图后，就要针对主要原因列出对策表。包括原因、改进措施、负责人、进度要求、效果检查和存在问题等。

11.4.7　控制图

控制图（control chart）又叫管制图，是对过程质量特性进行测定、记录、评估，从而观察过程是否处于控制状态的一种用统计方法设计的图。图上有三条平行于横轴的直线：中心线（CL）、上控制线（UCL）和下控制线（LCL），并有按时间顺序抽取的样本统计量数值的描点序列。UCL、CL、LCL 统称为控制线，通常控制界限设定在±3 个标准差的位置。中心线是所控制的统计量的平均值，上下控制界限与中心线相距数倍标准差。若控制图中的描点落在 UCL 与 LCL 之外或描点在 UCL 和 LCL 之间的排列不随机，则表明过程异常。图 11－9 展示了一个控制图的样本。

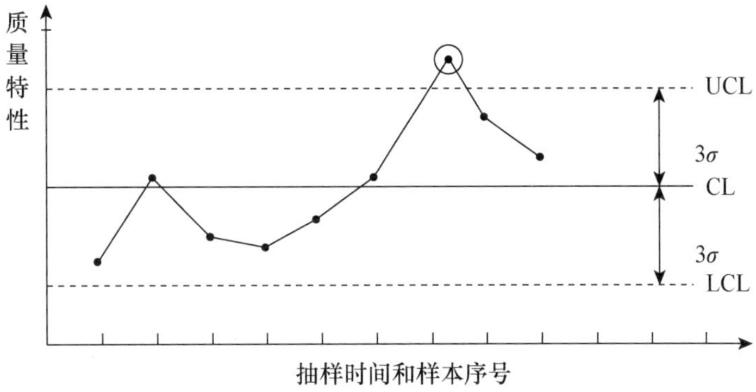

图 11－9 控制图示例

控制图是一个实时图表化反馈过程的工具，设计的目的是告诉操作者什么时候做什么或不做什么。控制图按时间序列展示过程的个性或表现，设计用来区分信号与噪声、侦测均值及标准差的变化，用于决定过程是稳定的（可预测的）还是失控的（不可预测的）。

控制图不是能力分析的替代工具，在来料检验的过程中很难用到（因为没有时间序列），控制图不是高效的比较分析工具，不应与运行图或预控制图混淆。

控制图应用“界限”区分过程是否有显著变化或存在异常事件。由于控制线的设定要以数据为基础，所以在收集一定量有代表性的数据之前是无法确定控制线的。如果错误使用控制线，不但会对使用者造成困扰，而且会对那些通过图表监控以实现过程改进的措施起反作用。

11.5 质量管理新工具

本节介绍七种质量管理新工具。

11.5.1 系统图

系统图（systematic diagram）又叫树图，是将目的和手段相互联系起来逐级展开的图形表示法，利用它可系统分析问题的原因并确定解决问题的方法。系统图的具体做法是对要达到目的所需要的手段逐级深入，图 11－10 展示了一个系统图。

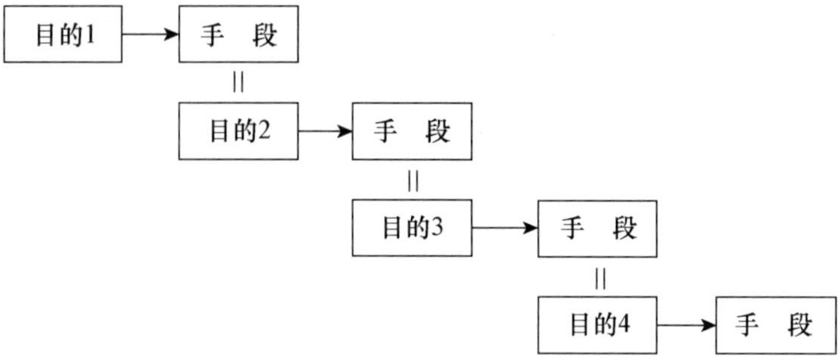

图 11-10　系统图示例

1. 系统图的主要用途

（1）在开发新产品时，把用户要求具体转化为设计质量并将设计质量目标进行展开。

（2）质量保证活动的展开，建立质量保证体系。

（3）作为因果图灵活使用。

（4）用以解决企业内质量、成本、产量等各种问题的新设想的展开。

（5）目标、方针、实施事项的展开。

（6）探求部门职能、管理职能和提高效率的方法。

2. 系统图的绘制

（1）明确目的或目标，用简明的语言表达并记录所要达到的目标。

（2）提出手段和措施。无论是从上往下目标展开式的依次提出下一级水平的手段和措施，还是从下向上达到目标式的提出上一级水平的手段和措施，只要能够针对具体目标，依靠集体智慧，提出有效的手段和措施就行。

（3）手段和措施的评价。可以用符号或打分方式评价手段能否实现，然后再更改和修正。

（4）使手段和措施系统化，即制成相互连接、顺序排列的系统图。

（5）逐项制定出实施计划，确定其具体内容、日程进度、责任者等。

11.5.2 关联图

关联图（inter-relationship diagraph）又称关系图，是用来分析事物之间原因与结果、目的与手段等复杂关系的一种图表，它能够帮助人们从事物之间的逻辑关系中，寻找出解决问题的办法。关联图法是根据事物之间横向因果逻辑关系找出主要问题的最合适的方法，图 11-11 展示了一个关联图。

1. 关联图的主要用途

（1）推行全面质量管理工作，指导从何处着手以及如何着手。

（2）制定和实施质量保证的方针和目标。

（3）研究解决提高产品质量和减少不良品的措施。

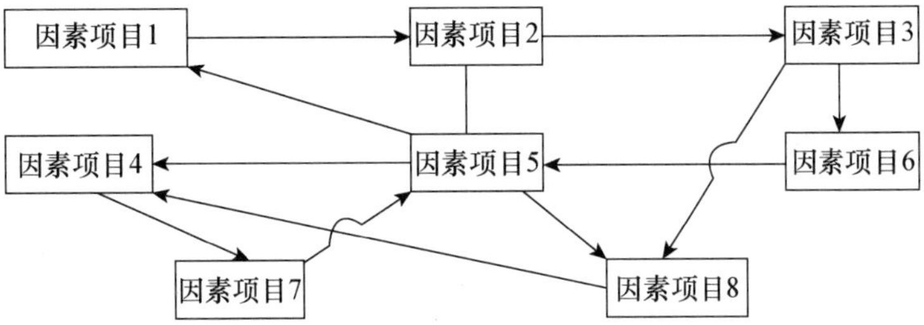

图 11－11　关联图示例

(4) 促进质量管理小组活动的深入开展。

(5) 从大量的质量问题中找出主要问题和重点项目。

(6) 研究满足用户的质量、交货期、价格及减少索赔的要求和措施。

(7) 研究解决如何用工作质量来保证产品质量问题。

2. 关联图的绘制

关联图法适用于多因素交织在一起的复杂问题的分析和整理，它将众多的影响因素以一种较简单的图形表示，易于抓住主要矛盾，找到核心问题，集思广益迅速解决问题。

其具体绘制方法如下：

(1) 提出与问题有关的所有因素。

(2) 用灵活的语言简明概要地表达。

(3) 把因素之间的因果关系用箭头符号做出逻辑上的连接。

(4) 抓住全貌。

(5) 找出重点。

关联图法的使用非常简单，它先把存在的问题和因素转化为短文或语言的形式，再用圆圈或方框将它们圈起来，然后用箭头符号表示其因果关系，以此来帮助决策和解决问题。

11.5.3　KJ 法

KJ 法（KJ method）也称为亲和图法（affinity diagram），是由日本的川喜田二郎开发出的一种创造性问题解决法，KJ 取自其姓氏的字头。

KJ 法是针对那些未来要解决的问题或未知、未接触过的领域的问题，收集有关的想法、意见等语言文字资料，并根据其内在的相互关系（亲和性）做成归类合并图，从中找出应解决的问题并明确问题的形态。

KJ 法具有与统计方法不同的鲜明特点，它属于问题发现型，而非假设查证型。该方法对收集到的语言文字资料侧重于综合分析和分层，主要用感情、灵感等来归纳问题，无须量化，这是与其他几种工具的不同之处。

1. KJ 法的主要用途

(1) 用于认识事物。在未知和无经验的情况下，事物是杂乱无章的，必须弄清每一个有关的事实，冷静分析掌握实际资料，绝不可以从既定的概念和假设出发看问题。

（2）用于形成构思。对于未知和无经验的领域，必须收集有关事实资料，收集他人意见，结合自己的见解进行归纳，系统地形成自己的看法。接受完全不熟悉的任务和总结推行工作方针时，均属这种情况。

（3）用于打破现状。这种情况与用于形成构思相同，但前者是从一无所有的状态出发，后者是以打破现状出发。只有冲破陈旧体系，才能摆脱思想上的杂乱状态，进行再一次构思。

（4）用于彻底更新。在学习和仿效前人构成的思想体系的基础上来归纳自己的思想体系和理论体系。阅读前人的著作和论文，融会贯通后用 KJ 法归纳出新的文章形成自己独立的观点。

（5）用于策划组织工作。单纯把各方面的人员集中还不能解决问题，必须使他们相互了解，相互理解，相互促进工作。

（6）用于彻底地贯彻方针。领导者要使自己的观点和方针得到贯彻，可以根据讨论所得到的语言资料，以口头形式向下级传达自己的方针，并可反复进行，以达到彻底贯彻的目的。

2. KJ 法的主要步骤

（1）确定课题。KJ 法适用于解决那种非解决不可且又允许用一定时间去解决的问题。

（2）收集语言和文字资料。亲自到现场了解，取得直接的第一手资料。也可以倾听别人的意见，阅读有关文献资料取得二手资料。还可以根据自己的思考提出新的设想，以及通过集体讨论，互相启发取得资料。

（3）语言资料卡片化。收集到的语言资料按内容逐个分类，并分别用独立的意义、确切的词汇和短语扼要地综合制成卡片。

（4）汇合卡片。将卡片汇合在一起，把内容相近的归在一类，并按顺序排列，进行编号。

（5）作标题卡。同一类卡片放在一起，经编号后集中。将一类的本质内容用简单语言归纳出来，记录在一张卡片上，叫标题卡。

（6）作图。无法归类的卡片为孤立卡片，自成一组。把最终汇集好的卡片，按照比较容易寻找的相互位置展开排列，并按照既定的位置把卡片贴在纸上，用适当的记号勾画出相互关系。

11.5.4 矩阵图

矩阵图（matrix diagram）是通过多因素综合思考，探索解决问题的方法。矩阵图借助数学上矩阵的形式把影响问题的各对应因素列成一个矩阵图，然后根据矩阵的特点找出确定关键点的方法，图 11－12 展示了一个矩阵图。

		A		
		a_1	a_2	a_3
B	b_1			
	b_2			
	b_3			

图 11-12　矩阵图示例

1. 矩阵图的主要用途

矩阵图法的用途十分广泛，在质量管理中，常用矩阵图法解决以下问题：

(1) 把系列产品的硬件功能和软件功能相对应，从中找出研制新产品或改进老产品的切入点。

(2) 明确应保证的产品质量特性及其与管理机构或保证部门的关系，使质量保证体系更可靠。

(3) 明确产品的质量特性与试验测定项目、试验测定仪器之间的关系，力求强化质量评价体制或使之提高效率。

(4) 当生产工序中存在多种不良现象，且具有若干共同原因时，希望搞清这些不良现象及其原因的相互关系，进而消除这些不良现象。

(5) 进行多变量分析和研究，确定着手方式以及收集相关数据。

2. 矩阵图的绘制

制作矩阵图一般要遵循以下几个步骤：

(1) 列出质量因素。

(2) 把成对因素排列成行和列，表示其对应关系。

(3) 选择合适的矩阵图类型。

(4) 在成对因素交点处表示其关系程度，一般凭经验进行定性判断，可分为关系密切、关系较密切、关系一般或可能有关系等，并用不同符号表示。

(5) 根据关系程度确定必须控制的重点因素。

(6) 针对重点因素作出对策表。

11.5.5　矩阵数据分析图法

矩阵数据分析图法（matrix data analysis chart）是多变量质量分析的一种方法。矩阵数据分析图法与矩阵图有些类似，其主要区别是：不是在矩阵图上填符号，而是填数据，形成一个数据分析的矩阵。其基本思路是通过收集大量数据，组成相关矩阵，求出相关系数矩阵，并求出矩阵的特征值和特征向量，确定出第一主成分、第二主成分等。通过变量变换的方法，将众多的线性相关指标转换为少数线性无关的指标（由于线性无关，就使得分析与评价指标变量时，切断相关的干扰，找出主导因素，做出更准确的估计），显示出其应用价值，这样就找出了进行研究攻关的主要目标或因素。所以，它是质量管理七种新工具中唯一利用数据分析问题的方法。

矩阵数据分析图法可以应用于市场调查，新产品开发、规划和研究，以及工艺分析等方面。其主要用途有以下几方面：

（1）根据市场调查的数据资料，分析用户对产品质量的期望。

（2）分析由大量数据组成的不良因素。

（3）分析复杂因素相互交织在一起的工序。

（4）把功能特性分类体系化。

（5）进行复杂的质量评价。

（6）分析曲线的对应数据。

11.5.6 PDPC法

过程决策程序图（process decision program chart，PDPC）法是针对为了达成目标的计划，尽量导向预期理想状态的一种手法。PDPC法是在制定计划阶段或进行系统设计时，事先预测可能发生的障碍（不理想事态或结果），从而设计出一系列对策措施以最大的可能引向最终目标（达到理想结果）。该法可用于防止重大事故的发生，因此也称为重大事故预测图法，如图11－13所示。

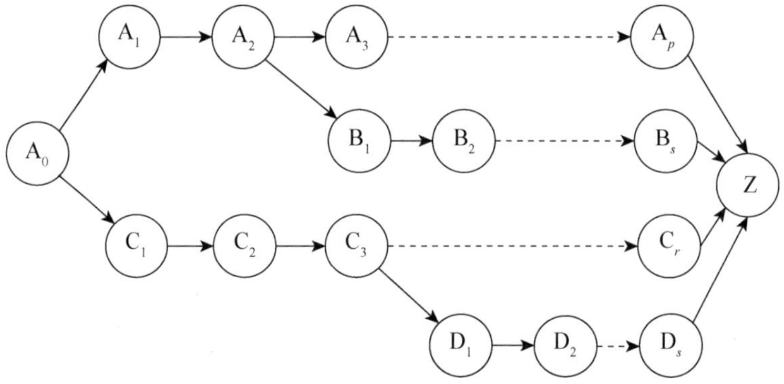

图11－13 过程决策程序图示例

1. PDPC法的应用范围

（1）用于产品安全性和可靠性设计，对有关安全的重大事故进行预测，相应采取预防性措施，以及用于保障交通运输安全的预防性措施等。

（2）制定目标管理中的实施计划。

（3）制定研制项目的实施计划。

（4）制定预防制造中出现不良因素的措施。

（5）找出或选择谈判过程中的对策等。

2. PDPC法的一般实施步骤

（1）集体讨论所要解决的问题，即确认图11－13中的 A_0 与Z，初步提出一系列实施手段，据此展开讨论。

（2）对各子项进行讨论，预测实施结果，若预计可能行不通，则提出另外的方案。

（3）根据各事项的内容、紧迫性、工时、难易程度等，确定实施程序，加以排列，用箭头指向目标状态。

（4）确定预测过程终了的日期。

（5）在实施过程中，根据新发现的情况和问题对 PDPC 图进行修正、补充，甚至推倒从来。

11.5.7　箭线图法

箭线图法（arrow diagram method）又称矢线图法或双代号网络图法（AOA），是关键路线法（CPM）和计划评审技术（PERT）在质量管理中的具体应用。

□ 小结

本章在对质量、产品质量、服务质量、质量管理及质量管理发展历程进行介绍的基础上，从基本要求和基本工作方法两个方面介绍了全面质量管理，并介绍了六西格玛管理的特点和实施步骤。企业管理者可以从学习 PDCA 循环的过程中，体会到全面质量管理系统全面和动态的特点，在学习六西格玛管理过程中感受到统计学在质量管理中的应用。

在质量管理领域，经过长时间的研究与总结，形成了一些得到广泛认可的工具。其中，调查表、分层法和直方图等七种传统工具，系统图、关联图和 KJ 法等七种新工具得到了广泛认可和应用，企业管理者有必要对这些工具有所了解。

□ 术语

质量　产品质量　服务质量　服务质量差距模型　质量管理　全面质量管理　PDCA 循环　六西格玛管理　调查表　分层法　直方图　散布图　排列图　因果图　控制图　系统图　关联图　KJ 法　矩阵图　矩阵数据分析图法　PDPC 法　箭线图法

□ 习题

1. 产品质量包含哪些方面？

2. 简述服务质量差距模型。
3. 全面质量管理的基本要求是什么?
4. 请描述PDCA循环的基本内容。
5. 六西格玛管理的实施步骤有哪些?
6. 请说明七种质量管理传统工具的特点。
7. 请说明七种质量管理新工具的特点。
8. 请采用因果图分析法剖析一个管理问题。

□ 案例

永不松动的螺母工匠精神

全世界科技水平遥遥领先的国家都要向日本一家只有四十五人的小公司订购小小的螺母。这家日本公司叫哈德洛克（Hard Lock）工业株式会社，它生产的螺母号称“永不松动”。在常人看来，螺母松动是很平常的事，但对于一些重要项目，螺母松动几乎是人命关天的。比如高速行驶的列车，长期与铁轨摩擦，造成的震动非常大，一般的螺母经受不住，很容易松动脱落，那么满载乘客的列车可能会有解体的危险。所以螺母一定不能松动！要螺母不松动，说起来简单，世界这么大，却只有日本哈德洛克工业株式会社可以办到。全世界仅此一家，别无分店。

一、聚焦不松动的螺母

哈德洛克工业创始人若林克彦还是小职员时，在大阪举行的国际工业产品展会上看到一种防松动的螺母，他带了一些回去研究，发现这种螺母是用不锈钢钢丝做卡子来防止松动，结构复杂价格又高。他遂想到，难道不能让这种螺母既简单又便宜吗？从此若林克彦便开始苦心钻研。功夫不负有心人，他终于研制出一种结构更为简单的螺母，使用板簧卡住螺栓，让螺母保持牢固，不会松动。他把这种螺母命名为“U螺母”。

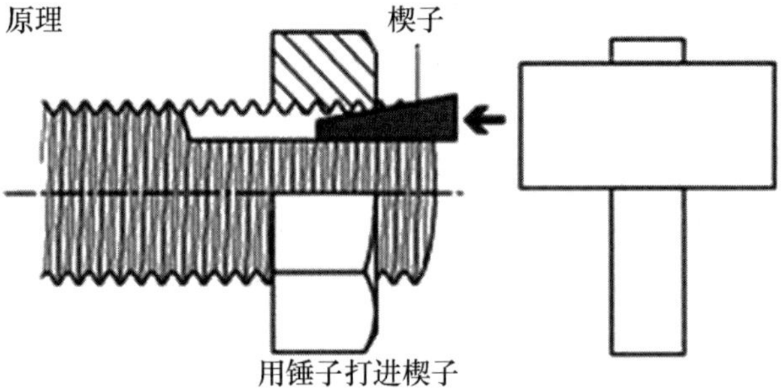

1962年，若林克彦与弟弟等人组建了公司——富士精密制作所，接下来足足花了两年时间推广才让他的螺母得市场的认可。随着销售额不断攀升，若林克彦对自己的螺母越来越有信心，并随之打出了“永远不会松动的螺母”的广告。广告效果很好，公司的业绩以喜人的速度增长，大家沉浸在成功的喜悦中。

二、结构独特的哈德洛克螺母

然而没多久，他们便收到了一些客户投诉，抱怨螺母会发生松动。原来装配在挖掘机和打桩机上的 U 螺母因为震动太大而出现了松动的现象。不过这并没有引起公司内部的重视，因为大家认为“永远不会松动的螺母”只是一句广告词而已。可若林克彦却不这么想，他是个诚信的人，觉得既然都对公众说了永远不松动，那就应该永远不松动。若林克彦的固执没有得到合伙人的支持，无奈之下，他带着 U 螺母专利离开了一手创办的公司。

到底该怎样才能做出永远不会松动的螺母呢？若林克彦真的被难住了，小小的螺母让他彻夜难眠。1973 年底，有天下午他路过自家附近的住吉大社（大阪市住吉区）时，抬头看到入口处高大的牌坊，突然在脑中想到了在螺母中增加榫头的办法。回去之后他马上实验，结果非常成功，他终于做出了永不会松动的螺母！之后若林克彦创立他人生中的第二家公司——哈德洛克工业株式会社，可是这一次他遭遇到了漫长且艰难的困局。

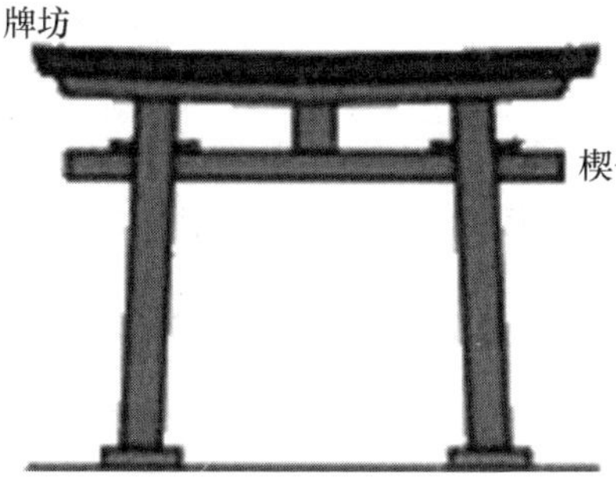

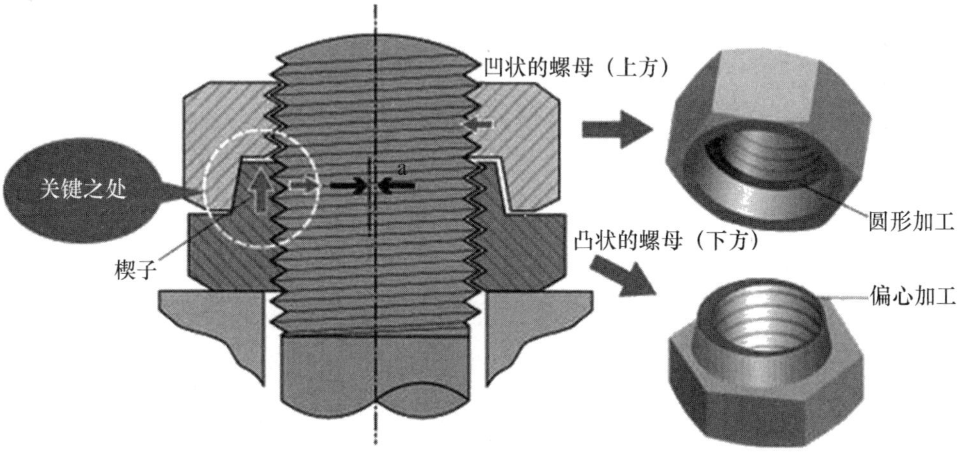

三、赢得市场的青睐

哈德洛克螺母永不松动，结构却比市面上其他同类螺母复杂得多，成本也高，销售价格更是比其他螺母高了 30%，并不被客户认可。可若林克彦坚决不放弃。在公司没有销售额的时候，他兼职去做其他工作来维持公司的运转。

在若林克彦苦苦坚持的时候，日本有许多铁路公司在苦苦寻觅不松动的螺母。机会只青睐于有准备者，若林克彦的哈德洛克螺母获得了一家铁路公司的认可并与之展开合作，随后更多的公司包括日本最大的铁路公司 JR 最终也采用了哈德洛克螺母，并且全面用于日本新干线，若林克彦花了 20 年才获得了成功。

哈德洛克螺母不仅在日本受欢迎，而且在全世界得到广泛应用。迄今为止，哈德洛克螺母已被澳大利亚、英国、波兰、中国、韩国的铁路所采用。除铁路以外，吊桥、航天飞机发射台、海洋钻探机等许多地方都采用了哈德洛克螺母。

四、竞争对手难以复制的螺母才有产品竞争力

若林克彦坐稳了螺母界头把交椅之后也引来许多竞争对手的觊觎，它们纷纷开始对哈德洛克螺母进行仿造，竞争对手认为就算抢不到老大的位子，起码也能夺得一些市场份额。出人意料的是若林克彦并不封锁技术，他大方地在公司网站上发布了哈德洛克螺母的设计图纸，并仔细讲解了哈德洛克螺母的原理和制作过程，但竞争对手没法做出来一个与哈德洛克效果一样的螺母。

对于这个问题，哈德洛克工业株式会社在网站是这么解释的："本公司常年积累的独特的技术和诀窍，对不同的尺寸和材质有不同的对应偏心量，这是哈德洛克螺母无法被模仿的关键所在。"可以看出哈德洛克制作工艺看似简单，但含有大量的隐性知识（关于隐性知识，请参阅本书第 12 章第 4 节中关于丰田隐性知识的描述），它来源于长期积累的经验和技术，不经过长期的潜心钻研不可能达到永不松动的效果，这正是哈德洛克螺母的核心竞争力。

资料来源：根据创客营 2015 年 7 月 6 日的文章编写，标题和正文略有修改。

案例思考题：

请讨论哈德洛克工业株式会社是如何追求精益求精的境界的。

第 12 章 Chapter 12 准时制生产方式

学习目标

1. 了解丰田公司的发展历史
2. 了解准时制生产方式的产生背景
3. 掌握准时制生产方式的目标
4. 掌握准时制生产方式的实质
5. 掌握准时制生产方式的要点
6. 掌握实施准时制生产方式的手段
7. 掌握准时制生产方式的 DNA
8. 了解准时制生产方式在服务业中的应用

12.1 准时制生产方式的发展历史

12.1.1 准时制生产方式的创立阶段（1896—1949 年）

准时制（just in time，JIT）是由日本丰田汽车公司创立的一种方式，该生产方式不同于福特的大规模生产。丰田公司诞生初期以制造纺织机械为主业。只有小学文化的创始人丰田佐吉在其 63 年的生涯中共获得了 84 项日本专利，提出了 35 项实用方案，在国际上获得了 9 个国家的专利，被誉为“日本的爱迪生”。1896 年，29 岁的丰田佐吉成功研制出“具有人脑智慧的”不停机自动换梭式丰田自动织机（G 型织机），这项具有划时代意义的发明的独特之处在于，在织布过程中，无论是经线还是纬线，只要有一根断线，织机就会自动停下来，这个功能被称为“自働化”（Jidoka），即机器具备人脑的智慧，会做出合理判断。一个纺织工人可同时照看3～4台具有“自働化”功能的丰田纺织机，极大地提高了劳动生产率。直到100年后的今天，这种装置仍然在大型织机上使用。而正是这种“一旦发生次品，机器立即停止运转，以确保百分之百的品质”的思考方式，形成了今天丰田生产思想的根基之一。1929年，丰田佐吉的长子丰田喜一郎代表公司到英国与普拉特兄弟谈判技术转让交易，后者以10万英镑购买了此项丰田织布机的世界专利权，这笔专利费成为丰田汽车工业公司的种子基金。

丰田公司于1933年在纺织机械制作所设立汽车部，掀开了制造汽车的历史篇章。1935年，丰田AI型汽车试制成功，1937年“丰田汽车工业株式会社”成立，以美国汽车为蓝本仿制轿车和卡车。当时日本国内对汽车的需求具有小批量和多品种的特点，准时制生产方式在丰田公司已经形成共识。准时制生产方式强调只生产顾客需要的产品，这种生产方式可以将生产环节中的库存量降到最低水平。

1940年丰田公司的汽车产量达到15 000辆，第二世界大战结束后下降到区区3 275辆。1950年，丰田公司的汽车总产量又慢慢回升到12 000辆。

12.1.2 准时制生产方式的成熟阶段（1950年至今）

第二次世界大战结束以后，丰田公司面临订单不足的危机。1950年6月10日，包括总经理丰田喜一郎在内的1 700名员工自愿辞职，缓解了公司当时的冗员压力，从而结束了丰田公司历史上唯一的一次因劳资纠纷而导致的罢工危机，生产因此得以恢复。之后，朝鲜战争爆发。美军将日本作为其重要的军需补给基地，巨额卡车订单及车辆维护合同投向丰田公司，这是丰田公司在战后迅速崛起的重要契机。

1954年时任丰田公司生产经理的大野耐一等人在美国福特Rouge汽车工厂调研，受到美国超市高效的拉动式补货模式启发，回国后改进丰田公司的生产管理系统，进一步优化了准时制生产模式。在此期间，丰田公司通过引进欧美技术，在美国的汽车技术专家和管理专家的指导下，很快掌握了先进的汽车生产和管理技术，并不断加以完善提高，并根据日本国情的特点，创造了著名的丰田生产管理模式。

1973年，第四次中东战争爆发，导致石油价格暴涨。此时丰田公司准时制生产模式历经20年的持续改进，显示出强大的竞争优势，丰田公司以此为契机，以低廉的价格、可靠的质量和省油的优点迅速扩大了在美国的市场份额，准时制生产方式开始为世人所了解。

在准时制生产方式的成熟阶段，丰田汽车在全球范围进行扩张，其中北美和欧洲是其生产和销售的重点区域。1950年4月，丰田汽车销售公司成立，1974年，丰田与日野、大发等16家公司组成了丰田集团，同时与280多家中小型企业组成协作网。1982年7月，丰田汽车工业公司和丰田汽车销售公司重新合并，正式更名为丰田汽车公司。

丰田公司的成功使得其采用的准时制生产方式引起了汽车行业和制造业的关注。

1991 年美国政府资助美国麻省理工学院（MIT）研究准时制生产方式。美国专家发现丰田生产方式可以节约 50%的生产场地，产品一次性合格率可以由 60%～70%提高到 90%以上，并且可以在员工劳动强度没有明显增加的前提下，产量提高 100%。在本章中，准时制生产方式、精益生产方式（Lean Production System，这是 MIT 研究人员对准时制生产方式的称谓）和丰田生产方式（Toyota Production System，TPS）等表述不同，但内涵一致。

12.2　准时制生产方式的目标

12.2.1　准时制生产方式的目标

传统的产品定价公式是：销售价格＝实际成本＋边际利润，企业在成本不变的情况下，为保住利润就会提高销售价格。但丰田认为，产品价格应该是由消费者而不是生产厂家确定，因此，丰田的逻辑是：销售价格－实际成本＝边际利润。这不是一种数学公式的简单变形，丰田认为，在不增加产品销售价格的情况下，企业为保住利润，就必须降低生产成本，对成本进行目标管理。为了降低成本，企业就必须减少各种浪费。

1. 准时制生产方式的思想

准时制生产方式是从研究传统的生产系统开始的，旨在消除不增值的生产活动和无效的活动，增加产品生产周期中对产品的必要加工即增值时间的比重。产品的生产周期包括从材料进入生产过程直到产品完工等待向客户发运的全部时间，它由四种基本活动的时间组成，可以用下式表达：

产品生产周期＝加工时间＋搬运时间＋等待时间＋检验时间

以上四种活动中，只有加工活动是增值的，其他都是不增值的活动。据调查，按以上的时间构成，大多数企业的产品生产加工时间不超过生产周期时间的 5%，其余的时间均为搬运、检验和等待时间。因为在传统的生产系统中，通常生产用材料事先采购储存于材料仓库，然后由原材料仓库向第一道生产工序供应原材料，第一道生产工序将原材料加工为在制品和半成品，转入半成品仓库，然后再由半成品仓库转入第二道生产工序进一步加工。如此由前向后推进，直至加工完毕为制成品，通过检验转入产成品仓库后等待销售。采用这种生产系统，增加了各个环节的等待、搬运、检验时间，而且在各个生产环节还产生了大量的原材料、在制品、半成品和产成品的存货，从而造成了库存投资、储存、保管、运送、损耗等大量浪费。

准时制生产方式的基本目标是使用最小数量的资源，以最有效的方法制造或提供所需要的产品或服务。准时制生产方式认为除了为增加产品价值所绝对需要的最小数量的原材料、部件、场地和工时等之外的任何资源都是浪费。这里的浪费是一个广义的概念，不仅仅包含残次品的浪费。因此，消除这些浪费可以从根本上提高生产效率。所以准时制生产方式的基本出发点就是全面消除浪费。准时制生产方式将前述的产品生产周期公式改写为：

产品生产周期＝增值时间＋非增值时间

增值时间为生产过程中对产品直接加工的操作时间，非增值时间为储存、等待、搬运和检验等时间。准时制生产方式的目的在于消除这些非增值活动的浪费，使产品生产周期中的实际加工即增值时间的比例增大。

2. 消除多余的库存

根据传统管理思维，要进行生产，就必须保持一定水平的原材料和在制品的库存；要提高顾客服务水平，就必须保持一定的产成品库存。库存可以调节生产，使生产保持平衡；库存也可以把不同的生产阶段隔开，使它们相对独立地进行生产活动。但是，过多的库存不但占用资金且占用生产空间，更重要的是库存会掩盖很多管理上存在的问题，见本书第8章第1节中的库存礁石理论的相关内容。因此，丰田认为库存是万恶之源。例如，如果减少工序之间的在制品，不但可以在出现大量残次品之前及时发现质量问题，还可以缩短运转周期。库存往往是因生产系统设计不合理、工序之间不协调、工作方法不正确和设备故障等原因造成的。准时制生产方式的逻辑是通过逐步消除多余的库存，从而暴露生产环节中的问题并采取措施消除这些问题，以达到逐步降低库存水平的目的，这是一个循序渐进的过程，绝非一蹴而就。

3. 准时制生产方式的主要目标

准时制生产方式是一种综合的管理思想，也是一个整体的管理系统，它要求从各个方面改善运营系统的设计和运行，以寻求系统达到最优状态。这种最优状态是一种理想境界，包括下列主要目标：

（1）零残次（zero defects）；

（2）最短调整准备时间（zero set-up time）；

（3）零库存（zero inventory）；

（4）最短生产提前期（zero lead time）；

（5）最低搬运量（zero handling）；

（6）最低的设备故障率（zero breakdowns）；

（7）最小生产批量（lot size of one）。

丰田通常先设定理想目标，之后分析当前状态与目标之间的差距，继而采取措施逐步消除这些差距，从而最终实现目标。

12.2.2 准时制生产方式的实质

汽车行业是完全自由竞争的行业，丰田买不到比其他汽车公司更便宜的原材料，也雇用不到比其他公司工资低的工人，丰田盈利的秘密就是其独创的准时制生产方式。

准时制生产方式只生产顾客需要的产品，只在顾客需要的时候生产。它是一种"拉动式"生产系统，也是一套集成式的生产方法。准时制生产方式通过不断暴露问题然后消除问题继而达到生产优化，准时制生产方式要求员工广泛参与，它注重小批量生产，强调工业工程设计和全面质量管理的应用，通过不断持续改进提升运营管理效率。准时制生产方式假定工厂的内部环境是稳定的，这个稳定的内部环境通过小批量生产得以实现。

准时制生产方式要求四个及时到位：准确的物料和零部件、准确的数量、准确的时间和地点，完成这个目标的挑战性极大。准时制生产方式的目标旨在消除一切可能的生产中断，通过减少设备调整时间和缩短生产前置时间使生产线更具柔性。准时制生产方式强调消除浪费，尤其是过量的库存造成的浪费。

准时制生产方式回答了一个容易被混淆的问题，那就是运作管理的任务是生产产品还是为公司创造利润？显然正确的答案是创造利润。提高利润的方法可以通过提高产能、提高产品售价和降低成本获得。首先提高产能存在极大的隐患，当资本性投资转化为产能后，若无足够多的订单将导致产能利用率过低，在产能利用率较低的状态下生产出来的产品的成本结构不具备竞争优势，因为较少的产出要负担整体产能的固定资产折旧，这将导致产品成本升高，产品缺乏竞争力。其次在充分竞争的汽车市场中，丰田以高于竞争对手的价格销售产品也行不通。因此，降低运营成本才是可以选择的主要手段，经验数据表明，生产成本降低10%具有相当于生产规模扩大一倍的效果。由此可见，降低生产成本比提高产能和提高产品价格更加务实可行且容易做到。

12.3 准时制生产方式的主要技术手段

准时制生产方式经过半个多世纪的不断创新和积累，影响力巨大，成效显著。这种生产模式的诞生绝非偶然，由于日本土地稀缺，人口稠密，且对各种汽车车型的需求量都很大，这就要求丰田公司必须在占地面积不大的厂房中生产出不同种类的汽车，而且战后日本经济资源匮乏，一般公司无力像美国公司那样维持大量存货，这是准时制生产方式产生的客观背景。

准时制生产方式与传统的大批量生产方式相比，表面上只是生产组织程序的不同，实质上是一种管理方式的创新，两者之间存在很大的不同。准时制生产方式是一种新型的综合生产管理思想、原理和技术的集成。准时制生产方式要求企业具备严密科学的组织规划能力，从业员工应该掌握多种技能，产品质量控制严格。准时制生产方式的基本思想非常简单且容易理解，但是实际操作难度巨大，相关工作涉及企业的每一项活动，企业中的每个部门甚至供应商和顾客都需要参与其中。

纵观准时制生产方式的成功因素，很难同高科技联系在一起。丰田公司只是把非常朴素的道理通过平常的手段，以持续改进的精神，把复杂的汽车生产过程管理得合理有序，实现了降低成本和提高质量的目的。本节将阐明准时制生产方式的十种理念及主要技术手段。

12.3.1 消除浪费

准时制生产方式是从消除浪费（waste reduction）开始的。丰田汽车公司创始人丰田喜一郎的长子、丰田汽车公司前社长丰田章一郎对浪费有独到的理解。丰田章一郎的浪费观是“(在生产过程中）最少需求量的设备、物料、生产空间和工人的时间是可以带来附加值的，浪费就是超出这些最少需求量以外的上述资源”。丰田章一郎认为站在顾客的角度上，浪费就是不能带来附加值的流程，因而需要消除。常见的浪费表现在储存、检验、延迟、排队等待和产品瑕疵等方面，因为这些活动不能带来附加值。丰田总结了以下七种浪费的具体表现：

（1）过度生产（overproduction）；

（2）等待（waiting）；

（3）不必要的运输（unnecessary transportation）；

（4）过度加工（over process）；

（5）过多存货（excessive inventory）；

（6）不必要的搬运（unnecessary move）；

（7）产品瑕疵（product defects）。

除此之外，丰田还认为“没有被利用的员工的创造力、不能带来附加值的产能和生产过程的不均衡”也属于浪费的范畴。这些浪费会掩盖公司运营管理中的诸多问题，这些问题可以用图12-1表示。

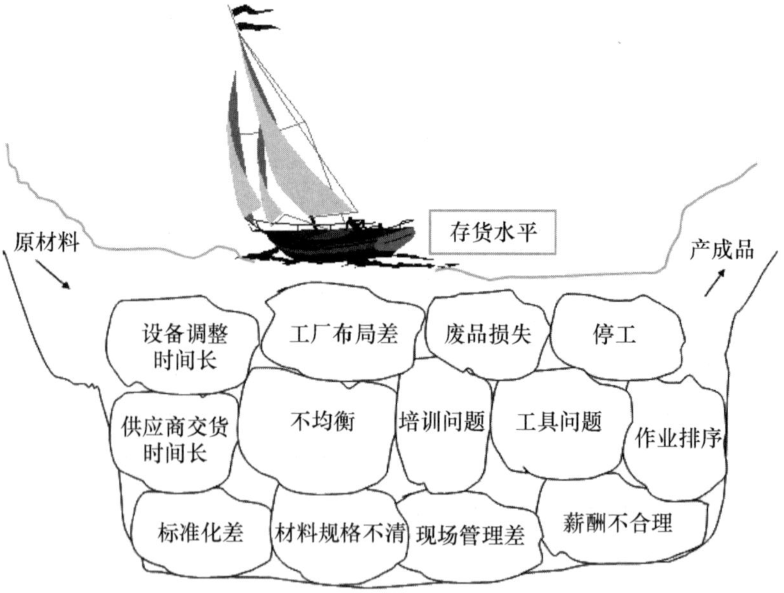

图12-1 库存水平高掩盖很多管理问题

根据本书第 8 章第 1 节中的库存管理的礁石理论，工厂就好比一艘航行在水面上的船，水下突出的礁石就是各种问题，水位的高度就是库存水平。当水位很高的时候，船可以安全地航行；如果水位降低的话，船就有触礁的危险，而且水位越低，危险越多越大。准时制生产方式就是通过不断降低库存水平，从而暴露管理中的各种问题，继而消除这些问题，从而达到最佳生产管理水平的状态。图 12－2 说明了降低库存水平会暴露管理中的问题。

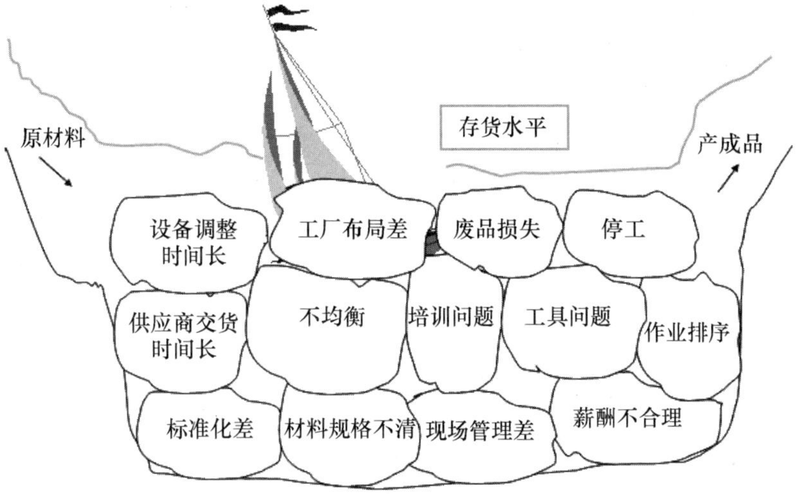

图 12－2　通过降低库存水平暴露管理中的问题

12.3.2　拉动式生产系统和看板

在准时制生产方式成名之前，包括汽车生产制造在内的制造业都是以推动式生产方式为主。以福特为代表的推动式生产方式并不以下一道工序的需求量为生产数量的依据，通常每一道工序生产出来的零部件的数量会多于下一道工序的需求，这样每一道工序都会产生超出安全存货的物料，从而造成整个生产环节中从原材料、在制品到产成品的存货数量巨大，导致大量资金沉淀在存货当中。这种效率低的生产方式在市场竞争不激烈的卖方市场条件下不会给生产商带来压力，一旦市场转为竞争激烈的买方市场后，这种推动式的生产方式就难以为继了。受自然条件的限制和资金的约束，摒弃推动式的生产方式，转而构建拉动式生产系统是准时制生产方式在理念上的重大转变。

大野耐一是准时制生产方式的创始人之一，他在 20 世纪 50 年代中期到美国福特公司调研时发现福特的工厂占地面积巨大，以推动式的生产方式生产汽车会造成大量存货，这使得客观上丰田公司无法学习福特公司的生产方式，因为日本地域狭窄，丰田的工厂无法占用大量的土地资源，同时，丰田公司也没有足够的资金来支撑生产过程中的巨大库存占用。此时美国超市开始蓬勃发展，大野耐一在超市购物时意外地发现超市的存货管理效率极高。超市员工等到顾客拿走货架上的商品之后才补货，这种存货管理理念比福特工厂中的存货管理更加合理。大野耐一从中受到启发，遂将拉动式的补货模式引入准时制生产方式。

拉动式生产方式要求生产企业必须根据客户订货或市场要求的数量、品种、质量标准和交货时间组织生产并安排采购。前一生产工序必须严格按照后一生产工序所要求的数量、规格、质量和需求时间安排生产零部件，前一生产工序的生产计划取决于后一生产工序的具体要求。这种生产系统将采购、生产、存货和销售活动融为一体，要求企业的供、产、销各环节密切配合。物料和零部件要在生产部门需用时准时抵达现场，交付使用，每道工序只需储存最少需求量的存货。由于各个环节所需的物料和零部件都是在需要的时候到达下一道工序，因此生产产品的总时间就是对产品直接加工的操作时间，从而消除了各个环节的等待、运送、储存和检验过程，大大缩短了生产时间，节约了成本，提高了劳动生产率。推动式和拉动式生产方式的比较见图12-3和图12-4。

图12-3 推动式的生产方式效率低

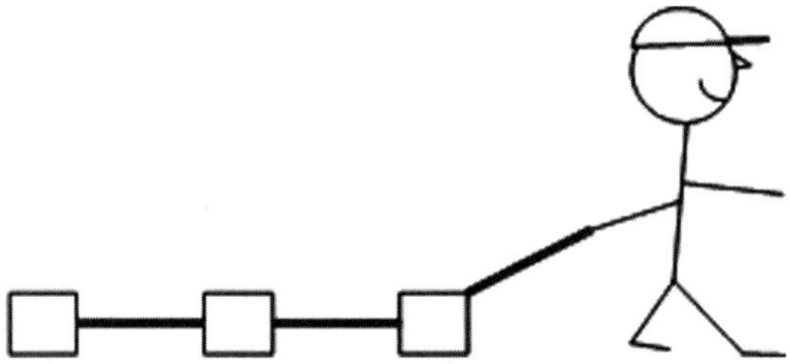

图12-4 拉动式的生产方式效率高

拉动式的生产方式通过看板（kanban）管理实现。看板来源于日文，意为“信号”。看板的形式多种多样，可以是一个电子公告板，也可以是一个零件箱，只要能起到给上一道工序发信号提示何时生产和生产数量的设施都可以作为看板。图12-5和图12-6是两种不同看板的形式。

在图12-5中，在某道装配工序中，当零件C584的存货还剩3箱时，这道工序的工人就要把代表C584零件的指示旗挂在相应的位置上，提醒生产C584零件的上道工序的工人开动机器生产3箱C584零件，零件A593和B162与C584相同原理操作。

在图12-6中，用右侧零件箱（三角形表示零件箱）代表取货看板（withdrawal kanban），而用左侧零件箱代表生产看板（production kanban）。装配线的工人从右侧零件箱拿取零件A装配，等零件A用完后，工人会交换左右两个零件箱的位置，操作机器的工人会开动机器，生产出一箱零件A，置于左侧的零件箱中。

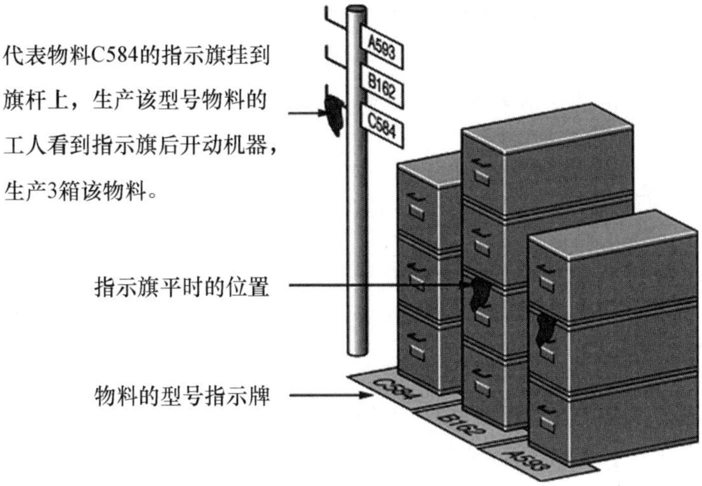

图 12-5　以挂指示旗的方式实现功能的看板

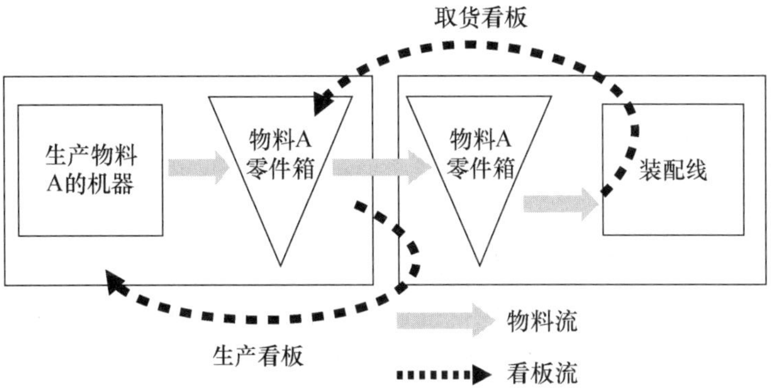

图 12-6　以零件箱的方式实现功能的看板

12.3.3　小批量生产

小批量生产（small-lot production）是准时制生产方式的重要组成部分。小批量生产必须处理好顾客订单和生产进度计划。实现准时制生产方式的前提必须保证从供应商到顾客的整个过程的物料能够平稳流动，在这个过程中，物料被控制在最低需要量，且不应有延误、积压和中断，使生产率等于或接近需求比率，这称为生产平稳性。要实现生产平稳性，就必须做到生产计划的平稳化，重点在于解决好订单的处理和生产进度计划的安排。

1. 订单的处理过程

准时制生产方式系统的预测以市场上的实际需求量或销量为依据。为了确定实际的需求量，要求销售商定期向厂家反馈销售情况，为此要建立有效的信息系统，销售数据是制定生产计划的基础。为了能够保证得到一个相对均衡的生产计划，同时又要缩短生产前置期，必须对订单进行全面的处理，这一过程包括将订单进行录入和分析，结合生产能力和已安排的生产计划情况对接到的订单进行筛选和排序，对筛选后的订单制定出生产进度计划。要组织准时制生产，通常在产品品种与产量相对比较稳定的企业实行起来比较顺利。

2. 生产进度计划

产品需求随时都会发生变化，要想使生产完全与需求同步非常困难，准时制生产方式关注如何将需求比率转变成为一个相对稳定且尽可能接近需求的生产率。一般地，需求以一个特定的时间范围给出，如月份，因此生产计划可以是一个月的生产进度安排。月计划的安排应在两至三个月之前提出，在生产前一个月确定，并将计划的有关内容通知给协作厂或供应商，然后企业可以将月需求量平均分配至每周或每个工作日，甚至对某些关键资源可以分配至每小时。生产率越接近销售比例，生产对需求的适应能力越强。这一点传统的生产管理可能难以接受，通常生产设施设备的运行是由可供利用的设备负荷时间和生产部件的综合能力驱动，而不由销售比例驱动。要使生产率接近销售比例，就涉及提高生产频率的问题。这里出现生产率和生产频率两个概念。

生产率：单位时间内的产出量。

生产频率：单位时间（月）内进行同一种产品生产的次数。

3. 小批量生产计划的实施

小批量生产的优点众多，包括减少空间占用和资金投入，缩短提前期和搬运成本，还可以使工序衔接更加紧密，便于发现瓶颈工序，更容易发现质量问题和提高生产柔性。作为准时制生产方式的重要手段之一，实施小批量生产却极富挑战性。早在1950年，时任丰田公司总经理的丰田喜一郎在参观美国福特公司在底特律的Rouge工厂时，发现福特的大批量生产方式并不适合日本。首先，日本当时经济困难，没有资金去引进大批量生产方式所需要的生产设备；其次，日本国内所需要的汽车批量小，但品种多；最后，日本与美国的用工制度不同，不能随时解雇工人，日本也没有移民可以雇用。因此丰田公司采用小批量生产方式是在当时条件下的必然选择。

通过对大批量生产方式和小批量生产方式加以比较，就可以发现后者的优点。图12-7大批量生产方式是在准时制生产方式诞生之前被广泛使用的一种生产模式，它的特点是便于组织管理，但最大的缺点是这种生产顺序在买方市场的背景下，很有可能产出的产品与市场需求不匹配，因此造成大量的库存。图12-8所示的小批量生产方式相比大批量生产方式不会造成过多的库存，生产顺序依据市场变化及时调整，因而产品更加适应市场需求。

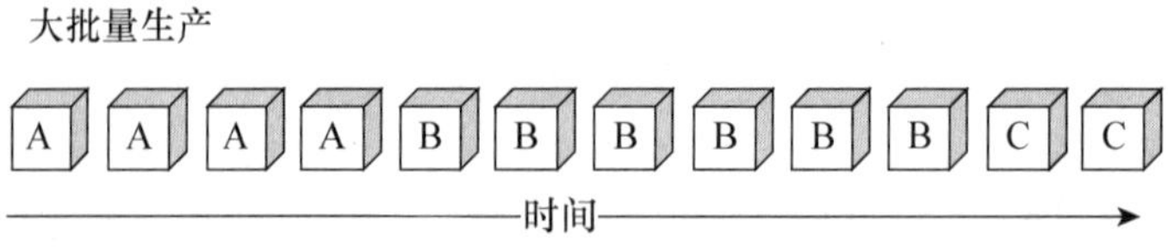

图12-7　大批量生产方式

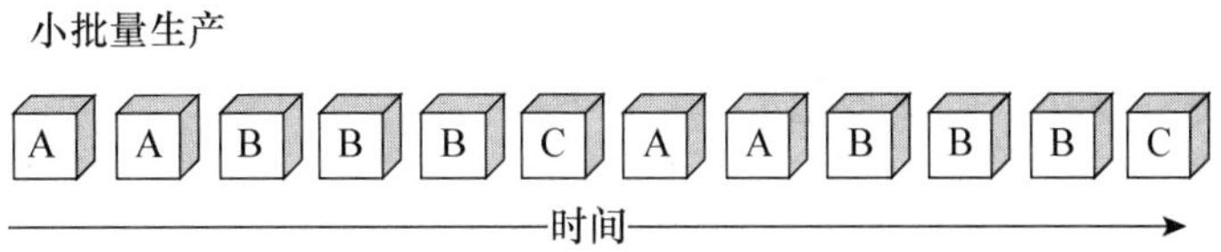

图 12－8　小批量生产方式

现举例说明小批量生产计划的实施。某汽车制造公司某月的生产计划如下：生产 A、B、C 和 D 四种车型，产量分别是 400 台、300 台、200 台和 100 台。现分四种模式制定生产计划：

(1) A、B、C 和 D 四种车型的生产按照 400 台 A、300 台 B、200 台 C 和 100 台 D 顺序组织生产；

(2) A、B、C 和 D 四种车型的生产按照 40 台 A、30 台 B、20 台 C 和 10 台 D 顺序组织生产，将以上顺序重复 10 次；

(3) A、B、C 和 D 四种车型的生产按照 4 台 A、3 台 B、2 台 C 和 1 台 D 顺序组织生产，将以上顺序重复 100 次；

(4) A、B、C 和 D 四种车型的生产按照 A B C A B A C A D B 顺序组织生产，将以上顺序重复 100 次。

后三种生产安排称为混合生产模式，它具有以下好处：

(1) 生产率接近需求比率，提高了系统的柔性，改进了顾客服务水平，对市场具有较快的反应；

(2) 使工人更容易熟练操作，有利于提高生产效率；

(3) 降低库存水平，减少库存场地的需求和资金占用，从而减少浪费；

(4) 保证了物料的平稳流动，从而缩短了生产周期。

可以看出，从第一种模式到第四种模式生产组织难度在加大，但可能产生的存货却在减少。事实上丰田公司的生产计划是按照第四种模式来组织的，虽然管理过程烦琐，但有助于减少存货，这种模式称为“一个流”(one piece flow) 生产模式。

“一个流”生产方式除了具备上述混合生产模式的优点，还表现出以下优势：

(1) 减少库存；

(2) 减少返工；

(3) 减少储存空间；

(4) 使问题更加容易暴露；

(5) 提高产品柔性；

(6) 便于平衡操作。

通过以上分析可以看出小批量生产计划的实施绝非一帆风顺，因为它增大了管理和操作难度。大野耐一是丰田生产方式的主要发明人之一，在其介绍丰田生产方式的专著中就提及在丰田公司推行小批量生产模式的时候曾遭到巨大的阻力，但当时丰田公司的最高管理者却顶住压力，给大野耐一强力支持，才有了小批量生产方式的成功实施。

12.3.4 减少设备调整时间

小批量生产意味着生产频率增加和频繁调整设备成为常态，为此要设法减少设备调整的准备时间（setup time）。系统内部要寻找快速的设备调整方法，系统外部要求零部件供应商快速供货。实施小批量生产的前提条件之一就是缩短设备的调整时间，而缩短设备调整时间并非轻而易举。

20世纪50年代福特公司的大型设备轻易不做调整，若调整则需2个月。因此丰田公司若实施小批量生产就必须缩短设备调整时间。丰田公司经过20年的持续摸索改进，到70年代中期大型设备调整时间已经降到以分钟计，即少于10分钟完成设备调整，如更换模具工作。丰田主要采用以下方法减少设备调整时间：

（1）合理地规划安排生产，使每一制造单元尽量只生产一种或一组类似产品，而非差异很大的不同产品，尽量采用标准零部件和标准操作规程方法。

（2）区分内部调整准备和外部调整准备活动，内部调整是指必须在停机状态下才能进行的调整和装卸工作，如更换刀具等；而外部调整是指在不停机的情况下就可以实现的调整准备工作，如事先准备好所需的工具，编制控制数控设备的计算机程序等。为了对调整准备活动的组成进行分析，可将整个调整作业记录下来，取消不必要的作业，工程师、管理人员和一线员工一起参与有助于提高工作效率。

（3）尽量将内部调整准备转为外部调整准备，这需要通过不断改进和创新方法来实现。这样可以实现不同批量生产之间的快速转换，使调整时间减少30%～50%。

（4）使调整准备的各种活动或操作尽量流畅，将工具尽量放在使用它们的地点附近，便于使用；保持设备和夹具处于良好的工作状态；简化或删除不必要的调整；尽量采用插件或扣件，减少使用工具；采取措施避免安装时出现偏差；使物体（如工具箱）便于移动等。

（5）以并行作业形式去完成调整准备的各项工作，以小组的形式进行调整准备活动可以大大减少调整时间，两个人共同进行同一调整工作比一个人干要减少一半时间；另外，使用标准部件、零件和原材料也可减少调整时间，甚至消除某些调整准备活动。

（6）训练生产线工人，使他们掌握精湛的调整准备技能。

（7）改进机器设备的调整准备方法与程序，使之最为合理快捷。可以利用计算机网络，实施计算机一体化的制造系统，使生产过程实现自动化。通常采用准时制生产方式是实施计算机一体化（computer-integrated manufacturing）的准备阶段，具备了这个基本条件后，才能将其纳入计算机系统，实现计算机控制下的一体化生产系统。

（8）使用必要的手段和设备，如电子显示屏，提示工人提前做好有关的准备工作。

12.3.5 注重工业工程设计

丰田公司十分重视工业工程设计（industrial engineering design），以保证产品质量和产品的可靠度，表现在以下几个方面：

（1）强化 5S 管理，做好公司现场管理。5S 管理旨在通过提高员工素质从而提高员工工作水准和产品生产质量，5S 管理是精细化管理的基础工作，是提升管理工作的重要基石和前提。本书第 2 章第 3 节对 5S 管理有详细的描述。

（2）在生产过程中采用自働化的手段来保证产品质量，这种方法即在生产过程中出现偏差时，机器设备会自动报警并停止运转等待员工处理，从而防止不良品的产出，最初用在丰田纺织机械上，后来丰田在汽车生产线上也大量使用自働化装置，它能够及时发现问题，纠正偏差，从而提高产品质量。有关自働化的内容，请见本章第 1 节的论述。

（3）大量采用目视管理手段，即用颜色标明生产场所中的关键控制点，便于员工识别，杜绝误操作。有关目视管理的内容，请见本书第 2 章第 4 节的论述。

（4）使用安灯，即一种发生不合格品时的报警装置。当操作工发现质量等与产品制造、质量有关的问题，就会拉下吊绳或用遥控器激活安灯系统，生产线停止运行，待故障处理完毕之后生产线才能重新运行。安灯是防错设计和目视管理的综合应用。

（5）全面预防性的设备维护。通过日常保全、定期保全、突发保全、预防保全使得生产线处于良好的运行状态。

准时制生产方式实行无存货控制，要求机器设备处于良好的状态之中，不允许生产设备在生产过程中出现故障。因此机器设备的维护和保养强调预防性和超前性，维护和保养贯穿生产过程之中，从而使机器设备处于最佳状态，以获得最好的使用效率。准时制生产方式通常不在满负荷状态下运行设备，这也是与传统的生产管理不同的方面。准时制生产方式测量设备的可运行比率是基于当需要时设备的可供使用的比率；而传统的生产方式测量设备的可运行比率是基于设备能够满负荷运行的比率，在这种生产方式下，当设备老化报废时，就更换一台新的设备，增加了固定资产的投资。而准时制生产方式通过全面的设备维修保养，延长设备的寿命，减少了固定资产投资成本。

（6）大量使用 U 形布局，提高生产场地使用效率，并使生产线具有柔性。丰田采用单元式布置组织生产，使整个生产过程由若干个制造单元构成。单元式布置通常采用 U 形布置，这样可缩短工人的行走路线，通常安排一个工人控制多台设备，周期时间可通过改变工人行走路线来调整，工作忙时可增加工人人数，并适当减少每人控制的设备台数，加快生产速度；而工作闲时，可撤下部分工人去检修设备或打扫卫生等。准时制生产方式有一条重要原则，它视人力资源的闲置是最大的浪费，设备可以有一定时间的空闲，但工人不能空闲，必须使他们具有较满的工作负荷。调整工人人数要比调整设备数目容易，而且迅速。因此，这种布置形式大大减少了浪费，提高了柔性和生产效率。有关 U 形布局的内容，请见本书第 5 章第 3 节的论述。

（7）在生产线上大量设置防呆设计控制点。防呆设计便于操作人员及时发现故障或异常，并及时处理，从而减少失误的发生。有关防呆设计的内容在本书第 2 章

第4节和第3章第4节中都有相关描述。

12.3.6 独特的人力资源管理体系

丰田汽车是以优质低成本著称的，要实现这个目标丰田公司的人力资源体系起到了很大的作用。首先是丰田公司的招聘体系，因为包括丰田在内的许多日本公司实行终身雇佣制，因此在招聘新员工的时候就严格把关，避免把不合适的员工招聘到公司是首要原则。丰田公司倡导员工一岗多能，岗位分工不细，这就需要对员工展开培训，使员工掌握多岗位的不同技能。丰田公司注重全面质量管理，强调每个员工都要对自己的工作质量负责，丰田甚至没有专门的质量检验人员。丰田独特的人力资源管理体系是保证准时制生产方式实施的前提条件。

12.3.7 对新技术的务实态度

在20世纪末企业信息化兴起的时候，很多公司花巨资引入MRP和ERP系统，试图提升企业信息化的管理水平，这其中既有成功的范例，也有失败的教训。福特公司曾经斥资5亿美元引入ERP管理系统，但运行后并未达到预期效果，后来该系统被束之高阁，公司管理又回到过去的旧体系中，留下惨痛的教训。

纵观准时制生产方式，丰田公司的成功并非建立在高技术基础上。在20世纪末MRP和ERP满天飞的时候，丰田并没有随大流。丰田公司高管清醒地自问：丰田公司是造汽车的公司，不是制造数据的公司，MRP和ERP系统到底对造汽车有多大的帮助？根据调研过丰田公司的人士描述，丰田的日本工厂中的很多设备并不是新的，随着岁月的流逝和人工长期擦拭，已经看不出底色了，但设备的加工精度却很好。这说明丰田的成功并非依赖比竞争对手更好的机器设备，而是把一些朴素的理念通过长期不懈的努力落实到位。

12.3.8 独特的质量保证体系

全球最具权威性的汽车评级机构之一J. D. Power每年都会就新车质量发布相关数据，丰田等日系汽车质量在汽车业内常年排名位居前列。丰田汽车的质量保证体系的特点表现在以下三个方面：

1. 对产品质量瑕疵零容忍

丰田倡导“质量三不政策”，即不接纳不合格零部件、不生产不合格零部件和不流出不合格零部件；“一个流”的生产模式使得有瑕疵的产品无处遁形，而且还极大地降低了库存水平。

2. 注重标准作业程序在生产环节中的应用

标准作业程序针对工人的日常操作制订标准，并进行细化和量化，以统一的格式描述出来，用以指导和规范日常的工作。标准作业程序在丰田式生产方式中占据重要地位，这种操作方法能够缩短新员工在生产线上的学习时间，只要按照步骤指示就能避免失误与疏忽。标准作业程序可以节省时间和资源，由于工人操作稳定一致，可大幅提高产品质量。丰田倡导把复杂的生产过程转化为简单的操作，并把简单操作转化成标准作业程序，并将其长期坚持下去。有关标准作业程序的概念在本书第 2 章第 4 节中已有描述。

3. 质量检查与防呆设计相结合

自查和 100%检查相结合杜绝不合格品；在生产过程中大量设置防呆设计控制点，杜绝误操作。

下面简单比较一下丰田和大众质量管理的不同之处。丰田和大众在汽车设计、制造等环节的理念相差很大，但二者都坚持各自的原则，都获得成功。在整车装配线上，丰田设置很多自働化控制点，一旦出现异常，操作工就会拉下吊绳，激活安灯系统，生产线停止运行，等质量问题处理后才能重新开启装配线；丰田给一线员工适当的授权，允许他们在发现质量问题的情况下停止生产线的运行。丰田还设计和使用一些警示设施，如警示灯或仪表，用来显示生产过程的质量水平，当找出超出允许的水平范围时能及时发出警报，以便采取相应的措施。而大众公司面对生产线的问题则有不同处理方式，大众公司会标记“问题汽车”的部位，生产线继续运行，等汽车下线后把“问题汽车”停放在指定区域，之后再派技术娴熟的技工消除这些问题。

德系车设计和制造扎实耐用，不求内饰的奢华，注重汽车的操控性，在汽车内部消费者看不到的地方丝毫不马虎，做好任何细节，这些都是值得称道的。日系车强调顾客需求为导向，对消费者的消费心理研究更深入。汽车内饰制作精致，车内空间比德系车更大，加之同排量的轿车比德系车质量轻，油耗比德系车要稍低，日系车的特点很能取悦中国消费者。但日系车在高速稳定性以及车内隐蔽工程的扎实程度不及德系车，德系车更强调工程方面的质量。

12.3.9　独特的供应链体系

准时制生产方式须采用准时制采购系统，即要求材料、外购零部件在生产需用时保质保量地准时到达现场。在选择供应商时，需要考虑价格、质量、交货时间等因素。传统的采购方式最关心价格因素，往往会忽视质量和及时交货等要求。在传统采购方式下，企业一般采用多供应商策略。而在准时制生产方式中，尽管价格仍然是一个重要的因素，但质量和供货的可靠性越来越被重视。若外购零部件质量缺乏可靠性或到货不及时将会引起整个生产系统的停顿和瘫痪，无法进行生产和销售。供应商提供的零部件质量可靠可以免除到货检验、次品退换和返工废弃等成本。因此准时制生产方式选择少数质量过硬、供货及时和信誉可靠的供货商，同供应商建立长期合作的伙伴关系是准时制生产方式的构成要素之一。

在汽车行业中，整车厂商对零部件供应商极其依赖，一般整车厂只生产发动机和车身，其余大多由供应商提供零部件。一般地，供应商所提供的零部件大约占整车成本的 85%左右，因此供应链体系在汽车生产制造过程中具有十分重要的地位。

包括丰田在内的日系汽车厂商有着独特的供应链体系，日系供应链称为 keiretsu，其特点是整车厂和零部件供应商交叉持股，通常采用少数关键供应商的策略，即只选择 1～2 个供应商，而为丰田供应商所提供物料的供应商通常也是 1～2 个，这样就形成了一个树状结构，如图 12－9 丰田独特的供应链体系所示。

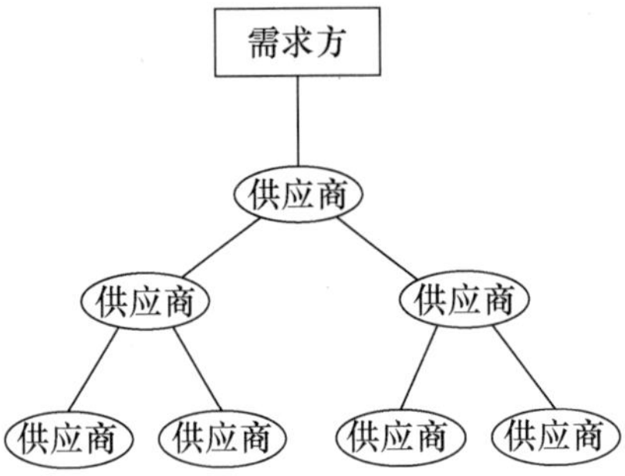

图 12－9　丰田独特的供应链体系

丰田对供应链体系有独到的理解。丰田认为供应商是本公司的延伸，若供应商提供的零部件质量有瑕疵，那么丰田的整车也必然有瑕疵；若供应商提供的零部件成本高，那么丰田的整车也必然成本高；若供应商提供的零部件延迟交货，那么丰田的整车也必然延迟交货。因此丰田认为整车厂与零部件供应商是一荣俱荣、一损俱损的利益一体化的关系，丰田有义务帮助零部件供应商改善管理，二者之间的关系应该是长期稳定的“婚姻关系”。丰田在每进入一个新的国家或地区之前，首先就要培育自己的零部件供应商，这在整车厂建成之前需要完成。

从供应链管理的角度看，准时制生产方式要求整车厂距离零部件供应商不能太远，否则将增大准时制生产方式的实施难度。案例研究表明，丰田公司与零部件供应商的距离不足 100 英里，而美国三大汽车生产商（通用、福特和克莱斯勒）与零部件供应商的距离介于 400 英里～600 英里之间。丰田的零部件供应商可以每天向整车厂发货 8 次，而美国三大汽车生产商的零部件供应商每天向整车厂发货 1 次。因此丰田汽车的存货周转率要远高于竞争对手，这是丰田汽车降低成本的重要手段之一。

在供应链环节上自制和外购的决策中，丰田把事关公司核心竞争力的业务留在公司内部，自制完成，把非核心竞争力的业务外包出去。丰田在开发油电混合动力汽车 Prius 时同松下公司联合开发电池技术，其中有一个把直流电转化成交流电的关键电子元器件 IGBT，虽然丰田不是电子元器件生产商，但丰田认为这关乎公司的核心竞争力，坚持自己生产这个关键的部件。

12.3.10　永不停止的持续改进

丰田通过持续改进把准时制生产方式推向更高的层次。在持续改进的过程中，丰田十分强调标准作业程序的应用和“五个为什么”的思维方式（five-why method）。

“五个为什么”的思维方式是丰田解决生产管理问题的一种思维逻辑。当出现问题时，这种思维方式强调以“剥洋葱”的方法，经过层层探究，挖掘出问题深层次的本质原因。现举两个实例说明“五个为什么”的思维方式。丰田高管在巡视生产线时发现一台机器漏油，工人暂时用一个瓶子放在机器下接油，但这并没有解决问题。以下是丰田高管人员与操作工人的对话：

丰田高管：为什么机器漏油？

操作工人：密封垫损坏，导致漏油。

丰田高管：密封垫为什么会漏油？

操作工人：密封垫的质量不好。

丰田高管：为什么采购质量不好的密封垫？

操作工人：根据公司短期成本控制目标，生产中的辅助材料经费不足，无法购置质量好的备件。

丰田高管：问题出在短期成本控制目标的设定上面。

另一个“五个为什么”的思维方式的情景如下：丰田高管在巡视生产线时发现一台机器停工，而几天前这台机器才修好。以下是丰田高管与操作工人的对话：

丰田高管：这台机器为什么又停工了？

操作工人：设备的驱动电机坏了，导致机器停工。

丰田高管：电机为什么坏了？

操作工人：电机载荷过大，烧毁了。

丰田高管：电机为什么会载荷过大？

操作工人：铁屑进入电机轴承，导致电机载荷过大。

丰田高管：铁屑为什么会进入电机轴承？

操作工人：铁屑是从润滑油系统中进入电机轴承的。

丰田高管：润滑油系统没有滤网吗？

操作工人：尚未设置滤网。

丰田高管：安装滤网就不会有铁屑了。

通过上面两个事例可以看出丰田“五个为什么”的思维方式的细节，只要刨根问底就能深挖管理问题的根源，继而从根本上消除这些问题。

12.4　准时制生产方式的精髓及 DNA

本节主要讨论准时制生产方式的本质及其在其他非汽车制造业中的应用。

12.4.1　准时制生产方式的构成要素总结

通过以上对准时制生产方式的揭示，可以看出丰田的成功并非基于高不可攀的理念和采用超越竞争对手的高科技生产手段，而是把朴素的道理与普通的生产线相结合，假以时日，持续改进成为一种独特的生产方式。这种生产方式不但对汽车生产领域产生了深远的影响，而且在其他制造业领域的应用空间十分广阔，甚至一些服务业也在借鉴准时制生产方式的可取之处。准时制生产方式的构成要素可以归纳为以下几点：

（1）柔性资源（flexible resources）；

（2）细胞式生产线布局（cellular layouts）；

（3）拉动式生产系统（pull production system）；

（4）看板生产控制系统（kanban production control）；

（5）小批量生产（small-lot production）；

（6）快速设备调整（quick setups）；

（7）生产负荷均衡（uniform production levels）；

（8）从源头上控制的质量管理（quality at the source）；

（9）全面的设备维修保养（total productive maintenance）；

（10）独特的供应链系统（supplier networks）。

12.4.2 把传统生产方式向准时制生产方式转化

自从准时制生产方式出名后，很多公司都在学习，力图优化管理。无论行业和公司性质如何，使一个传统的生产方式向准时制生产方式转化有很多共性的地方，包括以下方面：

（1）管理层重视学习准时制生产方式的长处；

（2）制定计划，确定重点工作；

（3）上下一致，特别是要得到工人的支持和配合；

（4）先从减少设备调整时间着手；

（5）渐进式转变，不可一蹴而就；

（6）使供应商也向着准时制生产方式转化；

（7）要预见到可能出现的阻力和困难。

表12-1描述了传统的生产方式和准时制生产方式在主要生产维度上的差别。

表12-1 传统的生产方式和准时制生产方式在主要生产维度上的差别

维度	传统的生产方式	准时制生产方式
库存	为预防预测和交货的误差，多备库存	最少需求量的库存
交货	交货数量大，但次数少	交货数量少，但次数多
批量	大批量	小批量
设备调整	调整次数少，调整耗时长	调整次数多，调整耗时短
供应商	数量多，短期合作，注重低价	数量少，长期合作伙伴
工人	仅仅能应付工作	公司的资产

12.4.3　准时制生产方式的 DNA

自 20 世纪 70 年代以来，准时制生产方式大获成功，引发同行业甚至其他行业的公司纷纷效仿。丰田公司早年起家时曾以欧美汽车生产商为师，自创立了成效显著的准时制生产方式后，欧美汽车生产商无不折服于其准时制生产方式的效率，并采用各种方式加以研究学习，以期提升管理水平。虽然丰田声称在传授准时制生产方式的理念和技艺方面毫无保留，但至今业内同行尚不能超越丰田。本书作者经过多年对准时制生产方式的研究分析，总结出三条准时制生产方式难以被模仿和复制的主要原因：

1. 准时制生产方式是一个有机的系统

准时制生产方式是一整套有机的系统，如图 12－10 所示。构成准时制生产方式的诸多元素有机地组合在一起，各元素之间存在内在的联系。学习者试图学习乃至拷贝一个或几个元素并不困难，但若把孤立的各个元素组成一个有机的整体就有难度了，这就意味着学习者要抛弃原来的体系，转而采用丰田的生产模式，这将给学习者带来极大的挑战，转换模式会导致很高的成本支出。

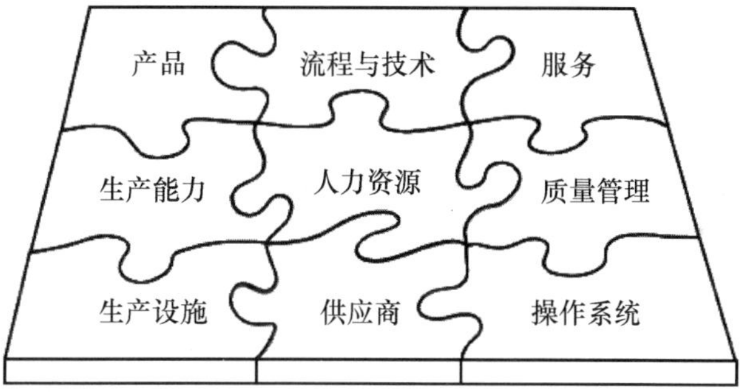

图 12－10　准时制生产方式是一整套有机的系统

2. 准时制生产方式中的隐性知识难以复制

丰田生产方式中有大量隐性知识（tacit knowledge），同显性知识（explicit knowledge）不同，隐性知识需要学习者通过大量的实习和操作才能掌握。准时制生产方式系统中掺杂着很多隐性知识元素，这增大了学习者的学习难度。

3. 准时制生产方式存在学习曲线效应

准时制生产方式是丰田公司经过半个多世纪的实践逐步总结摸索出来的，而且还在不断完善，准时制生产方式存在学习曲线效应（learning curve effect），若学习者践行准时制生产方式时间不长，则很难达到丰田公司的水准。中国一汽集团公司是国内学习准时制生产方式最早的汽车制造商，该公司高管人员曾感慨“学习丰田生产方式三年才能入门”。

12.4.4 准时制生产方式在服务业中的应用

准时制生产方式在服务业有很大的应用空间。麦当劳快餐将准时制理念引入餐厅运营提高了效率，如小批量产出汉堡包，以保证新鲜度，产成品的存货只保留十分钟以保证质量，过时则扔掉；麦当劳还试图精确预计客流量，从而及时调整店内劳动力的数量，安排恰当的人力及时满足服务顾客的需求；麦当劳还在顾客排队过程中引入需求拉动的排队系统，通过前台的顾客需求直接拉动后台的工作，使得服务更直接和更迅速，后台的厨师可以透过玻璃墙或视频监控设备看到顾客的到来，便于快速准备食物以实现准时制服务。

在医院的服务中，可以按照疾病的种类成立准时制治疗小组，在医院内部形成多个小诊所，重新安排医疗设备布置，使得治疗过程更加简单，医患双方接触更加直接，患者获得更满意的服务；药品进货按照需求拉动的原则，降低进货批量，提高进货频率，不仅可以降低药品库存成本，同时还能将药品过期的风险控制在最低水平。

在零售业中，依据顾客要求的品种、数量、时间、地点拉动需求，组织生产和供应。建立起供需双方的快速反应系统，从而提高生产和供应的及时性和准确性，降低库存水平，创造竞争的成本优势。

将准时制中员工管理模式引入服务业的方式很多，如加大培训力度，培养多技能工，增大服务过程的柔性以应对服务高峰期的顾客需求；成立问题解决小组，由员工共同解决工作中出现的问题，及早排除问题隐患；强调员工激励，充分发挥员工的主观能动性，通过员工的努力完善服务环境，提高顾客对服务的满意度；倡导服务过程“工业化”，下游员工监督上游员工的服务质量，保证高质量的持续标准服务。

又如从流程分析入手，消除不增加价值的流程环节，重组增加价值的步骤，提高服务作业的连续性，缩短作业周期。可见只要不断钻研，准时制的很多理念和操作方法都可以在服务业中找到用武之地。

□ 小结

准时制生产方式是日本丰田公司在汽车制造业创立的一种独特的生产模式，又称精益生产系统。除了汽车生产行业，准时制生产方式还在其他制造业得到了广泛的应用并取得了巨大的成功，目前准时制生产方式扩展到了服务业。通过引入准时制生产方式，制造业和服务业企业都能从中获得管理改善。

准时制生产方式是一个有机的整体，包括消除浪费、拉动式补货、小批量生产、快速设备调整、看板管理、单元布局、生产负荷均衡、防呆设计、标准作业程序等一系列环节，这些环节构成准时制生产方式的系统。

□ 术语

准时制生产方式　精益生产　看板　U 形布局　拉动式的生产系统　小批量生产　快速设备调整　生产负荷均衡　从源头上控制质量管理　全面的设备维修保养　防呆设计　标准作业程序　5S 管理　安灯　一个流

□ 习题

1. 准时制生产方式为什么诞生在日本而不是欧美？
2. 准时制生产方式对库存管理有何要求？
3. 拉动式系统与推动式系统相比具有什么竞争优势？
4. 准时制生产方式在实施过程中常用到哪些手段？
5. 学习准时制生产方式的难点在哪里？
6. 如何在服务企业推行准时制生产方式？

□ 案例

上海大众汽车公司的运营管理

2009 年，出乎很多业内人士预料，国内汽车生产销售井喷式爆发提前来到了。秋日的上海安亭，梧桐树的落叶在微风中翩翩飞舞。

张工是上海大众汽车有限公司计划控制与物流部的工程师，负责协调汽车线束供应商的供应事宜。明天又到了周五例会的时间了，摆在张工面前最烦心的事情莫过于汽车线束供应商的供应不足以至于影响整车装配线的生产安排。张工虽负责公司线束供应协调工作多年，却明显感觉到目前他所主管业务的压力，照这样下去，一些车型的生产产量将受到限产。目前公司两个长期合作的供应商已经开足马力生产，但上海大众仅仅是它们在国内的用户之一，其他汽车厂家也在等它们的产品……是另外寻求同类产品的供应商，还是提高采购价格从现有的供应商那里保障供给？张工的思绪随着窗外飞舞的梧桐叶而飘动。他知道明天的周五例会上必须对线束的采购问题做出抉择，作为业务主管的他必须事先提出决策依据，供公司主管领导裁定。

一、上海大众公司概况

上海大众汽车有限公司（以下简称“上海大众”）是成立于 1985 年的中德合资企业，中德双方投资比例各为 50%，其中上海汽车集团股份有限公司 50%，德国大众汽车集团 40%、大众汽车（中国）投资有限公司 10%，合作期至 2030 年。

上海大众在2015年已具备年生产200万辆车的能力，是国内规模最大的现代化轿车生产基地之一。总部设在安亭上海国际汽车城，拥有安亭、南京、仪征、宁波、乌鲁木齐、长沙六大大生产基地。现有大众、斯柯达两大汽车品牌，2014年新车销售达171万辆，其中大众品牌占比84%，斯柯达品牌占比16%。上海大众拥有庞大的产品系列，包括波罗（Polo）、途安（Touran）、朗逸（Lavida）、途观（Tiguan）、凌渡（Lamando）、桑塔纳（Santana）、帕萨特（Passat）、晶锐（Fabia）、昕锐（Rapid）、野帝（Yeti）、明锐（Octavia）、速派（Superb）等系列产品，覆盖A0级、A级、B级、SUV、MPV等不同细分市场。

上海大众在国内的特许经销商（4S店）和特约维修站总计达到1 000多家，形成了分布最广、布点最密的轿车营销与售后服务网络，全国的地级市覆盖率超过70%。

二、上海大众高层组织架构和与运营管理相关的主要部门

由于是中外合资公司，上海大众的最高领导机构是上海大众执行委员会，中德双方各占2人，中方占据总经理和销售执行经理两个席位，而商务执行经理和技术执行经理由德方担任。与国内公司不同的是，以上四个职位是平级的，总经理的话语权并不比执行经理大，重大决策投票结果一般是4∶0或2∶2。德方在制造和研发方面具有绝对权力。

在与生产管理相关的部门中，上海大众计划控制与物流部的角色是生产管理的指挥棒。该部门一头负责协调供应商提供的汽车零部件的数量和交货时间，这需要同销售公司密切携手才能保证生产计划贴近市场；另一头还要制定详细的生产计划，包括具体车型的生产排序计划，实施生产调度控制。而制造部的职能较为单一，仅仅执行前者的指令。之所以这样安排是考虑到制造部门管理的生产线和设备数量众多，人员数量也庞大，管理难度大，所以编制生产计划和车型排序的工作由前者担当。

三、供应链管理

汽车行业对供应链的依赖很大，上海大众仅发动机和车身是自制的，其他部件由大众自行设计或协同供应商共同设计，外包完成。与日系厂商通过交叉持股的单一供应商策略不同的是，大众中国合资公司一般选择2～3家供应商，以避免单一供应商带来的风险。供应商并无义务向上海大众提供包括制造成本和利润在内的公司财务信息，而丰田公司由于同供应商是交叉持股的关系，因此公司各方面的信息是互通的。削减供应商的数量是汽车业的趋势，目前上海大众同一汽大众计划把双方共有的800家供应商数量减少一半。上海大众是中国最早的汽车合资企业，并声称是中国国内汽车供应链的建立者。

上海大众经过30多年的积累和摸索，在供应商的选择、评估、保持等环节上，基本形成了一套较为科学规范的管理体系。在供应链管理中，价格的确定是供需双方的核心问题。一般地，先由技术部门提出技术标准，采购部门负责同供应商谈判确定价格。上海大众要求供应商提供报价明细，之后分别在国内外供应商中比较价格，供应商的利润空间被大幅压缩。上海大众虽然在价格、质量等方面对供应商要

求苛刻，但供应商仍然愿意合作，原因在于上海大众拖欠供应商的资金时间短（只有 20 天，比超市占用供货商的资金还短），其次上海大众较大的需求量可以使供应商形成规模效应，并且上海大众给供应商提供服务支持。供应商的采购价格是在上海大众多部门参与的会议上确定后进入信息系统，任何个人无权对价格进行修改，若修改也要经过多部门参加的联席会议确认。这样就使得供应商很难通过私下交易，如通过影响主管领导或经办人达到变更价格的目的。同时由于存在学习曲线的效应，上海大众会要求供应商每年以某个比例降低零部件的供货价格。若供应商所需原材料涨价，上海大众会根据涨价材料在所在零部件中的使用量，按照一定比例与供应商共同负担，这就是所谓的“补偿机制”。

为了更好地同供应商沟通，上海大众的 MRP 系统以 Web 界面而非信息接口的形式把零部件的编号和数量提供给供应商。

四、质量保证体系

上海大众分别于 1995 年和 2001 年通过 ISO 9001 质量体系认证以及 VDA6.1（德国汽车工业协会质量体系）和 ISO 9001（2000 版）体系审核。凭借德系车在质量管理方面的良好声誉和多年的国内经营，大众在消费者中获得了较佳的口碑。上海大众在质量检测方面拥有的设备值得称道，如工业 CT 扫描仪、车辆三坐标检测仪等都是国内领先的。内饰件有害物质的挥发程度要靠人工嗅觉鉴定，从业人员的嗅觉鉴别能力每年都要被评估，以保证从业人员鉴别的准确性。

上海大众重视客户的抱怨。抱怨被分为硬抱怨和软抱怨两种。硬抱怨是指顾客投诉车辆部件的质量问题，大众会有相应的渠道加以识别，建立数据报警机制，监测供应商零部件质量，区分偶然因素和系统误差，从而加以消除。软抱怨是顾客对车辆性能的不满意，如座椅不舒适等。

上海大众为了保证新车的可靠性，在新车量产前每一款车都要用百辆以上的新车做实验。新车经历国内不同地区严酷环境的测试，如黑龙江低温、海南高温、西北高原和云南山区等不同环境下的性能测试，此外还要到南非和北美测试新车的性能，一般一款新车大众公司会在各种极端气候条件下进行 300 万公里以上的路面测试，高投入是产品质量的重要保证。

反观以丰田为代表的日系车的路试则安排在实验室台架上模拟路试或试车场上试车，而非“冰雪严寒、暴风骤雨、酷热炎炎”的大众公司式的真实路面测试。2008 年日本著名车评人御堀直嗣曾评价“日系车的难处之一，也在于在开发过程中没有在公路上试车”。日系车为何不做路试？恐怕是为了最大限度地降低成本和缩短新车开发周期。2009 年末至 2010 年初集中爆发的大规模丰田汽车召回事件暴露丰田特有的产品设计与生产模式的弊端，为此丰田公司付出了高昂的代价。

大众在中国虽然有不错的用户口碑，但 2009 年的用户满意度仅排在 10 名之后。大众中国的管理层计划在 2018 年将用户满意度提高至前三名。在美国权威的市场调查机构 J.D. Power 的新车质量排名中，日系车排名整体领先于大众车。一名上海大众的业内人士对此持有不同的看法，称 J.D. Power 受日系车厂商资助，设计评价的维度中多是日系车的强项，而德系车的优点 J.D. Power 少有提及，进而质疑 J. D. Power 的评价维度的科学性。也许以上观点都存在有偏颇的地方，但德系车和日系车都有值得称道的地方是不争的事实。

五、生产线的管理

上海大众公司成立时间较早，工厂生产设施经过多年建设而成。上海大众一、二、三厂并非整体规划布局有序，工厂之间布局较为接近，但厂区之间还有非上海大众的其他公司的用地。

虽然上海大众对内部的运营系统比较自信，但丰田公司首创的准时制生产方式在这个德系车厂仍然得到重视。上海大众既学习准时制生产方式，也保持着自己的特点。丰田公司的“一个流”（即单件小批量）在上海大众被有限度地采纳，生产线上整车装配质量的保证体系也有所不同。当出现问题时，员工轻易不被允许停止生产线的运转，而是在有问题的部位做标记，“问题车”仍然在生产线上移动，完成生产线的装配后，这些“问题车”被停放在指定区域，经返工，消除问题后成为合格车。

在向准时制生产方式转化的过程中，可以看出上海大众离丰田公司尚有距离。以更换模具为例，上海大众现有的 1 100 吨和 600 吨的冲压设备换模时间分别是 25 分钟和 20 分钟，而丰田公司早在 20 世纪 70 年代就能做到把大型冲压设备的换模时间控制在 10 分钟以内。

上海大众整车生产线效率还算令人满意，但现场管理改善的空间还很大，表现在工作场地的清洁状况和工人摆放工器具的随意性。日本工厂强调 5S 管理，即整理、整顿、清扫、清洁、修养，在现场管理方面树立起行业典范，如本田汽车工厂（无论在美国还是在中国）员工穿着白色工作服工作，可见 5S 管理十分到位。

六、产品销售

目前上海大众有大众和斯柯达两个品牌，尽管上海大众在 2007 年引入斯柯达之初声称斯柯达的定价会低于大众品牌，但目前在中国同级车型的销售价格中斯柯达品牌高于大众。上海大众将斯柯达的目标客户定位于“关注性价比的客户群，理智的购买者”，希望斯柯达能成为下一个风靡全国的普桑或者捷达。大众和斯柯达使用不同的销售渠道，旨在扩大斯柯达的影响力，从而获得更大的市场份额。

大众和斯柯达两个品牌采用两级分销的模式。具体来说，上海大众公司的销售公司销售大众品牌和斯柯达两个品牌，大众品牌采用分销中心管理几个省的授权经销商，4S 店根据需要可以再发展下级经销商（称二级经销商）；斯柯达采用区域商务办公室（Regional Business Office，RBO，类似大众的分销中心），RBO 负责协调所辖区域的销售。

同其他品牌的汽车厂家一样，上海大众对经销商的销售政策是全款政策，即经销商买断经营。经销商付款在先，上海大众发货在后，经销商在上海大众的账户上始终有余额。销售的过程可以简单地描述成以下流程：授权经销商根据市场行情向分销中心或 RBO 提交进货计划，包括车型种类和数量，后者汇总后报上海大众销售公司，上海大众销售公司结合分销公司和 RBO 的申请计划与现有的库存和产能对销售计划做出适当调整，把畅销车型和滞销车型做适当搭配。

由于新车销售的价格透明度高，加之竞争激烈，因此经销商制定的新车价格并不能完全反映销售成本和销售利润，实际的销售价格是某地市场竞争的均衡价格。当前很多经销商以平进平出多见，即把从上海大众销售公司拿到的价格作为销售价格出售给消费者，价差的空间被极大压缩。经销商的利润主要来源有上海大众销售返利、代理保险、新车装潢等。

上海大众的分销中心和斯柯达RBO在中国是根据区域市场划分而设定的，通常负责几个省的销售协调。分销中心和RBO负责协调所在地区的销售，指导检查经销商的业务。上海大众的授权经销商被限定在销售区域，不得跨区域销售。上海大众只规定经销商不得低于厂家规定的最低售价销售，这样可以避免经销商之间打价格战和维护品牌的良好形象，经销商违规将被厂家罚款。经销商高于最低售价销售，厂家则持鼓励态度，并不与经销商分享超出部分的利润，事实上随着竞争的加剧，经销商高于最低限价销售变得艰难。

以上海为中心的华东地区是上海大众的传统市场，市场占有率远远高于日系品牌。上海大众的下一个目标是在日系车占主流的以广州为中心的华南地区展开销售攻势，以期在这个经济繁荣地区占有更大的市场份额。

七、产品研发

德国大众公司在中国的战略起初是打算把上海大众和一汽大众定位成德国大众在华的生产企业。大众一向对自己的技术极端自信，加之严谨精神，并不鼓励合资公司的中方搞自主技术创新，表现在对现有在华生产的车型的细小的改动都持否定态度。

上海大众汽车公司同一汽大众汽车公司与上海通用汽车是最直接的竞争对手，在产品开发、零部件外包等方面相互保密，上海大众和一汽大众很难发挥协同效应。德国大众在成立在华的两个合资公司的时候曾设想把两个合资公司产品的定位差异化，从而降低竞争强度，但事实上德国大众虽然初衷良好，但是经过多年的验证，二者事实上已经成为竞争对手，这是德国大众所不愿意看到的事实，但已经很难改变。

在对待两个合资伙伴的态度上德国大众有所不同：上海大众成立于1985年3月，中德双方各占50%股份；一汽大众成立于1990年7月，中方占60%股份，德方占40%股份。在处理与德方的关系上，上海大众同一汽大众有所不同，后者在与德方谈判的时候让步妥协较大，因此德方把最新的车型、技术含量高的车型向后者倾斜。因而，在一般消费者眼中，一汽大众的车型多为原汁原味的德国大众车型，而上海大众的车型会更多融入中国元素，如帕萨特新领驭、桑塔纳Vista志俊和朗逸等。其实这也是上海大众的无奈之举，因为一汽大众比上海大众做出了更多的让步，德方把更多的德国车型拿到一汽大众，如高尔夫、宝来、速腾和迈腾等；在高端车型中，奥迪也落户一汽大众，这也是中国合资公司轿车的最高端车型，单车利润是帕萨特的三倍。但作为代价，一汽大众为此向德方付出高昂的技术转让费。上海大众也正是在这种背景下才被激发出更大的自主技术创新的欲望，而这种车辆改型研发的实施须经过中德双方的同意。

八、大众的汽车技术

大众公司认为先进的技术和较高的使用成本应该是协调平衡的。上海大众的业内人士引用德国大众的言论称，大众公司的技术是领先的，而且大众给用户提供的也是一流的产品，那么用户在使用大众产品时的保养维护成本也要比非德系车高是合乎逻辑的。大众公司很难做到既提供高技术的车型，又降低其使用和维护保养成本。

在生产工艺方面，上海大众陶醉于“激光焊接技术、空腔注蜡工艺、双面镀锌钢板防腐和车体漆面牢固”等方面，常用这些卖点显示德系车与众不同。

大众公司对技术的追求不遗余力，技术领先也是大众汽车的重要卖点。大众公司早在2006就构建了蓝驱（BlueMotion）技术体系，目标是提供最清洁、最具经济性的汽车。这些技术包括启停系统和再生制动能量回收系统、电力驱动装置和混合动力系统，以及新型汽车所采用的智能驱动系统。

大众老款车型在中国市场仍然有很大市场，对这个问题仁者见仁，智者见智。享有车坛常青树之称的桑塔纳和捷达仍享有很高的市场份额，大众称之为“成熟车型，为车主节约使用成本”的车型，常常被称为“落后产品”。上海大众业内人士声称“技术不先进的车型却畅销，正说明大众的产品成熟可靠，经得起时间检验，没什么不好”。虽然在这个方面上海大众饱受诟病，但自我辩解称“也有其他品牌的轿车把落后的技术产品拿到中国卖，但都先后退出市场，经不起考验。桑塔纳和捷达的畅销说明了德系车的可靠和耐用”。

在当前大力倡导低碳环保的背景下，大众关于技术路线也体现出与众不同的特点。大众除了引以为豪的技术，柴油技术也十分先进。以柴油为燃料的汽车在欧洲的比例约占70%以上，柴油是比汽油更清洁的能源，而且柴油汽车比汽油汽车更加节能环保。涡轮增压发动机、柴油动力和DSG（双离合变速器）是大众目前主推的技术。

九、展望未来

在新能源技术方面，在可以预见的未来的一段时间里，大众将以清洁柴油技术为主攻方向，把现有的技术发挥到极致，并积极储备技术，在混合动力和电驱动技术等方面为“后化石时代”汽车做准备。日系车厂在油电混合动力车型开发上捷足先登。丰田的雷克萨斯油电混合动力车和Prius先声夺人，有不俗的表现，其技术的卖点是可以实现电驱动和传统发动机驱动的平滑切换，形成了一定程度上的技术垄断。通用汽车在2008年推出了自己的油电混合动力车Volt，在一次充满电之后可以连续行驶60公里，为了弥补行驶距离短的不足，Volt上还搭载了排量为0.8升以汽油为动力的发电机，在电池电量耗尽后给电池充电。中国比亚迪公司发布研发出了以铁电池驱动的电动汽车，公司最高领导人王传福放言到2025年比亚迪的铁电池电动汽车将彻底颠覆现有的汽车产业格局。

尾声

星期四的一整天张工的头脑中全被汽车线束采购的事情占满，是全力依靠现有的供应商，还是另辟蹊径开发新的供应渠道，张工甚至想到了公司自制汽车线束的方案。下班的铃声响起，张工没有马上回家，他泡了一杯咖啡，指尖飞快地在电脑键盘上移动，一天的思绪正化为书面材料。他知道，这份材料是明天周五例会决策的重要依据……

资料来源：节选自云南大学商旅学院吴奇志副教授于 2009 年秋季学期在复旦大学管理学院进修期间赴上海大众公司进行实地调研后编写而成的案例，该案例于 2011 年 9 月入选中国管理案例库，有关数据已经更新到 2015 年。有改动。

案例思考题：

1. 该案例中汽车线束是自制还是外购，应该如何决策？
2. 上海大众内部运营管理与准时制生产方式的要求有何差异？

第 13 章 运营管理咨询

Chapter 13

学习目标

1. 掌握管理咨询和运营管理咨询的含义及二者之间的差异
2. 了解运营管理咨询的价值及麦肯锡咨询工作的原则
3. 理解运营管理咨询的活动构成
4. 了解运营管理咨询工具包的主要构成

13.1 运营管理咨询的作用

运营管理咨询是公司提高运营管理绩效指标的重要手段，因此明确运营管理咨询的内涵、了解运营管理咨询的价值、确定运营管理咨询的活动构成、知晓运营管理咨询的作用是改善公司运营管理的前提。

13.1.1 管理咨询与运营管理咨询

随着经济的进步和科技的发展，公司面临的内外部环境更加复杂，不确定性因素明显增多，管理的决策工作难度增大，仅仅依靠管理者自身或企业管理团队的能力已经无法满足管理决策工作的需要。有需求就有供给，于是管理咨询（management consulting）服务应运而生，管理咨询帮助企业经营者借助“外脑”来为自己服务。所谓管理咨询是由具有丰富经营理论知识和实践经验的专家，与企业有关人员密切配合，到企业进行实地调查研究，应用科学的方法找出企业经营战略和经营管理上存在的问题，分析产生问题的原因，提出改进方案；当企业接受改进方案后，咨询师则负责为企业培训人员，帮助指导企业实施改进方案。管理咨询类似于中医，主要是通过“望、闻、问、切”等手段，定性与定量相结合，运用专家的综合知识，分析研究并解决企业经营管理中存在的问题。

著名咨询专家雷格纳（L. Greiner ）和梅茨格（R. Metzger）认为："管理咨询是由经过训练的合格人员向各种组织客观并独立地提供的以合同为基础的顾问服务，帮助客户组织确定和分析相关问题，推荐这些问题的解决方案，并且在必要的时候为这些解决方案的实施提供帮助。"而企业管理人员认为，管理咨询就是"利用外界资源，解决企业自身无法解决的问题"。由此可以从以下三点来把握管理咨询的含义：首先帮助客户组织确定和分析相关问题，其次推荐这些问题的解决方案，最终为企业提供帮助服务。

作为管理咨询的一个组成部分，运营管理咨询（operations consulting）以提高客户的运营管理绩效为最终目标，它以公司战略为导向，聚焦提升客户的运营能力。一般的管理咨询与运营管理咨询在分析问题和使用分析工具方面存在差异。管理咨询以改变公司文化和员工态度常见，其效果需要经过很长时间才能够表现出来；而实施运营管理咨询前后的状态更容易以量化的结果展示，且时间跨度较短。特雷西（Treacy）和威尔瑟玛（Wiersema）认为公司可以通过三种方式获得市场领导地位，分别是产品领先、优异的运营能力和与顾客保持良好的关系。不管采用哪一种方式，都对公司的运营管理能力有很高的要求。运营管理咨询服务必须帮助公司识别这些不同策略的差异之处，并结合公司实际，制定适合自己的策略并加以实施。在实施过程中，采用某种分析工具和方法帮助公司运营经理提高运营绩效就是运营管理咨询的具体工作了。

著名的德勤咨询公司（Deloitte & Touche Consulting）把运营管理咨询浓缩成几个活动：精炼流程、优化管理活动、重新设计流程、优化管理程序、改善产出和重新构建业务架构。因此，不管公司的运营管理重点在哪里，一个高效的运营管理咨询服务就是要把公司战略与运营管理业务流程紧密相连，并使后者很好地为实现前者服务，从而达到提升公司绩效的最终目的。

13.1.2 运营管理咨询的价值

运营管理咨询有着与科学管理同样长的历史。被誉为"科学管理之父"的泰勒早在 19 世纪 80 年代就有系统地在米德维尔钢铁厂进行劳动时间和工作方法的研究，为以后创建科学管理奠定了基础。他的划时代的巨著《科学管理原理》一书叙述了如何将管理由艺术变为科学。在泰勒所处的年代，运营管理咨询不仅仅涉及提高车间劳动效率的研究，还深入运营管理所涉及的其他内容。

运营管理咨询的价值表现在以下方面：

1. 运营管理咨询是优化企业运营管理的重要方式

运营管理咨询可以帮助企业发现存在的"真正的问题"究竟是什么。企业发展处于不同阶段，运营管理的问题往往不同，企业经营者感受到的问题和需要解决的问题也不尽相同。企业经营者由于"身处庐山"，未必清楚"庐山真面目"，往往会延误问题解决时机。有经验的管理咨询顾问往往会在综合听取企业内部各方的意见后，运用客观中立的分析方法，层层分析解剖，从问题的表象深挖问题的症结所在，找到真正需要解决的关键问题并通过研讨会的方式与企业的中高层达成一致，借助咨询公司积累的经验，提出有针对性的解决方案。因此运营管理咨询强调“辨证施治，对症下药”。

2. 运营管理咨询是借助外脑来补足本公司运营短板的过程

运营管理咨询是引发或推动企业在运营管理范畴变革的重要力量。在多变的经营环境下，企业经营者需要不断调整公司的运营策略以适应公司战略和竞争环境的需要。咨询顾问应该通过调查研究，敏锐地发现企业所存在的运营管理薄弱环节，并以行业的优秀企业作为标杆，帮助客户找差距，并制定改善计划。运营管理咨询的价值要体现在当问题已经清楚地呈现出来之后，但客户企业的高管人员还处于犹豫彷徨状态，此时的咨询顾问就要使客户明白解决现有问题的紧迫性和必要性，咨询顾问还应该展示解决方案的针对性和可操作性，坚定客户解决问题的决心，咨询顾问提出各种不同的备选方案并明确其中的利弊供客户参考尤为重要。

3. 运营管理咨询是提升管理团队运营管理技能的主要手段

运营管理咨询可以快速提升企业中高层管理者团队的运营管理能力。中国改革开放以来，经过40多年的发展，取得了有目共睹的成绩，但企业管理的短板也慢慢表现出来，成为制约企业发展的瓶颈之一。如在运营管理方面，管理粗放，缺乏精细化管理积累，重经验而不讲科学的管理方式普遍存在，运营管理的基础不够牢靠使企业发展缺乏后劲，衡量企业运营管理的绩效指标离世界优秀企业尚有差距等。因此一个优秀的运营管理咨询顾问首先是一个先进的管理实践方法的推动者。通过运营管理咨询项目，企业的中高层管理人员在运营管理层面上的管理能力应该得到显著的提升，这对于一些管理基础较差的民营企业而言，价值尤为明显。

4. 运营管理咨询有助于企业更新观念和管理理念

管理咨询公司往往能够带来有助于企业发展的新观念。企业内部员工由于长期在同一环境中相处，其思维模式已经形成某种定式，处理问题时往往因循守旧，对外部的新观念会形成抵制。管理咨询公司通过咨询项目，把新观念和行之有效的新方法带入客户企业，给客户企业带来活力。在这个过程中，若想取得良好成效，咨询公司很有必要与客户企业的最高决策者保持良好沟通，只有最高决策者转变了观念和思想才是企业进步的开始，其他中高层管理人员的理解和支持也容易顺势而为地展开，从而使运营管理咨询的价值得到体现。

13.1.3 运营管理咨询的原则

麦肯锡公司咨询顾问艾森·M. 拉塞尔（Ethan M. Rasiel）在《麦肯锡方法》

一书中罗列了如下管理咨询原则，给咨询顾问提供了很好的指导：

（1）在与客户公司接触的时候，对所能给出的咨询服务承诺一定要谨慎，承诺一定要留有余地，提供的咨询服务一定要超过承诺。

（2）咨询团队的成员一定要合理搭配，不可以随便拉上几个人，然后期望他们能解决问题。要考虑人员的个性与技能是否与咨询项目匹配，要根据咨询项目来选择合适的顾问。

（3）记住 80/20 原则在咨询项目中的作用。80%的销售来自 20%的销售人员，80%的工作用了 20%的时间完成。

（4）不要试图煮沸整个太平洋，不要试图分析所有的事情，在调查过程中要有选择。

（5）使用“电梯测试法”，如果你能用 30 秒在电梯里向你的客户推销一个解决方案，那就可以向你的客户推销了。

（6）摘低的果子。在一个咨询项目进展的过程中取得阶段性成果很重要，它既能鼓舞士气，同时也证明了你的分析的可靠性。

（7）每天都做工作计划，把你所学到的写在纸上，这将促使你思考并保证你不会忘记。

（8）逐个解决问题。你不是万能的，别去尝试所有的事情，最好是坚持先达到一个目标，这比企图一次达到多个目标而多数未果的情况要好得多。

（9）不接受“我不知道”的观点。客户公司及其员工总知道一些情况，应该正确引导其提出合理问题。

（10）让客户参与到咨询过程中。如果得不到客户的支持，咨询项目将停滞不前。一定要让客户参与近来。

（11）通过组织获得内部支持。如果你的解决方案对客户产生持久的影响，则必须通过咨询公司获得客户的支持。

（12）严格执行方案。要产生变化需要付出很多工作。一定要严格彻底地执行方案，确保工作有人负责并落实。

13.1.4　运营管理咨询的活动构成

不管何种公司需要运营管理咨询，其流程大致由以下几个活动构成：咨询立项、设计组织、数据收集和诊断、提出建议和解决方案、方案实施和效果评估等（见图 13-1）。

1. 咨询立项

咨询立项是委托方（客户公司）与受托方（咨询公司）就委托项目确认订立委托研究关系的活动，由双方共同参与完成。立项活动包括提出问题、立项可行性调研和立项。

首先由客户提出需要解决的问题，客户若不能确定问题也可以请咨询公司参与

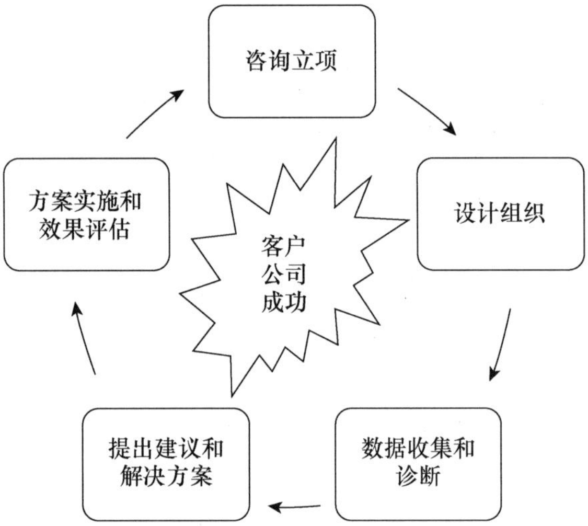

图 13－1 运营管理咨询的主要活动

调研确定问题。之后咨询公司或咨询顾问根据确认的问题初步收集相关信息，分析解决问题的可能性，提出初步的工作设想。在这个过程中将完成可行性调研报告，若可行性分析证明咨询公司可以为客户公司提供有效的服务，则这项咨询活动就可以正式立项，由客户公司与咨询公司双方共同签订委托咨询合同，形成受法律保护的契约关系。

2. 设计组织

设计组织也称“开题”，这个工作分为两个部分：第一部分将抽调合适的专家，建立起咨询团队；第二部分是设计一套务实的完成咨询项目的计划方案。

运营管理咨询活动是一项复杂的智力劳动，一般不会是简单的解答，因此需要由专家团队来完成。在构建专家团队的过程中，需要把握好专才和通才的组合，因为每一个运营管理咨询项目都有其独特的工作特点和要求，同一个专家也难以将一个咨询工作的全部活动都做到最好，因此咨询项目经理需要掌握每一位专家的特点，扬长避短，人尽其才。

计划方案的设计内容通常包括问题解决方案的总体设想和论证活动的每一个步骤与分工。一般地，初次设计方案不会完美无缺，还需要在以后的论证阶段不断补充完善。

这个阶段的工作主要由咨询公司完成，客户公司有义务提供已有的相关信息，并对初次设计方案提出建议或疑问。

3. 数据收集和诊断

数据收集和诊断是咨询项目中的核心部分。在收集数据前要明确研究的目的，从而确定应该收集哪些数据。数据有内部数据和外部数据之分，咨询顾问可以从客户公司的账目和报告、业务计划和预算以及关键供应商和顾客的记录等来获取内部数据；通过公司年报、行业期刊或专业网站等获得有关股东、供应商、市场等外部数据。不管内部数据还是外部数据，信息的收集都将围绕影响客户公司的主要运营绩效的关键指标展开，包括成本、质量、交货期等。

在获得充分的内外部数据之后，咨询顾问将利用一些专业分析工具对客户企业展开诊断分析。在此过程中，咨询顾问应该清楚自己对运营管理问题的假设对客户公司所产生的影响，在这个阶段，客观公正是保证后续工作顺利进行的必要条件。

4. 提出建议和解决方案

通过采集大量的内外部数据，运用专业的方法和工具对这些数据进行处理和研究，咨询顾问将提出建议和解决方案，其中包括项目的基本情况、信息的收集和分析、论证或预测方法、详细的排演和论证过程、结论或解决方案等，通常结果以书面形式形成报告。为了提高服务质量，通常咨询公司给客户提交报告之前，还要组织内部高级专家对报告方案进行磋商审议，以求更加完善。

5. 方案实施和效果评估

方案实施是整个咨询工作的关键所在，没有实施过程，再出色的咨询方案也没有价值。因此咨询公司应该参与到方案的实施过程中，处理实施过程中意想不到的难题。若咨询项目比较简单或实施过程中不会出现技术问题，或者客户公司有强大的实施能力，咨询公司也可以不参与实施过程。在实施的过程中，咨询公司还应该发挥监督职能，帮助客户公司制定详细的行动计划，明确各部门责任，制定实施的时间表及详细步骤。另外，为了咨询项目的顺利实施，咨询顾问应该把与客户公司的无障碍沟通视为顺利实施咨询项目的前提条件，因此日常工作中与客户公司人员的有效沟通成为咨询项目成功的另一关键因素，同时对客户公司的相关人员进行培训也十分必要。

咨询项目实施成功以后，还需要对其效果进行评估。可以采用定性或定量的评估方法进行评估，因此保留咨询项目实施前的有关客户公司的运营管理数据尤为必要。

13.2 运营管理咨询的工具包

本节将从问题定义工具、信息收集、数据分析及构建解决方案和方案实施等几个方面展示运营管理咨询的有关方法和工具。

13.2.1 问题定义工具

常用的问题定义工具有问题树、消费者意见调查、差距分析、员工意见调查和五力模型等。

1. 问题树

问题树（issue trees）又称逻辑树、演绎树或分解树等，是一种以树状图形系统地分析存在的问题及其相互关系的方法。

问题树是麦肯锡公司常用的一种分析问题的方法，它的原理是将问题的所有子问题分层罗列，从最高层开始，并逐步向下扩展。把一个已知的问题当成树干，然后开始考虑这个问题和哪些相关问题或者子任务有关。每想到一点，就给这个问题（也就是树干）加一个“树枝”，并标明这个“树枝”代表什么问题。一个大的“树枝”上还可以有小“树枝”，以此类推，找出问题的所有相关项目。问题树主要是帮助咨询师理清自己的思路，不进行重复和无关的思考。

问题树能保证解决问题的过程的完整性，它能将工作细分为一些易于操作的部分，确定各部分的优先顺序，明确地把责任落实到个人。问题树是所界定的问题与议题之间的纽带，它能在解决问题的小组内建立一种共识。问题树的逻辑如图 13－2 所示。

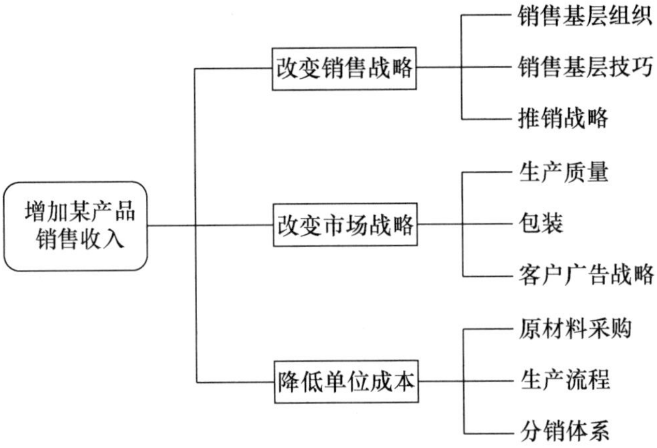

图 13－2　增加某产品销售收入的问题树

2. 消费者意见调查

消费者意见调查（customer surveys）通常由市场营销人员要求客户就产品问题给出反馈意见。运营管理咨询顾问应该从顾客反馈的众多问题中筛选出与公司运营管理相关的问题信息。咨询顾问应该关心客户的忠诚度，包括客户保持率、可支配收入的分配以及相对于竞争对手的价格敏感度，这些数据指标的获得将有助于咨询顾问了解哪些运营管理因素影响客户保持率。尽管忠诚度的分析由市场营销团队完成，但运营管理人员应该意识到这些研究的重要性。

3. 差异分析

差异分析（gap analysis）通常被用做分析客户公司的实际表现与消费者期望的差异，或与竞争对手的差异，图 13－3 显示了某产品的差异分析。

也可以用标杆管理（benchmarking）的方法来对客户公司进行运营管理维度的评估，标杆管理通常选用行业最佳公司的某些运营绩效作为对比标准。

4. 员工意见调查

员工意见调查（employee surveys）一般包括员工满意度调查和意见反馈。这里的一个要点是若咨询顾问要求员工提供建议，那么管理层就必须对相关信息进行

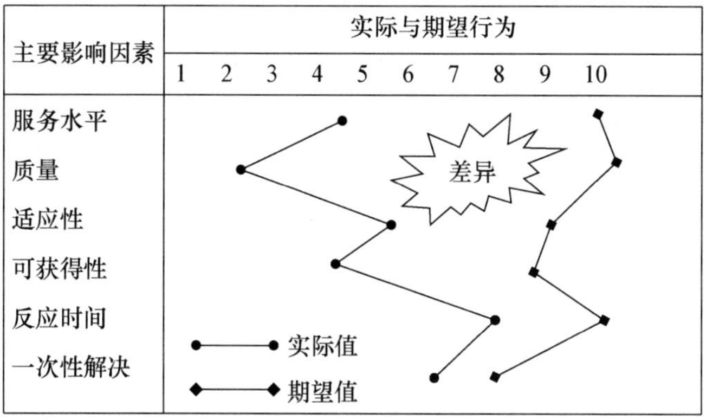

图 13-3　某产品的差异分析

认真评估并执行。新加坡航空公司曾经对其机组人员发放调查问卷，但没有对员工关心的问题进行彻底解决，结果员工比没有调查以前更加挑剔。

5. 五力模型

五力模型（five forces model）通常用于分析公司所处的竞争环境，由迈克尔·波特于 20 世纪 80 年代提出。五力分别由买方、潜在进入者、供应商、替代品和行业内竞争者五个独立要素构成，咨询顾问需要在这五个要素下面罗列影响这些要素的子项，见图 13-4。如果买方的市场信息有限，潜在的进入者面对高进入门槛，可以选择的供应商很多，替代产品或服务很少，行业内的竞争对手较少，则会导致客户公司的竞争力增强。

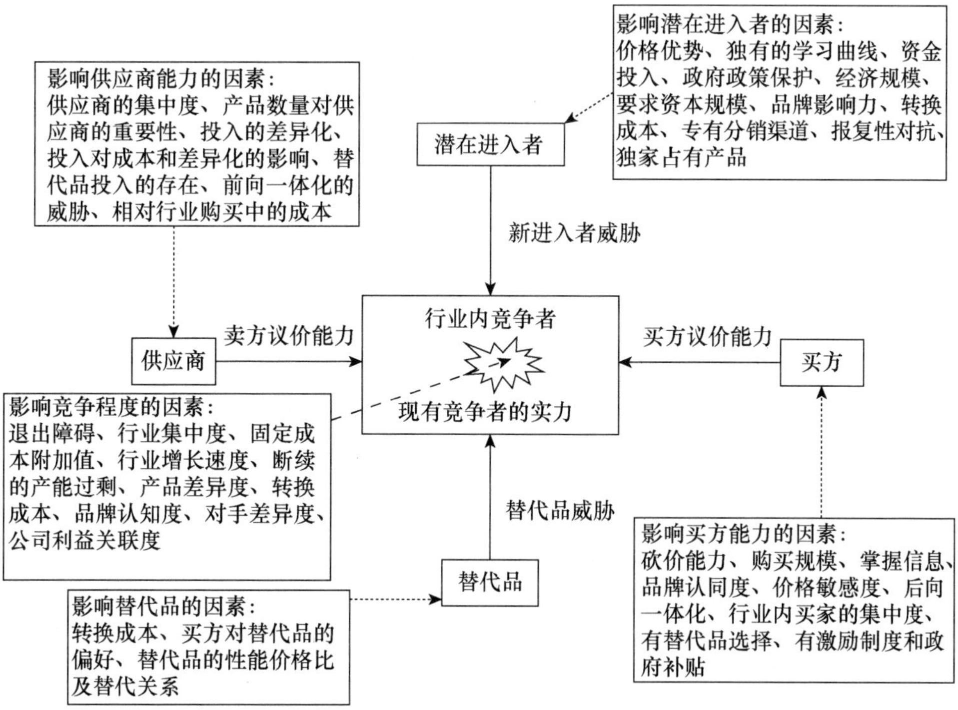

图 13-4　五力模型图

与五力模型密切关联的还有价值链（value chain）。价值链给出了组织能够给顾客提供价值和给公司提供利润的结构，这对理解运营管理与公司的其他活动必须很好地跨职能合作才能获得更好的组织绩效很有用。图 13－5 展示了价值链图。

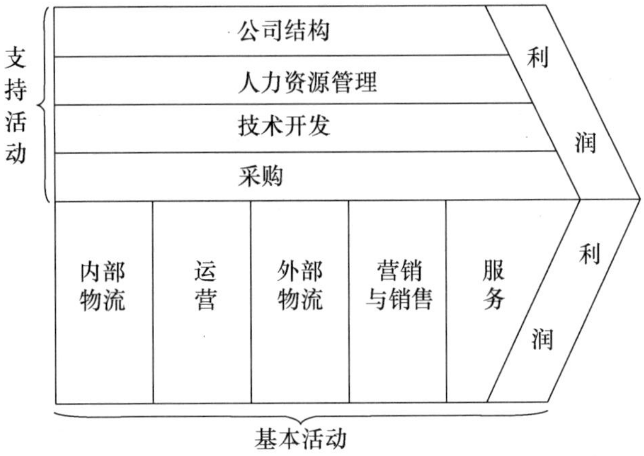

图 13－5 价值链图

与五力模型很相似的另一个工具是 SWOT 分析（SWOT analysis），这或许是更常见的分析方法，同时也操作简单容易被记住。在 SWOT 分析中，S 代表客户公司的优势，W 代表客户公司的劣势，O 代表客户公司在行业中的机会，T 代表来自竞争对手、经济环境或市场环境的威胁。图 13－6 展示了某集装箱公司的 SWOT 分析。

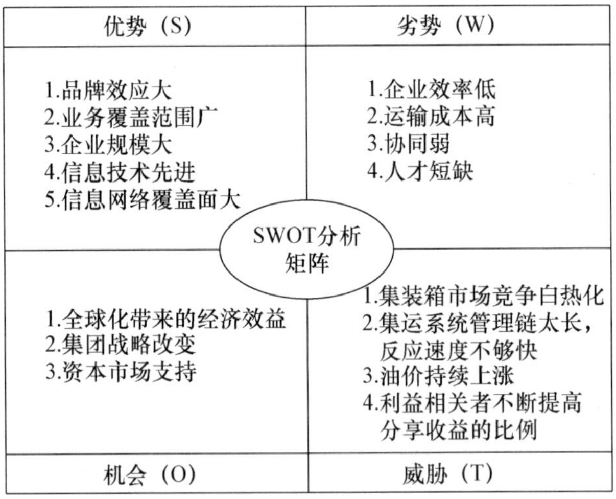

图 13－6 某集装箱公司的 SWOT 分析

13.2.2 数据收集

常见的数据收集方法有工厂审计和工厂调研、工作抽样、流程图和组织图等。

1. 工厂审计和工厂调研

工厂审计（plant audits）和工厂调研（plant tours）又可以分为制造业审计和调研以及服务业审计和调研。全面的制造业审计是一项重要工作，它对客户公司的工厂生产设施、流程以及包括设备维护和库存管理等辅助工作进行衡量。审计工作将耗时数个星期，采用特制的审计表格对相关内容进行审核。工厂调研工作则相对简单一些，工厂调研工作的目的是对所要了解的对象有一个感性认识，以便今后更好地开展工作，所用到的调研表格也相对简单一些。

全面的服务业审计也是一项重要工作。与制造业审计所关心的不同，服务业的审计同时关心顾客的消费体验和资源利用。典型的服务业审计关心以下问题，包括顾客获得服务的时间、设施的整洁程度、服务人员数量以及消费者满意度。通常审计人员会以神秘顾客（mystery shopper）身份体验一项服务，并记录服务感受。表 13－1 表现了对某个客户工厂调研的指导表，表中指出了应该关注客户工厂的哪些方面。

表 13－1　对某个客户工厂调研的指导表

工厂
1. 工厂的总产能是多大？（用产品产出单位或金额表示）
2. 工厂中的瓶颈资源是什么？
3. 劳动生产率如何测定？
人员
1. 是否有明显的员工参与和积极的工作态度？
2. 是一个很好的工作场所吗？（奖金、激励）
3. 员工得到很好的信息沟通并拥有足够的知识吗？
零部件
1. 是否能看到明显的库存堆积？（原材料、在制品和产成品库存）
2. 库存区域是否与其他部分隔离，无关人员不得接近？
3. 次品部件（废品、返工品）是否清晰地确认和隔离？
流程
1. 生产流程是什么？（单件批量、间歇批量、装配线或连续流程）
2. 工厂中的主要流程部门有哪些？
3. 工厂在持续降低设备调整时间和提高质量吗？
计划和控制系统
1. 公司如何制定运营计划？（根据订单还是根据预测备货）
2. 工厂采用拉动式生产系统还是推动式生产系统？
3. 工厂是否度量准时交货、存货周转、未交付的货物订单以及订单积压？

2. 工作抽样

工作抽样（work sampling）采用随机设定观察样本的方法，用以获得员工的工作时间或设备的使用率等统计数字信息。工作日志也是获得活动数据的方法。

咨询顾问使用以上方法对员工从事的具体工作进行了解。在这些方法中，员工仅需要记录其在一周内工作时的有关数据即可，咨询顾问不必亲自监督这些操作而获得数据，使用这种方法的场合常见于图书馆的前台工作、护理工作和知识性工作等。

3. 流程图

流程图（flow charts）在制造业和服务业都有很大用途，用以记录物料、信息和人流量，在这方面有很多专业软件可以帮助咨询顾问更好地工作。流程图关注四个主要参数，包括工作任务与工作路线、排序工作清单以及自动状态和工艺测量。在服务业中，流程图又称服务蓝图（service blueprints），在服务蓝图中清晰地标注了顾客活动和服务的后台活动。事实上，服务蓝图尚未被咨询公司广泛使用，可能与服务蓝图在咨询公司被重视的程度不够有关。

4. 组织图

组织图（organization charts）在公司中经常多变，必须明确客户公司的上下级关系。一些公司不愿意对外公布公司组织图，它们担心一旦披露这些信息会使得竞争对手知晓本公司的相关信息。

13.2.3 数据分析及构建解决方案

常见的数据分析及构建解决方案包括问题分析、瓶颈分析、计算机仿真以及统计工具。

1. 问题分析

问题分析（problem analysis）使用一系列的问题分析工具对客户公司的问题展开分析，这些工具包括帕累托分析、鱼刺图、滚动表、散点图、控制图等。帕累托分析常用于公司库存的ABC分类分析，是咨询顾问在研究客户公司的库存问题时的主要工具；鱼刺图（又称因果关系图）可以帮助咨询顾问剖析一个问题的因果关系；滚动表、散点图和控制图也是咨询顾问从事运营管理咨询时应该了解的工具。

2. 瓶颈分析

资源的瓶颈分析（bottleneck analysis）常见于运营管理中的项目咨询，咨询顾问应该确认在产品和服务中现有能力和所需能力之间的关系，以便确定并消除瓶颈。瓶颈环节通常并不明显，需要采用一种类似“填字问题”的逻辑进行分析，从而得到结论。

3. 计算机仿真

计算机仿真（computer simulation）在运营管理咨询中十分常用，有一些专用的计算机程序可以承担这个工作，对于一些小型和不复杂的仿真，使用微软公司的 Excel 软件就够用了。

一些新的软件包还包括因果关系环，它是系统图的一种表现形式，在为那些增加或降低系统功效的因素建模时，因果关系环很有效。因果关系环有两类：强化环和平衡环。强化环指数增长并崩溃，且增长和崩溃的速率是递增的；平衡环反映出与强化环相反的机制，从而使得系统达到均衡。正如图 13－7 展示的那样，假设一个质量标准中的质量目标需要控制，强化环（R）表明，如果不修正标准，将会得到一个不断递增（或递减）的实际质量水平。实际上是平衡环（B）在起作用。达到标准所需要的时间决定着工人的时间压力，因此它会修正所获得的实际质量，从而最终达到质量标准的要求。系统在这里的明显作用是假定了提高质量目标的后果，或者提高或降低系统中其他变量的参数。除了在问题分析方面的应用，咨询顾问经常使用因果关系环来帮助顾客公司，使其成为有效的学习型组织。

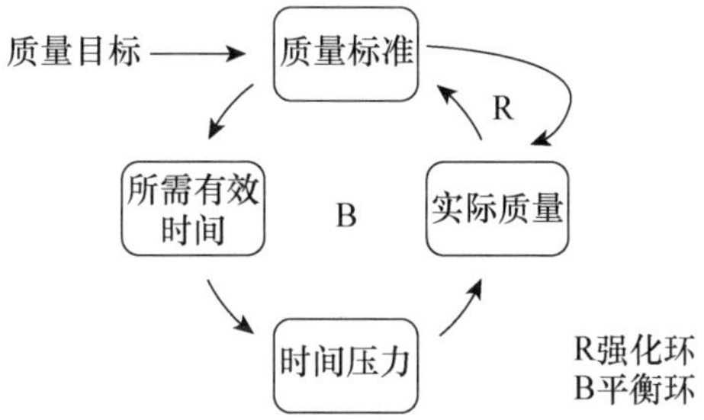

图 13－7 因果关系环分析

4. 统计工具

咨询顾问在运营管理咨询中常用到统计工具（statistical tools）进行相关性分析和回归分析。对于这些分析，电子表格是很好的工具。假设检验在咨询顾问的工具包中也常被提及，咨询顾问经常使用卡方检验和 T 检验。另外两种经常被使用的统计分析工具是排队理论和预测技术。咨询顾问经常使用排队理论来调查处理顾客排队或电话呼叫时需要多少条通道；预测技术在运营管理咨询中也被频频使用。

最近新出现的一个分析工具叫做数据包络分析（data envelopment analysis，DEA），DEA 是一种线性规划技术，用以分析测量有多个分支机构的服务组织的相对业绩，这些组织有银行、特许经营机构和公共代理机构等。DEA 模型通过对每个分支机构的输入和输出参数进行比较，从而得出它们的经营效率。评估过程需要获取相关数据，通过数据加工才能取得最终结果。这些数据如物料、劳动工时数、产品或服务销售以及固定客户的人数等。DEA 综合多项指标和参数，其计算结果通常更加全面可靠。

13.2.4 成本影响与收益分析

在成本影响与收益分析中，决策树、利益相关者分析和平衡计分卡为主要分析方法。

1. 决策树

决策树（decision trees）是一种广泛应用于风险分析的基本工具，常用于分析工厂和设备投资以及研发项目。有很多计算机软件都集成了决策树分析方法。

2. 利益相关者分析

大多数的咨询项目对以下五种利益相关者产生影响，它们分别是顾客、股东、员工、供应商和公司所在社区。实际上，几乎所有大公司在其公司使命叙述上都会考虑利益相关者的重要性，这给咨询顾问形成建议时提供了指导。

3. 平衡计分卡

平衡计分卡（balanced scorecard）试图展示利益相关者群体对公司绩效测量的各自诉求，通常由顾客服务、员工关系、股东回报和社区关系等四个方面构成。这个系统的一个关键特色是根据公司中高层管理人员所能掌控的维度而量身定制。

13.2.5 实施解决方案

在实施解决方案过程中，责任表和项目管理技术是常用的工具。

1. 责任表

责任表（responsibility charts）是以项目管理的方式分派任务和职责，它通常以矩阵式的结构呈现，在矩阵图中行表示任务，列表示项目小组成员，其目的是要明确工作任务和项目成员的职责对应关系。

2. 项目管理技术

项目管理技术（project management techniques）的常见工具是 CPM/PERT 以及甘特图，借助它们对整个客户公司的咨询项目以及单个的咨询项目进行计划和掌控。这类项目管理技术在本书第 6 章中有详细描述。在此过程中，咨询顾问一般借助专业软件开展工作，如微软公司的 Microsoft Project 软件就是一款功能强大的管理软件。需要强调的是，咨询顾问的个人管理技能比各种咨询工具更重要，要发挥人的主观能动性，工具总是处于次要位置。

图 13－8 总结了运营管理咨询常用的方法与工具。

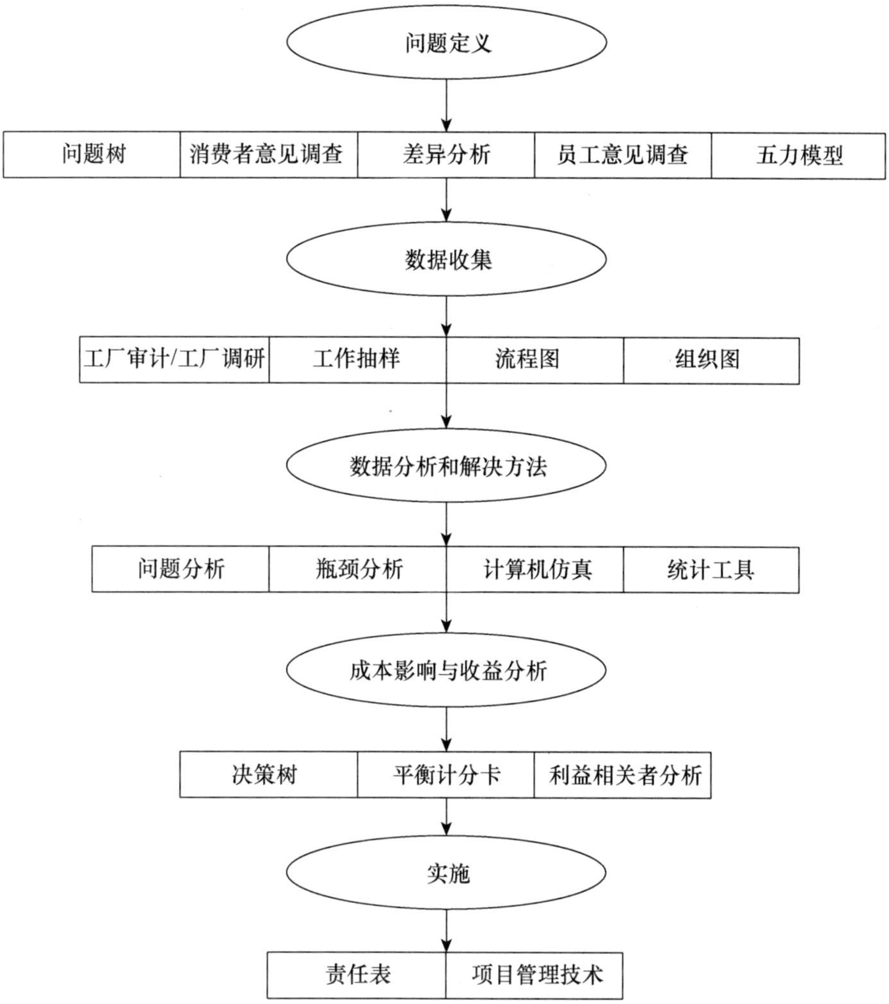

图 13-8　运营管理咨询常用方法与工具

□ 小结

本章以运营管理咨询为主线，讨论了运营管理咨询的作用、原则以及运营咨询原则。本章还给出了运营管理咨询的诸多工具，包括问题定义、信息收集、成本影响与收益分析、数据分析及解决方案以及咨询方案实施等方面。

□ 术语

运营管理咨询　麦肯锡咨询原则　问题树　五力模型　SWOT 分析　工作抽样

□ 习题

1. 请说明运营管理咨询的价值表现在哪些方面。
2. 请说明运营管理咨询的原则。
3. 请说明运营管理咨询的主要活动。
4. 请说明运营管理咨询工具包中有哪些主要工具。
5. 请说明信息收集、数据分析及构建解决方案的一般过程。

□ 案例

XB 公司生产管理改进案例

引言

2012 年 3 月 25 日华灯初上之时，春城昆明海棠花的花瓣随风飘荡。在昆明世博花园酒店的拳击台上，云南本土拳王熊朝忠与韩国著名拳手李智鸿为争夺世界拳击理事会迷你轻量级洲际拳王金腰带激战正酣。坐在 VIP 看台第一排的 C 先生是昆明 XB 模具制造有限公司（以下简称 XB 公司）的董事长兼总经理。比赛场面虽然激烈，但 C 先生的注意力一次又一次被手机短信所袭扰。

"C 总，我们是 A 公司的，请问一下，我们定做的模具完工了吗?"

"C 总，我是助理小 P，B 公司的张总问他们的模具何时能修好?"

"C 总，我是负责机床维修的小 M，我们的机床坏了，昆明找不到配件，怎么办?"

一条条短信使 C 先生无法把注意力集中到火热的拳击台上，他的目光虽然紧盯熊朝忠的拳头，但思绪已回到公司中……

一、XB 公司及其创始人 C 先生

1. XB 公司

XB 公司成立于 2007 年 8 月，位于昆明某产业城内，总资产 2 000 多万元，员工近百人。2013 年生产各种大小模具 700 多副，实现销售收入 1 000 多万元，上缴利税 100 多万元。

XB 公司主要从事注塑、冲压、压铸等各种模具的设计生产，并承接各种模具配件及机械零部件的对外加工；除了主营模具业务，公司还从事各种模压制品的生产销售以及新一代家电的设计开发及生产销售业务，客户遍及多个行业。XB 公司为云南省内模具生产行业的龙头企业，其规模现居云南同行业之冠。XB 公司的业务范围以模具生产为核心，涵盖模具产品的研发、生产及销售等环节。

XB 公司在模具生产行业具有一定的知名度。由于在省内模具行业的地位和品牌效应，主动找上门的顾客络绎不绝，XB 公司时常无暇接纳更多订单。因供不应求，XB 公司在众多订单中挑选技术难度较大、精度要求较高的承接，以获得更好的经济效益。XB 公司更多靠口碑效应进行营销，业务推广成本不到总成本的 1%。

XB 公司于 2010 年 6 月通过 ISO 9001：2008 质量管理体系认证，荣获多项优秀企业称号。

XB 公司的组织结构如下图所示：

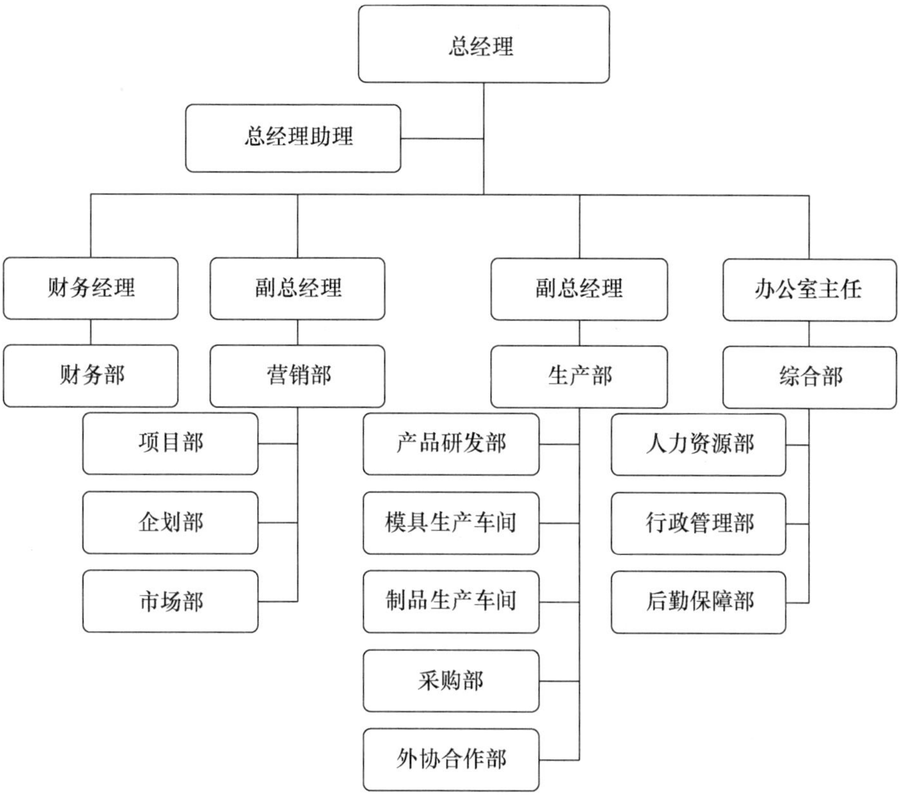

XB 组织结构图

2. XB 公司创始人 C 先生

C 先生白手起家创立了 XB 公司。1976 年 C 先生出生在滇东北的一个小山村。受益于家乡崇尚教育的良好文化氛围，C 先生自幼读书刻苦。及长，考入昆明某工科大学模具设计制造专业，专心学业，成绩优秀。1999 年 C 先生大学毕业后进入昆明一家国有模具生产企业工作 3 年，逐步掌握了模具生产行业的生产和管理技能。

2001 年 C 先生创立了 XB 公司，开始创业。创业伊始，C 先生工作不分白天黑夜。公司承担了从模具接单、设计开发、生产加工、交货的全部工作。天道酬勤，通过几年的艰苦打拼，加之良好的口碑效应，C 先生渐渐完成了原始积累，XB 公司也慢慢在云南的模具市场站稳脚跟，现已成为云南模具生产行业之翘楚。

C 先生科班出身，是模具研发生产的技术全才，相对于管理工作，他更精于模具生产的全部技术。如今 C 先生仍然像 XB 创立初期一样在模具设计研发生产的诸多环节中事无巨细亲自把关。公司员工经常看到 C 先生忙碌的身影，为了解决技术难题，他经常加班到深夜。在模具行业多年摸爬滚打使 C 先生的技术水平在公司无人能及，这又使得C先生不能放心授权公司日常工作，从而使C先生深陷公司日常具体事务之中，无暇考虑公司长远发展。C先生并不喜欢事必躬亲，但他认为公司缺乏得力人手在模具设计研发及生产诸多环节替他把关，尤其是管理人员能力不足，自己陷入公司日常事务中实为无奈之举。

二、模具生产的特点

模具是用来成型物品的工具，素有“工业之母”的称号，而模具工业是“百业之母”。由于模具成形具有优质、高产、省料和低成本等特点，在国民经济各个部门中得到广泛应用。模具设计和生产制造是一个复合型行业，涉及若干专业，如机械电气、数控控制、机械制造等学科和技术。

模具生产属于典型的单件式定制生产，客户对模压制品的尺寸、形状要求有所改变时，模具的设计也将改变。模具设计一旦改变，模具的材质、加工设备、生产工艺、加工顺序将会随之改变，模具本身不具备替代性，加工技术难度和生产管理难度均较大，所以模具的生产成本相对一般设备工具的生产成本较高。

开发一副模具相当于开发一台专用机器，技术难度相当大，而且专用机器的开发一般是有计划的主动开发，生产周期相对灵活，模具生产则不同，模具一般是从属性的和被动性的开发，在生产周期方面，时间性比较强，灵活度比较差，一般需要在规定的时间内完成模具制作，才不会影响到整个产品项目开发的后续工作，所以生产周期在模具开发中是一个非常重要的参数。

三、XB公司的生产现状及问题

1. 模具的接单处理

在模具接单过程中，XB公司设计人员需反复与客户进行沟通，全面了解客户的意图和使用要求。模具设计人员需要对模具生产成本和利润以及客户使用模具的生产效率和模具的耐用性反复做出权衡。客户通常会以提供产品实物、二维或三维图纸或口述方式向模具设计人员提供相关需求信息。

在充分掌握客户对模具的要求以后，模具设计人员会站在客户的角度进行权衡比较，在模具的经济性和适用性上寻找平衡，经客户确认后，模具设计人员开始设计。在设计过程中XB公司的多部门人员参与其中，密切协作，对物流采购、工艺生产、生产周期和生产成本等环节都做出计划。

XB公司目前存在的问题是各个环节的沟通不够。对外表现在沟通不够充分，对客户的诉求有偏差和遗漏；对内表现在没有形成惯例和有效的沟通机制，导致模具前期报价周期过长，订单下达后的生产周期延长，影响到客户的满意度。

2. 模具及模压制品生产流程

模具的生产流程包括工艺卡片编制以及分派给工人进行加工。首先需准备胚料，粗加工之后进行热处理，再进行精加工，最后组装形成整套模具。模具生产的工序繁多，工序调节和设备调整耗时较长，很难形成流水线生产模式。

模压制品的生产是工人以模具为工具，在专用机器上生产制成品，模压制品生产是XB公司产业链后向延伸形成一体化的表现形式。与生产模具流程相比，模压制品的生产流程和工艺技术要简单得多。比如生产手机塑料外壳，工人首先将塑胶颗粒放在注塑机器里加温熔化，熔化后的原料被注入手机塑料外壳模具的型腔中，通过冷却定型后，形成手机塑料外壳制成品。

3. 模具生产过程的控制

模具生产过程监控涉及生产周期、模具质量和生产成本等方面。

(1) 模具生产周期控制。通常以下几个因素会影响模具的生产周期：客户的期望值、模具厂家的设计及生产能力和内部组织协调能力。

C 先生认为，对于外部不可控的因素（如外包热处理加工）几乎无法控制，但对于内部可以掌控的环节，XB 公司尚有很大提升空间来缩短模具加工时间，如公司内部管理松懈，监控不力，对异常情况的疏忽都会导致内部生产时间过长。

C 先生还意识到当前 XB 公司的模具设计与生产过程被人为割裂，省外有经验的模具生产商是以跨职能小组的形式来实施模具设计和生产，这样内部沟通更加充分，发现问题及时改进，也缩短了产出时间，但 C 先生认为这种组织架构不利于设备资源的充分利用和规模化生产。

(2) 模具生产质量控制。模具生产质量始于设计，有什么样的设计，就有什么样的加工，就会得到什么样的质量。

首先模具设计人员必须将顾客的诉求反映到模具的设计中去。其次就是模具的加工环节的质量控制，工人需做到对模具设计图纸准确无误地了解，严控加工尺寸和加工精度。因为工序环节众多，一个环节出现问题就可能导致出现废品。XB 公司主张从三个环节严把控制，即事前控制、事中控制和事后控制。事前控制要尽可能排除设计隐患，尽量把设计问题排除在加工环节之前；事中控制即对工人的工作质量提出严格要求，倡导一次就把工作做好，而不是返工补救，同时要求管理人员进行有效管控和协调，避免差错的产生；事后控制要有预案，一旦出现问题也有及时补救措施和预见性补救措施，如现成常用料的配备，修补设备到位，设计环节就预留更大的公差配合富余量，出现失误也有及时补救的余地。

(3) 模具生产成本控制。若模具设计图纸已定稿，成本则确定，XB 公司通常在生产环节进行成本控制。但是在生产环节中往往由于技术人员能力不足和生产调度人员派工顺序不合理，导致成本控制实施不力，甚至增加成本。比如该用通用设备加工的工件却采用了专用机床加工，精度要求低的工件按照要求高的来做，要求高的工件按照要求低的来做，该提前插队安排的工种却按部就班进行，没有做到灵活处理统筹安排，只重视局部不顾全大局的安排均会导致机会成本和隐形成本的增加。所以 XB 公司尽量提高生产技术员的技能水平和生产调度员的责任心来减少此类问题的发生。

4. 物料采购管理

从供应链和地理环境的角度看，云南处于不利位置，采购和销售半径过长，配套也不完善。与发达省份的同行相比，由于远离原材料供应商和目标市场，XB 公司要支付更高的生产经营费用。在原材料采购方面，增大一次采购数量虽然可以降低采购单价，但也会造成原材料库存成本上升。

XB 公司的采购流程如下：设计部将设计好的模具图纸交生产部，生产部下达采购计划并由物流部执行。物流部在采购前需先核实公司的物料库存，之后安排采购事宜。

物料采购人员面临的问题是采购计划制定不合理，缺乏预见性，临时性采购和突发性采购较为常见，这些均导致采购费用上升。

5. 模具生产过程中的现场管理

现场管理是企业管理的基础，它倡导生产现场整洁有序，培养员工的良好工作习惯，减少工人误操作的可能性，从而提升员工的工作质量，继而提高产品质量，最终提高公司竞争力。现场管理的概念最初由亨利·福特在20世纪20年代大规模生产T型车时提出，50年代被引入日本制造业并发扬光大，形成著名的5S（即整理、整顿、清扫、清洁、修养）活动及实践，80年代开始在中国企业推广。

从XB公司当前的管理实践来看，其现场管理尚有很大提升空间。

首先，XB公司办公室和会议室里的桌子和椅子上布满灰尘；其次，生产现场的杂乱随处可见，如物料和工件随意堆放、车间地面破损等；最后，员工就餐区域和卫生间的现场管理也有很大的改善余地。

C先生于2014年邀请云南大学商旅学院运营管理专家吴教授多次到场调研。目睹XB公司的现场管理现状，吴教授引用孔子的一句名言“入鲍鱼之肆，久而不知其臭；入幽兰之室，久而不闻其香”，委婉地指出了XB公司现场管理的差距。C先生听后恍然大悟，继而反思，员工每天都要在公司就餐两次，就餐场所环境差，就餐心情会差，这种糟糕的心情会传递到工作中去，若上卫生间再遇到脏乱差的环境，更易产生负面情绪，出现模具产品的延期交货和质量瑕疵也就不足为怪了。

C先生和他的管理团队慢慢意识到现场管理的重要性，但提高现场管理水平不能一蹴而就，它有赖于管理人员的率先垂范以及基层员工的努力践行。

6. 模具生产过程中的绩效考核与士气激励

(1) 泰勒制的科学管理在XB仍有用武之地。诞生于100多年前的泰勒制提升了当时制造业的管理水平，生产定额作为泰勒制的一个重要组成部分，在当今中国的制造业仍然发挥着重要作用。生产定额属于管理工作的基础，制定适合一个公司的生产定额很复杂，需要多岗位相关员工参与，并需要基础数据。C先生认为生产定额更适合大批量生产的企业使用，而模具生产属于多品种、单件生产模式，引入生产定额作为管理工作的基础有一定难度。

针对模具生产的特点，XB公司并未采用生产定额的方法进行管理，虽然有客观原因，但不采用生产定额的负面效果也很明显，那就是难以衡量生产模具的诸多工种和不同能力的工人的工作效率。若管理人员不能查明并核定工人的工作效率，如何核定工人的报酬？若没有科学合理的薪酬激励手段，如何有效地激励工人努力工作？毕竟工人到公司里上班是为了养家糊口，合理的薪酬是激励的首选。

XB公司当前的做法是把注意力放在模具生产的过程控制上，以弥补生产定额的缺失。当公司规模小，业务量少时尚可应付日常管理，但随着公司规模膨胀，业务量扩大，单纯的过程管理就难以奏效了。

(2) 薪酬激励现状。C先生在两年前也推行了具有XB特色的工资分配改革和全员绩效工资，但这种新制度在实施的过程中有滞后性，当期的绩效结果要 3 个月后才能兑现，且公司每个月的业务量并不均衡。一个不能及时反映当期绩效的管理政策效果势必大打折扣。同时在执行的过程中也出现考核难的情况，C 先生认为这个绩效考核政策不能达到预期的结果，遂废止。C 先生对于未来考核的设想是针对 XB 公司的不同人群分类考核，先定岗再定薪，基本工资加上加班工资。

XB 公司在薪酬管理工作中仍沿用传统的方法。对于公司级管理岗位、部门经理及车间主任，采用年薪制，生产工人及一般事务性员工采用月薪制。公司内部薪资保密，管理岗位人员的工资除了与公司绩效挂钩还与岗位职责考核相关，主要关联因素有经济责任，包括事先承诺的绩效目标以及对未来的预期，XB 会预先兑现一部分未来预期的绩效承诺，算是给管理人员的感情投资。对于 XB 的管理人员，C 先生的理念是“职责分明，差异化管理”。

车间工人按岗定薪，不同岗位又分为 4 档。车间作息时间分为白班和小夜班，工人一般每天工作 8～9 小时，公司业务量大时还要安排人上小夜班。C 先生倾向于工人工作专业化和培养专职人员，这样工人工作上手快，培养成本低，且易培养，替代性强，工作稳定且不易出现工人主动离职的现象。C 先生反对将工人培养成多面手，他认为那样会增加工人的离职率。

（3）士气激励与员工队伍稳定。C 先生最希望组长的工作稳定，他认为这样会增加公司的吸引力，保证产品质量，公司效益就会提升。C 先生对员工的管理理念有独到见解，他认为激励员工，及时鼓励员工，认同员工，视员工如亲人都是提高员工士气的方法。

2013 年 XB 公司的管理人员和车间工人的人工成本支出大约 250 万元，约占总产值的 21%。管理人员的月薪资水平约为 10 000 元，工人的月收入平均为 4 500 元。C 先生在 XB 公司实行人性化管理，给员工提供具有竞争力的薪酬和福利待遇，工人享受加班工资，且福利待遇逐年提升；自办食堂，管理人员和工人每天都在食堂免费吃中餐和晚餐；员工穿着工作服上班，工作服分冬夏装；免费给员工提供住宿。

C 先生不建议在 XB 公司的管理层实施员工持股，他认为员工持股不但达不到激励的初衷，而且会互相掣肘。C 先生相信工人没有那么高的思想觉悟，他们干一小时的活就要求拿一小时的工资，无论公司绩效好坏，工人认为付出了劳动就该索取报酬。

由于采用过程控制的管理模式，C 先生依靠管理人员监督工人以提高工作效率，及时跟踪各工序的加工过程以避免模具产品加工周期过长。C 先生还利用周会和早会等时机激励员工，“愿景”“职业生涯规划”等阳春白雪的词汇渐渐被员工所熟悉……

四、C 先生对公司管理的反思

C 先生认为造成 XB 公司生产管理问题最主要的原因是其作为公司的主要领军人物过分专注于技术层面而忽略了对管理问题的思考，因此他从以下几个方面认真反思不足：

第一，公司领导曾经认为通过技术领先“一招鲜”就可以打天下的时代已经过去，一个企业要顺利发展，公司管理的方方面面必须均衡，比如市场营销、人力资源、产品研发、生产技术、生产管理、财务管理、公共关系等问题必须同步考虑、协调发展。

第二，XB公司由C先生凭一己之力创建，随着业务的发展，人员、设备、业务都发生变化，加之模具行业的产品需求随机性强，C先生驾驭公司的能力捉襟见肘。

第三，XB公司的员工以技术性人才为主体，缺乏专职管理人员，这很大程度上是因为C先生精于技术，忽视了管理职能的重要性；同时C先生认为单纯的管理工作不能给公司带来直接的经济效益，有意压缩管理成本支出。

第四，XB公司内部管理人治的色彩浓郁，看似是人性化管理，其实质是自由主义盛行的见子打子的作坊式生产模式。随着XB公司的发展壮大，人治式的管理模式渐渐不像过去那么灵验了，靠制度管理和靠科学管理显得很急迫。

第五，XB公司现存的种种生产管理问题说明公司缺乏一个有效的内部管理机制或体系，这个机制或体系应该可以帮助公司顺利地分解各项工作任务，使得管理层和操作层的员工知道如何管理和操作每一项工作，尽量减少不确定性。

…………

C先生是一个善于反思的人。每当夜深人静，C先生总喜欢思考公司经营管理中的每个环节，如在接单过程中，如何迎合客户的需求；订单签订后，如何有序高效地组织生产；原料如何及时低成本购进；如何提高工人的工作积极性；如何保证产品的质量；如何给员工定薪酬；如何长期维护客户关系；等等。

除此之外，每个细节，如加工模具需要组织哪些人哪些设备参与，要用什么样的加工工艺和模具材料等都要考虑清楚，遇到疑问时即便是深夜，C先生也会起床翻书查阅，或者跟相关工作人员及时联系交代注意事项……

C先生认为XB公司的强项在于模具的专业设计能力和具备先进的加工手段，尤其在模具设计方面明显比同类型企业技高一筹。在公司发展初期，C先生凭着这个特长使得XB公司在市场竞争中脱颖而出，C先生一度还认为XB公司凭借技术优势可以称霸模具行业。但随着时间推移，XB公司虽已成为模具行业具有影响力的企业，但过去成功的经验不但难以为继，反而成为束缚公司发展的羁绊。C先生认为在保持发扬XB公司原有优势的基础上，必须弥补企业发展中的管理短板。针对如此多的管理问题，C先生时常连睡觉时都在琢磨这些事情，他认为管理工作再不上台阶真的就要顶不住了……

资料来源：本案例由云南大学商旅学院吴奇志副教授于2014年亲临XB公司现场调研后完成，2015年10月被收录到中国管理案例库中，2020年10月修订。

案例思考题：

1. 请结合本章运营管理咨询的相关内容，讨论哪些运营管理咨询工具可以应用到优化XB公司的运营管理工作中。

2. 请确定XB公司存在的主要运营管理问题以及问题成因。

3. 请结合本章运营管理咨询的有关内容构思一份XB公司的运营管理咨询报告。

参考文献

[1] Richard B. Chase, F. Robert Jacob, Nicholas J. Aquilano. Operations management for competitiveness advantage. 9th edition. McGraw-Hill, 2002.

[2] Jay Heizer, Barry Render. Operations management. 8th Edition. Pearson, 2005.

[3] William J. Stevenson. Operations management. 9th Edition. McGraw-Hill, 2008.

[4] David H. Maister. The psychology of waiting lines. The Service Encounter. Lexington, Mass: Lexington Books, 1984.

[5] 吴奇志，赵璋，金茂竹. 运营管理. 北京：中国人民大学出版社，2016.

[6] 陈荣秋，马士华. 生产运作管理. 4 版. 北京：机械工业出版社，2013.

[7] 刘晓冰. 运营管理. 北京：清华大学出版社，2011.

[8] 张建民，吴奇志，林丽. 现代企业生产运营管理. 北京：机械工业出版社，2013.

[9] 任建标. 生产与运作管理. 北京：电子工业出版社，2006.

[10] 埃森・拉赛尔. 麦肯锡方法. 北京：华夏出版社，2001.

[11] 张勤国，陈蓝荪. 运营管理. 上海：立信会计出版社，2004.

[12] 陈志祥，李丽. 生产与运作管理. 北京：机械工业出版社，2009.

[13] 钟永森. 服务就是竞争力. 北京：中国社会出版社，2009.

[14] 汪中求，吴宏彪，刘兴旺. 精细化管理. 北京：新华出版社，2005.

[15] 刘加福. 赢在细节管理. 北京：中国纺织出版社，2005.

[16] 范爱民. 精细化管理. 北京：中国纺织出版社，2005.

[17] 胡菊. 细节管理. 北京：中国商业出版社，2005.

[18] 周倩. 颠覆：商业模式的危机与新生. 武汉：华中科技大学出版社，2012.

[19] 赵光忠. 产品研发与卖点设计. 北京：中国时代经济出版社，2005.

[20] 田乃诗. 精确管理的 24 个准则. 北京：中国社会出版社，2009.

[21] 陈建龙. 生产现场优化管理. 上海：复旦大学出版社，2008.

[22] 保让・安德森，汤姆. 法戈豪格，保让纳尔. 汉瑞克森，等. 绘制工作流程图：从入门到精通. 北京：中国标准出版社，2010.

[23] 许志玲. 如何进行精益生产. 北京：北京大学出版社，2005.

[24] 马士华，林勇. 供应链管理. 4 版. 北京：机械工业出版社，2014.

［25］苏尼尔·乔普拉，彼得·迈因德尔. 供应链管理：战略、计划和运作：第 5 版. 北京：清华大学出版社，2014.

［26］肯尼斯·莱桑斯，布莱恩·法林顿. 采购与供应链管理：第 8 版. 北京：电子工业出版社，2014.

［27］吴群. 物流与供应链管理. 北京：北京大学出版社，2015.

［28］冯耕中，刘伟华. 物流与供应链管理. 2 版. 北京：中国人民大学出版社，2014.

［29］马丁·克里斯托弗. 物流与供应链管理：第 4 版. 北京：电子工业出版社，2012.

［30］塞西尔·博扎思，罗伯特·汉德菲尔德. 运营与供应链管理：第 3 版. 北京：中国人民大学出版社，2014.

［31］宋华，于亢亢. 物流供应链管理学科前沿研究报告. 北京：经济管理出版社，2013.

［32］汤世强，周敏. 供应链战略合作伙伴关系治理的研究. 北京：中国物资出版社，2010.

［33］郭海峰. 牛鞭效应：现象、危害、量化和控制. 北京：电子工业出版社，2010.

［34］李新然. 闭环供应链的定价及契约协调研究. 北京：科学出版社，2014.

［35］唐纳德·鲍尔索克斯，等. 供应链物流管理：第 4 版. 北京：机械工业出版社，2014.

［36］道格拉斯·兰伯特，詹姆士·斯托克，莉萨·埃拉姆. 物流管理. 北京：电子工业出版社，2008.

［37］艾伦·哈里森，雷姆科·范赫克. 物流管理：第 4 版. 北京：机械工业出版社，2013.

［38］张佺举，张洪. 物流管理. 北京：北京大学出版社，2014.

［39］刘刚. 物流管理. 3 版. 北京：中国人民大学出版社，2014.

［40］张潜. 物流系统工程. 重庆：重庆大学出版社，2008.

［41］郝勇，张丽，黄建伟. 物流系统规划与设计. 北京：清华大学出版社，2008.

［42］田振中，丁玉书. 物流系统工程. 北京：清华大学出版社，2012.

［43］赵旭，刘进平. 物流战略管理. 北京：中国人民大学出版社，2010.

［44］兰洪杰. 物流战略管理. 2 版. 北京：清华大学出版社，2011.

［45］约翰·科伊尔，等. 运输管理：第 7 版. 北京：清华大学出版社，2011.

［46］孙瑛，韩杨，刘娜. 物流运输管理实务. 北京：清华大学出版社，2011.

［47］王述英. 物流运输组织与管理. 2 版. 北京：电子工业出版社，2011.

［48］王效俐，沈四林. 物流运输与配送管理. 北京：清华大学出版社，2012.

［49］吴斌. 物流配送车辆路径问题及其智能优化算法. 北京：经济管理出版社，2013.

［50］葛显龙. 电子商务环境下车辆路径优化问题、算法及应用. 成都：西南交通大学出版社，2014.

[51] 何庆斌. 仓储与配送管理. 上海：复旦大学出版社，2011.
[52] 金汉信，王亮，霍焱. 仓储与库存管理. 重庆：重庆大学出版社，2008.
[53] 杨长春，顾永才. 国际物流. 5版. 北京：首都经济贸易大学出版社，2015.
[54] 王任祥，罗兴武. 国际物流. 4版. 杭州：浙江大学出版社，2013.
[55] 江少文. 第三方物流. 2版. 上海：华东师范大学出版社，2015.
[56] 陈雅萍，朱国俊，刘娜. 第三方物流. 2版. 北京：清华大学出版社，2013.
[57] 闫国庆. 第四方物流. 北京：清华大学出版社，2011.
[58] 毛光烈. 第四方物流理论与实践. 北京：科学出版社，2010.
[59] 詹姆斯·埃文斯，威廉·林赛. 质量管理与质量控制：第7版. 北京：中国人民大学出版社，2010.
[60] 何桢. 六西格玛管理. 3版. 北京：中国人民大学出版社，2014.
[61] 苏秦. 质量管理. 北京：中国人民大学出版社，2011.
[62] 韩之俊. 质量管理. 3版. 北京：科学出版社，2011.
[63] 陈国华，贝金兰. 质量管理. 2版. 北京：北京大学出版社，2014.
[64] 张凤荣. 质量管理与控制. 2版. 北京：机械工业出版社，2011.
[65] 廖永平. 简明质量工具与方法. 北京：中国科学技术出版社，2012.
[66] 晏维龙，曹杰. 论绿色供应链管理. 社会科学辑刊，2004 (1).
[67] 吴奇志. 上海大众汽车公司的运营管理. 中国管理案例共享中心案例库，2011 (10).
[68] 赵怡雯. 德国"工业4.0"并不适合中国. 国际金融报，2015-03-23.
[69] 尚旭东. 实施精细化管理的五个要点. http://www.cniteyes.com/archives/13475.
[70] MBA智库百科. http://wiki.mbalib.com/wiki/运营管理.
[71] 别让用户发呆——设计中的防呆策略. http://cdc.tencent.com/? p=7756.
[72] 郭泰山. 现代企业运营管理发展的新趋势. 现代企业文化，2016 (12).
[73] 朱海潇. 新形势下现代企业运营管理发展探讨. 中国市场，2017 (7).
[74] 甄梁，任飞. 企业精细化管理探究. 中小企业管理与科技，2019 (5).
[75] 王新超. 数据驱动的企业精细化管理. 互联网经济，2019 (1).
[76] 张凯欣. 产品与服务设计中的体验要素研究. 工业设计，2018 (4).
[77] 杜雨函，巩森森. 针对空巢青年的产品服务设计研究. 包装工程，2019 (10).
[78] 姜林科. 装配车间生产流程分析与优化研究. 内燃机与配件，2019 (1).
[79] 王根基，李莉. 电商物流配送中心选址布局问题研究. 物流科技，2019 (2).
[80] 王梦颖，宁延. 国内外项目管理规范的对比分析. 建筑经济，2019 (1).
[81] 张河山，张新光，韩超. 排队心理学在集装箱堆场排队管理中的应用研究. 青岛远洋船员职业学院学报，2017 (3).
[82] 唐棣华. 提升服务行业排队效能的管理策略初探. 长江丛刊，2017 (31).
[83] 王倩，张娟. 海尔零库存管理应用的启示. 国际商务财会，2019 (6).
[84] 李文琳. 唯品会零库存管理应用研究. 时代经贸，2019 (16).
[85] 贾改兰. 制造企业库存管理存在的问题及对策探讨. 管理科学，2019 (10).

[86] 翁雨波. 国外邮轮建造供应链管理启示. 中国船检，2019 (3).
[87] 张凡，张蕾. 襄阳市汽车供应链管理探析. 中国市场，2019 (14).
[88] 钱蓝. 绿色物流管理系统构建研究. 商业现代化，2019 (3).
[89] 韩立民，刘岩. 钢铁企业物流管理系统设计. 中国科技信息，2019 (8).
[90] 杨培. 钢材产品销售物流管理分析. 中国市场，2019 (19).
[91] 俞钟行. 质量管理体系的风险分析. 质量春秋，2019 (1).
[92] 杨新鹏，巫茜. 基于JIT管理模式的零部件制造支撑系统设计. 重庆理工大学学报（自然科学），2019 (6).
[93] 余海斌. 城市轨道交通运营管理咨询模式分析. 城市轨道交通研究，2018 (8).
[94] 康祎. 企业生产运营管理咨询案例分析. 中国市场，2014 (31).

附录　标准正态分布表

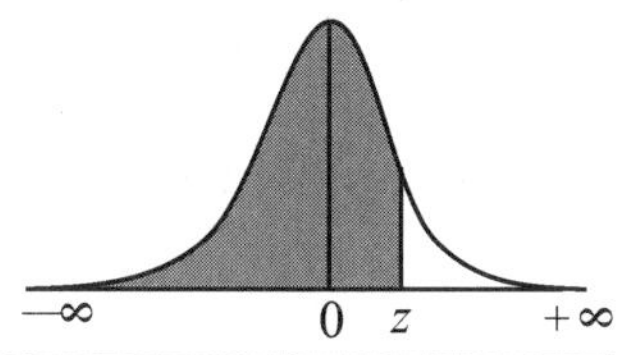

	0.00	0.01	0.02	0.03	0.04	0.05	0.06	0.07	0.08	0.09
0.0	0.500 0	0.504 0	0.508 0	0.512 0	0.516 0	0.519 9	0.523 9	0.527 9	0.531 9	0.535 9
0.1	0.539 8	0.543 8	0.547 8	0.551 7	0.555 7	0.559 6	0.563 6	0.567 5	0.571 4	0.575 3
0.2	0.579 3	0.583 2	0.587 1	0.591 0	0.594 8	0.598 7	0.602 6	0.606 4	0.610 3	0.614 1
0.3	0.617 9	0.621 7	0.625 5	0.629 3	0.633 1	0.636 8	0.640 6	0.644 3	0.648 0	0.651 7
0.4	0.655 4	0.659 1	0.662 8	0.666 4	0.670 0	0.673 6	0.677 2	0.680 8	0.684 4	0.687 9
0.5	0.691 5	0.695 0	0.698 5	0.701 9	0.705 4	0.708 8	0.712 3	0.715 7	0.719 0	0.722 4
0.6	0.725 7	0.729 1	0.732 4	0.735 7	0.738 9	0.742 2	0.745 4	0.748 6	0.751 7	0.754 9
0.7	0.758 0	0.761 1	0.764 2	0.767 3	0.770 4	0.773 4	0.776 4	0.779 4	0.782 8	0.785 2
0.8	0.788 1	0.791 0	0.793 9	0.796 7	0.799 5	0.802 3	0.805 1	0.807 8	0.810 6	0.813 3
0.9	0.815 9	0.818 6	0.821 2	0.823 8	0.826 4	0.828 9	0.831 5	0.834 0	0.836 5	0.838 9
1.0	0.841 3	0.843 8	0.846 1	0.848 5	0.850 8	0.853 1	0.855 4	0.857 7	0.859 9	0.862 1
1.1	0.864 3	0.866 5	0.868 6	0.870 8	0.872 9	0.874 9	0.877 0	0.879 0	0.881 0	0.883 0
1.2	0.884 9	0.886 9	0.888 8	0.890 7	0.892 5	0.894 4	0.896 2	0.898 0	0.899 7	0.901 5
1.3	0.903 2	0.904 9	0.906 6	0.908 2	0.909 9	0.911 5	0.913 1	0.914 7	0.916 2	0.917 7
1.4	0.919 2	0.920 7	0.922 2	0.923 6	0.925 1	0.926 5	0.927 9	0.929 2	0.930 6	0.931 9
1.5	0.933 2	0.934 5	0.935 7	0.937 0	0.938 2	0.939 4	0.940 6	0.941 8	0.942 9	0.944 1
1.6	0.945 2	0.946 3	0.947 4	0.948 4	0.949 5	0.950 5	0.951 5	0.952 5	0.953 5	0.954 5
1.7	0.955 4	0.956 4	0.957 3	0.958 2	0.959 1	0.959 9	0.960 8	0.961 6	0.962 5	0.963 3
1.8	0.964 1	0.964 9	0.965 6	0.966 4	0.967 1	0.967 8	0.968 6	0.969 3	0.969 9	0.970 6
1.9	0.971 3	0.971 9	0.972 6	0.973 2	0.973 8	0.974 4	0.975 0	0.975 6	0.976 1	0.9767
2.0	0.977 2	0.977 8	0.978 3	0.978 8	0.979 3	0.979 8	0.980 3	0.980 8	0.981 2	0.981 7
2.1	0.982 1	0.982 6	0.983 0	0.983 4	0.983 8	0.984 2	0.984 6	0.985 0	0.985 4	0.985 7
2.2	0.986 1	0.986 4	0.986 8	0.987 1	0.987 5	0.987 8	0.988 1	0.988 4	0.988 7	0.989 0
2.3	0.989 3	0.989 6	0.989 8	0.990 1	0.990 4	0.990 6	0.990 9	0.991 1	0.991 3	0.9916
2.4	0.991 8	0.992 0	0.992 2	0.992 5	0.992 7	0.992 9	0.993 1	0.993 2	0.993 4	0.993 6
2.5	0.993 8	0.994 0	0.994 1	0.994 3	0.994 5	0.994 6	0.994 8	0.994 9	0.995 1	0.995 2
2.6	0.995 3	0.995 5	0.995 6	0.995 7	0.995 9	0.996 0	0.996 1	0.996 2	0.996 3	0.996 4
2.7	0.996 5	0.996 6	0.996 7	0.996 8	0.996 9	0.997 0	0.997 1	0.997 2	0.997 3	0.997 4
2.8	0.997 4	0.997 5	0.997 6	0.997 7	0.997 7	0.997 8	0.997 9	0.997 9	0.998 0	0.998 1
2.9	0.998 1	0.998 2	0.998 2	0.998 3	0.998 4	0.998 4	0.998 5	0.998 5	0.998 6	0.998 6
3.0	0.998 7	0.998 7	0.998 7	0.998 8	0.998 8	0.998 9	0.998 9	0.998 9	0.999 0	0.999 0
3.1	0.999 0	0.999 1	0.999 1	0.999 1	0.999 2	0.999 2	0.999 2	0.999 2	0.999 3	0.999 3
3.2	0.999 3	0.999 3	0.999 4	0.999 4	0.999 4	0.999 4	0.999 4	0.999 5	0.999 5	0.999 5
3.3	0.999 5	0.999 5	0.999 5	0.999 6	0.999 6	0.999 6	0.999 6	0.999 6	0.999 6	0.999 7
3.4	0.999 7	0.999 7	0.999 7	0.999 7	0.999 7	0.999 7	0.999 7	0.999 7	0.999 7	0.999 8

图书在版编目（CIP）数据

运营管理/吴奇志，赵璋编著. --2版. --北京：
中国人民大学出版社，2021.1
高等学校经济管理类主干课程教材. 管理科学与工程
系列
ISBN 978-7-300-28673-0

Ⅰ.①运… Ⅱ.①吴… ②赵… Ⅲ.①企业管理-运
营管理-高等学校-教材 Ⅳ.①F273

中国版本图书馆CIP数据核字（2020）第192276号

高等学校经济管理类主干课程教材·管理科学与工程系列
运营管理（第2版）
吴奇志 赵 璋 编著
Yunying Guanli

出版发行	中国人民大学出版社		
社　址	北京中关村大街31号	**邮政编码**	100080
电　话	010－62511242（总编室）		010－62511770（质管部）
	010－82501766（邮购部）		010－62514148（门市部）
	010－62515195（发行公司）		010－62515275（盗版举报）
网　址	http://www.crup.com.cn		
经　销	新华书店		
印　刷	北京七色印务有限公司	**版　次**	2016年2月第1版
规　格	185 mm×260 mm 16开本		2021年1月第2版
印　张	21.75 插页1	**印　次**	2025年3月第7次印刷
字　数	466 000	**定　价**	46.00元

中国人民大学出版社　管理分社

教师教学服务说明

中国人民大学出版社管理分社以出版工商管理和公共管理类精品图书为宗旨。为更好地服务一线教师，我们着力建设了一批数字化、立体化的网络教学资源。教师可以通过以下方式获得免费下载教学资源的权限：

★ 在中国人民大学出版社网站 www.crup.com.cn 进行注册，注册后进入“会员中心”，在左侧点击“我的教师认证”，填写相关信息，提交后等待审核。我们将在一个工作日内为您开通相关资源的下载权限。

★ 如您急需教学资源或需要其他帮助，请加入教师 QQ 群或在工作时间与我们联络。

中国人民大学出版社　管理分社

教师 QQ 群： 648333426（工商管理）　114970332（财会）　648117133（公共管理）
教师群仅限教师加入，入群请备注（学校＋姓名）

联系电话： 010-62515735，62515987，62515782，82501048，62514760

电子邮箱： glcbfs@crup.com.cn

通讯地址： 北京市海淀区中关村大街甲 59 号文化大厦 1501 室（100872）

管理书社　　人大社财会　　公共管理与政治学悦读坊